필수인프라설비

데이터센터 인사이드+아웃

DATA CENTER INSIDE+OUT

Mission Critical Facilities

조진균 임승범 공저

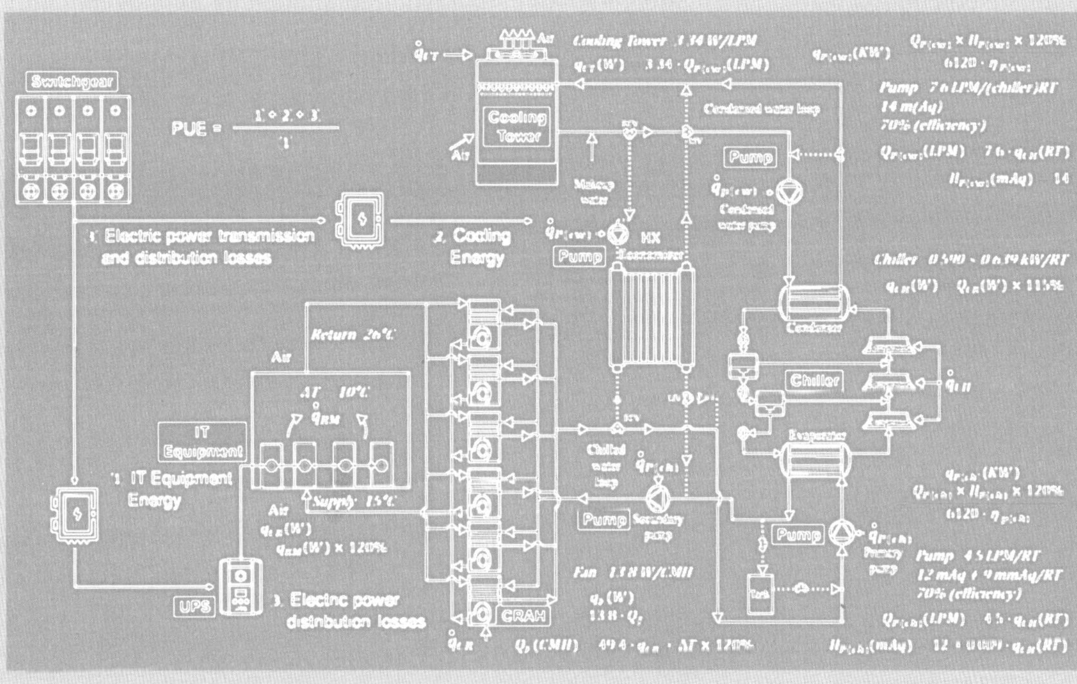

문운당

| PREFACE |

현대사회는 공학기술뿐 아니라 문화, 정보, 금융 등 우리의 일상생활이 AI, IoT 및 빅데이터와 같은 4차 산업혁명과 맞물려 있으며, 모든 산업과 서비스의 디지털화가 급속도로 진행 중이다. 데이터센터는 이러한 산업/서비스의 디지털화를 구현하는 가장 핵심적인 역할을 하고 있다. 하나의 사례로 인터넷을 통해 각종 미디어 콘텐츠를 제공하는 서비스인 OTT(Over The Top) 등의 성장으로 데이터 트래픽은 최근 2년간 약 2.5배 증가하였고, 이러한 데이터 수요의 급증으로 전 세계 데이터센터는 2016년 1,252개에서 2021년 1,851개로 최근 5년간 약 150% 급격하게 증가했다. 데이터 생산량 기준으로 대한민국은 미국, 영국, 중국, 스위스에 이어 글로벌 5강에 속한다. 또한, 국내에서도 수많은 데이터센터가 구축되어 운영되고 있으며, 건설 예정인 프로젝트도 다수이다. 일반 건축물과는 다르게 데이터센터는 기반산업 필수시설(Mission Critical Facility)로 분류되어 연중 365일, 24시간 무중단 운영이 보장되어야 하며, 이를 통하여 데이터센터 사업자의 신뢰를 높이고 공급 서비스의 안전성이 확보되어야 한다. 데이터센터는 글로벌 정보화 산업의 이니셔티브를 갖고 핵심 산업의 성장동력이라는 측면에서 국가적으로 경쟁력을 반드시 확보해야 한다.

데이터센터는 그 목적에 따라 무중단 운영이 확보되어야 하기 때문에 엄청난 에너지를 사용하는 건물이다. 이 또한, 2050 탄소중립과 2030 국가온실가스 감축목표(NDC)를 위해 에너지 수요관리 측면에서 데이터센터라는 장애물을 반드시 넘어야 한다.

본 기술서는 데이터센터를 구성하는 필수 인프라설비의 계획(설계), 구축(시공), 운영(유지관리) 등 일련의 가치사슬(Value Chain) 내 핵심기술을 체계적으로 제공하는 데 목적이 있다. 따라서 데이터센터를 처음 접하는 사람에게는 입문서로써의 역할을 하고, 관련 분야의 전문 기술자에게는 상세 지침서의 기능을 할 수 있도록 기술의 폭과 깊이를 넓게 설정하여 기술하였다. 기계설비, 전기·통신설비 및 소방설비의 기술 기준부터 IT장비 운영환경과 에너지 효율의 최적화 응용 기술까지 다룬다. 건축, 기계, 전기 등을 전공하는 학생들에게는 데이터센터를 구성하는 핵심 인프라설비의 원리를 학습하여 해당분야의 전문가로 성장할 수 있는 기회를. 그리고 건설 분야에 종사하는 전문 기술자에게는 앞에서 언급된 당면한 데이터센터의 기술적 난제들을 합리적으로 해결할 수 있는 좋은 지침서가 되기를 바란다.

마지막으로, 이 책이 출판될 수 있도록 도움을 주신 공저자 임승범 박사님과 검수를 도와주신 윤신원 님께 무한한 감사를 드립니다.

2023년 1월
대표저자 조진균

ACKNOWLEDGMENTS

This work was supported by

(1) the Korea Institute of Energy Technology Evaluation and Planning (KETEP) and the Ministry of Trade, Industry and Energy (MOTIE) of the Republic of Korea (No. 20204030200080)

(2) the National Research Foundation of Korea (NRF) grant funded by the Ministry of Science and ICT (MSIT) (No. 2022R1F1A1068262)

| CONTENTS |

PART 1 데이터센터 기본개념과 요구사항

PART 2 데이터센터 인프라설비 계획

PART 4 부 록

PART
1

데이터센터 기본개념과 요구사항

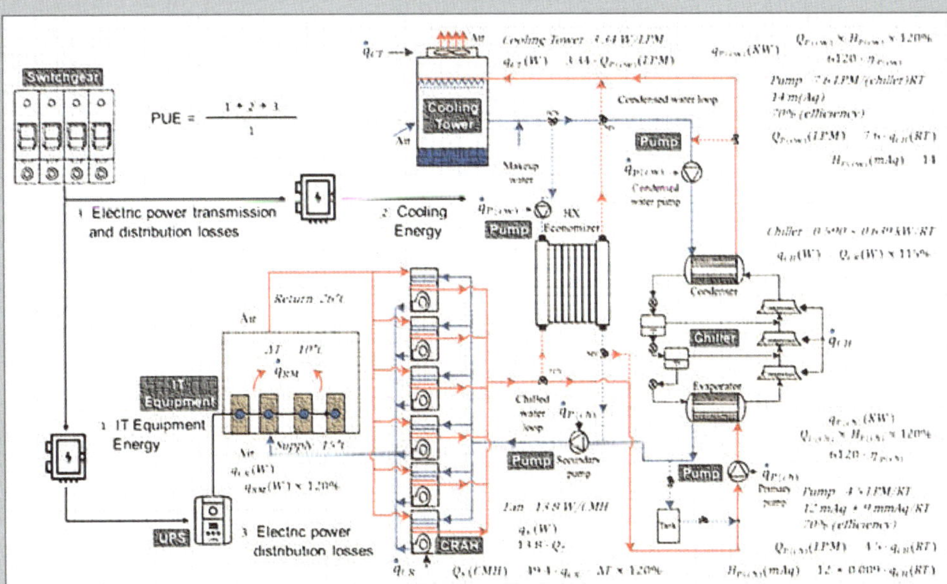

1. 데이터센터의 개념

1.1 데이터센터 정의 및 분류

1.1.1 데이터센터의 정의

데이터센터는 일반적으로 지식 서비스의 근간이 되는 서버, 스토리지 등의 IT장비와 인프라설비를 중앙 집중식 환경으로 전용 건물에 구축하고 24시간 365일 운영, 관리 또는 이를 지원하는 곳을 데이터센터라 정의하며, 이러한 일을 수행하여 수익을 창출하는 시설이다. **[그림 1]**

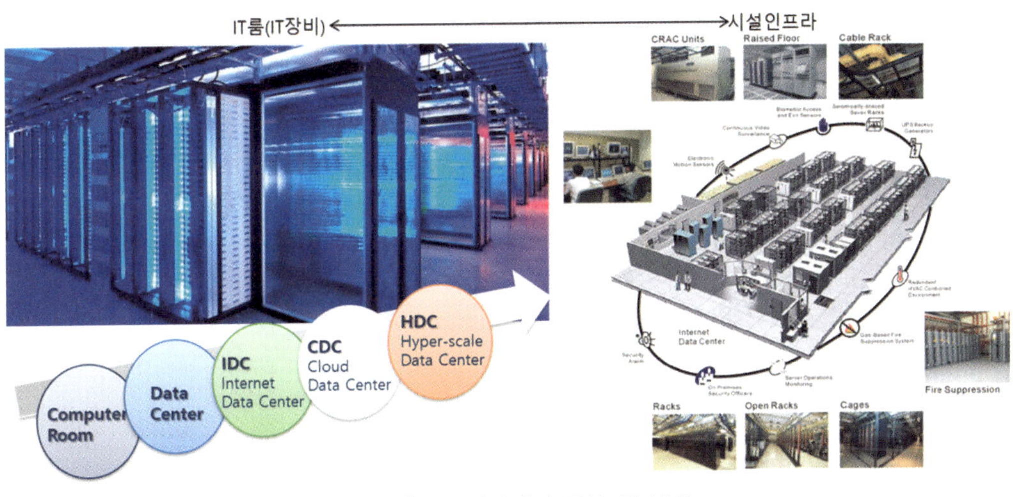

[그림 1] 데이터센터의 구성 및 변화

데이터센터는 『정보통신 단체표준(TTAS)』에 의해 정보통신 서비스를 제공하기 위하여 컴퓨터 장치 등 정보 시스템 장비를 일정한 공간에 집중하여 관리하는 시설로서 주요 설비(중앙감시실, 항온항습설비, 전산실, 전력 감시실, 축전지설비, 자가발전설비, 수변전설비, 통신장비실 및 방재센터 등)를 포함하는 시설로 정의하고 있다. 또한, 『지능 정보화 기본법 제40조』에서는 정보통신 서비스의 제공을 위해 다수의 정보통신 기반을 일정한 공간에 집적시켜 통합 운영·관리하는 시설로 정의한다. 데이터센터의 기본적인 제공 서비스는 다음과 같으며 시대의 변화에 따라서 빠르게 변경되고 있다.

① 데이터 저장
② 데이터 관리
③ 데이터 프로세싱
④ 웹 호스팅(인터넷 서비스)
⑤ ICT(Information and Communication Technology) 범주의 확장된 서비스

데이터센터는 4차 산업 및 관련 사업의 변화에 따라서 과거의 전산센터(전산실)에서 인터넷 데이터센터(IDC : Internet Data Center), 클라우드 데이터센터(CDC : Cloud Data Center) 그리고 최근에 이르러 하이퍼스케일 네이터센터(HDC : Hyper-scale Data Center)로 그 중심과 서비스가 변화하고 있다. 전용 데이터센터는 IT룸 및 컴퓨터실(공조 및 관련 인프라 설비 포함)이 건물의 총 연간 에너지 사용량의 50%를 초과하는 건물로 정의하고 있다. IT룸 및 컴퓨터실이 건물의 총 연간 에너지 사용량의 50% 이하의 경우, 목적상 복합용도 건물로 간주한다. 그리고 총 IT부하는 최소 30kW 이상이 되어야 한다.

1.1.2 데이터센터의 분류

데이터센터는 **[그림 2]**와 같이 운영주체와 서비스 형태에 따라서 다양한 유형으로 구분된다. 첫째, 데이터센터의 운영 주체별 분류는 정부·공공 데이터센터와 민간(산업계) 데이터센터로 구분된다. 둘째, 서비스 형태별로 분류하면 자사용 데이터센터와 상업용 데이터센터로 구분된다.

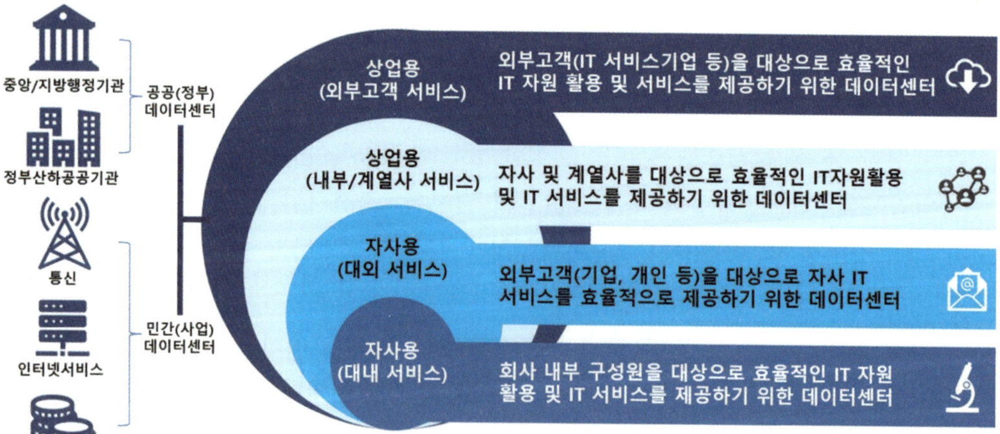

[그림 2] 데이터센터의 운영주체별, 서비스 형태별 구분

셋째, 상면공간(White Space) 면적과 규모에 따라서 **[표 1]**과 같이 데이터센터를 구분한다.

[표 1] 상면공간(IT룸)의 면적에 따른 데이터센터 분류 기준

구분	소형 (Small)	중형 (Medium)	대형 (Large)	거대 (Massive)	메가 (Mega)	하이퍼스케일 (Hyperscale)
상면면적	~500 m^2	500 ~2,000 m^2	2,000 ~7,500 m^2	7,500 ~22,500 m^2	22,500 ~38,000 m^2	38,000 m^2 이상

마지막으로, 데이터센터의 제공 서비스 개념으로 분류하면, 일반 데이터센터와 클라우드 데이터센터로 구분된다. **[표 2]**와 같이, 일반 데이터센터는 다시 서비스 형태, 사업자/사용자 부담에 따라 코로케이션, 기업 및 통신 데이터센터로 구분이 된다.

[표 2] 데이터센터의 제공 서비스에 따른 분류 및 정의

구분	클라우드(Cloud) 데이터센터	일반 데이터센터		
		코로케이션 (Colocation)	기업(Enterprise)	통신(Telecom)
서비스 형태	클라우드 서비스 사업	공간(서비스) 임대형 사업	자사 소유 및 운영	자사 운영 및 통신 서비스
사업자 부담	(IT+인프라) 설비 운영, 소프트웨어, 운영체계 등	상면공간, 전용 네트워크, 전원, 통신, 냉방, 보안 등	자사 데이터센터 구축 및 운영 (IT+인프라)	자사 데이터센터 구축 및 운영 (IT+인프라)
사용자 부담	클라우드 서비스 비용	IT 서버 및 소프트웨어, 운영체계	-	-
해당 데이터센터	Amazon(AWS), Microsoft(Azure), IBM(Soft Layer)	대다수 IDC 사업자	네이버, 삼성 SDS, LG CNS 등	SKT, KT, LGU+ 등

1.1.3 데이터센터 구분 기준

현재까지는 일반 데이터센너와 클라우드 데이터센터를 구분하는 기준은 명확하지 않지만 일반적으로 **[표 3]**과 같이 IT인프라, 전력밀도 및 시설 구성에 따라 구별된다.

[표 3] 일반 데이터센터와 클라우드 데이터센터의 차이점

구 분	클라우드 데이터센터(CDC)	일반 데이터센터(IDC)
IT인프라	단일 플랫폼 (현재 윈도 기반이 다수)	다양한 플랫폼 (메인프레임, 유닉스, 윈도)
전력밀도	고밀도(10 kW/rack 이상)	저밀도(5 kW/rack 이하)
데이터센터 구조	IT인프라의 확장을 지원하는 유연한 형태(모듈형)의 구조	설비 확장이 용이하지 않은 구조
운영	안정성과 비용 효율적 관리를 위한 통합 관리	IT인프라와 설비의 독자적 관리

클라우드 데이터센터는 일반적으로 데이터센터가 갖추고 있는 시설 및 제공하는 서비스에 따라 구분한다. 서비스 관점의 클라우드 데이터센터는 운영주체 또는 관계기업의 클라우드 솔루션을 통해 자체적으로 클라우드 서비스(IaaS, PaaS, SaaS)를 제공하고 있거나 제공 가능한 데이터센터를 의미한다. 반면에, 시설 관점의 클라우드 데이터센터는 클라우드 서비스 제공에 필요한 시설(IT인프라, 전력밀도, 설비구성 및 운영)을 통해 글로벌 CSP(Cloud Service Provider) 사업자 또는 국내 기업의 클라우드 서비스를 제공하고 있거나 제공 가능한 데이터센터를 지칭한다. 데이터센터는 전통적으로 규모에 따라 소형, 중형, 대형, 거대, 메가 데이터센터로 구분하여 왔으나 최근 하이퍼스케일 데이터센터 개념이 등장하였고 구축이 확산되고 있다. **[그림 3]**

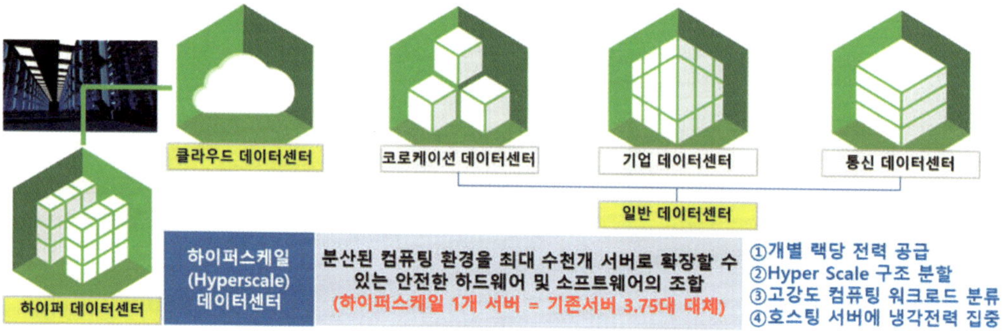

[그림 3] 데이터센터의 구분 및 확장

(1) 클라우드 데이터센터

클라우드 데이터센터는 기존 데이터센터가 기술의 발전에 따라 진화한 것으로 ① 고유연성(High Flexibility), ② 고밀도(High Density) 및 ③ 관리 최적화(Management Optimization)의 특징을 통해 클라우드 서비스 제공에 최적화된 형태를 갖는다.

① 고유연성 : 클라우드 데이터센터는 에너지 효율이 높은 데이터센터 구조와 설비를 가지고 있으며, 비즈니스 환경 및 고객 요구에 따라 신속하게 IT자원 확장이 가능하다.
② 고밀도 : 클라우드 데이터센터는 고밀도(랙당 10~15kW 이상) IT장비의 지원을 위한 물리적 환경으로 구성되어 있으며, 고밀도 조건에서도 기존 데이터센터에 비해 에너지 효율 향상이 가능하다.
③ 관리 최적화 : 클라우드 데이터센터는 통합 환경 정보수집을 바탕으로, IT 및 시설 운영 전반에 걸쳐 운영효율 향상 및 자원 절감이 가능하다.

(2) 하이퍼스케일 데이터센터

하이퍼스케일은 일반적으로 빅 데이터 또는 클라우드 컴퓨팅 용도로 컴퓨팅에서 이루어지는 대규모 확장에 관한 모든 것을 의미한다. 하이퍼스케일 인프라는 높은 수준의 성능과 처리량, 중복성을 이끌어 내고 수평적 확장으로 내결함성 및 고가용성을 지원할 수 있도록 설계된다. 하이퍼스케일 컴퓨팅은 확장성이 큰 서버 아키텍처 및 가상 네트워킹에 의존하는 경우가 많다. 마지막으로, 하이퍼스케일 데이터센터는 공간 개념에서 38,000 m^2(400,000 ft^2) 이상의 상면공간(IT룸)에 모듈단위로 첨단 인프라설비를 갖춘 초대형 데이터센터로 정의하고 있으나 하이퍼스케일 데이터센터에 대한 표준화된 분류기준은 현재까지는 없다. 하이퍼스케일 데이터센터는 IT운영 측면에서는 최소 10만 대의 IT장비 가동, 1만 대 이상의 랙-서버 보유의 규모로 정의하기도 한다.

1.2 데이터센터 구성요소

데이터센터는 크게 ① IT장비(ITE : IT Equipment), ② 인프라설비(Non-IT) 및 ③ 운영관리 서비스의 3개의 요소로 구성된다. 또한, 서비스 형태 및 시설에 따라 세분화된 구성요소가 존재한다. IT장비는 서버, 스토리지, 네트워크 장비 등이고 IT장비의 안정적인 운영환경을 구현하는 인프라설비에는 항온항습기, 냉동기, 무정전전원장치(UPS : Uninterruptible Power Supply), 배터리 및 발전기가 해당된다. 그리고 이러한 장비와 시설을 효율적으로 운영 관리하는 서비스인 DCMS(Data Center Management System)가 포함된다. 데이터센터 구성 및 서비스 체계는 **[그림 4]**와 같다.

[그림 4] 데이터센터 구성 및 서비스 체계

1.2.1 서비스 구성요소

서비스에 따른 구성요소는 다음과 같이 분류 가능하다. **[표 4]**

① 클라우드
② 코로케이션
③ 호스팅 서비스
④ 매니지드 서비스
⑤ 데이터센터 구축(이전) 컨설팅
⑥ 부가 서비스

[표 4] 데이터센터 구성요소(서비스)

구분		서비스 내용
클라우드	IaaS	Infrastructure As A Service : 데이터센터를 통해 서버와 스토리지 등 컴퓨팅 자원을 빌려 쓸 수 있는 서비스 직접 데이터센터를 구축할 필요 없이 클라우드 환경에서 필요한 인프라를 끌어다 쓰게 됨
	PaaS	Platform As A Service : 데이터센터를 통해 소프트웨어 서비스를 개발할 때 필요한 플랫폼을 제공하는 서비스 위에 PaaS가 얹어진 형태로, 사용자는 PaaS를 통해 필요한 서비스를 선택하는 방식으로 애플리케이션 개발 가능
	SaaS	Software As A Service : 클라우드 환경에서 데이터센터를 통해 운영되는 애플리케이션 서비스 위에 SaaS가 얹어진 형태로, 사용자는 소프트웨어를 구입하여 개인 PC에 설치하지 않아도 되며, 웹을 통해 필요한 소프트웨어를 구동

[표 4] 데이터센터 구성요소(서비스)

구분		서비스 내용
코로케이션	상면	독립적인 전산실 운영을 원하는 기업 또는 개인을 대상으로 데이터센터의 일정 공간을 임대하여 고객의 장비를 데이터센터에서 운영할 수 있도록 하는 서비스
	회선	백본에 고객의 서버 및 통신장비를 직접 연결함으로써 고속의 안정된 인터넷 연결을 제공하고 이를 통해 고객 서버 및 네트워크 장비를 안정적으로 운영할 수 있도록 하는 서비스
	Virtual IDC	데이터센터 시설 없이, 타사 데이터센터의 일정 공간을 임대하여 고객에게 코로케이션, 호스팅을 제공하는 서비스(상면 재임대 사업)
호스팅	웹 호스팅	자신이 소유한 ICT 장비(서버, 스토리지, 네트워크 등)의 일부를 고객에게 임대하여 이용고객 고유의 도메인으로 인터넷 서비스를 제공할 수 있도록 하는 서비스
	서버 호스팅	자신이 소유한 ICT 장비(서버, 스토리지, 네트워크 등)를 고객에게 임대하여 고객이 일반 대중 및 사업자를 대상으로 인터넷 서비스를 제공할 수 있도록 하는 서비스
매니지드 서비스		인력, 시설, 장비, 네트워크를 보유한 데이터센터 사업자가 고객의 IT 시스템에 대한 관리 요구를 아웃소싱 받아 모니터링, 시스템 운영 및 유지보수, 이전 대행 등을 제공하는 서비스
데이터센터 구축(이전) 컨설팅		입지선정, 건물 설계, 시공에 대한 관리/감독 등 데이터센터 구축 및 이전, 센터 내 인력, 자원, 설비관리 등에 대한 컨설팅을 제공
부가 서비스		데이터센터를 기반으로 고객의 효율적인 서비스 이용을 위하여 제공하는 각종 서비스(CDN, 보안, 백업, 재해복구, SW-ASP 등)

1.2.2 시설 구성요소

시설에 따른 구성요소는 다음과 같이 3가지로 구분 가능하다.

① 데이터센터의 시설은 IT 장비가 위치하고 있는 상면공간(White Space)

② IT장비에 전력을 공급하고 냉각을 담당하는 지원 인프라(Supporting Infra)

③ 데이터센터 인프라설비를 전반적으로 운영·관리하는 유지관리 공간(Operation Space)

2. 데이터센터 인프라설비 계획

2.1 일반사항

해당 데이터센터의 설계 프로세스는 TIA-942 통신 인프라 국제기준에 의해서 신축 데이터센터 또는 운영 중인 데이터센터의 확장 및 증축을 위한 것이며 IT장비 계획, 장비 배치계획, 전력계획, 건축계획, 냉각 및 공조, 보안 및 조명 등의 설계가 고려되어야 한다. 이상적인 프로세스는 다음과 같다.

① 최대 용량의(데이터센터의 전체면적 기준) IT장비, 공간, 전력공급, 그 외 냉각설비의 용량을 산정한다. 또한, 데이터센터의 생애주기 및 향후의 기술동향을 반영한다.
② 공간, 전기, 통신, 냉각 및 공조, 보안, 바닥하중, 접지 등의 인프라설비 요구사항을 제시한다. 여기에는 운영실, 장비 인입시설, 창고, 준비실 등의 지원시설을 포함한다.
③ 초기 설계안을 확인하고 변경 요구사항을 반영한다.
④ 간선 인입설비, 주-분배구역, 수평-분배구역, 존-분배구역과 장비-분배구역 등 주요 시설 및 공간의 장비배치 계획을 수립한다. 또한, 예상되는 전력, 공조, 바닥하중 등을 산정한다. 그리고 통신배선을 위한 인프라설비, 배관 등에 대한 요구사항을 검토한다.
⑤ 갱신된 통신설비, 전기설비, 기계설비 설계를 기준으로 데이터센터 배치에 반영한다.
⑥ 데이터센터에 배치되는 장비에 따라 기계, 전기, 통신 및 소방설비를 설계한다.

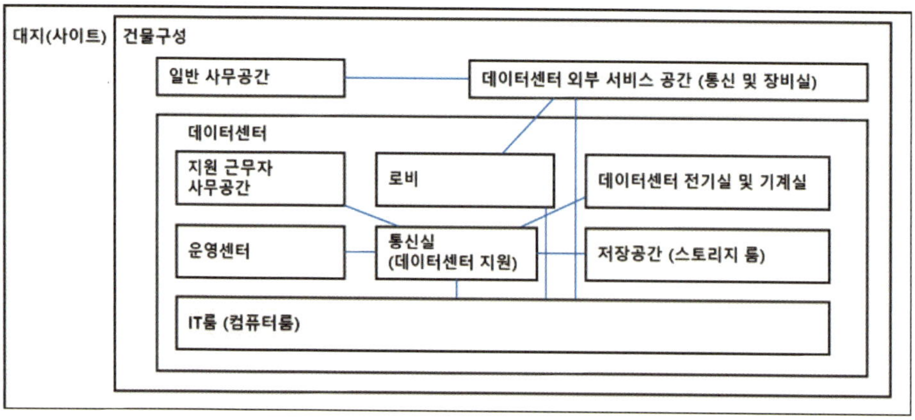

[그림 5] 데이터센터 구성 공간의 관계

[그림 5]는 전형적인 데이터센터의 주요 상면을 보여준다. 데이터센터 외부 상면 및 상호관계를 나타낸 것이다. 이것은 데이터센터 내의 관계를 설명하기 위하여 전력·통신케이블 및 관련 IT룸 외부의 상면, 그리고 내부 상면을 도식화하였다.

2.2 IT룸(컴퓨터실 및 서버실)

2.2.1 일반사항

IT룸은 서버 및 통신설비를 위한 환경을 운영하는 상면이다. IT룸은 IT장비의 보호에 대한 표준인 NFPA(National Fire Protection Association) 75 표준을 만족해야 한다. IT룸 배치계획은 다음의 요구조건을 만족해야 한다.

① 장비, 케이블, 패치 코드 등의 하중을 견뎌야 함
② 유지관리 및 보수를 위한 공간 확보 : IT장비의 전·후단에서 작업자가 일 할 수 있는 공간
③ 공조·냉각을 위한 원활한 공기의 흐름
④ IT장비 및 랙의 고정 여부
⑤ DC 전원과 배선 거리의 제한
⑥ 주변 장치 또는 콘솔 등의 케이블 거리의 제한

2.2.2 건축요소

(1) 위치

IT룸의 위치를 결정할 때는 승강기, 기둥, 외벽 또는 내력벽 등에 의해서 향후 확장이 불가능한 구역은 피해야 한다. 또한, 대형장비의 반입이 가능한 장소를 선택해야 한다. IT룸은 변압기, 모터, 발전기, 엑스레이가 있는 실의 주변 등 전자기장의 영향이 큰 구역에 설치해서는 안 된다. 또한, 외부로 연결된 창문이 없어야 한다. 이는 보안과 태양광에 의한 실내 온도 상승을 피하기 위함이다.

(2) 면적(규모)

IT룸의 면적은 계획된 장비의 크기, 작업공간, 그리고 향후의 확장을 고려하여 설계한다. 면적산정 시 반복되는 오류(실수)는 랙과 캐비닛이 차지하는 공간만을 염두에 두는 것이다. 따라서 IT장비의 관리에 필요한 공간, 케이블 및 패치 코드를 위한 공간, 항온항

습기, 공기의 흐름, 방화벽을 위한 공간 등이 함께 고려되어야 한다. 간혹, 프린터가 IT룸에 위치하는 경우가 있는데 이는 출력용지 등에서 발생할 수 있는 먼지 등 때문에 피해야 한다. 일반적으로 냉각을 위한 항온항습기의 기류도달 거리가 12 m 정도라는 것도 IT룸 계획 시 반드시 염두해야 한다.

(3) 관련 장비 설치

분전반, 공조기 등의 전기와 기계장비, 또는 100 kVA 이하의 Flooded-cell 배터리가 없는 UPS는 IT룸에 설치할 수 있다. 그러나 100 kVA 이상 또는 Flooded-cell 배터리가 있는 UPS는 분리하여 독립된 공간 및 실에 설치해야 한다. 이 이외의 배관, 전력·통신 트레이 등의 IT룸 보조 장비 외에는 어떠한 장비나 설비도 IT룸 내부에 설치하거나 통과하면 안 된다.

(4) 천장높이

IT룸의 천장높이는 최소 2.6 m 이상이어야 한다. 해당 높이 이하에서는 조명, 카메라, 소화설비 등을 설치해서는 안 되며, 랙의 높이가 2.13 m 이상일 경우 또는 상부 케이블 트레이를 적용할 경우에는 천장높이가 이에 비례하여 높아져야 한다. 스프링클러를 설치할 경우, 헤드 아래 460 mm에는 물의 분사를 방해하는 어떠한 물체도 있으면 안 된다. 공사가 완료된 상태의 바닥과 천장의 가장 낮은 부분의 높이는 프레임과 상부 트레이의 설치를 위해 3 m 이상 확보되어야 한다.

(5) 실내마감

바닥, 벽체, 천장은 먼지를 최소화하고 실내조명을 향상할 수 있는 내장재와 색상으로 마감되어야 한다. 바닥재는 정전기를 방지하는 물성을 가져야 한다.

(6) 조명

조명은 캐비닛 사이의 복도의 모든 구역에서 바닥에서 1 m 높이 지점에서의 조도가 수평으로 500 lux, 수직으로 200 lux 이상이 되어야 한다. 조명을 위한 전원은 IT룸의 장비가 사용하는 것과는 별개의 분전반을 이용해야 한다. 비상전원과 비상구 안내 표지판은 화재 규정에 맞게 설치한다.

(7) 출입문

IT룸의 출입문은 2개 이상으로 반영하여 설계해야 하며, IT룸을 통하여 건물의 반대편으로 이동이 가능하도록 설치해야 한다. 허가된 작업자만 출입이 가능하도록 해야 하지만 화재 등의 비상시 대피계획을 수립해야 한다. 이것은 화재 및 재해 규정에 적합해야 한다. 출입문은 문턱을 제외하고 1.0 m의 폭과 2.13 m의 높이 이상으로 설치해야 한다. 출입문이 열리는 방향은 바깥쪽이거나 떼어낼 수 있는 구조이어야 한다. 또한, 대형 장비의 운반을 위하여 잠금장치 등이 돌출되어 있어서는 안 된다.

(8) 바닥하중 및 내진설계

IT룸 바닥은 IT서버, 컴퓨터, 랙, 캐비닛, 케이블 등의 하중을 견딜 수 있게 설계해야 하며, 최소한 7.2 kPa(734 kgf/m^2) 이상으로 하며, 권장사항은 12 kPa(1,224 kgf/m^2) 이상이다. 또한, 아래층 천장에 장착되는 장비의 하중 역시 고려해야 하는데, 이는 최소한 1.2 kPa(122 kgf/m^2) 이상이며 권장사항은 2.4 kPa(244 kgf/m^2)이다. 내진설계, 하중 및 시험방법은 Telcordia specification GR-63-CORE을 참조한다.

2.2.3 기계설비

(1) 오염물질

IT룸은 ANSI/TIA-569-B 규정에 의하여 오염물질로부터 안전해야 한다.

(2) 공조설비(HVAC)

IT룸 전용의 공조기 또는 CRAC/H를 설치하는 것이 최선이지만 그렇지 못할 경우 최소한 메인 공조기에서 직접적으로 IT룸 관리가 가능해야 한다. 공조설비는 연중 중단 없이 운영되어야 한다. 만일, 메인 공조기의 항시 운전이 불가능할 경우에는 소규모 공조기를 IT룸에 별도로 설치해야 한다. IT룸의 공조설비는 IT룸 예비 발전기의 전원에 연결해야 한다. 예비 발전기가 없을 경우에는 건물의 예비 발전기에 연결해야 한다.

(3) 운영 환경조건

온도와 습도는 지속적인 운영이 가능하도록 조절해야 한다. 지역적인 조건(기후)에 따라 가습 및 제습장비가 필요하다.

① 온도(DB) : 20℃(68°F)~25℃(77°F)
② 습도(RH) : 40~55%
③ 최대 노점온도 : 21℃(69.8°F)
④ 최대 온도 변화율 : 시간당 5℃(9°F)

온도와 습도는 장비의 가동 시를 기준으로 한다. 바닥으로부터 1.5 m 높이, 냉복도(Cold Aisle : IT장비의 앞면이 배치되는 통로) 중간지점을 기준으로 3 m에서 6 m 간격으로 측정한다. 그리고 가동 중인 장비의 공기 흡입구 위치에서 측정한다. 온도의 측정은 가능한 잠재적인 냉각 문제를 가진 몇몇 장비의 공기 흡입구에서도 이루어져야 한다. IT룸의 온도를 측정하고 평가하기 위한 세부 지침은 ASHRAE(American Society of Heating, Refrigerating and Air-Conditioning Engineers) 기준을 참조한다.

(4) 배터리

예비의 배터리를 사용할 경우, 적절한 환기와 배터리액 유출용기(Spill Containment)가 필요하다. 또한, 전력규정을 참고한다.

(5) 진동

기계적인 진동은 IT장비와 회선의 장애와 관련된다. 이러한 장애의 일반적인 사례는 케이블의 연력이 느슨해져서 오는 장애이다. 진동이 건축물을 통해서 IT룸에 존재하고 전달되기 때문에 진동문제는 IT룸의 설계에 반드시 고려되어야 한다. 이 경우, 과도한 IT룸 진동을 막기 위하여 건축구조 엔지니어에 의하여 검토되어야 한다.

2.2.4 전기설비

(1) 전원

IT룸 전원은 전용 배전반을 사용해야 한다. IT룸에는 전동공구, 청소기 등을 위한 2구 이상의 120 V/20 A 콘센트가 설치되어야 하며, 서버전원에 이 장비들을 연결하여 사용하면 안 된다. 전동공구, 청소기 등을 위한 콘센트는 IT장비용 분전반 등과 연결하여 사용해서도 안 된다. 또한, 전동공구, 청소기 등을 위한 콘센트는 IT룸 벽면에 3.65 m 간격으로 설치되어야 하며, 설치 위치는 4.5 m 이내의 코드를 사용하여 IT룸 전역에서 공구를 사용할 수 있는 수준으로 설치되어야 한다. IT룸을 위한 배전반은 IT룸 예비 발전기와 연결되어야 한다. 적용된 발전기는 IT전력부하를 감당해야 한다. IT룸에 대한 예비 발전기가 없는 경우에는 건물의 예비 발전기와 연결되어야 한다.

(2) 접지

ANSI/TIA/EIA-J-STD-607-A에 의해 정의된 전기·통신 접지설비를 이용할 수 있다. IT룸은 공통접지(CBN : Common Bonding Network)를 적용해야 한다.

2.2.5 소방·방재 설비

소방·방재설비와 수동식 소화기는 NFPA-75 규정을 참고해야 한다. IT룸 내부에 스프링클러를 적용할 경우에는 준비작동식(Pre-Action) 시스템이어야 한다.

2.2.6 침수대책

침수위험이 있다면 배수(Evacuating Water)하는 방법을 적용한다. 또한, 100 m^2당 1개 이상의 배수설비를 갖춰야 한다. 침수위험을 막기 위해 IT룸 상부 또는 주위에는 상·하수도 배관 등을 설치하면 안 된다.

2.3 국선 인입시설

2.3.1 일반사항

국선 인입시설은 통신 사업자의 시설과 데이터센터의 통신 케이블이 연결되는 공간 또는 실이다. 일반적으로 통신 사업자의 장비가 설치되며 회선의 종단부분에 국선 인입시설이 위치한다. 회선종단은 통신 사업자의 책임이 끝나고 고객의 책임이 시작되는 지점이다. 인입실은 인입경로를 따라서 위치하며 국선 인입을 위한 배관, 피뢰설비, 케이블 포설장지 등이 설치되며 IT룸으로 가는 케이블을 위한 설비도 설치된다. 일반적으로 통신 사업자가 국선의 포설까지를 책임지고 그 이후의 구내배선은 데이터센터에서 시행한다.

2.3.2 위치

국선 인입시설의 위치는 통신 서비스를 위한 케이블 거리 제한을 고려하여 결정해야 한다. 최대 케이블 거리 제한은 바닥과 랙 간의 케이블 거리, 패치코드와 전체 케이블의 거리를 모두 포함한다. 부득이하게 해당 거리를 넘게 될 경우는 리피터를 사용하여야 한다. 인입실의 위치는 IT룸 내부 또는 외부에 위치시킬 수 있는데, 보안을 고려하면 IT룸 외부공간에 설치하는 것이 바람직하다. 단, 대규모 데이터센터의 경우, 거리의 제한 때문에 대부분 IT룸 내에 설치하게 된다. 인입실을 위한 배선은 IT룸을 위한 배선과 동일한 경로(상부배선 또는 하부배선)를 사용하여야 하는데 이는 케이블의 경로를 최소화하기 위함이다.

2.3.3 수량

대규모 데이터센터의 경우, 설비의 다중화 구성과 케이블 거리 제한 때문에 대부분 2개소 이상의 인입시설이 필요하다. 이때 각각의 인입시설은 독립적인 배선설비를 갖추어야 하는데 건물구조가 이를 지원할 수 없을 때에는 다중화 구성을 위한 예비 인입시설을 주 인입시설에서 연장하여 설치할 수 있다.

2.3.4 출입보안

국선 인입시설은 데이터센터에 보안설비에 의해 출입이 통제되어야 한다.

2.3.5 이중마루(Raised Floor) 하부 인입관로

국선 인입시설이 IT룸 내부에 위치한다면 국선 인입관로는 이중마루(Raised Floor) 하부의 공조를 위한 공기흐름, 공조덕트 또는 기타 회선에 방해가 되지 않도록 한다.

2.3.6 상면(회선 사업자 및 서비스 사업자)

일반적으로 데이터센터 내의 회선 사업자와 서비스 사업자의 상면은 국선 인입실이나 IT룸에 위치하게 된다. 회선 사업자와 서비스 사업자의 상면에 관한 사항은 ANSI/TIA-569-B을 참고한다. 국선 인입시설 출입은 엄격하게 통제하기 때문에 국선 인입시설을 회선 사업자와 서비스 사업자가 같이 상주할 경우, 일반적으로는 회선 사업자와 서비스 사업자 간에 분리를 할 필요는 없다. IT룸 내에 공간을 회선 사업자와 서비스 사업자가 임차하여 사용할 경우는 일반적으로 엄격한 출입통제가 필요하다.

2.3.7 건축요소

(1) 일반사항

각 실이나 상면의 배치는 접근성과 부수적인 출입을 고려한 보안 및 장비 보호를 위한 벽면, 국선 인입실 그리고 물리적인 위치를 고려한다.

(2) 용량(규모)

다음 사항을 포함한 데이터센터의 최대 용량에 맞게 설계해야 한다.

① 데이터센터 캠퍼스 백본과 통신 사업자를 위한 배관
② 데이터센터 캠퍼스 케이블과 통신 사업자 케이블을 위한 랙과 벽체를 위한 공간
③ 통신 사업자 랙
④ 인입실에 위치할 데이터센터 시설
⑤ IT룸으로 연결된 하드웨어를 위한 랙
⑥ IT룸, 통신실로의 배관
⑦ 다른 인입실로의 배관

국선 인입실의 상면 크기는 데이터센터의 크기보다는 종단되는 회선의 종류, 숫자, 통신 사업자의 수에 더 많은 영향을 받는다. 초기와 향후의 국선 인입실 크기를 결정하기 위해 통신 사업자와 협의해야 한다. 상면은 또한 캠퍼스 회선도 고려해야 한다. 국선 인입실에서 금속재료가 사용된 케이블(동축케이블, 금속함유 광케이블 등)의 종단에는 보안 장비가 설치되어 있어야 한다. 보안장비는 벽에 설치되거나 프레임에 설치되어야 하며, 건물로 인입되는 케이블에 가까이 설치되어야 한다. 광케이블은 국선 인입실이 아닌 주-분배구역에서 종단된다.

(3) 천장높이

마감이 끝난 상태(이중마루 및 스프링클러, 조명, 카메라 등)에서 최소 2.6 m를 확보해야 한다. 만일 수계 스프링클러를 설치할 경우에는 스프링클러 방수구와 랙 사이가 46 cm 이상 떨어져야 한다.

(4) 내장재

바닥, 벽과 천장은 먼지 발생을 최소화할 수 있도록 마감되어야 한다. 마감은 실내조명 효율을 향상할 수 있는 색상으로 마감한다. 이중마루는 정전기를 방지할 수 있는 재질을 사용한다.

(5) 조명

조명은 캐비닛 사이의 복도의 모든 구역에서 바닥에서 1 m 상부지점에서의 조도가 수평으로 500 lux, 수직으로 200 lux 이상이 되어야 한다. 조명을 위한 전원은 IT룸의 장

비가 사용하는 것과는 별도의 분전반을 사용해야 한다. 조명제어 스위치는 사용하지 않는다. 비상전원과 비상구 안내 표지판은 소방규정에 맞게 설치한다.

(6) 출입문

출입문은 문턱을 제외하고 1 m의 폭과 2.13 m의 높이 이상으로 설치해야 한다. 출입문의 열리는 방향은 바깥쪽 또는 옆으로 열거나 떼어낼 수 있어야 한다. 또한, 대형 장비의 이동을 위하여 잠금장치 등이 돌출되어 있어서는 안 된다.

(7) 내진설계

내진설계는 관련 설비설계에 적용되어야 한다.

(8) 공기조화설비

국선 인입실은 IT룸의 공조설비를 공유하여 사용할 수 있는 위치에 설치한다. 또한, 별도의 공조기를 설치할 수도 있다. 별도의 공조기를 설치할 경우에는 인입실 랙 전원과 같은 분전반을 사용한다. 공조설비는 연중 가동되어야 한다. 만일, 항온항습기의 항시 운전이 불가능할 경우에는 소규모 냉방기기를 국선 인입실에 별도로 설치한다. 국선 인입실의 공조설비는 IT룸용 예비 발전기를 사용한다. 전용의 발전기가 없을 경우에는 건물의 예비 발전기를 공유하여 사용한다. 온도와 습도는 지속적인 유지가 가능하도록 조절해야 한다. 지역적인 조건(계절)에 따라 가습 및 제습장비가 필요하다.

① 온도(DB) : 20℃(68°F)~25℃(77°F)
② 습도(RH) : 40~55%;
③ 최대 노점온도 : 21℃(69.8°F);
④ 최대 온도 변화율 : 시간당 5℃(9°F)

온도와 습도는 장비가 가동 중인 상태를 기준으로 한다. 바닥으로부터 1.5m 높이, 냉복도 중간지점을 기준으로 3 m에서 6 m 간격으로 측정한다. 그리고 운전 중인 장비의 공기 흡입구 위치에서 측정한다. 온도의 측정은 가능한 잠재적인 냉각 문제를 가진 몇몇 장비의 공기 흡입구에서도 이루어져야 한다.

(9) 전원설비

국선 인입실을 위한 전용의 분전반 및 UPS를 구성해야 한다. 전력 케이블의 수량은 국선 인입실에 설치되는 장비의 수에 달려 있다. 국선 인입실의 전원도 IT룸과 동일하게 전력 보조장치(UPS, 발전기)를 갖추고 있어야 한다. 국선 인입실의 공조, 전력의 다중화 정도는 IT룸과 동일한 수준으로 해야 된다. 국선 인입실 전원은 전용의 배전반을 사용해야 한다. 국선 인입실에는 전동공구, 청소기 등을 위한 2구 이상의 120V/20A 콘센트가 설치되어야 하며, 서버 전원에 해당 장비를 연결하여 사용하면 안 된다. 전동공구, 청소기 등을 위한 콘센트는 통신장비 및 서버용 분전반 등과 연결하여 사용해서도 안 된다. 전동공구, 청소기 등을 위한 콘센트는 4 m 이내의 간격으로 설치되어야 하며 설치 위치는 4.5 m 이내의 코드를 사용하여 실 전역에서 공구를 사용할 수 있는 수준으로 설치되어야 한다.

국선 인입실을 위한 배전반은 IT룸 예비 발전기와 연결되어야 한다. 적용된 발전기는 해당 전력부하를 감당해야 한다. 국선 인입실용 예비 발전기가 없는 경우에는 건물의 예비 발전기와 연결되어야 한다.

(10) 접지설비

ANSI/TIA/EIA-J-STD-607-A에서 규정하고 있는 통신설비용 접지기준에 맞게 설치한다.

2.3.8 소방설비

소화·방재설비와 수동식 소화기는 NFPA-75 규정을 참고한다. IT룸 내부의 스프링클러는 준비작동식으로 한다.

2.3.9 침수대책

침수위험이 있다면 배수설비를 설치한다. 침수위험을 막기 위해 상부나 주위에는 상·하수도 등 물 배관을 설치해서는 안 된다.

2.4 통신실

데이터센터에서 통신실은 IT룸 외부에서 케이블을 공급하는 역할을 수행한다. 일반적으로 통신실은 IT룸 외부에 위치하지만 필요시에는 주-분배구역이나 수평-분배구역과 통합할 수 있다. 하나의 통신실로 부족한 대규모 데이터센터는 여러 개의 통신실을 설치할 수 있다. 통신실은 ANSI/TIA-569-B를 참조해야 한다.

2.5 주-분배구역(MDA : Main Distribution Area)

2.5.1 일반사항

주-분배구역은 데이터센터의 회선분배의 중심지역이므로 데이터센터는 적어도 1개 이상의 주-분배구역을 가지고 있어야 한다. 코어 라우터와 코어 스위치가 종종 주-분배구역에 있거나 인근에 있어야 한다. 인터넷 데이터센터나 코로케이션 서비스와 같이 많은 기관이 이용하는 데이터센터에서는 주-분배구역은 보안구역으로 지정해야 한다.

2.5.2 위치

주-분배구역은 서비스 제공 구역까지의 케이블 거리제한 및 국선 인입실에서의 거리제한·때문에 데이터센터의 중심에 위치해야 한다.

2.5.3 시설 요구사항

주-분배구역이 독립된 공간에 있을 경우, 전용의 공조기, 분전반, UPS 공급 전원 패널이 있어야 한다. 주-분배구역이 전용의 공조장비를 가지고 있다면 공조제어 회선은 통신장비에 전원을 공급하는 전력분배기(PDU : Power Distribution Units)에서 전원을 공급받아야 한다.

2.6 수평-분배구역(HDA : Horizontal Distribution Area)

2.6.1 일반사항

수평-분배구역은 장비-분배구역으로 케이블을 연결하는 곳이다. 종단장비(IT서버)를 지원하는 랜, SAN, 콘솔, kVM 스위치 등이 일반적으로 위치한다. 소규모 IT룸의 경우, 주-분배구역이 수평-분배구역의 역할을 수행할 수 있다. 1개 층마다 적어도 1개 이상의 수평-분배구역이 존재하며 수평분배 케이블의 거리제한 때문에 다수의 수평-분배구역이 필요할 수 있다. 수평-분배구역의 케이블 개수는 트레이의 크기에 따라 달라지며 추가적인 케이블 작업을 위하여 여유를 남겨 두어야 한다. 인터넷 데이터센터나 코로케이션 서비스 같이 많은 조직이 이용하는 데이터센터에서는 수평-분배구역은 보안구역으로 지정해야 한다.

2.6.2 위치

수평-분배구역은 주-분배구역으로부터의 백본 회선의 케이블 거리제한 및 케이블 종류별 최대 거리를 초과하지 않도록 해야 한다.

2.6.3 시설 요구사항

수평-분배구역이 독립된 공간에 있을 경우, 전용의 공조기, 분전반, UPS 공급 전원 패널이 있어야 한다. 공조제어 회선 및 공조장비는 통신장비에 공급하는 전원과는 별도의 전원을 공급해야 한다. 건축, 기계, 전력의 측면에서 수용 조건은 IT룸과 동일하다.

2.7 존-분배구역(ZDA : Zone Distribution Area)

존-분배구역은 동축케이블 및 트위스트 2중선이 최대 288개를 넘지 않도록 해야 하며, 무게에 눌려 아래쪽의 케이블이 하중을 견디지 못하고 변형되어 통신장애를 발생시킬 수 있다. 600 × 600 mm 이중마루 타일 밑에 시스템 박스 형태로 설치한다. 크로스커넥션은 구성이 불가하며 인터커넥션으로 구성한다. 수평-분배구역 안에는 하나의 존-분배구역만을 허용한다. 일반적으로 통신장비는 설치되지 않으며 DC 전원을 사용하는 장비는 예외로 한다.

2.8 장비-분배구역(EDA : Equipment Distribution Area)

장비-분배구역은 말단의 IT장비와 통신장비가 위치하는 곳이다. 이 구역은 통신실, 국선 인입실, 주-분배구역, 수평-분배구역을 포함하지 않는다. 말단 장치는 일반적으로 바닥에 세우는 장치이거나 캐비닛이나 랙에 설치되는 형태로 되어있다. 수평배선구역의 케이블이 포설되는 구역으로 IT장비, 컴퓨터와 통신장비가 연결된다. 패치코드와 전원코드 길이의 최소화를 위해 각 랙과 캐비닛에는 패치패널과 전원장치가 충분히 설치되어야 한다. 두 지점 간의 연결은 같은 장비-분배구역내의 장비 간에만 허용된다. 장비-분배구역에서 사용하는 패치코드의 길이는 최대 15 m 이며 장비 간의 인접한 랙이나 같은 열의 랙으로 연결한다.

2.9 데이터센터 지원시설

데이터센터 지원시설은 데이터센터 시설을 보조하기 위한 공간으로 IT룸의 외부에 위치한다. 운영센터, 지원사무실, 보안실, 전기실, 기계실, 창고, 장비보관실 및 장비 상하차실이 이에 포함된다. 운영센터, 지원사무실, 보안실, 사무실의 배선은 일반사무실 구역의 배선과 유사하다. 운영센터의 콘솔 및 보안 콘솔은 일반사무실보다 많은 숫자의 케이블이 필요하다. 케이블 수량은 운영자와 기술진의 의견을 반영해야 한다. 운영실의 경우는 벽체에 모니터를 위한 포트가 많이 소요되는 점도 특이점이다. 전기실, 기계실, 창고, 장비보관실과 장비 상하차실에는 1대 이상의 벽걸이형 전화기가 설치되어야 한다. 전기실 및 기계실은 또한 시설관리를 위한 데이터 회선이 적어도 1개 이상 있어야 한다.

2.10 IT장비의 랙, 캐비닛 구성

2.10.1 일반사항

랙은 IT장비와 하드웨어를 설치할 수 있는 사이드 설치 레일이 구성되어 있다. 캐비닛은 사이드 설치 레일, 측판, 윗면, 앞, 뒷문으로 구성되어 있고 주로 잠금장치가 설치되어 있다.

2.10.2 냉복도와 열복도 구분

IT룸의 랙이나 캐비닛 배치는 IT장비의 전면부가 마주 보도록 교차하여 배치한다. 이때, 서버(랙)의 전면부가 위치하는 전면 복도와 서버(랙)의 팬 쪽이 배치되는 후면 복도로 나뉜다. 전면 복도(냉복도 : Cold Aisle) 밑에는 전력케이블이 포설되어야 하며 후면 복도(열복도 : Hot Aisle) 밑에는 통신케이블이 설치되어야 한다. **[그림 6]**

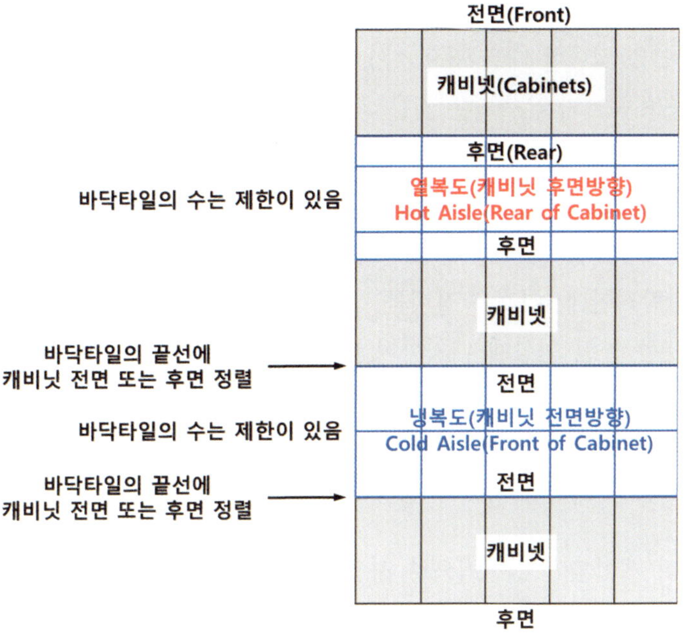

[그림 6] 냉복도와 열복도의 구분 및 캐비닛 배치 사례

2.10.3 장비 배치

IT장비는 모두 랙이나 캐비닛에 실장 되어야 하며, 랙이나 캐비닛의 전면부에서 냉각을 위한 찬 공기를 흡입하여 뒤쪽의 후면 복도(열복도)로 배출되어야 한다. 랙 내부에 IT장비를 반대로 배치할 경우에는 냉각을 위한 공기 흐름을 방해한다. 전체 IT룸 공조를 위해서는 전면에서 후면으로 냉각하는 구조를 가진 IT장비만을 사용하는 것이 바람직하다.

문이 없는 랙과 캐비닛을 배치할 경우, 비어있는 공간은 블랭크 패널로 막아야 하는데, 이것은 미관 때문이 아니라 냉복도와 열복도의 효과를 적절하게 활용하기 위함이다. 공기의 흐름과 냉각을 고려하여 냉복도의 바닥은 타공 패널을 설치하고 열복도의 바닥은 타공이 없는 바닥 패널을 설치한다. 또한, 냉복도의 타공판 하부에는 케이블 트레이나 장애물이 없어야 한다.

2.10.4 이중마루(Raised Floor)

이중바닥에 캐비닛을 배치할 때는 이중마루를 설치 및 해체할 수 있도록 캐비닛의 앞이나 뒤쪽 모서리가 타일의 앞이나 뒤쪽 모서리에 일치하도록 한다. 캐비닛은 전면 끝이나 후면 끝부분이 타일의 끝부분과 일치되도록 설치한다. 랙을 배치할 경우에는 랙이 타일 지지대의 설치를 방해하지 않도록 해야 한다.

이중마루 타일을 절단할 때는 필요 이상으로 크게 자르면 안 된다. 이중마루 타일의 틈 사이를 통한 공조 공기가 유출되는 것을 최소화하기 위해서 댐퍼나 블러시를 타일의 틈새에 설치한다. 캐비닛을 위한 개구부는 캐비닛의 밑이나 걸려 넘어지지(Tripping Hazard) 않도록 해야 한다. 랙을 위한 개구부는 랙의 앞뒤 공간에 만드는 것이 아니고 랙 양옆의 수직 케이블 정리대 하단을 이용해야 한다. 일반적으로 랙의 수직 정리대에 개구부가 위치하는 것이 바람직한데, 이것은 장비를 랙의 바닥에 놓이게 하기 때문이다. 또한, 각 층의 랙과 캐비닛은 동일 선상에 배치하여 타일의 개구부가 규칙적으로 배열될 수 있도록 한다. 캐비닛은 바닥 타일과 같은 너비로 하며, 랙과 수직 정리대의 너비도 타일과 같아야 한다. 또한, 한 열에 있는 각각의 캐비닛이 타일의 끝에서 시작되는지를 확인하기 위해서는 캐비닛 사이에 스페이서 설치가 필요하지만 다음 사항에서 예외는 있다.

① 대형 수직 케이블이 일반적으로 사용되는 주-분배구역이나 수직-분배구역
② 국선 인입실 통신용 랙 및 캐비닛, 통신 랙은 480 mm 보다는 585 mm가 많음
③ 표준 480 mm 캐비닛에 맞지 않는 대형 서버용 캐비닛

2.10.5 랙, 캐비닛 설치

방진 랙은 방진 스탠드에 설치되거나 슬래브 바닥에 직접 고정되어야 한다. 통신용 랙을 설치, 고정할 때는 타일에 하중이 전해지지 않도록 바닥 시멘트나 철골에 볼트를 사용하여 고정해야 한다. 그리고 돌출된 돌기, 날카로운 모서리 등은 튜브 등을 사용하여 부드럽게 마감한다.

(1) 거리 확보

랙의 전면은 IT장비의 설치를 위해서 최소 1.0 m의 거리를 확보한다. 대형장비를 위해서는 1.2 m가 바람직하다. 랙이나 캐비닛 뒷면의 유지관리 등 서비스 접근을 위하여 0.6 m가 확보되어야 한다. 랙의 뒷면의 거리 확보는 1.0 m가 바람직하다. 일부 장비는 1.0 m 이상의 거리 확보가 필요하기도 한다. 해당 장비 제조사의 요구사항을 확인해야 한다.

(2) 환기

캐비닛은 실장 되는 IT장비의 적절한 공조를 고려하여 선택해야 한다. 공조와 환기는 다음과 같다.

① 팬을 통한 강제 배기
② 전후면 복도의 공조를 이용한 자연 배기
③ 강제 및 자연배기 동시 이용

발열을 효과적으로 제거하기 위하여 캐비닛은 아래의 공조방식을 이용할 수 있다.

① 캐비닛 앞과 뒤의 문은 최소한 50%의 개구 면적(Open Space)을 제공하여야 한다. 개구 면적의 증가는 공조의 증가로 이어진다.
② 강제 및 자연배기를 동시에 이용하며 랙의 문과 장비 사이에 충분한 공간을 둔다.

국부 과열이 발생할 경우, 자연배기로는 부족하며 캐비닛 내의 IT장비에 적절한 공조를 위해서는 강제배기가 필요하다. 강제배기설비는 냉각 팬과 함께 적절히 위치한 개구부가 필요하다. 캐비닛에 팬이 설치되어 있다면 이는 냉복도, 열복도의 기능을 방해하기보다는 향상할 수 있다. 팬을 통한 공조는 캐비닛 내부의 열을 제거하는 데 적절하다. 고도의 안전성과 환기의 가용성이 요구되는 데이터센터에서는 서버에 공급하는 전원이 아닌 별도의 전원을 설치하기도 한다. 이는 팬 장애로 인한 통신 및 IT장비의 장애를 방지하기 위함이다.

(3) 설치 높이 및 너비

일반적으로 최대 랙 및 캐비닛의 설치높이는 2.4 m이다. 실장 된 IT장비의 접근이나 상부에 설치된 IT장비의 연결을 위하여 랙이나 캐비닛은 2.1 m를 넘지 않는 것이 좋다. 캐비닛은 계획된 IT장비, 전면 또는 후면의 케이블, 전원선, 케이블 정리대, 전원 스트립(멀티탭) 등에 맞춰 적절한 깊이를 가져야 한다. 적절한 공조와 전원선 및 전원 스트립을 위한 적절한 공간을 위하여 설치되는 IT장비보다 최소한 150 mm 이상 큰 캐비닛을 사용한다.

(4) 조절 레일

캐비닛의 전면과 후면에는 조절 레일이 있어야 한다. 레일은 42개 이상의 실장공간을 가진다. 레일은 부가적으로 장비의 실장 위치를 쉽게 잡을 수 있도록 한다. 캐비닛 공간을 가장 효율적으로 사용할 수 있도록 적절한 장비와 연결용 장비가 설치되어야 한다. 캐비닛의 전면부에 패치패널이 설치되어 있다면 레일과 문 사이에는 케이블 관리를 위한 공간 등을 위하여 최소 100 mm 이상의 거리를 둔다. 이와 유사하게 패치패널이 뒷면에 설치되어 있다면 뒷면 레일은 문에서 최소한 100 mm의 거리를 둔다. 패치패널은 앞, 뒤

레일에 같이 설치되어서는 안 된다. 멀티탭이 캐비닛의 전면 또는 후면 레일에 설치된다면 멀티탭에 설치되는 전원선과 파워서플라이를 위한 공간을 적절하게 고려해야 한다.

(5) 캐비닛, 랙 마감

페인트 마감을 할 경우에는 분말 코팅이나 긁힘 방지 처리를 한다.

(6) 파워스트립(멀티탭)

IT장비가 동작하지 않는 캐비닛이나 랙은 멀티탭이 필요하지 않는다. 일반적인 캐비닛 내의 멀티탭 구성은 20 A/120 V이다. 각 상비용 랙과 캐비닛에는 서로 다른 분전반을 이용한 전원 두 조가 배치되어야 한다. 전원선에는 중립 접지선이 있어야 한다. 멀티탭에는 측정기가 있을 수는 있고, On/Off 스위치나 리셋 버튼이 달린 것은 단전을 최소화하기 위해서 사용하지 않는다. 이중화와 충분한 용량의 전원을 공급하기 위하여 많은 멀티탭이 사용된다. 멀티탭을 위한 플러그는 사고를 막기 위해 잠김 플러그를 사용한다. 멀티탭에는 분전반의 번호와 회로차단기 번호를 부착한다.

2.10.6 추가적인 요구사항

랙이나 캐비닛의 추가적인 요구사항은 ANSI T1.336을 참조하며, 데이터센터에서 사용하는 랙이나 캐비닛의 높이는 최대 2.4 m이고 캐비닛의 깊이는 최대 1.1 m 이내로 한다. 국선 인입실, 주-분배구역, 수평-분배구역에서 사용하는 패치패널 및 장비용 랙은 19인치 표준 랙을 사용한다. 서비스 사업자는 23인치 랙이나 전용의 캐비닛을 설치할 수 있다. **[표 5]** 국선 인입실, 주-분배구역, 수평-분배구역에 사용되는 랙은 수직 케이블 정리대(Vertical Cable Manager)가 랙의 양단에 설치되어야 한다. 최소 폭은 83 mm 이상이며, 독립된 랙과 코너 랙의 폭은 150 mm 이상이 필요하다. 랙과 랙 사이에는 폭 250 mm 이상이 권장된다. 수직 케이블 정리대는 랙의 밑에서 윗부분까지 설치되어 있어야 한다. 국선 인입실, 주-분배구역, 수평-분배구역에 사용되는 랙은 수평 케이블 정리대(Horizontal Cable Manager)가 각 패치패널의 위와 아래에 설치되어야 한다. 권고되는 수평 케이블 정리대의 비율은 패치패널과 1:1로 설치하는 것이다. 수평, 수직 케이블 정리대 및 케이블 연장 저장장치(Slack Storage)는 구부림 각도를 만족하여야 하며 깨끗하게 정리되어야 한다. 랙 간의 패치패널을 위한 상부 케이블 트레이가 필요하다. 표준이 권장하고 있는 상부 트레이 구조는 천장에 고정된 방식이다. 데이터센터 내에 설치된 랙의 높이와 배열이 일정할 경우 상부 트레이를 랙에 고정할 수도 있지만 권장하는 방식은 아니다. 이것은 랙의 위치 변경이나 교체가 어렵기 때문이다. 천장에 고정하는 방식은 랙의 높이나 위치 변경, 추가에 보다 능동적으로 대처할 수 있다.

[표 5] 랙, 캐비닛 설치기준

구분	설치기준 및 방법
앞 뒤 확보 공간	1. 전면 : 최소 1.0 m, 권장 1.2 m 2. 후면 : 최소 0.6 m, 권장 1.0 m
환기	1. 팬을 이용한 강제 배기 2. 전후면 복도의 공조를 이용한 자연 배기 3. 강제 및 자연배기 동시 이용
높이	최대 : 2.4 m, 권장 2.1 m 이하
깊이	설치되는 장비의 깊이에 비해 15 cm 이상의 여유 공간 확보
레일	1. 캐비닛에 패치패널이 전면부에 설치될 경우 전면 문과 레일 간에는 최소 10 cm의 간격을 확보 2. 캐비닛에 패치패널이 후면부에 설치될 경우 후면 문과 레일 간에는 최소 10 cm의 간격을 확보 3. 캐비닛의 전면과 후면에 패치패널을 동시에 설치하면 안 됨
전원	각 장비용 랙과 캐비닛에는 서로 다른 분전반을 이용한 전원 두 조가 배치되어야 함
수직 케이블 정리대	1. 랙의 양단에 설치해야 한다. 2. 최소 폭 83 mm 이상 3. 독립된 랙과 코너 랙 : 폭 150 mm 이상 권장 4. 랙과 랙 사이 : 폭 250 mm 이상 권장
수평 케이블 정리대	1. 랙의 최상단과 하단에 1개 2. 패치패널 당 1개 추가

2.11 전문가 협의를 위한 고려사항

데이터센터는 다수의 IT장비(컴퓨터) 및 통신장비를 수용하도록 설계되었다. 그러므로 통신 및 정보기술 전문가는 데이터센터의 초기 설계 단계에서 참여해야 한다. IT장비와 통신장비를 위한 상면, 환경, 접근성, 운영상의 요구사항뿐만 아니라, 회선경로 및 통신 상면을 정하기 위한 데이터센터 설계가 필요하다.

3. 데이터센터 구축

3.1 일반사항

데이터센터 구축은 기획부터 구축 완료까지는 평균 3.5년의 시간이 소요된다. 구축 절차는 ①부지선정 → ②개념설계 → ③건축설계 → ④지자체 인허가 → ⑤전력공급(수전용량) 계약 → ⑥건설공사 → ⑦준공 등의 단계가 있다.

3.1.1 부지선정

데이터센터 구축을 위한 부지의 물색 및 선정 단계이다.

3.1.2 개념설계

개념설계는 (현재 및 향후 서비스 공급을 위한) IT전력 용량 산정, 냉각부하 산정(IT용량 및 발열량 검토), 전력 수전용량 산정(IT용량 및 냉각부하 포함), 전력공급방식(장비) 및 냉각방식(장비) 산정에 의한 기본 계획을 수행한다.

3.1.3 건축설계

부지의 형태, 지자체 건축규제(고도제한, 주차장 설치 규정, 외부 경관 규정 등), 개념설계에 따른 공간배분(IT 및 냉각 장비의 효율적 배치)에 의한 건축설계를 진행한다.

3.1.4 지자체 인허가

건축물(데이터센터) 주 용도 및 사용 목적에 따른 건축물 용도(건축법 시행령 별표 1) 분류, 해당 부지의 지구단위계획 검토, 관련 법규(건축법, 지자체 조례 등)에 따른 설계 적합성 등과 지자체 인허가가 필요하다. 과거 데이터센터는 주로 업무시설, 방송통신시설, 연구시설, 공장으로 인허가를 받아 왔으나 개정 건축법 시행 이후 데이터센터는 방송통신시설로 인허가가 가능하다. 지구단위계획상 방송통신시설 입지가 불가능한 지역의 경우 데이터센터 구축이 제한될 수 있다. (단, 지자체와의 협의를 통해 지구단위계획 변경 가능) 건축법 시행령 별표 1 제24호(방송통신시설) 내 마목(데이터센터 시설) 신설 및 시행하고 있다. (2019.03.05.)

3.1.5 전력공급 계약

개념설계의 수전용량 산정에 따른 전력 사업자와 전력공급 계약을 체결한다. 데이터센터는 부지 인접 변전소의 공급 가능 전력용량과 데이터센터에 필요한 수전용량을 토대로 전력공급 계약을 체결하게 되며 인접 변전소의 전력공급 용량이 부족할 경우, 전력공급 계약에 애로사항이 발생할 가능성이 크다. 국내 고압 송배전망은 22.9/154/345/765 kV로 구성되며, 데이터센터는 주로 22.9 kV 회선을 통해 전력을 공급받게 되고 인접 변전소 등 전력공급 인프라설비가 충분치 않을 경우, 154 kV 회선을 통해 전력을 공급받을 수 있다.

3.1.6 건설공사 및 준공

건축설계에 의한 건설, 구축 및 준공검사 등 절차에 따라서 데이터센터가 완공된다.

3.2 데이터센터 부지선정

3.2.1 일반사항

높은 수준의 다중화(Tier)가 요구되는 데이터센터에 적용한다. 모든 건축물은 적절한 국가 또는 지자체 법규에 따라야 한다. 건물과 위치는 모두 통용되고 있는 적절한 지자체 관계조례, 지침과 표준을 준수해야 한다. 건물은 지역별(International Building Code Seismic Zone)로 충족할 수 있는 내진기준을 적용해야 한다. 건물은 석면, 납 함유 페인트, PCB 등 환경 유해물질 등이 발생하지 않아야 한다. 연료저장소와 발전기 사용에 관련하여 토지이용, 연료저장, 소음, 이산화탄소 발생 등에 대한 환경법과 지자체 법규를 고려하여야 한다. 적절한 냉각장비 증가에 대한 대응에 어려움이 있고 또한 ASHRAE에서 권장하는 데이터센터는 해발 3,000m (10,000 피트) 이하에 위치하도록 한다.

3.2.2 건축적 입지선정 고려사항

서로 다른 도로를 통하여 데이터센터에 출입이 가능하도록 이중화된 도로 접근성이 권장된다. 가능하면 건물은 1개 층인 단층의 데이터센터 전용건물이 바람직하다. 건물은 기둥 간격을 넓혀 장비 상면을 최대화할 수 있도록 하는 것이 좋다. 건물의 구성 재료는 난연재로 되어야 하며, 외벽은 보안을 위하여 콘크리트나 조적구조로 건축되어야 한다. 1층이나 2층 건물의 경우, IBC(International Building Code) Type V-N을 참고하고 사방으로 18 m를 담당할 수 있는 스프링클러를 설치해야 한다. 3층 이상의 건물은 IBC Type I 또는 II를 참고해야 한다. 데이터센터가 전용 건물이 아닐 경우, 데이터센터 외의 상면은 산업용이 아니어야 하며 IBC type B를 충족하는 사무실이어야 한다. 또한, 데이터센터에 방해가 되는 시설이 함께 있어서는 안 된다. 화재위험을 줄이기 위해서는 레스토랑이나 카페로 사용하는 건물에 데이터센터가 위치해서는 안 된다. 많은 회사가 입주한 건물의 상부에 데이터센터가 위치할 경우에는 발전기, 보안, 통신회선, 전력 등의 공간과 배관 그리고 공조, 접지설비가 필요할 경우, 안테나 설치까지를 염두에 둔다. 데이터센터 건물은 구조적인 설치요구에 적합해야 한다. UPS, 배터리, 변압기 등의 하중부하와 함께 인접한 상면의 기계설비의 진동차단이 고려되어야 한다.

바닥에서 천장까지의 높이가 고려되어야 한다. 이중마루, IT장비, 케이블 등을 위하여 4 m 이상의 층고가 요구된다. 데이터센터는 적용 가능한 지자체 법규를 충족하기 위해서 충분한 주차장을 확보해야 한다. 추가적인 주차장 확보가 요구될 경우, 출구전략(Exit Strategies)을 고려하는 것이 필요하다. 실내, 실외, 옥상에 공조와 전력설비를 위한 충분한 공간이 있어야 한다. 추후의 확장을 위한 공간도 고려하여야 한다. 데이터센터에는 큰 장비 상·하차실, 화물용 엘리베이터, 입고가 예상되는 대형장비의 이동경로를 확보해야 한다. IT룸은 X-레이 장비와 전파 변환기, 변압기 등 전자파 방해(EMI : Electro Magnetic Interference)나 무선주파수 방해(RFI : Radio Frequency Interference)가 발생하는 곳과는 떨어져서 설치되어야 하며, 주파수 범위가 3.0 volts/meter 이하인 구역에 설치되어야 한다.

데이터센터와 모든 인프라설비는 침수의 위험이 없는 안전한 수준의 장소에 위치해야 한다. 서비스 유지에 치명적인 영향을 주는 전자, 전력, 공조장비는 지하에 위치하면 안 된다. IT룸이 휴게실, 경비원 휴게실, 실험실, 주방 등과 같은 배관이 이동하는 장소의 하부에 있는 것은 피하는 것이 좋다. IT룸은 외부로 연결된 개구부가 없는 것이 바람직하고, 이는 보안과 태양광에 의한 실내온도 상승을 방지하고 최소화하기 위함이다.

3.2.3 기계설비 입지선정 고려사항

많은 고객사가 입주한 건물에 데이터센터를 구축할 경우, 건물주가 옥상이나 기타 지역에 공조를 위한 장비(냉동기, 냉각탑, 공냉식 공조기)를 설치할 공간을 확보해야 한다. 건물에 소방설비가 구축되어 있다면 데이터센터 전용의 준비작동식 스프링클러를 설치하기가 용이하다. 건물이 자체의 공조설비로 데이터센터의 IT룸 및 지원실에 공조를 한다면 최소 10 m^2(100 ft^2)/ton의 용량이 있어야 한다.

3.2.4 전기설비 입지선정 고려사항

국가 또는 지역 전력공급업체는 초기와 향후의 전력수요를 감안하여 적절한 용량의 전력을 공급할 수 있어야 한다. 가능하다면 두 곳의 변전소에서 수전을 하는 가용성 및 경제성을 고려해야 한다. 지역 전력공급업체에서 적절한 용량의 전력을 공급하지 못할 경우에는 자체 발전설비 또는 열병합발전을 이용하는 것도 가능하다. 전력선은 지하를 통한 인입이 권고되는데 지상을 통한 인입은 빛에 노출되고 나무의 영향, 교통사고에 의한 파손 등 위험이 크기 때문이다.

3.2.5 정보통신설비 입지선정 고려사항

건물은 2개의 별도 경로를 설정할 수 있도록 광케이블이 인입된 다중화된 국선 인입실이 권장된다. 이들 국선 인입실에 공급되는 통신회선은 서로 다른 통신 사업자에게서 공급받아야 한다. 건물이 한 개의 통신 사업자로부터만 회선을 공급받을 경우, 다른 통신 사업자로부터의 회선 인입이 공사나 허가에 대한 지연이 없이 가능해야 한다. 건물 내에서 다양한 통신 사업자들의 회선인입이 상호 공사나 허가에 대한 지연 없이 가능해야 한다. 또한, 데이터센터에서 사용하는 통신 사업자의 통신장비는 데이터센터 내에서 데이터센터 전용으로 사용되어야 하며 건물 내의 다른 입주자와 공동으로 사용해서는 안 된다. 통신 사업자의 인입케이블은 건물 내에서 통신관로를 이용해야 하며 다른 입주자들이 접근할 수 없도록 해야 한다. 건물은 데이터센터의 통신회선을 위한 전용의 통신배관을 설치해야 한다.

3.2.6 보안설비 입지선정 고려사항

공조장비, 발전기, 연료탱크, 통신회선 장비가 고객 상면 밖에 있을 경우, 이 장비들은 적절한 보호조치가 있어야 한다. 또한, 데이터센터 운영자/사업주가 이들 장비에 24시간 365일 접근이 가능해야 한다. 이들 장비가 놓여 있는 공동구역은 건물 입구, 정비하차장, 주차장을 포함하여 감시카메라로 감시가 되어야 한다. IT룸은 건물 실내 주차장에 바로 인접하여 위치해서는 안 된다. 건물은 100년 내에 홍수가 발생했던 지역, 지진발생지역, 산사태의 우려가 있는 비탈면, 댐 붕괴 등의 위험이 있는 지역은 피해야 한다. 그리고 지진이 발생했을 때 영향을 받는 지역은 피해야 한다. 건물은 근처 공항의 비행경로에 있으면 안 된다. 건물은 화학적 사고(유조차량, 화학약품 운반차량의 사고)를 최소화하기 위하여 철도나 고속도로에서 0.8 km 이상 떨어져 있어야 한다. 건물은 공항, 실험실, 화학공장, 쓰레기 매립지, 강, 해안 또는 댐으로부터 0.4 km 이상 떨어져야 한다. 군시설로부터 0.8 km, 핵 시설, 군수물품 공장으로부터 1.6 km 이상, 외국 대사관에 인접한 곳에 위치하면 안 되며, 범죄 우범지역에 위치해서도 안 된다.

3.2.7 기타 입지조건 및 고려사항

기타 데이터센터 위치 선정의 기준은 아래와 같다.

① 환경오염으로 인한 위험
② 경찰서, 소방서, 병원의 접근성
③ 일반 접근성
④ 지자체 법규(도시계획 법규)
⑤ 진동
⑥ 환경적인 문제
⑦ 데이터센터로 운영을 안 할 경우의 대체 안(출구전략)

3.3 데이터센터 공간의 고려사항

데이터센터에는 포장된 IT장비, 여분의 공조필터, 이중마루 타일, 케이블, 기타 장비, 자재, 종이 등의 보관을 위한 창고가 있어야 한다. 또한, 장비해체(포장 제거) 및 신규 장비를 테스트하기 위한 장비 해체실이 필요하다. 장비의 모든 해체(포장 제거) 작업을 창고나 해체실에서 하도록 하면 공기 중의 먼지 입자를 효과적으로 줄일 수 있다.

상면 배치를 표시한 평면도는 랙이나 캐비닛의 배치뿐만 아니라 전원, 공조, 방재설비와 같은 기타 설비 및 케이블도 포함되어야 한다. 이러한 기타 설비는 다중화 수준에 따라서 상면이 필요하다. 기존의 데이터센터를 대체할 새로운 데이터센터를 계획할 경우, 데이터센터의 용량을 산정하는 방법 중의 하나는 새로운 데이터센터로 이전할 기존 인프라설비의 용량을 산정하고 미래의 인프라설비 요구사항을 반영한 장비배치 계획을 세우는 것이다. 배치도는 랙이나 캐비닛이 인프라설비에 맞게 전부 설치되었다는 가정 하에 이루어져야 한다. 상면 계획은 새로운 데이터센터에 설치될 장비의 용량에 영향을 주는 계획된 기술적인 변화도 염두에 두어야 한다. 새로운 IT룸 계획에는 전력 및 공조장비를 포함하는 것이 필요하다.

운영실과 프린터실은 데이터센터와의 근접성이 요구되는데, 가장 좋은 것은 데이터센터 내에 위치하는 것이다. 프린터실은 주 IT룸에서 이격 되어 있고 분리된 공조설비를 이용하는 것이 바람직한데, 이것은 IT장비에 해로운 종이와 토너 먼지 때문이다. 또한, 테이프 장치, 테이프 저장을 위한 별도의 테이프 저장실을 설치하는 것이 바람직하다. 그 이유는 화재 시에 테이프에서 발생하는 독성물질 때문이다. 전력, 공조, 방재설비를 IT룸 외부로 분리하면 효율적이지 않지만 IT룸의 보안은 강화된다. 왜냐하면 이 장비들을 운용하기 위한 제조사나 직원들이 IT룸으로 출입할 필요가 없기 때문이다. 또한, 대형 데이터센터(공조급기의 도달 거리가 12 m 정도)에서는 이들 장비공간의 분리가 불가능하다.

3.4 장비설치 관련 엔지니어 협의사항

전기 엔지니어는 캐비닛과 랙에 공급할 전원요구사항 및 위치에 대한 정보를 확인해야 한다. 전력케이블의 경로와 통신케이블의 경로 및 장비 위치에 맞게 배치를 한다. 조명기구가 랙 바로 위에 설치되지 않고 캐비닛과 랙 사이의 통로에 놓이도록 데이터센터에 장비와 조명장치를 배치한다. 크기가 큰 캐비닛 또는 상부 케이블 트레이가 스프링클러로부터 물 분산을 막지 않게 하기 위해서 장비와 스프링클러 위치를 고려하여 배치한다. 권장 거리는 460 mm(18인치)이다. 형광등과 비차폐 트위스트 케이블의 최소 거리인 125 mm(5 인치)를 유지하기 위한 통신회선 경로를 설정해야 한다.

기계설비 엔지니어는 캐비닛과 랙에 제공할 서버냉각(공조) 요구사항에 대한 정보를 확인해야 한다. 전력 케이블 트레이와 통신 케이블은 전체 IT룸에 적절한 공조가 이루어지도록 배치를 한다. 공조기에서 취출되는 공기의 흐름은 랙 및 캐비닛 열(Row)과 평행하게 이루어져야 한다. 타공타일은 열복도가 아닌 냉복도에 배치한다.

4. 데이터센터 인프라설비 등급(Tier)

4.1 일반사항

4.1.1 예비개념

단일지점의 장애위험(SPOF : Single Points Of Failure)은 데이터센터 내부의 인프라설비 및 외부 서비스 사업자(통신 및 전력)를 다중화함으로써 제거할 수 있다. 다중화는 장애예방(Fault Tolerance) 및 서비스 운영 상태에서의 유지보수 능력을 향상시킨다. 다중화 등급은 각 시스템별로 각각의 수준을 별도로 정할 수 있다. 데이터센터의 인프라설비의 가용성(Availability)에 대하여 4단계의 다중화 수준을 제시하고 있다. 다중화 수준은 The Uptime Institute에서 정의한 데이터센터 산업의 등급지정에 따른 것이며, 각 다중화 수준의 세부적인 정의로 설명된다.

4.1.2 등급(Tiering) 개요

데이터센터의 인프라설비의 가용성에 대한 4단계의 다중화 수준에서 높은 다중화 수준은 높은 가용성뿐만 아니라 높은 구축비용을 수반한다. 별도로 명시되지 않을 경우, 높은 수준의 다중화는 낮은 수준의 다중화 요구수준을 모두 포함한다. 데이터센터는 다양한 인프라설비에서 서로 다른 다중화 수준을 가지고 있다. 예를 들면, 전력부문은 다중화 Tier 3등급이고, 공조나 소방분야는 다중화 Tier 2등급인 경우이다. 그러나 데이터센터 전반에 대한 다중화 등급은 인프라설비 등급 중 가장 낮은 등급으로 결정된다. 따라서 데이터센터가 인프라설비의 모든 부문에서 Tier 4등급 수준이고, 전력부문이 Tier 2등급이라고 한다면 해당 데이터센터의 등급은 최종 Tier 2등급이 된다. 전체 데이터센터의 등급은 가장 낮은 부문의 등급을 기준으로 한다.

시간이 지남에 따라 데이터센터의 공조 및 전력 용량이 증가하게 되는데 데이터센터 등급에 맞게 전력 및 공조의 용량을 유지하는 것이 필요하다. 데이터센터에서 새로운 시스템이나 통신장비를 도입하여 이중화된 예비용량을 실제 용량으로 활용하게 되면 Tier 3등급 또는 Tier 4등급에서 Tier 1등급 및 Tier 2등급 데이터센터로 등급 수준이 떨어지게 된다. 데이터센터는 표준에서 정한 각 등급별 기준에 적합해야 한다. 다중화 등급은 다양한 데이터센터 시스템의 다중화 수준을 계층화하는 데는 유용하지만, 주변환경 및 법적으로 일부 인프라설비에 대하여 더 높은 수준의 다중화를 필요로 하는 경우도 발생한다. 예를 들어, 데이터센터의 전력을 공급하는 회사가 평균 수준 이하의 전력을 공급한다면 전력설비의 다중화 수준은 Tier 3등급으로 설계해야 하며, 공조설비는 다중화 수준 Tier 2등급으로 설계된다. 공조설비는 평균 장애시간을 줄이기 위해 예비(설비) 장비를 설치하는 등의 이중화 방법으로 향상시킬 수 있다. 또한, 운영절차나 운영인력 측면도 매우 중요한 요소이다. 따라서 동일한 Tier 3등급의 데이터센터라도 신뢰도 측면에서는 큰 차이가 발생할 수 있다.

4.2 장비 예비율

4.2.1 N-기본요건

이중화 없이 시스템의 기본적인 장비 요구사항만 충족한 상태이다.

4.2.2 N+1 예비율

N+1 다중화는 기본적인 장비 요구사항 외에 추가적인 유닛, 모듈, 경로(케이블 및 배관 등) 또는 시스템을 구축하는 것이다. 단일 유닛, 모듈, 경로의 고장이나 유지보수로 인하여 서비스에 영향을 받지 않는다.

4.2.3 N+2 예비율

N+2 다중화는 기본적인 장비 요구사항 외에 2개의 추가적인 유닛, 모듈, 경로 또는 시스템을 구축하는 것이다. 2개의 단일 유닛, 모듈, 경로의 고장이나 유지보수로 인하여 서비스에 영향을 받지 않는다.

4.2.4 2N 예비율

2N 다중화는 요구되는 모든 기본 시스템에 2개의 완전한 유닛, 모듈, 경로 또는 시스템을 제공하는 것이다. 1개의 전체 유닛, 모듈, 경로 또는 시스템에 대한 장애나 유지보수로 인하여 서비스에 영향을 받지 않는다.

4.2.5 2(N+1) 예비율

2(N+1) 다중화는 2개의 완전한 (N+1) 유닛, 모듈, 경로 또는 시스템을 제공하는 것이다. 하나의 유닛, 모듈, 경로와 시스템에 대하여 또는 중복된 고장이 발생하여도 서비스에 영향을 받지 않는다.

4.2.6 무중단 유지관리 및 테스트 기능

인프라설비은 서비스의 중단 없이 유지보수, 증설, 테스트가 가능해야 한다.

4.2.7 용량 및 확장성

데이터센터의 인프라설비는 향후의 확장 시에도 서비스에 지장이 없도록 확장성을 고려하여 설계해야 한다.

4.2.8 분리

데이터센터의 인프라설비는 데이터센터 운영에서 독립적으로 전용의 목적으로 사용되어야 한다.

4.2.9 Tier 등급 구분

4단계의 데이터센터 등급은 본래 The Uptime Institute의 백서(White Paper)에서 제시한 『인프라설비 성능에 대한 다중화 등급 정의 산업 표준(Industry Standard Tier Classifications Define Site Infrastructure Performance)』에서 정의되었고 그 내용은 다음과 같다.

(1) Tier 1등급 : 기본

Tier 1등급 데이터센터는 계획되거나 예기치 않은 상황(작업)에서 장애가 발생한다. IT장비 전원에 대한 배선 및 공조가 이루어지지만, 이중마루, UPS, 발전기가 적용되지 않을 수 있다. UPS나 발전기가 있더라도 그것들은 단일 모듈(Single-module) 시스템이고, 많은 단일지점의 장애위험(SPOF)을 가지고 있다. 인프라설비는 연간 1회 예방유지보수 및 수리를 위하여 완전히 중단한다. 긴급 상황이 발생할 경우, 더 빈번하게 인프라설비를 중단할 수 있다. 인프라설비의 요소에 대하여 운영상의 오류나 자연발생적인 장애가 발생하면, 이는 불가피하게 데이터센터의 중단으로 이어진다.

(2) Tier 2등급 : 주요 요소의 다중화(예비 장비)

예비(시스템) 장비를 확보한 Tier 2등급 데이터센터는 계획되거나 예기치 않은 상황에서 장애가 Tier 1등급의 시설보다는 적게 발생한다. 이중마루, UPS, 발전기가 설치되어 있고, 용량설계는 N+1로 되어 있고, 단일 배선을 가지고 있다. 전원 케이블이나 경로 관련 작업 및 전력을 제외한 인프라설비의 작업은 불가피하게 서비스 중단으로 이어진다.

(3) Tier 3등급 : 운영상태에서 유지보수가 가능한 수준의 다중화

Tier 3등급 데이터센터는 계획된 인프라설비 상황(작업)에서는 장애가 발생하지 않는다. 계획된 인프라설비 작업은 예방유지보수, S/W유지보수, 장비의 수리 및 부품 교체, 장비의 추가 및 철거, 테스트 등을 포함한다. 다른 경로를 유지 보수하는 동안 한쪽에서 모든 부하를 처리할 수 있는 충분한 용량과 배선이 되어 있어야 한다. 운영상의 오류 또는 자연발생적인 장애와 같이 예기치 못한 사고는 여전히 데이터센터 장애를 발생시킬 수도 있다. Tier 3등급 데이터센터는 Tier 4등급 데이터센터로 업그레이드를 하는데 이는 고객의 사업이 추가 보호 비용을 정당화하는 경우에 해당된다.

(4) Tier 4등급 : 서비스 무중단(Fault Tolerant)

Tier 4등급 데이터센터는 계획된 인프라설비 상황(작업)에서 장애가 발생하지 않는다. 서비스 무중단 기능은 최악의 예상치 않은 고장이나 그것으로 인한 부하를 담당할 수 있는 인프라설비를 제공한다. 이 구성은 Active-Active의 경로 구성 및 System+System의 구성을 요구한다. 전력에서는 N+1로 이중화된 UPS가 2조 구성되는 것을 의미한다. 화재와 전력 안전에 대한 규정 때문에 순간적인 다운타임이 발생할 수는 있다. 예를 들면 화재경보 발생 및 사람에 의한 긴급전원차단장치(EPO : Emergency Power Off) 때문에 발생할 수도 있다. Tier 4등급에서는 IT장비에도 2중 전원(Dual Power)을 사용하도록 요구하고 있다. Tier 4등급은 신뢰성, 가용성 그리고 무중단 서비스를 위한 CPU 클러스터링, Raid 디스크, 이중화된 통신 등을 채택한 고가용성 IT 방향성과도 일치한다.

4.2.10 데이터센터 등급

(1) Tier 1 데이터센터

Tier 1등급 데이터센터는 다중화가 없는 기본 구성으로 되어 있다. 이중화 요소 없이 1개 경로의 전원 및 공조 배선만 설치되어 있다. Tier 1등급 데이터센터는 계획되거나 예상치 않은 상황에서 장애가 불가피하게 발생한다. IT장비 전원에 대한 배선, 공조,

UPS, 발전기가 단일 모듈 시스템이고, 많은 단일 지점의 장애위험을 내재하고 있다. 예방유지보수 및 수리 시에 다른 계통에서 장비의 부하를 담당할 수도 없다. 인프라설비의 요소에 대하여 운영상의 오류나 자연발생적인 장애가 발생하면 이는 데이터센터의 중단으로 이어진다.

(2) Tier 2 데이터센터

Tier 2등급 데이터센터는 이중화된 부분을 가지고 있으나, 단 한 개의 경로만을 가지고 있다. 즉, 공조와 통신을 위한 배선이 한 개의 경로로 구성되어 있으나 배선경로에 이중화된 요소(장비)를 가지고 있다. 계획되거나 예상치 않은 상황에서 장애가 Tier 1등급의 시설보다는 감소하여 발생한다. UPS와 발전기의 용량은 N+1로 되어 있고, 단일 배선을 가지고 있다. 전원 케이블이나 전력을 제외한 인프라설비의 작업은 데이터센터 서비스 중단으로 이어진다.

(3) Tier 3 데이터센터

Tier 3등급 데이터센터는 여러 배선 경로의 전원 및 공조가 반영되어 있으나 1개의 경로만 활성화된 상태이다. 이중화된 장비들이 단일 배선경로 상에 있지 않기 때문에 시스템은 운영상태에서도 유지보수는 가능하다. Tier 3등급 데이터센터는 계획된 인프라설비 작업에서는 장애가 발생하지 않는다. 계획된 인프라설비 작업은 예방유지보수 및 S/W유지보수, 수리 및 부품 교체, 장비의 추가 및 철거, 테스트 등을 포함한다. 다른 경로를 유지보수하는 동안 한쪽에서 모든 부하를 처리할 수 있는 충분한 용량과 배선이 되어있어야 한다. 운영상의 오류 또는 자연발생적인 장애와 같이 예기치 못한 사고는 여전히 데이터센터 장애를 발생시킬 수도 있다. 그리고 데이터센터에는 24시간 운영인력이 상주해야 한다.

(4) Tier 4 데이터센터

Tier 4등급 데이터센터는 복수의 작동 중인 전원 및 공조 배선경로를 가지고 있다. 최소 2개 이상의 경로가 상시 동작 중이기 때문에 인프라설비는 높은 수준의 무중단 서비스(Fault Tolerant)를 제공한다. Tier 4등급 데이터센터는 IT장비 및 통신장비에 2개 이상의 전원 케이블을 제공한다. Tier 4등급에서는 서버 및 통신장비에 2중 전원을 사용하도록 요구하고 있다. 장비(IT서버 및 통신장비)는 제공되는 전원케이블 중 1개의 고장에 대해서도 지속적으로 동작해야 한다. 그리고 2중 전원이 설치되지 않은 장비들은 자동절체 스위치(Automatic Transfer Switches)를 설치하여야 한다. Tier 4등급 데이터센터는 계획된 장비에 대하여 부하를 이동시켜 작업할 수 있는 수준의 용량을 확보해야 한다. 서비스 무중단 기능은 최악의 예상치 않은 고장이나 고장으로 인한 부하에 대하여 견딜 수 있는 인프라설비를 제공한다. 이 구성은 Active-Active의 경로 구성 및 System+System의 구성을 요구한다. 전력에서는 N+1로 이중화된 UPS가 2조 구성되는 것을 의미한다.

4.3 건축/구조에 대한 필수사항

4.3.1 일반사항

건축구조는 철골이거나 콘크리트로 구성되어야 한다. 최소한의 건축구조는 지자체의 건축법규에 대한 규정에 준하여야 한다. (예시 International Building Code의 Building Classification Ⅲ) 지상 1층의 구조 슬래브는 최소 127 mm이며 12 kPa(1,220 kgf/m^2)를 견딜 수 있어야 한다. 상부층 슬래브는 하드록 콘크리트여야 하며, 지진대가 3과 4인 지역에서는 에폭시나 KB-II 엥커 설치를 위해 철재상판 위로 최소 100 mm를 커버해야 한다. UPS 공간의 바닥의 상판과 조인트(마루·천장 등을 받치는 장선, 들보)는 최소 12~24 kPa(1,220~2,440 kgf/m^2)이어야 하며 보, 기둥, 슬래브는 최소 19.2 kPa(1,958 kgf/m^2)이어야 한다. 최종적으로는 건축법규에 준해야 하므로 하중부하 증가를 위한 구조적인 변경이 필요할 수 있다. 일반적으로 배터리 랙은 하중을 적절히 분산하기 위해 부수적인 구조가 요구된다.

지붕은 기계장비의 하중과 더불어 1.2 kPa(122 kgf/m^2)의 추가하중(Suspended Load)을 만족할 수 있도록 설계되어야 한다. UPS실 상부의 지붕은 1.4 kPa(142 kgf/m^2)의 추가하중을 만족해야 한다. 모든 기계장비는 궁극적으로 지지대에 고정되어 있어야 한다. 이러한 장비는 진동에 민감하므로 진동원인을 관리하기 위한 사전조치가 필요하다. 진동발생 장비는 진동패드 위에 설치하며 이로 인한 바닥구조의 진동특성 영향에 대한 상세 검토가 필요하다. 모든 실내에 설치되는 장비는 규정에 부합하게 고정되어야 한다. 모든 파이프 랙은 법규에 부합하도록 측면이동을 1/2로 제한하도록 설계해야 하며 탄성변형은 25 mm(1 인치) 또는 비탄성 변형은 64 mm(2.5 인치)를 초과해서는 안 된다. 모든 장비의 스크린은 법규에 명시된 변형범위에 준하여 적용한다. 장비나 배관이 장비 스크린에 부착될 경우, 지지대를 설계하거나 변위를 제한해야 한다. 모든 실내 벽체는 최소 1시간 내화성능(2시간 권고)이 필요하며, 바닥부터 상부구조의 하단까지 설치되어야 한다.

화물 하차장은 예정된 화물의 운반이 가능하도록 구성되어야 하며, 건물의 타 출입문과 동일한 수준의 보안이 요구된다. 장비하차공간, 고가장비를 위한 보관 장소, 장비 통전검사(Burn-in)와 테스트를 위한 공간 등도 고려해야 한다. 화물 반입구의 이중마루는 보다 높은 하중이 요구되고, 고중량 장비 이동으로 인한 추가적인 바닥구조의 보강이 필요할 수 있다. 종이, 테이프, 케이블, 장비 등이 예상되는 물품을 보관하기 위한 충분한 저장 공간이 필요하다. 플로터를 위한 롤 페이퍼는 일반 박스에 보관된 종이보다 넓은 서비스 공간, 저장소, 바닥하중이 필요하다.

IT룸의 구성하는 내부벽체, 바닥, 천장의 모든 개구부는 기밀해야 한다. 모든 IT룸에는 크린룸 천장시스템이 고려되어야 한다. 특히, 내화물질에서 발생하는 먼지나 입자들이 장비에 악영향을 줄 수 있는 공간에 적용을 검토한다. 일반 천창마감 적용을 통해 화재 시에 필요한 소화가스누출에 의한 사항도 검토해야 한다.

위성 안테나와 무선통신 타워 설치를 위한 외부 디자인은 특별히 주의 깊은 설계가 필요하다. 대형 데이터센터에서는 통제센터, 운영센터 또는 네트워크 운영센터(NOC : Network Operation Center) 등이 요구된다. 통제센터는 일반적으로 20대 이상의 워크스테이션이 설치된 대공간이며 별도의 보안된 실에 배치된다. 운영상의 편의를 위하여 IT룸과 직접 통하는 출입문이 요구되기도 한다. 통제센터와 같이 중요한 시설의 경우, 별도의 백업용 통제실을 만드는 것도 고려해야 한다.

4.3.2 건축분야 Tier 등급

(1) Tier 1등급

건축분야에 대한 Tier 1 데이터센터는 고의적, 자연적, 인위적 사고로 인한 보호방안에 아무런 요구사항이 없다. 장비구역의 하중은 최소 7.2 kPa(734 kgf/m^2)이고 바닥 하부의 매단 부하는 1.2 kPa(122 kgf/m^2)이다. 하중부하의 용량측정 및 시험방법은 Telcordia specification GR-63-CORE를 참조한다.

(2) Tier 2등급

건축분야 Tier 2등급은 Tier 1의 모든 조건을 충족해야 한다. Tier 2 데이터센터는 고의적, 자연적, 인위적 사고로 인한 보호방안에 대해 최소사항만 포함된다. IT룸의 벽과 천장에는 장비의 습도관리를 위해 투습방지(Vapor Barrier) 대책이 반영되어야 한다. 모든 보안 출입문은 원목에 강철 프레임으로 구성되어야 한다. 보안장비나 관제실의 출입문은 내부를 볼 수 있도록 180도형 현관문 렌즈가 설치되어야 한다. 모든 벽은 보안을 위해서 슬래브에서 슬래브까지 설치되어야 한다. 추가적으로 보안장비나 관제실의 벽체에 대한 보강을 위해 실내 측으로 최소 16 mm 베니어합판 설치와 300 mm 간격으로 집착제와 나사로 고정되어야 한다. 장비공간의 하중은 최소 8.4 kPa(857 kgf/m^2)이고 바닥 하부의 매단 부하는 Tier 1과 동일한 1.2 kPa(122 kgf/m^2)이다.

(3) Tier 3등급

건축분야 Tier 3등급은 Tier 2등급의 모든 조건을 충족해야 한다. Tier 3 데이터센터는 고의적, 자연적, 인위적 사고로 인한 보호방안에 대해 구체적인 사항이 포함된다. 다수의 출입문과 보안 경비실(출입통제실)이 있어야 된다. 보안경비실이 있는 다수의 출입문을 통해 도로 침수나 기타 문제 발생 시에 대응이 가능하며 직원과 외주업체의 출입을 분리할 수 있다. IT룸의 외벽에는 창문 등 개구부가 없어야 한다. 전자기 방사선으로부터 보호되어야 한다. 철골구조는 전자기 방사선으로부터 보호를 할 수 있다. 다른 방안으로는 특수한 목적의 정전기차폐장(Faraday Cage)을 알루미늄 호일, 호일이 부착된 석고보드나 철망으로 구성된 벽체에 설치할 수 있다. 모든 IT룸 입구에는 1명씩 통과 가능한 개찰구를 설치하여 출입증 도난으로 인한 출입과 다수 인원이 고의적으로 동시에 통과하는 잠재적인 위험을 줄일 수 있다. 출입통제를 위하여 건물 입구부터 IT룸까지 1인 보안 인터록, 십자형 회전식 문 등을 설치하면 하나의 출입증으로 여러 사람이 이용하거나 또는 신분증을 돌려서 사용하는 것을 방지할 수 있다.

발생 가능한 장애를 제거하기 위하여 여분의 장비나 서비스를 물리적으로 분리함으로써 보호가 가능하다. 보안경비실(출입통제실)과 함께 보안 울타리가 고려되어야 한다. 데이터센터의 주변에는 초단파 침입감지설비와 적외선 CCTV설비가 설치되어야 한다. 출입은 보안인증 시스템에 의하여 이루어져야 한다. IT룸, 국선 인입실, 전기실, 공조실과 같이 중요한 구역에는 추가적인 출입통제가 이루어져야 한다. 데이터센터에는 데이터센터와 관련된 모든 보안 시스템에 대하여 중앙관제를 위한 전용의 보안실이 있어야 한다. 최소 하부 하중은 12 kPa(1,224 kgf/m^2) 여야 하며, 상부 하중은 2.4 kPa(244 kgf/m^2)이다.

(4) Tier 4등급

건축분야 Tier 4등급은 Tier 3등급의 모든 조건을 충족해야 한다. Tier 4 데이터센터는 고의적, 자연적, 인위적 사고로 인한 보호방안이 고려된다. Tier 4 데이터센터는 구체적인 보호방안과 어떠한 상황에서도 다중화 보호방안을 제공한다. Tier 4 데이터센터는 지진, 홍수, 화재, 태풍, 폭풍 등과 같은 자연재해와 테러나 관련 직원에 의한 잠재적인 위협까지도 고려해야 한다. 안전한 발전기 가동을 위해 건물 내부 또는 외부의 별도 공간이 있어야 한다. 또한, 연료저장탱크를 위한 지정 공간이 건물 외부에 발전기와 최대한 가까운 위치에 있어야 한다.

지진대가 0, 1, 2 지역에 있는 시설은 지진대 3의 기준에 준하여 설계되어야 한다. 지진대가 3, 4 지역에 있는 시설은 지진대 4의 기준에 준하여 설계되어야 한다. 데이터센터 모든 시설의 중요도 계수(Importance Factor)는 I=1.5에 의해 설계되어야 한다. 지진대 3, 4 지역의 장비나 랙은 바닥에 고정하고 상부는 지지대 등을 사용하여 보강해야 한다. 정비공간의 하중은 최소 12 kPa(1,224 kgf/m^2)이고 바닥 하부에서 매단 부하는 2.4 kPa(244 kgf/m^2)이다.

4.4 기계설비에 대한 필수사항

4.4.1 기계설비 일반사항

(1) 환경조건

기계설비 및 관련 시스템은 다음의 IT룸 환경기준을 만족해야 한다.

① 온도범위 : 20~25℃(68~77°F)
② 정상 설정온도 : 22℃(72°F)
③ 온도제어범위 : ±1℃(2°F)
④ 상대습도범위 : 40~55%
⑤ 정상 설정습도 : 45% (RH)
⑥ 습도제어범위 : ±5%

공조장비에서 나오는 공기가 캐비닛과 랙의 열에 평행하게 이동하도록 공조설비 설계 및 장비를 배치하고 이중마루 위치를 조정해야 한다. 인쇄실은 데이터센터로 복사용지 및 토너 먼지와 같은 오염물질이 유입되지 않도록 별도의 냉방설비를 갖춘 별도의 공간에 위치해야 한다.

(2) 환기설비

IT룸은 작업자를 위해 신선외기를 공급해야 한다. 급기는 천장위치에서 유입되어야 하며, 공조장비가 IT룸 안에 위치하는 경우 IT룸 공조장비에 가까운 인접부에서 유입되어야 한다. IT룸은 환기 및 가압 목적으로 공기를 공급받아야 한다. IT룸을 위한 리턴 및 배기는 필요하지 않다.

(3) 공조설비

공조설비는 데이터센터 내부에 설치되어 있는 IT장비의 제조업체가 권장하는 온도 및 습도를 만족하도록 설계해야 한다. 중앙냉수 시스템은 규모가 큰 데이터센터에 더 적합하다. 직팽식 장비는 상대적으로 규모가 작은 데이터센터에 보다 유용하고, IT장비, 통신장비 상면에 냉수 배관이 이동하지 않도록 한다. 높은 발열량을 가진 IT장비는 적절한 냉각을 하기 위해 덕트나 이중마루가 필요하다.

(4) 누수감지

분산형 케이블 센서 및 포인트 센서를 가진 누수감지설비는 누수의 위험이 발생 가능한 곳에는 반드시 설치를 고려한다. 케이블 센서는 보다 넓은 반경에서 누수를 정확히 탐지할 수 있는 가능성을 높인다. 포인트 센서는 가격이 저렴하고 빈번한 교체가 필요하진 않으므로 이중마루 하부에 적용되면 적합하다. 주기적으로 케이블의 경로 및 시스템에 대응하는 케이블 길이를 보여주는 안내도는 시스템 경고 표시판에 근접한 장소에 설치한다.

(5) 건물관리 시스템

건물관리 시스템은 기계, 전기, 기타 모든 설비장비 및 시스템을 감시해야 한다. 건물관리 시스템은 근거리, 원격 감시 및 운영기능을 가져야 한다. 건물관리 시스템에서 고장이 발생할 경우에는 개별적으로 시스템이 작동해야 한다. 시간에 따른 이력관리뿐만 아니라 건물 시스템의 제어(단지 모니터링이 아닌) 기능이 반드시 고려되어야 한다. 설비팀 직원, 보안요원은 24시간 건물관리 시스템을 감시해야 한다. 경보가 울리면 빠른 대응이 가능하도록 긴급복구 방안을 마련한다.

(6) 위생설비

데이터센터의 장비와 관련이 없는 어떠한 상수관 또는 배수관이 데이터센터 내부에서 이동해서는 안 된다. 데이터센터 내에 관통되어야만 하는 배관은 외부에 누수에 대비한 보호망이 있거나 누수감지 커버가 적용되어야 한다. 누수감지설비는 누수가 발생할 때 건물관리자에게 알려야 한다. Tier 3 및 Tier 4등급 데이터센터는 IT룸 상면을 통과하는 데이터센터 장비를 지원하는 상수 또는 배수관만을 허용한다.

(7) 비상설비

배터리(축전기)를 보관하는 축전지실에서는 긴급 상황일 때 눈을 씻을 수 있는 비상 샤워시설이 갖춰야 한다.

(8) (공조)냉수공급

데이터센터 내 냉수공급은 항온항습기를 포함하여 모든 IT룸의 공조설비에 공급되어야 한다. 데이터센터 내 냉수배관에는 역류방지장치를 설치한다. 배관재료는 L-타입 동관을 권장하고 가연성 배관재료는 사용되어서는 안 된다.

(9) 배수배관

배관의 누수 후 긴급한 사전조치를 위해 IT룸 내부 이중마루 하부에 배수관을 설치해야 한다. 이중마루 하부 배수관은 공조설비에서 배출되는 응축수의 공조배수 및 가습기에서 나오는 물을 처리할 수 있어야 한다. 배관재료는 L-타입 동관을 권장하고 가연성 배관재료는 사용되어서는 안 된다.

(10) 방재설비

데이터센터 방재계획을 수립할 때 고려되는 위험요소는 크게 4가지 영역으로 분류된다. 첫 번째는 개개인의 안전 또는 운영상 영향(생명 구조 시스템, 통신설비, 운송 시스템 제어, 공정제어)을 받는 자산의 문제이다. 둘째는 밀폐된 공간에서 관리자의 화재에 대한 위험 또는 노출된 자산(기록물, 디스크 저장장치)의 파손 위험이다. 셋째는 고장에 따른 사업의 영향과 경제적 손실이다. 마지막으로 장비의 가치 손실이다. 이러한 4가지 영역은 해당 시설을 어느 정도 적절한 수준으로 보호할 것인가를 결정하는데 신중하게 고려해야 한다.

데이터센터 보호를 위해 적용 가능한 다양한 방법으로(법규에 의한) 최소한의 보호 수준은 적절한 소화설비를 갖춘 일반적인 스프링클러설비를 포함한다. 스프링클러설비는 사전예방기능을 갖추어야 한다. 최소규정 요구조건을 넘어서는 고급 탐지 및 소화설비에는 연기감지설비, 스프링클러설비, 그리고 청정소화설비를 포함한다.

심각한 장비의 손상은 IT장비에 손상을 주는 다른 장비의 화재에 전적으로 원인이 있다. 따라서 조기감지경보는 화재 초기에 발생 가능한 피해 및 손실을 최소화하는데 매우 중요하다. 공기 샘플링 연기감지설비는 IT룸 및 관련 전실, 기계실, 전기실 등에 다른 차원의 안전을 제시한다. 이러한 시스템은 민감도 및 탐지능력이 일반적인 감지기보다 월등하게 우수하기 때문에 일반 연기감지기를 대체해서 적용한다.

일반 감지기는 화재를 감지하기 위해 상당히 많은 양의 연기를 필요로 하기 때문에 민감도가 떨어진다. 데이터센터에서 이러한 차이 및 시간적 지연은 IT룸을 통과하는 상당양의 공기흐름 때문에 더욱 명확한데, 이것은 연기를 희석시키고 정상적인 감지를 더욱 지연시킨다. 그러나 이온 또는 광전효과 감지기를 이용하는 샘플링 공기감지설비가 적용된 다양한 조기 경보 시스템이 있다. 공기 샘플링을 이용하지 않는 레이저방식의 연기감지기도 있지만, 그것은 표준공기 샘플링 방식의 감지설비의 감지수준에는 미치지 못한다. 이러한 대체 연기감지설비는 잠재적인 손실 피해나 장비의 고장이 발생하는 결과가 심각하게 간주되지 않을 경우 적합하다. 일반적인 감지설비가 사용되는 경우에는 이온 및 광전소자 방식을 결합해서 사용되어야 한다.

공기순환이 많은 데이터센터에 권장되는 연기감지설비는 연속적인 공기 샘플링 방식 및 입자 수를 계산하는 방식이다. 가장 널리 사용되는 공기 샘플링 시스템은 천장에 배관 구성 및 이중마루 바닥에 IT룸의 공기를 레이저 기반 감지기로 연속적으로 흡입하는 것으로 구성된다. IT룸으로의 인입되는 모든 연기와 입자를 레이저의 높은 민감도로 모든 단계에서 감지할 수 있다. 초기 대응능력은 심각한 손상이나 대피상황이 일어나기 전에 관리자에게 상황을 판단할 수 있는 정보를 제공한다. 4가지 단계의 경보에서, 눈으로 볼 수 없는 연기 감지에서 일반 감지기가 발견하는 단계로 나누어진다. 가장 높은 경보수준에서 시스템은 사전예방 차단밸브를 작동하는 판단 근거를 준다. 2개 또는 그 이상의 시스템이 설계에 고려될 수 있다. 첫 번째 시스템은 IT룸 공기흐름을 제어하는 장비뿐만 아니라 IT룸 천장, 출입문 전실, 전기실, 기계실에도 설치한다. 두 번째 시스템은 IT룸 이중마루, 전실, 전기실, 기계실을 포함한다. 세 번째 시스템은 중앙관제실 및 프린터실에 역시 권장되고 이런 구역에도 일관된 수준의 보호를 해야 된다. 별도의 시스템은 경보의 오작동을 최소화하는 한편 초기 감지를 최적화하기 위해 별도의 임계치 및 기준을 설정한다. 이러한 장비는 원격 감지를 위한 네트워크에 연결한다.

(11) 가스계 소화설비(청정소화가스설비)

청정소화가스설비는 IT룸 및 관련된 전기실, 기계실에 가장 높은 수준의 보호를 제공한다. 이 설비는 준비작동식 스프리링클러 및 연기감지설비와 함께 설치되어야 한다. 소방설비는 작동이 되면 청정소화가스가 전체 IT룸 및 이중마루 아래 부분을 처리할 수 있는 용량으로 설계된다. 이러한 시스템은 몇 가지 점에서 스프링클러보다 우수한 무독성 가스로 구성된다.

① 청정소화약재가 화재를 진화하기 위해 IT장비 및 관련된 장비에 깊숙이 스며든다.
② 스프링클러와는 다르게 시스템이 동작한 후에 제거될 잔류물질이 없다.
③ 불이 붙지 않은 다른 장비에 악영향을 미치지 않고 화재를 진압한다. 따라서 데이터센터가 청정소화가스설비를 사용함으로써 최소한의 지연 및 손실을 입은 상태에서의 운영이 가능하고, 손실은 화재가 발생한 장비에만 제한된다.

NFPA의 권고사항은 어떠한 소화설비가 작동하는 경우라도 공조장비는 자동적으로 차단되어야 한다. IT장비는 물이 스며들기 전에 전원이 차단된 경우에는 물이 접촉되더라도 일부는 복구할 수 있다. 따라서 장비를 보존할 목적으로 자동 셧다운이 권장된다. 청정소화가스설비는 예외일 수 있다. 반면에 청정소화가스설비는 오작동으로 청정소화약재가 분사된 후 화재를 다시 유발시킬 수 있다는 우려가 있다. 그러나 어떤 경우에도 자동 셧다운에 대한 결정은 궁극적으로 사업주의 몫이고 사업주는 운영을 지속적으로 해야 한다는 것이 위의 두 가지 내용보다 비중을 높게 본다고 판단할 수 있다. 데이터센터가 반드시 청정소화가스설비를 설치해야 한다면 사업주는 그에 따른 위험부담을 충분하게 고려할 필요가 있다. 지역별 규제는 사용 가능한 청정소화가스설비 유형에 대해 제한을 한다. 청정소화가스설비에 대한 부가적인 정보는 NFPA 2001에서 확인할 수 있다.

(12) 수계 소화설비(준비작동식)

준비작동식 스프링클러는 높은 수준의 신뢰성 및 위험완화 효과를 가능케 하므로 데이터센터 보호를 위해 한 단계 높은 수준을 제공한다. 준비작동식은 평상시는 배관내부에 공기로 채워져 있고, 연기감지설비가 어떤 사고가 발생 중이라고 인지하면 데이터센터 상부로 지나가는 소화배관을 통해 물을 채워 넣는다. 일단 소화배관에 소화수가 유입되면 IT룸에 분출하기 전에 스프링클러설비가 작동되어야 한다. 이것은 우발적인 손상이나 오작동에 따른 누수 피해를 방지한다. 준비작동식 스프링클러는 중앙관제실, 프린터실, 전기실 및 기계실을 보호해야 한다. 왜냐하면 해당 시설들은 지속적인 운영을 위해 필수적인 시설이라고 간주되기 때문이다. 상황종료 후에는 스프링클러 배관 및 보조 배관에 남아있는 어떠한 물도 모두 제거해야 한다. 이중마루 하부의 스프링클러 설치는 때때로 데이터센터에 관해 의문을 제기하는 문제이다. 그러나 일반적으로 이러한 구성은 이중마루 높이가 410 mm(16인치) 이상이거나 이중마루 밑의 연소되는 용량이 심각할 때에 특정 적용부에만 효과가 제한될 수 있고, 가능한 경우에는 적용을 안 해도 된다. 이러한 시설은 다음과 같은 조건에서 생략 가능하다. 또한, 이러한 조건을 만족시키기 위해 청정소화가스설비가 대체수단으로 고려되어야 한다.

① 케이블이 통과되는 공간이 공기로 충만한 경우
② 케이블이 FM 그룹 2 또는 3, 신호케이블이 전력케이블에 10대1 정도 많을 경우
③ 케이블이 열 누적과 기계적 손상에 따른 상당한 저하에 영향을 받지 않을 경우
④ 이중마루가 비가연성이거나, 이중마루 하부 부분이 접근 가능하고, 이중마루 하부 공간에 어떤 종류의 상당한 열 또는 데이터센터와 관련 없는 전력케이블이 없는 경우
⑤ 이중마루 하부의 소화설비가 적절하다고 판단된 경우

(13) 소화기

청정가스 소화기는 일반적인 건조 화학분말 ABC 타입의 소화기를 피하고 싶다면 IT룸에 권장된다. 이러한 영향은 화재에 따른 것 이상이고 화재진압 후 상당한 청소를 필요로 한다. 휴대용 소화기에 관한 지침은 NFPA 75를 참조한다.

4.4.2 기계설비 Tier 등급

(1) Tier 1등급

Tier 1등급 시설의 항온항습설비는 여분의 장비가 없이 설계된 핵심 IT룸의 온도 및 상대습도를 유지하기 위해 여러 대의 결합된 냉각능력을 갖춘 하나 또는 여러 개의 공조설비를 포함한다. 공조설비가 냉수 또는 냉각수 설비와 같이 중앙냉수식 시스템으로 운전된다면 이런 공조설비의 구성요소는 여분의 장비가 없는 설계조건을 유지하기 위해 증설된다. 배관설비는 하나의 경로이다. 만약, 배관경로에서 문제가 발생하면 공조설비는 국소 또는 전체적으로 악영향을 받는다. 발전기가 있다면 모든 공조장비는 예비 발전기에 의해 전원을 공급받아야 한다.

(2) Tier 2등급

Tier 2등급 시설의 항온항습설비는 하나의 예비장비(N+1)를 가진 설계조건에서 핵심 IT룸의 온도 및 상대습도를 유지하기 위해 통합된 공조설비를 갖춘 여러 대의 공조장비

들을 포함한다. 공조설비가 중앙냉수식을 기반으로 한다면 해당 시스템의 구성요소도 동일하게 한 개의 예비장비 확보의 설계조건을 만족해야 한다. 배관설비는 하나의 경로이고 만약 배관경로에 문제가 생기면 공조설비가 국소 또는 전체적으로 악영향을 받을 것이다. 공조설비는 1년 365일 24시간 연속적 운전이 가능하도록 설계되어야 하고 IT룸 공조설비에는 최소한 N+1 예비장비를 제공한다. CRAC/H 유닛은 필수적으로 3 또는 4개 장비마다 하나의 예비 장비를 가진 N+1 예비 방식으로 제공되어야 한다.

모든 공조설비의 장비는 비상 발전기로부터 비상전원이 연결되어야 한다. 공조설비의 전력회로는 다수의 분전반과 배전반에 걸쳐 분산되어야 하고, 이것은 공조설비의 전기설비 장애에 따른 영향을 최소화하기 위함이다. 모든 온도 제어설비는 UPS를 통한 예비 전용 회로를 통해 공급되어야 한다. 데이터센터에 공급되는 공조된 공기는 설치된 랙-서버의 종류와 배열에 맞게 공급해야 한다. 발열제거를 담당하는 설비는 IT장비, 전열기구, 환경 및 기타 장비에서 발생하는 총 발열량을 제거할 수 있는 충분한 용량을 확보하고 데이터센터 내에 일정한 온도와 상대습도 수준을 유지해야 한다. 필요한 냉각용량은 UPS 설비에서 공급 가능한 kW(kVA 아님) 단위로 계산되어야 한다. 냉각에 필요한 공기는 이중마루 하부 공간과 타공판을 통해 IT장비로 분배되어야 한다. 예비 디젤발전기는 UPS 및 기계장비에 전원을 공급하기 위해 설치되어야 한다. 데이터센터 내의 연료저장탱크는 설계 운영조건에서 최소 24시간 발전기를 가동할 수 있는 충분한 크기여야 한다. 이중화된 펌프설비는 자동 및 수동제어가 가능해야 되며, 각각은 별도로 전원공급을 받아야 한다. 연료저장설비는 연료의 오염 또는 기계적 연료 시스템의 고장으로 인해 전체 발전기 설비에 영향을 주지 않기 위해 예비 및 별도로 제공되어야 한다.

(3) Tier 3등급

Tier 3등급 시설의 항온항습설비는 하나의 전원 배전반의 고장으로 인한 장애도 감수할 만큼 충분한 예비장비를 포함한 설계조건에서 핵심시설의 온도 및 상대습도를 유지할 수 있도록 충분하게 통합된 냉각용량을 갖춘 여러 대의 공조설비를 포함한다. 이러한 공조설비는 냉수 또는 냉각수를 이용하는 중앙냉수식 시스템의 구성요소로 하나의 전원 분전반이 고장 날 때의 상황에서 정상적인 유지가 가능하도록 용량을 반영해야 한다. 예비설비는 각 공조장비에 두 개의 전원을 공급하거나 공조설비를 여러 개의 전원으로 분산함으로써 달성된다. 배관설비는 이중화된 경로이고 배관경로의 고장은 공조설비의 운전에 영향을 주지 않는다.

전력공급은 전원 이중화를 제공하는 별도의 분전반에서 교류를 사용하는 CRAC/H 유닛에 제공된다. 모든 IT룸 공조장비들은 발전기 비상전원에 연결되어야 한다. N+1, N+2, 2N 또는 2(N+1) 예비를 가진 냉동기는 데이터센터 전용으로 사용되어야 한다. 충분한 예비장비에 의해 냉각이 공급되는 동안 서비스에 영향을 주지 않고 핵심적인 유지보수에 필요한 장비를 분리 가능하다. 설치된 공조기 수량에 따라, 유지 가능성 및 예비수준의 냉수배관에 대한 고려가 세부적으로 나누어진다. 중앙냉수식 또는 수냉식의 경우, 각 데이터센터 전용 예비배관은 중앙 배관에서 공급되는 독립적인 펌프를 가져야 한다. 배수배관은 데이터센터 외주부 및 이중마루 하부의 누수를 방지하기 위해 누수감지설비와 같이 설치된다. 또한, 완전히 분리된 이중화된 냉수배관이 고려되어야 한다.

(4) Tier 4등급

Tier 4등급 시설의 항온항습설비는 하나의 전원 배전반이 고장 난 경우에도 충분한 예비 장비를 포함한 설계조건에서, 핵심 IT룸의 온도 및 상대습도를 유지하기에 충분한 용량의 통합된 공조설비가 구성되며, 여러 대의 냉각장비를 포함한다. 이러한 공조설비는 냉수 또는 냉각수를 이용하는 중앙냉수식 시스템의 구성요소로 하나의 전원 분전반이 고장 날 때의 상황에서 정상적인 유지가 가능하도록 용량을 반영해야 한다. 예비설비는 각 공조장비에 두 개의 전원을 공급하거나 공조설비를 여러 개의 전원으로 분산함으로써 달성된다. 배관설비는 이중화된 경로이고 배관경로에서의 고장은 공조설비의 운전에 영향을 주지 않는다. 대체 수조장비는 Tier 4단계 시스템을 위해 증발냉각설비가 설치된 경우 고려된다.

4.5 전기설비에 대한 필수사항

4.5.1 일반사항

(1) 유틸리티 인입과 1차 분배

동일한 전력을 공급받는 고객에 대해 고려해야 한다. 일반적으로 병원의 경우, 정전 시에 우선권을 받기 때문에 우선 대상이 된다. 전력인입을 공유하는 상업용 고객은 과전류와 고조파 영향을 최소화해야 한다. 전력공급은 지상인입보다 지하인입이 권고되며, 이것은 낙뢰, 나무, 교통사고 등에 대한 위험요소를 최소화하기 위함이다. 1차 개폐장치는 서비스 증가율, 유지보수, 이중화를 고려하여 설계되어야 한다. 2중 인입방식과 독립방식의 이중화 구성이 가능하다. 개폐기의 버스(대용량의 전력이동 케이블)는 크게 설계할 필요가 있는데 초기 동작이 최소의 용량이기 때문이다. 차단기는 개폐기가 정렬된 상태에서 교체가 가능해야 한다. 개폐기, 버스, 차단기는 유지보수가 가능하도록 설계되어야 한다. 과전류방지장치(TVSS : Transient Voltage Surge Suppression)가 각 분전반마다 설치되어 있어야 하며 발생 가능한 과전류를 방지할 수 있는 적절한 용량이어야 한다.

(2) 비상 발전기

비상발전설비는 가장 중요한 단일 복구요소이며, 전기고장 시에 적절한 품질의 공급과 복구가 IT장비와 통신장비에 제공된다. 발전기는 UPS의 부하나 IT장비의 전력부하를 공급할 수 있도록 설계되어야 한다. 모터 가동조건을 분석하여 발전기가 최대 15% 전압강하 시에도 공급할 수 있는지를 확인해야 한다. 발전기가 적절한 규격이 아닐 경우에 UPS와 발전기 간의 상호연동에 문제가 발생할 수 있으므로 발전기와 UPS 제조사와 정확한 규격조건으로 조정해야 한다. 이러한 조건을 만족시키기 위해 다양한 솔루션이 있는데 이는 고조파 필터, 라인 리액터, 특수 부상 발전기, 시간지연 모터기동, 단계적 전송 및 발전기 디레이팅 등이 포함된다. 발전기가 있을 경우에 장비 과열과 셧다운을 방지하기 위해 모든 공조설비에 예비 발전설비를 제공해야 한다. 발전기가 공조설비를 지원하지 않는다면, 전체 데이터센터 운영의 연속성에는 큰 도움이 안 된다. 병렬로 연결된 발전기는 자동 동기화 제어의 고장을 대비해 수동 동기화가 가능해야 한다. 병렬 개폐기의 고장이나 유지보수 시를 대비하여 발전기에서 직접적으로 개별 전력공급을 위하여 각각의 발전기별로 수동으로 절체하는 방식도 고려해야 한다. 과전류방지장치(TVSS)가 각 발전기 출력단에 설치되어야 한다.

발전기 연료는 신속한 전원공급을 위하여 천연가스보다는 디젤을 권고한다. 디젤은 지역의 주유소 및 가스공급업체에 한정되는 것을 피한다. 현장에 저장되는 디젤연료의 양은 4시간~60일까지 고려한다. 모든 연료저장설비에 원격 연료감시 및 경보설비가 설치되어야 한다. 미생물 증식이 디젤연료의 가장 많은 장애원인이기 때문에 휴대용 또는 고정용 청정연료 시스템이 필요하다. 기온이 낮은 기후에서는 연료가 응고되지 않도록 온도를 높이거나 저어주어야 한다. 장애 시의 연료공급업체 도착시간도 연료탱크의 크기를 정하는 데 있어서 고려되어야 한다. 소음과 기타의 환경규정도 만족해야 한다.

전력공급업체의 전원과 발전기가 동시에 고장이 발생할 경우를 대비하여, UPS에 의해 전원공급을 받는 조명장치, 비상유도등, 개별 배터리 등은 주변의 다른 발전기에 연결해야 한다. 영구적 부하뱅크(Load Bank)나 휴대용 부하뱅크의 연결을 위한 시설은 발전설비에서 높게 권장한다. 또한, 각 구성요소별 시험과 비상용 발전기, UPS 설비 및 자동절체 스위치의 시험은 시스템의 일부로써 동시에 수행되어야 한다. 최소 전력공급업체의 장애와 정상전원으로의 복구 등은 확인되어야 한다. 비상용 발전기는 데이터센터의 전력 부하뿐만 아니라 비상조명과 기타 방재설비에 공급해야 한다. NEC(National Electrical Code)는 절체스위치와 방재설비용 배선설비의 분리를 요구한다. 배터리에서 공급되는 비상조명장치는 자동절체 스위치와 배선설비를 분리하는 것보다 저렴하다. NEC에 따르면 비상전환스위치는 원활한 유지보수를 위하여 단독 또는 우회로가 구성되어야 한다. 이와 유사하게 우회 독립적인 자동절체 스위치가 IT룸에 제공되어야 한다. 또한, 절체 회로차단기는 전력회사로부터 발전기로 부하를 절체하기 위하여 사용하지만 운영 중 회로차단기의 고장을 대비하여 회로차단기는 우회 독립적으로 구성할 수 있다. 비상발전기에 대한 권장사항은 IEEE Standard 1100 및 IEEE Standard 446을 참조한다.

(3) UPS

UPS 설비는 정적, 동적(로터리) 그리고 하이브리드 방식이 있고, 온라인, 오프라인이거나 예비발전기가 전원 중단 없이 가동될 수 있도록 충분한 백업 시간을 제공하는 라인 인터액티브(Line-interactive) 방식이 있다. 정적 UPS는 가장 보편적으로 사용되었던 시스템이다. 그러나 다중화 개념은 로터리 방식 또는 하이브리드 방식에도 적용이 가능하다. UPS 설비는 개별 UPS 모듈 또는 다수 모듈을 병렬화한 그룹 형태로도 구성할 수 있다. 각 모듈은 운영이나 다중화에 대한 영향 없이 개별 독립적으로 이루어진다.

시스템은 자동 및 수동으로 내부 절체가 되어야 하며 시스템 고장이나 유지보수 시에 외부 절체가 되어야 한다. 개별 배터리 설비는 각 모듈에 구성이 가능하며 각 모듈에 배터리 열(Row)을 구성하여 추가적인 용량과 다중화를 구현할 수 있다. 하나의 배터리설비에서 몇 개의 UPS 모듈에 연결할 수도 있지만 매우 낮은 신뢰도로 인해 일반적으로는 권장하지 않는다. 발전기를 설치할 경우, UPS 설비의 가장 중요한 기능은 발전기 재가동까지의 전원과 전력을 공급하고 분배하는 것이다. 이론적으로 이러한 상황은 단 몇 초의 배터리 용량이 필요하게 된다. 그러나 실제상황에서의 배터리 용량은 발전기의 고장, 정상적인 시스템 종료, 배터리 출력저하 등 예기치 못한 상황에 대비하기 위해 총 UPS 정격부하의 최소 5~30분간 공급할 수 있는 용량으로 한다. 발전기가 없을 경우에는 IT 장비가 정상적으로 종료할 수 있도록 최소 30분~8시간 용량의 배터리가 설치되어야 한다. 어떠한 설치 사양에는 대용량 배터리가 요구된다. 예를 들어, 통신회사는 일반적으로 발전기가 있을 경우 4시간 용량의 배터리, 발전기가 없을 경우 8시간 용량의 배터리가 필수이다.

개별 배터리 셀의 전압 및 임피던스 또는 저항을 기록하고 추세를 확인할 수 있는 배터리 감시설비가 필요하다. 다수의 UPS 모듈은 전체 배터리 설비를 감시하는 기본 기능을 제공하는데, 여분의 배터리 열과 함께 여분의 배터리 모듈이 설치되어 있다면 기본적인 수준의 기능만으로도 충분하다. 그러나 UPS 배터리 감시설비가 개별 배터리의 오류를 감시할 수 없으므로 배터리 설비의 동작시간 및 신뢰도에 큰 영향을 줄 수 있다. 각 배터리의 임피던스를 감시할 수 있고 배터리 고장을 사전에 예측 및 경보할 수 있는 기능을 갖춘 단독형 배터리 감시설비는 보다 상세하게 배터리 상태를 감시할 수 있다. 이와 같은 배터리 감시설비는 이중화가 안 되어있는 배터리 설비에서 강하게 권장된다. 이러한 시스템은 Tier 4등급에서 요구된다. 공조설비, 수소농도 감시, 배터리액 유출제어, 비상 아이샤워는 경우에 따라서 고려해야 한다.

전력용량의 일반적인 설계기준은 0.38~2.7 kW/m^{2}이다. UPS를 선택할 때에는 kW 단위로 선정해야 하며 설계용량에 맞는 것이라야 한다. 일반적으로 kVA 단위로 용량을 선정할 때는 설계용량보다 큰 것으로 선택해야 한다. 이것은 UPS에서 사용하는 역률이 IT장비에서 사용하는 역률보다 상대적으로 작기 때문이다. 즉, UPS에서의 역률은 일반적으로 80~90%인데 IT장비는 98% 이상이다. 또한, 추가 증설 및 피크일 때 용량을 초과하지 않기 위해서는 UPS에 최소 20% 이상의 여유 용량이 있어야 한다. 공조설비는 UPS와 배터리실에는 설치되어야 한다. 배터리 수명은 온도에 많은 영향을 받으며, 기준치보다 5℃ 높은 온도는 배터리 수명을 1년 이상 단축시킨다. 저온일 경우에는 기준 용량보다 낮은 방전을 발생시킬 수 있다.

다중화된 UPS 설비는 다양한 구성으로 구축할 수 있다. 3가지의 주요 구성방법은 독립 (Isolated) 다중화, 병렬(Parallel) 다중화 및 분산형 독립(Distributed Isolated) 다중화이다. 신뢰도는 각각 차이가 있지만 이 중 분산형 독립 다중화가 가장 신뢰도가 높다. 단독형 UPS는 중앙 UPS에 종속되어 있지 않을 경우 사용해서는 안 된다. 그러나 중앙 UPS와 연계(보완)되면 예외의 경우가 된다. 중앙 UPS에서 제공되는 단독형 UPS는 가용성을 향상시키기보다는 저하시킬 수 있다. IT룸에 설치된 UPS는 비상전원차단장치(EPO)에 연결되어 있어서 비상전원차단장치가 작동될 때, UPS 설비의 전원이 차단되도록 해야 한다. 추가적인 UPS 설비의 설계는 IEEE Standard 1100를 참고한다.

(4) 전원 포설

IT룸의 전력분배기(PDU)는 데이터센터의 구축에서 중요 전원설비의 포설로 간주되어야 하는데, 그 이유는 PDU가 몇몇 장비의 기능을 통합하고 있는 추세며, 이렇게 설치하는 것이 별도의 패널이나 변압기를 설치하는 것보다는 더 효율적이기 때문이다. PDU는 변압기, 과전류방지장치, 출력패널 그리고 전력감시기능이 제공되어야 한다. 이와 같은 종합적인 기능은 일반적인 변압기나 패널의 설치보다 장점이 많다. 일반적인 PDU는 아래의 구성을 포함한다.

① 변압기 차단기 : 유지보수를 위한 임시 전원공급 또는 중단 없이 전원 이전이 가능하도록 2중 입력 회로차단기가 적용되어야 한다.

② 변압기 : 접지와 중립(N선) 사이의 공통 모드(Common-mode) 노이즈 전류를 최소화하고 전원장치접지(Voltage Source Ground)와 신호접지(Signal Ground)의 차이를 최소화하기 위해서 변압기는 최대한 부하 가까이에 위치해야 한다. 전원의 플러스(+)측과 마이너스(-)측에서 흐르는 노이즈 전류의 방향이 동일하므로 공통 모드라 한다. 가장 가까운 지점은 변압기가 분전반 내부에 위치하는 것이다. 단독형 변압기는 일반적으로 UPS에서 PDU로 공급되는 전선을 줄이기 위해서 480-208V/120 전압강하 변압기로 설계된다. 고조파 전류에 의한 발열을 견디기 위해서는 K-rated 변압기를 사용해야 한다. 고조파 전류와 전압을 줄이기 위해서는 지그재그(Zigzag) 변압기 또는 활성 고조파 필터가 장착된 변압기를 사용하여야 한다. 변압기에서 고조파를 최소화하는 것이 변압기의 효율을 향상시키고 변압기의 발열을 줄일 수 있는 방법이다.

③ 과전류방지장치(TVSS) : 전력선의 길이가 200 mm 이내일 경우, 과전류방지장치의 효과는 매우 좋다. 이것도 분전반보드와 동일하게 PDU에 설치된다.

④ 분전반보드 : 패널보드는 변압기처럼 같은 캐비닛에 설치될 수 있다. 또는 다수의 패널보드가 필요할 경우에는 원격 전원패널이 사용될 수 있다.

⑤ 계측기, 감시장치, 경보장치, 원격제어장치 : 해당 장치는 전통적인 패널보드보다 충분한 공간이 필요하다

⑥ 비상전원차단장치(EPO)

⑦ 단일접점 접지부스

⑧ 전력선 설치 플레이트(Conduit Landing Plate) : 대부분의 데이터센터에서는 각각의 장비 랙에는 한 개 이상의 전력선이 포설되며 모든 회선은 전용으로 분리된 전력관에 설치된다. 대부분의 패널보드는 42개의 분리된 전력관을 설치할 공간을 가지고 있지 못하다. 전력선 설치 플레이트는 출력패널 당 42개의 전력관을 수용할 수 있도록 구성되어 있고 추후의 변경뿐 아니라 초기의 설치까지도 쉽다.

PDU의 특성은 2중 입력 회로차단기, STS(Static Transfer Switches), 입력전원 필터 그리고 다중화된 변압기를 포함한다. 또한, PDU는 이중마루 하부의 연결을 위한 입력 연결 박스에 제공하는 기능도 가능하다. 비상전원차단장치는 NEC Article 645의 기준을 참조한다. 비상전원차단장치는 각 데이터센터 공간의 각 출구에 설치되어야 하고 사고로 인한 차단을 방지하기 위해 보호커버가 설치되어야 한다. 전화기와 긴급연락망이 비상전원차단장치 주변에 있어야 한다. 비상전원차단장치에는 유지보수를 위한 우회 시스템이 비상전원차단장치의 유지보수나 확장 시에 전원중단사고가 없도록 고려되어야 한다. 중단 스위치는 실수로 인한 전원중단사고를 막기 위해 필요하다. 비상전원차단장치의 전원제어장치는 NFPA 75에 명기된 바와 같이 화재경보 제어패널에 설치되어야 한다.

모든 IT장비에 공급되는 전력은 소화가스설비 작동 시에 자동적으로 차단되어야 한다. 스프링클러 작동 관련하여 자동 전원차단은 권고하지만 필수사항은 아니다. 이중마루 하부의 전력 포설은 일반적으로 공장에서 조립된 PVC코팅 케이블이 사용되지만 일부 지역에서는 전력관을 설치하도록 규정하고 있다. 향후의 전력 확장을 위하여 현재는 사용하지 않더라도 3상, 50~60 A 이하의 케이블 설치도 고려할 사항이다. 모든 IT룸, 국선 인입실, 통신실 그리고 서비스실에 제공되는 전력선에는 PDU나 패널번호, 회로차단기 번호 등이 라벨로 붙어있어야 한다. 데이터센터의 전원선 포설설계에 대한 추가적인 정보는 IEEE Standard 1100을 참고한다.

(5) 접지와 낙뢰보호

건물 경계선 접지루프(폐회로)가 설치되어야 하며 최소 #4/0 AWG(외경 11.68 mm, 단면적 107.2 mm^2)의 구리선이 1 m 깊이로 매설되어 있어야 하며 건물 벽에서 1 m 떨어져야 하고 3 m × 19 mm 구리도금 강철 접지봉이 6~12 m마다 접지루프를 따라서 설치되어야 한다. 테스트웰(Test Wells)은 루프의 4곳 코너에 설치되어야 한다. 건물의 철골은 두 개 중 한 개의 기둥에 접지가 되어야 한다. 해당 건물 접지설비에는 모든 개폐기, 발전기, UPS, 변압기 등이 포함된 주요 분전반, 통신설비와 낙뢰보호설비에도 설치되어야 한다. 접지부스는 접지와 시각적인 검사가 가능한 설치가 권고된다. 접지설비는 루프의 4곳에서 전위강하법(Fall-of-Potential Method)으로 측정했을 때 어느 곳도 5 Ω을 초과하면 안 된다. UL(Underwriters Laboratories) 마스터 라벨이 표시된 낙뢰보호설비는 모든 데이터센터에서 고려되어야 한다.

NFPA 780에서 제시한 위험분석 가이드에는 건물의 지리적인 위치와 건축물의 낙뢰보호설비의 적합성을 결정하는데 매우 유용하기 때문에 검토가 필요하다. 낙뢰보호설비가 설치되어 있다면 장비의 보호와 법규에 의하여 건물 접지설비에 연결되어야 한다. 건물의 접지 및 낙뢰보호설비의 추가적인 정보는 IEEE Standard 1100를 참조한다.

(6) 접지설비

IEEE Standard 1100은 전기설계 및 접지에 대하여 권고사항을 제시한다. 통신장비와 IT장비의 접지를 위해서는 공통접지네트워크(CBN)를 설치하는 것이 고려되어야 한다. IT룸 접지 인프라는 IT룸을 위한 등전위 접지기준을 생성하고 고주파 신호를 감소시킨다. 데이터센터의 접지 인프라는 구리도체의 0.6~3 m 중심의 접지망으로 전체 IT룸에 설치되어야 한다. 접지망은 #6 AWG(외경 4.12 mm, 단면적 13.3 mm^2) 이상이어야 한다. 권장하는 솔루션은 연결고리 부분만 벗겨진 절연된 구리도체이다. 절연된 구리 망은 단속전류 및 의도하지 않은 접점을 방지할 수 있다. 기타 다른 방법은 조립식 구리 망을 그리드 패턴이나 200 mm 중심 간격을 용접하여 바닥에 펼치는 방안, 철조망을 사용한 비슷한 설치개념, 또는 데이터센터 접지설비 용도로 설계되고 건물 접지설비에 연결된 전기적으로 끊기지 않은 이중마루가 있다. 데이터센터의 접지구조는 다음과 같다.

① IT룸의 통신용 접지 부스에 연결되는 접지도체는 #1 AWG(외경 7.35 mm, 단면적 42.4 mm^2)으로 한다. ANSI/TIA/EIA-J-STD-607-A를 참조한다.

② 접지부스에 연결되는 각 분전반 또는 패널보드의 접지도체는 NEC 250.122의 용량 규격이나 장비 제조사의 권고에 따른다.

③ 항온항습장비에는 #6 AWG(외경 4.12 mm, 단면적 13.3 mm^2) 이상의 접지도체가 설치된다.

④ IT룸의 각 기둥에는 #4 AWG(외경 5.19 mm, 단면적 21.2 mm^2) 이상의 접지도체가 설치된다.

⑤ 각 실로 들어가는 케이블 사다리, 케이블 트레이, 케이블은 #6 AWG(외경 4.12 mm, 단면적 13.3 mm^2) 이상의 접지도체가 설치된다.

⑥ 각 실로 인입되는 덕트, 전력관, 공조배관에는 #6 AWG(외경 4.12 mm, 단면적 13.3 mm^2) 이상의 접지도체가 설치된다.

⑦ 이중마루의 각 방향 6번째 받침대에는 #6 AWG(외경 4.12 mm, 단면적 13.3 mm^2) 이상의 접지도체가 설치된다.

⑧ 각 서버용, 통신용 랙, 캐비닛, 프레임에는 #6 AWG(외경 4.12 mm, 단면적 13.3 mm^2) 이상의 접지도체가 설치된다. 랙, 캐비닛, 프레임을 연속해서 접지하지 않는다.

4.5.2 전기분야의 Tier 등급

(1) Tier 1등급

전기분야의 Tier 1등급은 필요한 전력부하를 최소한으로 충족시키며 이중화 방안은 고려되지 않는다. 전력설비는 단일 경로이며 패널이나 전력공급의 장애나 유지보수 시에 부분적 또는 전체의 운영이 중단되고 전력인입에 대한 다중화도 요구되지 않는다. 발전기는 단독형이나 용량을 위해 병렬형 구성이 가능하지만 이중화에 대한 요구사항은 없다. 일반적으로 한대 이상의 자동절환스위치(ATS : Automatic Transfer Switches)를 통해 전력저하 감지, 발전기 작동, 발전기로의 부하 이전 단독-우회형 자동절환스위치(Isolation-bypass ATS)나 자동절환회로차단기(Automatic Transfer Circuit Breakers)가 이러한 용도로 사용되지만 필수사항은 아니다. 발전기와 UPS 테스트를 위한 영구적인 부하뱅크도 필수사항이 아니다. 휴대용 부하뱅크에 대한 규정은 요구된다.

UPS 설비는 단독형이거나 용량을 위해 병렬형 구성이 가능하다. 정적, 로터리 또는 하이브리드 형식 UPS가 사용 가능하고 직류와 교류의 변환 또는 라인 인터액티브 설계가 가능하다. UPS는 발전기와의 호환성이 요구된다. UPS 설비의 유지보수 동안의 가동을 위하여 유지보수용 우회기능이 있어야 한다. 전기분야 Tier 1등급에서는 전력배선에 별도의 변압기와 패널보드의 설치가 가능하다. 변압기는 기존 목적과 같이 비선형 부하를 다루기 위해 설계되어야 한다. 고조파 차단 변압기는 K-rated 변압기 대신에 사용이 가능하다. 분전반이나 별도의 변압기 및 패널보드는 전력포설을 위하여 사용이 가능하다. 포설방법에 대한 어떠한 규정을 적용해도 무관하다. 다중화는 배선설비에 적용되지 않는다.

접지설비는 법규의 최소 기준만 충족한다. 데이터센터의 접지설비는 요구되지 않으나 장비사의 접지요구사항을 충족시키는 경제적인 방안이 선호될 수 있다. 낙뢰보호 설치여부는 NFPA 780의 낙뢰위험분석과 보험을 위한 요구사항의 기준이 된다. 만약, 데이터센터가 NEC 645 기준의 IT룸으로 분류된다면 비상전원차단장치(EPO)가 설치되어야 하며 전력 및 공조에 대한 모니터링 시스템은 선택사항이다.

(2) Tier 2등급

전기분야의 Tier 2등급은 Tier 1등급 요구사항을 충족해야 한다. Tier 2 시설은 N+1의 다중화 UPS 모듈을 제공한다. 발전기의 용량은 데이터센터의 전체 부하를 수용할 용량이 필요하지만 예비 발전기에 대한 요구사항은 없다. 인입설비 또는 분전설비의 이중화는 요구되지 않는다. 발전기 및 UPS 시험을 위해 이동형 부하뱅크에 대한 연결 규정은 제시되어야 한다.

분전반은 필수 전력부하에 대한 전력분배를 위해 사용된다. 패널보드나 PDU 사이드카의 추가 회로가 필요한 부분은 PDU로부터 보조전원을 공급받을 수 있다. 2개의 이중화된 분전반은 각각 분리된 UPS로부터의 전원공급이 권장되며, 각 랙으로 공급되어야 한다. 전원선이 단상 또는 3상인 IT장비에는 랙에 탑재되는 전원 스위칭 장비 (예 : STS) 또는 수동 스위칭 장비를 두어야 한다. 해당 전원 스위칭 장비는 각각 다른 UPS의 입력을 받아야 한다. 또는, 전원선이 단상 또는 3상인 IT장비에 각각 다른 UPS의 입력을 받고, 수동 스위칭 장비를 가지고 있는 분전반을 설치할 수 있다. 그러나 이는 다소 비효율적인 이중화 및 유연성을 제공한다. 네임 태그나 랙으로 인입하는 케이블에 색상을 구분하는 것이 고려되어야 한다. 예를 들면, A와 B의 입력을 받을 시에 A 측은 모두 흰색을 B 측은 모두 청색을 사용한다. 하나의 회선이 하나 이상의 랙에 전원을 제공해서는 안 된다. 한 회선의 장애가 2개 랙의 장애를 초래하는 것을 방지하기 위함이다. 이중화를 제공하기 위해서, 랙과 캐비닛은 20 A/120 V 용량의 전원선을 두 개의 다른 분전반이나 전원패널로부터 공급받아야 한다. 다수의 전원선을 설치할 시에는 접속단자는 잠금장치가 있는 NEMA L5-20R 접속단자를 사용해야 한다.

고밀도 랙의 경우, 더 높은 엠프가 요구될 수 있으며 일부 신제품 IT장비는 하나 이상의 단상 또는 3상의 208 V-50 A 이상 접속단자가 필요할 수 있다. 각 접속단자에는 연결된 분전반과 회선의 번호를 명기함으로써 접속단자를 구별해야 한다. 기계장비를 위한 분전반에 대해 이중화된 전원 입력은 권고사항이고 필수사항은 아니다. 건물의 접지설비는 5Ω 이하의 접지 임피던스를 제공하도록 설계 및 시험되어야 한다. 공통접지네트워크와 긴급전원차단장치(EPO)가 설치되어야 한다.

(3) Tier 3등급

전기분야의 Tier 3등급은 Tier 2등급의 모든 요구사항을 충족해야 한다. Tier 3등급의 모든 시설(모듈, 배관, 발전기와 UPS 설비를 포함한 시스템 레벨, 분전설비, 분전반 등)은 최소 N+1 다중화가 되어야 한다. 기계설비의 구성은 전기설비 설계와 동시에 고려되어야 하며 이는 전기-기계 통합 시스템에 N+1 다중화를 보장하기 위함이다. 이러한 수준의 다중화는 각 공조기에 서로 다른 2개의 전원을 공급하거나, 공조기를 다수의 전원공급으로 배분하는 것이다. 전원 케이블과 분진빈은 2중 경로이며, 케이블과 패널에 대한 장애 또는 유지보수 시에도 운영이 중단되어서는 안 된다. 기본적인 정비 시에는 해당 장비에만 국한되고, 전체 냉방에는 영향을 받지 않도록 충분한 이중화가 구현되어야 한다.

전원인입설비에서 냉방, 전력인입설비에서 분전반 또는 전원인입설비에서 고객 IT장비까지의 분산 이중화를 구현함으로써 사실상 단일 지점의 장애를 제거할 수 있다. 데이터센터는 중압과 고압(600 V 이상)전원이 공급되도록 최소 2개의 인입설비가 있어야 한다. 공급설비의 구성은 우선 선택적이어야 하며 자동절체 차단기나 자동우회 절체스위치를 사용할 수 있다. 다른 방안으로는 자동 계통 간 연계(Main-Tie-Main) 구성이 가능하다. 패드 부착형, 변전소 또는 건식 분배 변압기 사용이 가능하다. 변압기는 N+1 또는 2N의 다중화로 구성되어야 하며 용량은 개방된 공간을 기준으로 선정해야 한다. 예비 발전기는 UPS와 기계설비에 전원을 공급해 준다. 부지 내의 연료저장소는 설계부하를 기준으로 최소 72시간의 발전기 가동이 가능하도록 용량이 산정되어야 한다. 자동우회 절체스위치 또는 자동절체 차단기를 통해 일반전력의 손실을 감지, 발전기 가동 및 발전기로의 부하절체가 가능해야 한다. 2중 펌프설비는 자동과 수동 조절이 가능해야 하며, 각 펌프는 별도의 전원으로부터 각각 공급받아야 한다.

독립적이고 다중화된 연료탱크와 연료배관은 연료설비의 오염 또는 기계적인 연료설비의 장애가 전체 발전설비에 영향을 주지 않도록 해야 한다. 이중화 시동기와 배터리는 각 발전기 엔진에 설치되어야 한다. 병렬 시스템으로 구성할 경우에는 이중화된 제어장치가 있어야 한다. 필수 부하에 전원공급의 가용성을 증가하기 위해 분전설비가 분산 독립 다중화 구조로 되어야 한다. 이 구조는 자동정적절체스위치(ASTS : Automatic Static Transfer Switch)를 PDU 변압기의 주면이나 보조면에 설치해야 한다. 자동정적절체스위치는 단일코드 부하에만 요구된다. 두 개 이상의 코드 설계 시에는 하나의 코드만 연속적인 전원공급이 가능해야 하며 자동정적절체스위치는 사용하지 않고, 전원선이 각기 다른 UPS로부터 전원을 공급받아야 한다. 자동정적절체스위치는 우회회로와 단선의 차단기를 갖는다. 데이터센터 접지 인프라와 낙뢰보호설비가 제공되어야 한다. 과전류방지장치(TVSS)는 필수 전력부하를 공급하는 모든 레벨의 분전설비에 설치되어야 한다.

전력, 환경 모니터링 및 제어 시스템(PEMCS : Power & Environmental Monitoring & Control Systems)을 설치해야 하며, 해당 장치는 모든 중요한 전기관련 장비(주 배전반, 고압용 개폐장치, 발전기, UPS, 자동정적절체스위치, 분전반, 자동절체장치, 일시적 과전압차단 시스템, 기계장비 등)을 모니터링 한다. 별도의 프로그래밍이 가능한 로직제어 장치가 설치되어야 하며, 기계장비의 관리, 최적화, 장비수명, 경보조건의 지정 등을 프로그램할 수 있어야 한다. 주 서버의 장애 시에는 연속적인 감시 및 제어를 위해 예비 서버를 둔다.

(4) Tier 4등급

전기분야의 Tier 4등급은 Tier 3등급의 모든 요구사항을 충족해야 한다. Tier 4등급의 모든 모듈, 시스템, 관로에 있어서 2(N+1)의 다중화가 되어야 한다. 모든 공급 장비들은 정비나 장애 시에 수동으로 절체가 가능해야 한다. 어떠한 장애 발생 시에도 연속적인 전원공급을 위해 장애 시스템에서 대체 시스템으로의 자동절체가 가능하여야 한다. 배터리 감시 시스템은 적절한 배터리 운용을 위하여 다음의 기능을 가지고 있어야 한다.

① 각 셀의 임피던스 또는 저항 감시
② 각 배터리 용기의 온도 감시
③ 예상 장애에 대한 사전 경보

전원 인입은 데이터센터 전용으로 두어야 하며, 다른 중요치 않은 시설과 분리해야 한다. 이중화를 위해 건물은 서로 다른 변전소로부터 인입하는 전원선을 최소 두 개 이상 가져야 한다.

4.6 통신설비에 대한 필수사항

4.6.1 통신분야의 Tier 등급

(1) Tier 1등급

통신 인프라는 최소 Tier 1등급을 획득하기 위해 아래 기준을 충족시켜야 한다.

① 전기통신 Tier 1 시설은 국선 인입경로 및 배선경로가 1개이다.
② 통신사의 서비스는 1개의 국선 인입실 내에서 해제되어야 한다.
③ 통신 인프라는 국선 인입실에서 데이터센터 내의 주-분배구역 및 수평-분배구역에 단 1개의 경로로만 포설되어야 한다.

Tier 1 시설에서는 네트워크 토폴로지에 일반적인 다중화가 존재할 수 있으나 물리적인 이중화나 포설은 존재하지 않는다. 모든 패치패널과 아웃렛, 케이블은 ANSI/TIA/EIA-606-A에 명기된 바와 같이, 라벨이 부착되어야 한다. 모든 랙과 캐비닛은 식별이 가능하도록 전후로 라벨을 부착해야 한다. 해당 시설에서 잠재적인 단일지점의 장애위험(SPOF)은 다음과 같다.

① 통신사 정전, 전화국 정전, 회선 사업자 관로 장애
② 통신사 장비 장애
③ 라우터나 스위치 장애(이중화가 존재하지 않을 경우)
④ 국선 인입실, 주-분배구역, 내부관로의 재난으로 인한 장애
⑤ 백본이나 수평분배 케이블의 장애

(2) Tier 2등급

통신 인프라는 Tier 1에 대한 요구사항을 충족해야 한다. 장애 시에 치명적인 통신장비, 회선 사업자 공급장비, 라우터, LAN 및 SAN 스위치 등은 다중화되고 예비장비를 보유하여야 한다. 데이터센터 내의 LAN 및 SAN 백본 케이블(수평-분배구역의 스위치에서 주-분배구역의 백본스위치까지)은 전체적인 스타 토폴로지에 대하여 여분의 광케이블 및 UTP 케이블을 보유하고 있어야 한다. 물리적으로 스타 토폴로지로 구성하고 그 위에 링이나 메쉬 토폴로지와 같은 논리적인 구성이 가능하다. Tier 2 시설은 건물 내부로 인입되는 전기통신에 대한 약점이 있다. Tier 2 시설은 2개의 인입경로와 통신관로가 있어야 한다. 국선 인입실로 들어오는 통신관로는 전체 통신경로에 걸쳐 물리적으로 20 m 이상 떨어져 있는 것을 권장하고 있다. 인입관로는 국선 인입실의 반대편 끝부분에 위치하도록 권고하고 있다. 여분의 인입관로가 같은 국선 인입실로 설치되는 것은 권장하지 않는다. 이것은 적정 이격거리(물리적으로 20 m)를 유지하기 어렵기 때문이다. 모든 패치코드와 점퍼에 라벨을 붙여야 하는데, 케이블의 양끝에 연결되는 지점에 부착한다. 통신 Tier 2에서의 잠재적인 단일지점의 장애위험(SPOF)는 다음과 같다.

① 통신 사업자의 장비가 설치된 국선 인입실이 동일 전력 케이블에 연결되어 있거나 단일 공조설비가 설치되어 있는 경우
② 주-분배구역에 설치된 여분의 라우터 및 코어 스위치가 동일 전력 케이블에 연결되어 있거나 단일 공조설비가 설치되어 있는 경우
③ 수평-분배구역에 설치된 여분의 스위치가 동일 전력 케이블에 연결되어 있거나 단일 공조설비가 설치되어 있는 경우
④ 국선 인입실 또는 주-분배구역의 재난수준의 장애

(3) Tier 3등급

통신 인프라는 Tier 2에 대한 요구사항을 충족해야 한다. 데이터센터는 최소 2개의 통신사 회선을 제공받아야 한다. 통신회선은 최소한 2개의 다른 통신 사업자 전화국 또는

POP(Points Of Presence)에서 제공받아야 한다. 통신 사업자 케이블은 별도의 경로로 전체 회선에 걸쳐서 적어도 20 m 이상이 떨어져 있어야 한다. 통신부문 Tier 3등급은 2개의 국선 인입실이 있어야 하며 데이터센터의 대각선 끝에 위치하는 것을 권장한다. 두 국선 인입실은 최소 20 m 이상의 물리적인 거리를 확보하여야 한다.

서로 다른 회선 사업자의 장비를 공동으로 사용해서는 안 되고 방화격벽, 분전반, 공조 장비를 공유해서 사용해서도 안 된다. 회선 사업자가 제공하는 장비는 다른 국선 인입실에 있는 장비에 장애가 발생하더라도 지속적으로 가동할 수 있도록 설계되어야 한다. 데이터센터는 여분의 백본경로(국선 인입실, 주-분배구역과 수평-분배구역)를 가지고 있어야 한다. 데이터센터 내부의 LAN 및 SAN 백본 케이블은 전체 스타 토폴로지에 대하여 여분의 광케이블 및 UTP 케이블을 가지고 있어야 한다. 모든 주요 통신장비, 통신 사업자 장비, 코어 라우터, LAN/SAN 스위치 등에는 예비 시스템이 구성되어 있어야 한다. 모든 케이블, 분배회선, 패치코드 케이블 관리를 위한 스프레드시트(엑셀), 데이터베이스 또는 프로그램으로 기록/관리가 되어야 한다. 케이블설비 기록/관리는 데이터센터의 Tier 3등급을 위한 필수 조건이다. 통신 Tier 3에서의 잠재적인 단일지점의 장애위험(SPOF)은 다음과 같다.

① 수평-분배구역이 여분의 스위치가 동일 전력케이블에 연결되어 있거나 단일 공조설비가 설치되어 있는 경우
② 주-분배구역의 재난수준의 장애로 데이터센터의 모든 통신서비스에 장애를 초래할 경우
③ 수평-분배구역의 재난수준의 장애로 데이터센터의 모든 통신 서비스에 장애를 초래할 경우

(4) Ticr 4등급

통신 인프라는 Tier 3에 대한 요구사항을 충족해야 한다. 데이터센터의 백본 케이블이 이중화로 구성되어야 한다. 종단지점을 제외하고는 케이블이 물리적으로 분리된 경로를 가져야 한다. 백본 케이블은 통신배관 또는 인터로킹 기갑(Interlocking Armor)으로 보호되어야 한다. 장애가 발생할 경우, 서비스 장애가 발생하는 치명적인 주요 통신장비, 통신 사업자 장비, 코어라우터, 코어스위치, SAN 등은 자동절체가 되는 자동 백업이 되어 있어야 한다. 세션이나 커넥션이 백업장비로 자동으로 전환되어야 한다. 데이터센터의 양끝에 주-분배구역과 부-분배구역에 대한 배치를 권고하며 최소한 20 m 이상 이격

되어야 한다. 두 개의 분배구역은 방화구역, 분전반, 공조장비를 공유하면 안 된다. IT룸이 단일화된 공간일 경우에 부-분배구역에 대한 장점이 없기 때문에 필수사항은 아니다. 각 주-분배구역과 부-분배구역은 국선 인입실로 들어오는 별도의 경로를 가져야 한다. 주-분배구역과 부-분배구역 간에도 경로가 있어야 한다. 주-분배구역과 부-분배구역 간에는 여분의 라우터와 스위치를 주-분배구역, 부-분배구역 또는 국선 인입실 중 장애로 인한 무중단에 대응할 수 있도록 분배되어야 한다. 각 수평-분배구역은 주-분배구역과 부-분배구역의 양측으로 연결되어야 한다. 주요 시스템에는 2개의 수평-분배구역으로 수평케이블이 제공되어야 한다. 수평케이블의 이중화는 Tier 4 시설에서도 선택사항이다. 통신 Tier 4에서의 잠재적인 단일지점의 장애위험(SPOF)은 다음과 같다.

① 주-분배구역(부-분배구역이 없을 경우)
② 수평-분배구역 및 수평 케이블링(수평 케이블의 이중화가 아닐 경우)

건축계획, 기계설비, 전기설비 및 통신설비의 Tier 등급 기준은 **[표 6]**, **[표 7]**, **[표 8]** 및 **[표 9]**와 같다.

[표 6] Tier 등급 요구사항 (건축계획)-1

구 분	Tier 1	Tier 2	Tier 3	Tier 4
건축계획				
■ 대지 선정				
침수위험 지역과의 근접성	해당 없음	홍수지역 제외	100년 이내 홍수발생지역 제외 혹은 50년 이내 홍수발생지역과 100 m 이격거리	100년 이내 홍수발생지역과 100 m 이격거리
해안 또는 내륙의 강(하천)과의 근접성	해당 없음	해당 없음	100 m 이상 이격	0.8 km 이상 이격
주요 간선도로에서의 근접성	해당 없음	해당 없음	100 m 이상 이격	0.8 km 이상 이격
공항과의 근접성	해당 없음	해당 없음	1.6 km 이상 / 48 km 이내	8 km 이상 / 48 km 이내
대도시와의 접근성	해당 없음	해당 없음	48 km 이내	16 km 이내
■ 주차				
고객과 직원의 주차 분리	해당 없음	해당 없음	해당 (펜스/벽으로 물리적 분리)	해당 (펜스/벽으로 물리적 분리)
화물 하역장의 분리	해당 없음	해당 없음	해당	해당 (펜스/벽으로 물리적 분리)
방문자 주차장과 데이터센터와의 근접성	해당 없음	해당 없음	최소 10 m 이격	최소 20 m 이격 및 물리적 장벽을 통해 차량 근접 방지
건물 내 다수 고객의 임차	해당 없음	위험 발생이 없는 고객의 경우에만 가능	모든 고객이 데이터센터 혹은 통신사일 경우	모든 고객이 데이터센터 혹은 통신사일 경우
■ 건물 건축				
건축 형식	제한 없음	제한 없음	Type II-1hr, III-1hr, 또는 V-1hr	Type I 또는 II-FR

[표 6] Tier 등급 요구사항 (건축계획)-2

구 분	Tier 1	Tier 2	Tier 3	Tier 4
■ 내화 조건				
외벽(방화벽)	최소 법규 준수	최소 법규 준수	최소 1 시간	최소 4 시간
내벽(방화벽)	최소 법규 준수	최소 법규 준수	최소 1 시간	최소 2 시간
외벽(일반벽)	최소 법규 준수	최소 법규 준수	최소 1 시간	최소 4 시간
기초 프레임(Structural Frame)	최소 법규 준수	최소 법규 준수	최소 1 시간	최소 2 시간
내벽(일반 벽 - IT룸 이외)	최소 법규 준수	최소 법규 준수	최소 1 시간	최소 1 시간
IT룸 벽체구성	최소 법규 준수	최소 법규 준수	최소 1 시간	최소 2 시간
배관(샤프트) 마감(Enclosure)	최소 법규 준수	최소 법규 준수	최소 1 시간	최소 2 시간
바닥 및 바닥 마감	최소 법규 준수	최소 법규 준수	최소 1 시간	최소 2 시간
지붕 및 지붕 마감	최소 법규 준수	최소 법규 준수	최소 1 시간	최소 2 시간
NFPA 75의 요구사항 충족 여부	해당 없음	해당	해당	해당
■ 건물 요소				
IT룸 벽과 천장의 투습방지	해당 없음	해당	해당	해당
보안 체크가 있는 다수의 건물 입구	해당 없음	해당 없음	해당	해당
바닥 판 구조	해당 없음	해당 없음	철골(전체)	철골(전체) 및 철근 콘크리트
기초 및 하부 구조	해당 없음	해당 없음	볼트 스트링거	볼트 스트링거
■ IT룸의 천장				
천장 구조	해당 없음	해당 없음	제공 시, 클린룸 타일을 매단형태	클린룸 타일을 매단형태
천장 높이	최소 2.6 m	최소 2.7 m	최소 3.0 m (장비 상부와 천장 간 460 mm 이상)	최소 3.0 m (장비 상부와 천장 간 600 mm 이상)

[표 6] Tier 등급 요구사항 (건축계획)-3

구 분	Tier 1	Tier 2	Tier 3	Tier 4
■ 지붕				
등급	제한 없음	Class A	Class A	Class A
종류	제한 없음	제한 없음	내화 데크(No Mechanically Attached Systems)	이중화된 콘크리트 데크(No Mechanically Attached Systems)
풍력저항(Wind Uplift Resistance)	최소 법규 준수	FM I-90	FM I-90 (최소)	FM I-120 (최소)
지붕 경사도	최소 법규 준수	최소 법규준수	최소 1:48	최소 1:24
■ 창호(문 및 창문)				
내화성	최소 법규 준수	최소 법규 준수	최소 법규 준수 (IT룸 기준 45분 이상)	최소 법규 준수 (IT룸 기준 60분 이상)
출입문 크기	폭 1.0 m 이상, 높이 2.2 m 이상	폭 1.0 m 이상, 높이 2.2 m 이상	폭 1.0 m 이상, 높이 2.2 m 이상	폭 1.2 m 이상, 높이 2.2 m 이상
출입문 재질	최소 법규 준수	단단한 나무 재질이나 금속 재질 프레임	단단한 나무 재질이나 금속 재질 프레임	단단한 나무 재질이나 금속 재질 프레임
IT룸의 외부창문 없음	해당 없음	해당 없음	해당	해당
건물에 대한 전자파의 방지	해당 없음	해당 없음	해당	해당
■ 건물 로비				
데이터센터와의 물리적 분리	해당 없음	해당	해당	해당
화재 시 데이터센터와의 분리	최소 법규 준수	최소 법규 준수	최소 1시간	최소 2시간
보안 검색대(Security Counter)	해당 없음	해당 없음	해당	해당
출입카드의 공용사용을 막기 위한 물리적인 장치들	해당 없음	해당 없음	해당	해당

[표 6] Tier 등급 요구사항 (건축계획)-4

구 분	Tier 1	Tier 2	Tier 3	Tier 4
■ 사무실				
데이터센터와의 물리적 분리	해당 없음	해당	해당	해당
화재 시 데이터센터와의 분리	최소 법규 준수	최소 법규 준수	최소 1시간	최소 2시간
■ 보안실				
데이터센터와의 물리적 분리	해당 없음	해당 없음	해당	해당
화재 시 데이터센터와의 분리	최소 법규 준수	최소 법규 준수	최소 1시간	최소 2시간
180도 출입문 렌즈(보안장비/모니터링실)	해당 없음	해당	해당	해당
보안실 내부를 16mm 합판으로 설치하는 견고함(방폭 구조 요구/권장 지역 제외)	해당 없음	권장사항	권장사항	권장사항
전용 보안실(보안장비 및 모니터링)	해당 없음	해당 없음	권장사항	권장사항
■ 운영센터				
데이터센터와의 물리적 분리	해당 없음	해당 없음	해당	해당
화재 시 데이터센터와의 분리	해당 없음	해당 없음	1시간	2시간
IT룸으로의 접근성	해당 없음	해당 없음	간접 접근 (최대 1개의 실을 거쳐서 접근 가능)	직접 접근
■ 휴게공간				
IT룸 및 지원실과의 접근성	해당 없음	해당 없음	바로 인접한 경우 방수벽 (Leak Prevention Barrier) 설치	인접하지 않아도 방수벽 (Leak Prevention Barrier) 설치
화재 시 IT룸 및 지원실과의 분리	최소 법규 준수	최소 법규 준수	최소 1시간	최소 2시간

[표 6] Tier 등급 요구사항 (건축계획)-5

구 분	Tier 1	Tier 2	Tier 3	Tier 4
■ UPS 및 배터리실				
장비 철거, 수리, 유지보수를 위한 복도의 폭	해당 없음	해당 없음	1.0 m 이상	1.2 m 이상
IT룸과의 접근성	해당 없음	해당 없음	직접 접근 가능	직접 접근 가능
화재 시 IT룸 및 기타 데이터센터 구역과의 분리(내화 기준)	최소 법규 준수	최소 법규 준수	1시간 이상	2시간 이상
■ 필수 출입 복도				
화재 시 IT룸 및 지원실과의 분리	최소 법규 준수	최소 법규 준수	1시간 이상	2시간 이상
복도 폭	최소 법규 준수	최소 법규 준수	1.2 m 이상	1.5 m 이상
■ 화물 반출입 구역				
데이터센터 다른 구역과의 물리적인 분리	해당 없음	해당	해당	해당
화재 시 기타 데이터센터 구역과의 분리	해당 없음	해당 없음	1시간 이상	2시간 이상
반출입 운영에 노출된 벽체의 물리적 보호	해당 없음	해당 없음	2 cm 이상의 합판 설치	금속 보호기둥 설치
화물 독의 개수	해당 없음	2,500 m^2 이상	2,500 m^2 이상 2개 설치	2,500 m^2 이상 2개 설치
주차장과 분리된 화물 독	해당 없음	해당 없음	해당	해당 (벽 또는 펜스로 물리적 분리)
보안 검색대	해당 없음	해당 없음	해당	해당 (물리적 분리)
■ 발전기 및 연료탱크 구역				
IT룸 및 기타 지원실과의 접근성	해당 없음	해당 없음	데이터센터 내부 시, 모든 타 지역과 2시간 이상 내화 기준	별도의 건물이나 외부에 설치
공용구역과의 접근성	해당 없음	해당 없음	최소 10 m 이상 이격	최소 20 m 이상 이격

[표 6] Tier 등급 요구사항 (건축계획)-6

구 분	Tier 1	Tier 2	Tier 3	Tier 4
■ 보안				
시스템 CPU UPS 용량	해당 없음	건물	건물	건물+배터리(최소 8시간)
데이터 수집 패널(Field Panels) UPS 용량	해당 없음	건물+배터리(최소 4시간)	건물+배터리(최소 24시간)	건물+배터리(최소 24시간)
현장(Field) Device UPS 용량	해당 없음	건물+배터리(최소 4시간)	건물+배터리(최소 24시간)	건물+배터리(최소 24시간)
보안요원의 수	해당 없음	3,000 m^2 당 1명(최소 2명)	2,000 m^2 당 1명(최소 3명)	2,000 m^2 당 1명(최소 3명)
■ 접근통제 및 감시				
발전기실	산업등급 잠금장치	침입 감지	침입 감지	침입 감지
UPS, 통신실, MEP실	산업등급 잠금장치	침입 감지	카드 출입	카드 출입
내화금고(Fiber Vaults)	산업등급 잠금장치	침입 감지	침입 감지	카드 출입
비상문	산업등급 잠금장치	모니터링	Delay Egress Per Code	Delay Egress Per Code
출입 가능한 외부 창호	현장 외부 모니터링	침입 감지	침입 감지	침입 감지
SOC(보안 운영실)	해당 없음	해당 없음	카드 출입	카드 출입
NOC(네트워크 운영센터)	해당 없음	해당 없음	카드 출입	카드 출입
보안 장비실	해당 없음	침입 감지	카드 출입	카드 출입
IT룸 출입문	산업등급 잠금장치	침입 감지	카드키 및 생체인식	카드키 및 생체인식
데이터센터 외벽 문	현장 외부 모니터링	침입 감지	출입문 시 카드출입	출입문 시 카드출입
내부로 통하는 로비 문	산업등급 잠금장치	카드키	출입카드의 공용사용을 막기 위한 물리적인 장치들, 생체인식장치 추천	출입카드의 공용사용을 막기 위한 물리적인 장치들, 생체인식장치 추천
■ 방폭 벽체, 유리 및 문				
로비 내의 보안검색대	해당 없음	해당 없음	Level 3 (최소)	Level 3 (최소)
화물 반출입 내의 보안 검색대	해당 없음	해당 없음	해당 없음	Level 3 (최소)

[표 6] Tier 등급 요구사항 (건축계획)-7

구 분	Tier 1	Tier 2	Tier 3	Tier 4
■ CCTV 감시				
건물 경계(Perimeter) 및 주차장	해당 없음	해당 없음	해당	해당
발전기	해당 없음	해당 없음	해당	해당
출입통제 문	해당 없음	해당	해당	해당
IT룸 내부	해당 없음	해당 없음	해당	해당
UPS, 통신실, MEP실	해당 없음	해당 없음	해당	해당
■ CCTV				
CCTV 녹화	해당 없음	해당 없음	해당 (디지털)	해당 (디지털)
녹화율(Frames per Second)	해당 없음	해당 없음	20 프레임/초 (최소)	20 프레임/초 (최소)
■ 구조				
지진 지역-Any Zone Acceptable Although It May Dictate More Costly Support Mechanisms	제한 없음	제한 없음	제한 없음	제한 없음
지진 지역 기준에 맞는 시설 설계	제한 없음	제한 없음	제한 없음	지진 지역 0, 1, 2 지역 : 3수준 지진 지역 3, 4 지역 : 4수준
사이트별 응답 스펙트럼	해당 없음	해당 없음	with Operation Status after 10% in 50 Year Event	with Operation Status after 5% in 100 Year Event
가중치(안전율) - Assists to Ensure Greater than Code Design	I=1	I=1.5	I=1.5	I=1.5
통신장비 랙/캐비닛 바닥/바닥과 상부의 고정여부	해당 없음	바닥 고정	전체 고정	전체 고정
전기 부착물이 허용하는 한도 내에서 통신 장비의 편향 제한	해당 없음	해당 없음	해당	해당

[표 6] Tier 등급 요구사항 (건축계획)-8

구 분	Tier 1	Tier 2	Tier 3	Tier 4
전력관 및 케이블 트레이의 고정	최소한 법규 준수	법규 준수 (중요도)	법규 준수 (중요도)	법규 준수 (중요도)
공조설비 주요 덕트의 고정	최소한 법규 준수	법규 준수 (중요도)	법규 준수 (중요도)	법규 준수 (중요도)
바닥 하중	7.2 kPa(734 kgf/m^2)	8.4 kPa(857 kgf/m^2)	12 kPa(1220 kgf/m^2)	12 kPa(1220 kgf/m^2)
상부 하중	1.2 kPa(122 kgf/m^2)	1.2 kPa(122 kgf/m^2)	2.4 kPa(244 kgf/m^2)	2.4 kPa(244 kgf/m^2)
바닥 슬래브 콘크리트의 두께	130 mm(5 인치)	130 mm(5 인치)	130 mm(5 인치)	130 mm(5 인치)
바닥용 플루트 위의 콘크리트 타설은 설치 가능한 앵커의 크기에 영향을 미침	100 mm(4 인치)	100 mm(4 인치)	100 mm(4 인치)	100 mm(4 인치)
건물의 횡력저항 시스템은 구조물의 변위를 나타냄	철골/콘크리트 (모멘트 저항 골조)	콘크리트(내력벽) / 철골(가새)	콘크리트(내력벽) / 철골(가새)	콘크리트(내력벽) / 철골(가새)
건물 에너지 손실 : Passive Dampers / Base Isolation (Energy Absorption)	없음	없음	Passive Dampers	Passive Dampers / Base Isolation
배터리/UPS실 바닥 대비 콘크리트 바닥은 보강이 어려움. 금속 데크나 Fill로 된 강철 프레임(Steel Framing)은 보강이 가능함	PT 콘크리트	CIP Mild 콘크리트	철골 데크 및 콘크리트	철골 데크 및 콘크리트
고정장치를 설치하는 편의성	PT 콘크리트	CIP Mild 콘크리트	철골 데크 및 콘크리트	철골 데크 및 콘크리트

[표 7] Tier 등급 요구사항 (기계설비)-1

구 분	Tier 1	Tier 2	Tier 3	Tier 4
기계설비(공조)				
■ 일반(General)				
물배관 경로가 데이터센터 공간의 장비와 같은 공간 내에 있는지 여부	허용되지만 권장하지 않음	허용되지만 권장하지 않음	허용하지 않음	허용하지 않음
IT룸 및 관련실 가압	해당 없음	해당	해당	해당
IT룸 바닥의 배수구	해당	해당	해당	해당
공조설비의 비상발전기 연결 여부	해당 없음	해당	해당	해당
■ 수냉식(Water-cooled System)				
실내 항온기	여분의 항온기 없음	중요 지역에 여분의 항온기 있음	1개의 전원이 장애가 있어도 공조에 문제가 없을 만큼의 여유분이 중요 지역에 있음	1개의 전원이 장애가 있어도 공조에 문제가 없을 만큼의 여유분이 중요 지역에 있음
IT룸의 습도조절	가습공급	가습공급	가습공급	가습공급
기계설비의 전력공급	공조설비에 단일경로의 전력선 제공	공조설비에 단일경로의 전력선 제공	공조설비에 다중화된 경로의 전력선 제공 (Connected in Checkerboard Fashion for Cooling Redundancy)	공조설비에 다중화된 경로의 전력선 제공 (Connected in Checkerboard Fashion for Cooling Redundancy)
■ 발열제거(Heat Rejection)				
공냉식 공조기(Dry-coolers)	여분의 공조기 없음	시스템 당 1대의 여분의 공조기 있음	1개의 전원이 장애가 있어도 공조에 문제가 없을 만큼의 여유분이 중요 지역에 있음	1개의 전원이 장애가 있어도 공조에 문제가 없을 만큼의 여유분이 중요 지역에 있음

[표 7] Tier 등급 요구사항 (기계설비)-2

구 분	Tier 1	Tier 2	Tier 3	Tier 4
수냉식 공조기(Closed-Circuit Fluid Coolers)	여분의 공조기 없음	시스템 당 1대의 여분의 공조기 있음	1개의 전원이 장애가 있어도 공조에 문제가 없을 만큼의 여유분이 중요 지역에 있음	1개의 전원이 장애가 있어도 공조에 문제가 없을 만큼의 여유분이 중요 지역에 있음
순환 펌프(Circulating Pumps)	여분의 펌프(Condenser Water Pump) 없음	시스템 당 1대의 여분의 펌프가 있음	1개의 전원이 장애가 있어도 공조에 문제가 없을 만큼의 여유분이 중요 지역에 있음	1개의 전원이 장애가 있어도 공조에 문제가 없을 만큼의 여유분이 중요 지역에 있음
배관구성(Piping System)	단일 배관 시스템	단일 배관 시스템	이중화된 경로 배관 시스템	이중화된 경로 배관 시스템
■ 중앙냉수식 시스템 (Chilled Water System)				
실내 공조기(Indoor Terminal Air Conditioning Units)	여분의 공조기 없음	시스템 당 1대의 여분의 공조기 있음	1개의 전원이 장애가 있어도 공조에 문제가 없을 만큼의 여유분이 중요 지역에 있음	1개의 전원이 장애가 있어도 공조에 문제가 없을 만큼의 여유분이 중요 지역에 있음
IT룸의 습도조절	가습공급	가습공급	가습공급	가습공급
기계설비의 전력 제공	공조설비에 단일경로의 전력선 제공	공조설비에 단일경로의 전력선 제공	공조설비에 다중화된 경로의 전력선 제공.	공조설비에 다중화된 경로의 전력선 제공.
■ 발열제거(Heat Rejection)				
냉각수 배관설비	단일 배관 시스템	단일 배관 시스템	이중화된 경로 배관 시스템	이중화된 경로 배관 시스템
냉수 순환펌프 (Chilled Water Pumps)	여분의 펌프 없음	시스템 당 1대의 여분의 펌프가 있음	1개의 전원이 장애가 있어도 공조에 문제가 없을 만큼의 여유분이 중요 지역에 있음	1개의 전원이 장애가 있어도 공조에 문제가 없을 만큼의 여유분이 중요 지역에 있음
공냉식 냉동기(Air-cooled Chillers)	여분의 냉동기 없음	시스템 당 1대의 여분의 냉동기 있음	1개의 전원이 장애가 있어도 공조에 문제가 없을 만큼의 여유분이 중요 지역에 있음	1개의 전원이 장애가 있어도 공조에 문제가 없을 만큼의 여유분이 중요 지역에 있음

[표 7] Tier 등급 요구사항 (기계설비)-3

구 분	Tier 1	Tier 2	Tier 3	Tier 4
수냉식 냉동기(Water-cooled Chillers)	여분의 냉동기 없음	시스템 당 1대의 여분의 냉동기 있음	1개의 전원이 장애가 있어도 공조에 문제가 없을 만큼의 여유분이 중요 지역에 있음	1개의 전원이 장애가 있어도 공조에 문제가 없을 만큼의 여유분이 중요 지역에 있음
냉각탑(Cooling Towers)	여분의 냉각탑 없음	시스템 당 1대의 여분의 냉각탑 있음	1개의 전원이 장애가 있어도 공조에 문제가 없을 만큼의 여유분이 중요 지역에 있음	1개의 전원이 장애가 있어도 공조에 문제가 없을 만큼의 여유분이 중요 지역에 있음
냉각수 순환펌프(Condenser Water Pumps)	여분의 펌프(Condenser Water Pump) 없음	시스템 당 1대의 여분의 펌프가 있음	1개의 전원이 장애가 있어도 공조에 문제가 없을 만큼의 여유분이 중요 지역에 있음	1개의 전원이 장애가 있어도 공조에 문제가 없을 만큼의 여유분이 중요 지역에 있음
냉각수 순환계통	단일 배관 시스템	단일 배관 시스템	이중화된 경로 배관 시스템	이중화된 경로 배관 시스템
■ 공냉식(Air-cooled System)				
실내 공조기 및 실외기	여분의 공조기 없음	시스템 당 1대의 여분의 공조기 있음	1개의 전원이 장애가 있어도 공조에 문제가 없을 만큼의 여유분이 중요 지역에 있음	1개의 전원이 장애가 있어도 공조에 문제가 없을 만큼의 여유분이 중요 지역에 있음
기계설비의 전력 제공	공조설비에 단일경로의 전력선 제공	공조설비에 단일경로의 전력선 제공	공조설비에 다중화된 경로의 전력선 제공	공조설비에 다중화된 경로의 전력선 제공
IT룸의 습도조절	가습공급	가습공급	가습공급	가습공급
■ 공조제어설비				
공조제어	제어 시스템의 고장은 중요 지역의 공조를 멈춤	제어 시스템의 고장이 중요 지역의 공조를 멈추지는 않음	제어 시스템의 고장이 중요 지역의 공조를 멈추지는 않음	제어 시스템의 고장이 중요 지역의 공조를 멈추지는 않음
공조제어설비의 전력공급	공조제어 시스템에 단일경로의 전력선 제공	이중화된 UPS 전원 공급	이중화된 UPS 전원 공급	이중화된 UPS 전원 공급

[표 7] Tier 등급 요구사항 (기계설비)-4

구 분	Tier 1	Tier 2	Tier 3	Tier 4
■ 보급수 배관				
보급수(Make-up Water)의 공급	여분의 물탱크 없이 한 곳에서만 공급받음	여분의 물탱크 없이 한 곳에서만 공급받음	두 곳에서 공급받음 혹은 한 곳에서 공급 + 저장탱크	두 곳에서 공급받음 혹은 한 곳에서 공급 + 저장탱크
Points of Connection to Condenser Water System	단일 접점 포인트	단일 접점 포인트	두 개의 접점 포인트	두 개의 접점 포인트
■ 연료저장				
저장 탱크(Bulk Storage Tanks)	하나의 저장탱크	둘 이상의 저장탱크	둘 이상의 저장탱크	둘 이상의 저장탱크
저장 탱크 펌프 및 배관	하나의 펌프 및 공급배관	둘 이상의 펌프 및 공급배관	둘 이상의 펌프 및 공급배관	둘 이상의 펌프 및 공급배관
■ 소화설비				
화재감지설비	해당 없음	해당	해당	해당
스프링클러설비	필요시	준비작동식 (필요시)	준비작동식 (필요시)	준비작동식 (필요시)
소화가스설비	해당 없음	해당 없음	청정소화약재 (NFPA 2001)	청정소화약재 (NFPA 2001)
연기감지설비	해당 없음	해당	해당	해당
누수감지설비	해당 없음	해당	해당	해당
전기설비				

[표 8] Tier 등급 요구사항 (전기설비)-1

구 분	Tier 1	Tier 2	Tier 3	Tier 4
■ 일반(General)				
공급 경로 수	1	1	1 활성 and 1 예비	2 활성
전력인입설비	단일 인입	단일 인입	2곳 이상 인입 (600 Volts 이상)	서로 다른 공급설비로부터의 공급 (600 Volts 이상)
무중단 유지보수	해당 없음	해당 없음	해당	해당
서버 및 통신장비 전원선	전체 부하를 실을 수 있는 1회선	각 선에 전체 부하를 실을 수 있는 선 2회선	각 선에 전체 부하를 실을 수 있는 선 2회선	각 선에 전체 부하를 실을 수 있는 선 2회선
공인 인증된 전력설비 장비 사용 여부	해당	해당	해당	해당
단일지점의 장애위험(SPOF : Single Points of Failure)	전력 및 공조장비를 위한 분배 시스템에 하나 이상의 단일지점의 장애위험 존재	전력 및 공조장비를 위한 분배 시스템에 하나 이상의 단일지점의 장애위험 존재	전력 및 공조장비를 위한 분배 시스템에 단일지점의 장애위험 존재하지 않음	전력 및 공조장비를 위한 분배 시스템에 단일지점의 장애위험 존재하지 않음
주요 부하 시스템의 절체	전원장애나 유지보수를 위한 자동 절체 스위치 (Automatic Transfer Switch (ATS)); 전력 장애 발생 시 발전기로 자동절체	전원장애나 유지보수를 위한 자동 절체 스위치 (Automatic Transfer Switch (ATS)); 전력 장애 발생 시 발전기로 자동절체	전원장애나 유지보수를 위한 자동 절체 스위치 (Automatic Transfer Switch (ATS)); 전력 장애 발생 시 발전기로 자동절체	전원장애나 유지보수를 위한 자동 절체 스위치 (Automatic Transfer Switch (ATS)); 전력 장애 발생 시 발전기로 자동절체
고압개폐기(Site Switchgear)	해당 없음	해당 없음	Fixed air circuit breakers or fixed molded case breakers. Mechanical interlocking of breakers. Any switchgear in distribution system can be shutdown for maintenance with by-passes without dropping the critical load	Drawout air circuit breakers or drawout molded case breakers. Mechanical interlocking of breakers. Any switchgear in distribution system can be shutdown for maintenance with by-passes without dropping the critical load

[표 8] Tier 등급 요구사항 (전기설비)-2

구 분	Tier 1	Tier 2	Tier 3	Tier 4
UPS 용량에 맞는 발전기 설치	해당	해당	해당	해당
연료탱크 용량 (최고 부하 시)	8시간 (UPS 백업시간 8분일 경우 발전기 불필요)	24시간	72시간	96시간
■ UPS				
UPS 다중화	N	N+1	N+1	2N
UPS 토폴로지(Topology)	단일모듈 혹은 여분의 모듈이 없는 병렬 모듈	여분의 모듈이 있는 병렬 모듈 혹은 분배다중화 모듈	여분의 모듈이 있는 병렬 모듈 혹은 분배다중화 모듈 혹은 블록 다중화 시스템	여분의 모듈이 있는 병렬 모듈 혹은 분배다중화 모듈 혹은 블록 다중화 시스템
UPS 유지보수용 Bypass Arrangement	우회공급이 동일 전력공급선이나 동일 UPS모듈에서 공급됨	우회공급이 동일 전력공급선이나 동일 UPS모듈에서 공급됨	우회공급이 동일 전력공급선이나 동일 UPS모듈에서 공급됨	우회공급이 예비의 UPS에서 공급되며, 이 UPS는 별도의 전력 공급선으로부터 공급됨
UPS 전원분배-전압수준	120/208 V(1,440 kVA 미만 시) 480 V(1,440 kVA 이상 시)	120/208 V(1,440 kVA 미만 시) 480 V(1,440 kVA 이상 시)	120/208 V(1,440 kVA 미만 시) 480 V(1,440 kVA 이상 시)	120/208 V(1,440 kVA 미만 시) 480 V(1,440 kVA 이상 시)
UPS 전원분배-패널보드	표준 열자기 트립 차단기가 통합된 패널보드	표준 열자기 트립 차단기가 통합된 패널보드	표준 열자기 트립 차단기가 통합된 패널보드	표준 열자기 트립 차단기가 통합된 패널보드
모든 서버 및 통신장비 공급 여부	해당 없음	해당 없음	해당	해당
PDU 내 K-Factor 변압기 설치	해당 (고조파 제거 변압기를 사용하는 경우 필요하지 않음)	해당 (고조파 제거 변압기를 사용하는 경우 필요하지 않음)	해당 (고조파 제거 변압기를 사용하는 경우 필요하지 않음)	해당 (고조파 제거 변압기를 사용하는 경우 필요하지 않음)
LBS(Load Bus Synchronization)	해당 없음	해당 없음	해당	해당
다중화 요소(UPS)	정적 UPS 설계	정적 또는 로터리식 UPS 설계, 회전식 M-G 세트 변환기	정적 또는 로터리식 UPS 설계, 정적 변환기.	정적, 로터리식 또는 하이브리드 UPS 설계
서버 및 통신장비로부터의 별도 분전반 UPS	해당 없음	해당 없음	해당	해당

[표 8] Tier 등급 요구사항 (전기설비)-3

구 분	Tier 1	Tier 2	Tier 3	Tier 4
■ 접지설비				
낙뢰보호설비	NFPA 780의 리스크 분석 및 보험 조건 기준		해당	해당
NEC에 준하는 구역 및 발전기의 접지	해당	해당	해당	해당
조명기기 (277 V) Neutral isolated from service entrance derived from lighting transformer for ground fault isolation	해당	해당	해당	해당
IT룸 내 데이터센터 접지설비	해당 없음	해당 없음	해당	해당
■ IT룸 비상전원차단장치(EPO)				
출구에 위치한 EPO를 작동하여 서버 및 통신설비 셧다운만 가능한 기능	해당	해당	해당	해당
서버 및 통신장비의 셧다운 후, 소화설비의 자동화	해당	해당	해당	해당
2차 지역의 화재경보설비 작동과 수동 EPO 셧다운	해당 없음	해당 없음	해당 없음	해당
Master Control Disconnects Batteries and Releases Suppressant from a 24/7 Attended Station	해당 없음	해당 없음	해당 없음	해당
■ 배터리실 비상전원차단장치(EPO)				
출구에 위치한 EPO 작동 (수동 Suppressant Release 포함)	해당	해당	해당	해당
EPO 셧다운 이후, 단일지역 시스템의 소화제 발포	해당	해당	해당	해당

[표 8] Tier 등급 요구사항 (전기설비)-4

구 분	Tier 1	Tier 2	Tier 3	Tier 4
2차 지역의 화재경보 시스템 작동. 1차 지역의 배터리 연결 중단 및 2차 지역의 소화제 발포	해당 없음	해당 없음	해당	해당
마스터 제어로 인한 배터리 연결 중단 및 365일 가동되는 관리소에서의 소화제 발포	해당 없음	해당 없음	해당	해당
■ 비상전원차단장치(EPO)				
IT룸 내의 UPS 전원 콘센트	해당	해당	해당	해당
CRAC 및 냉각기의 AC 전원 차단	해당	해당	해당	해당
지역 내 관련법규정 준수 (예. UPS와 공조기 분리화 등)	해당	해당	해당	해당
■ 시스템 모니터링				
UPS의 로컬 표기 장치	해당	해당	해당	해당
중앙전원 및 PEMCS(환경감시 및 제어 시스템)의 원격 관리콘솔과 자동조절장치를 보조하는 수동 조절장치(Manual Overrides)	해당 없음	해당 없음	해당	해당
건물관리 시스템(BMS)과의 연동	해당 없음	해당 없음	해당	해당
원격 통제	해당 없음	해당 없음	해당 없음	해당
자동통보(엔지니어 핸드폰 문자메시지)	해당 없음	해당 없음	해당 없음	해당
■ 배터리 구성				
모든 모듈 관련 공통 배터리 열	해당	해당 없음	해당 없음	해당 없음
모듈 당 1개의 배터리 열	해당 없음	해당	해당	해당
최대 부하 기준의 최소 대기시간	5분 이상	10분 이상	15분 이상	15분 이상
배터리 유형	Valve Regulated Lead Acid (VRLA) or Flooded Type	Valve Regulated Lead Acid (VRLA) or Flooded Type	Valve Regulated Lead Acid (VRLA) or Flooded Type	Valve Regulated Lead Acid (VRLA) or Flooded Type

[표 8] Tier 등급 요구사항 (전기설비)-5

구 분	Tier 1	Tier 2	Tier 3	Tier 4
■ Flooded형 배터리				
설치	랙 혹은 캐비닛	랙 혹은 캐비닛	오픈 랙	오픈 랙
Wrapped Plates	해당 없음	해당	해당	해당
산성 억제장치 설치	해당	해당	해당	해당
배터리 최대부하 기준의 테스트/조사 일정	격년 1회	격년 1회	격년 1회	격년 1회 혹은 매년 1회
■ 배터리실				
별도의 UPS/Switchgear 장비실	해당 없음	해당	해당	해당
개별 배터리 열 독립화	해당 없음	해당	해당	해당
배터리실 문의 투시용 비산방지 유리 설치	해당 없음	해당 없음	해당 없음	해당
배터리실 외부의 배터리 차단설비	해당	해당	해당	해당
배터리 감시 설비	UPS 자체 모니터링	UPS 자체 모니터링	UPS 자체 모니터링	중앙형 자동 시스템을 통한 각 셀의 온도, 전압, 저항 체크
■ Rotating UPS System Enclosures (With Diesel Generators)				
별도의 방화벽으로 개별 설치	해당 없음	해당 없음	해당	해당
외부 연료탱크	해당 없음	해당 없음	해당	해당
유닛과 동일한 실의 연료탱크	해당	해당	해당 없음	해당 없음
■ 비상발전설비				
발전기 용량	서버 및 통신장비의 전기/기계부하 기준	서버 및 통신장비의 전기/기계부하 기준	서버 및 통신장비의 전기/기계부하 기준 + 예비 1식	건물 전체 부하 + 예비 1식
발전기의 단일회선 연결	해당	해당	해당	해당 없음
시스템 별 단일 발전기 구성과 1대의 비상 발전기	해당 없음	해당	해당	해당
각 발전기로부터 개별 83 피트 Ground Fault Protection	해당 없음	해당	해당	해당

[표 8] Tier 등급 요구사항 (전기설비)-6

구 분	Tier 1	Tier 2	Tier 3	Tier 4
■ 테스트를 위한 부하뱅크				
UPS 모듈만 테스트	해당	해당	해당	해당 없음
발전기만 테스트	해당	해당	해당	해당 없음
발전기와 UPS 모듈의 테스트	해당 없음	해당 없음	해당 없음	해당
UPS Switchgear	해당 없음	해당 없음	해당 없음	해당
영구설치 여부	임대	임대	임대	해당
■ 장비 유지보수				
유지보수 인력	주간 : 현장 상주 야간 : 대기	주간 : 현장 상주 야간 : 대기	주중 : 24시간 현장 상주 주말 : 대기	24시간 365일 현장 상주
예방 유지보수	해당 없음	해당 없음	제한적인 예방점검 프로그램	충분한 예방점검 프로그램
시설 교육 프로그램	해당 없음	해당 없음	충분한 교육 프로그램	운영절차서를 포함한 충분한 훈련 프로그램

[표 9] Tier 등급 요구사항 (통신설비)

통신설비				
■ 일반(General)				
TIA 기준에 따른 케이블, 랙, 캐비닛, 경로	해당	해당	해당	해당
분리된 국선 인입관로가 20m 이상 이격 되었는지 여부	해당 없음	해당	해당	해당
회선 사업자 이중화	해당 없음	해당 없음	해당	해당
국선 인입실의 이중화	해당 없음	해당 없음	해당	해당
이중화된 분배구역	해당 없음	해당 없음	해당 없음	선택사항
이중화된 백본경로	해당 없음	해당 없음	해당	해당
수평분배 케이블의 이중화	해당 없음	해당 없음	해당 없음	선택사항
라우터 및 스위치의 예비 프로세서와 전원공급장치 이중화 여부	해당 없음	해당	해당	해당
예비용 라우터 및 스위치 구축 여부	해당 없음	해당 없음	해당	해당
패치패널, 아웃렛 그리고 케이블의 라벨 여부, 랙 및 캐비닛의 앞, 뒷면 라벨 여부	해당	해당	해당	해당
패치코드, 점더 등의 양 끝두분의 라벨 여부	해당 없음	해당	해당	해당
패치패널 및 패치 케이블의 기록관리	해당 없음	해당 없음	해당	해당

❙ PART 1 참고문헌 ❙

1. ANSI/TIA–942–2017–Telecommunications Infrastructure Standard for Data Centers.
2. ANSI/TIA/EIA–568–B.1–2001, Commercial Building Telecommunications Cabling Standard : Part 1 : General Requirements.
3. ANSI/TIA/EIA–568–B.2–2001, Commercial Building Telecommunications Cabling Standard : Part 2 : Balanced Twisted–Pair Cabling Components.
4. ANSI/TIA/EIA–568.B.3–2000, Optical Fiber Cabling Components Standard.
5. ANSI/TIA–569–B, Commercial Building Standard for Telecommunications Pathways and Spaces.
6. ANSI/TIA/EIA–606–A–2002, Administration Standard for Commercial Telecommunications Infrastructure.
7. ANSI/TIA/EIA–J–STD–607–2001, Commercial Building Grounding (Earthing) and Bonding Requirements for Telecommunications.
8. ANSI/TIA–758–A, Customer–Owned Outside Plant Telecommunications Cabling Standard;
9. ANSI/NFPA 70–2002, National Electrical Code.
10. ANSI/NFPA 75–2003, Standard for the protection of information technology equipment;
11. ANSI T1.336, Engineering requirements for a universal telecommunications frame.
12. ANSI T1.404, Network and customer installation interfaces DS3 and metallic interface specification.
13. ASHRAE, Thermal Guidelines for Data Processing Environments.
14. Hwang, H., 2018, Global Data Center Industry Trends, ICT & Media Policy of KISDI, 30(20).
15. KDCC, 2020, Korea Data Center Market 2020–2023, Korea Data Center Council.
16. KDCC, 2021, Korea Data Center Market 2021–2024, Korea Data Center Council.
17. Korea Energy Economics Institute and Korea Energy Agency, 2017, 2017 Energy Consumption Survey, Ministry of Trade, Industry and Energy.
18. Korea Energy Agency, 2018, Domestic and overseas trends and implications for energy efficiency regulations, Issue Briefing, 87.
19. KOSIS, 2021, OECD energy price in 2018–2020, Korean Statistical Information Service, Statistics Korea.
20. OSHA, 2017, OSHA Technical Manual (OTM) SECTION Ⅲ : Health Hazards, Occupational Safety and Health Administration.
21. SRG, 2021, Hyperscale Data Center Growth; Hyperscale Data Center Count Grows To 659 At The End Of Q2 2021, Synergy Research Group.
22. Telcordia GR–63–CORE, NEBS(TM) Requirements : physical protection.
23. Telcordia GR–139–CORE, Generic requirements for central office coaxial cable.

PART
2

데이터센터 인프라설비 계획

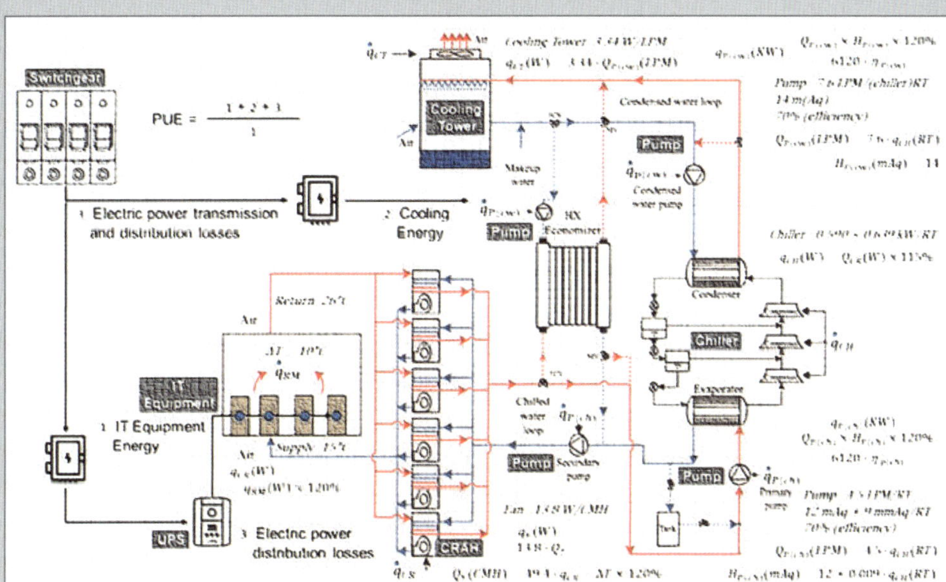

5. IT장비

5.1 일반사항

열은 에너지의 하나의 형태이다. 데이터센터에서 전산 발열량은 IT장비의 소비전력과 동일하다. 극히 일부의 예외를 제외하고는 IT장비 전력사용의 99% 이상이 열로 변환된다. 따라서 이러한 발열이 제거되지 않는다면 치명적인 영향을 받을 수 있다.

1970년대에서 1980년대까지의 Bipolar[1] 반도체칩으로 구성된 메인프레임의 발열제거는 대부분 냉수순환에 의한 수(물) 냉각식을 사용하였다. 메인프레임 시장점유율이 최고였던 1987년을 기준으로 92%에 다다랐다. 1990년대에 들어오면서 Bipolar방식에서 CMOS[2]방식으로 시장점유가 변하면서 반도체칩의 냉각방식도 변화하기 시작하였다. CMOS 방식은 Bipolar 방식에 비하여 발열이 작기 때문에 비용절감 측면에서 공기 냉각식으로 발열을 제거하기 시작하였다. **[그림 7]**

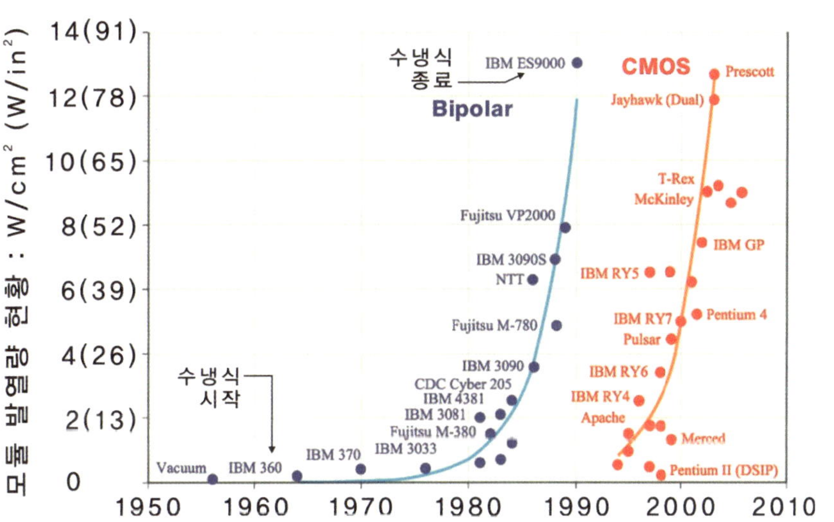

[그림 7] 컴퓨터 반도체칩의 모듈발열량 및 냉각방식의 변화

1) 쌍극의 의미로 일반적으로는 특성상 플러스와 마이너스 전하를 두 개 모두 이용하는 반도체 소자
2) Complementary Metal-Oxide-Semiconductor : 상보형(相補型) 금속 산화막(酸化膜) 반도체

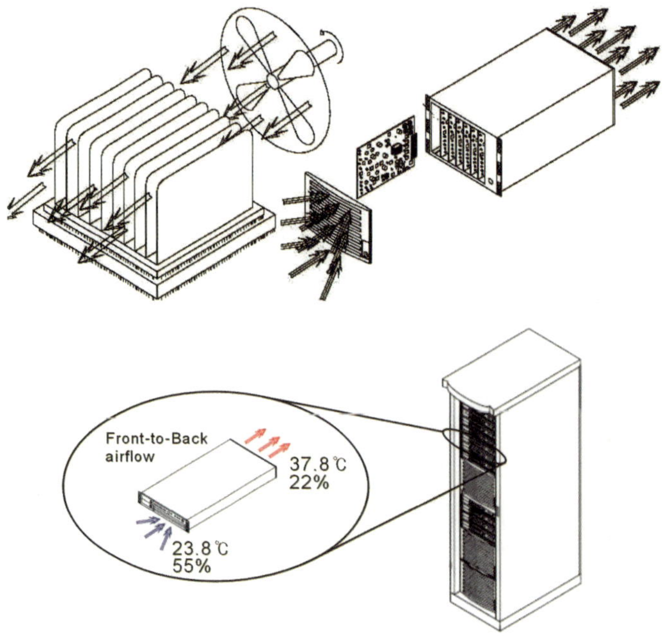

[그림 8] 중앙 연산장치와 IT장비의 냉각을 위한 공기흐름

대부분 CMOS 형식을 사용하는 IT장비의 중앙 연산장치(CPU)에서 장비 발열량 전체의 약 50% 정도의 열-에너지가 발생한다. 발열제거는 공랭식으로 팬을 통해 칩을 냉각한다. IT장비의 기준으로는 CRAC/H 유닛에 의해 냉각된 공기를 장비의 전면부에서 받아 후면부로 내보내 냉각시키는 것이 일반적이다. **[그림 8]**은 IT장비의 일반적인 냉각방식을 보여주고 있다.

5.2 IT장비의 종류 및 구성

IT장비는 **[그림 9]**와 같이, 용도, 형태 등에 따라 크게 랙-서버, 워크스테이션, 저장서버, 블레이드 서버 등으로 구분되고 있다. 서버의 크기는 유닛 단위(1U, 2U, 3U, 7U)로 표현되며 1U 서버의 경우 두께가 약 45 mm이다. 보통 캐비닛에 서버를 탑재할 경우 42U가 일반적이다.

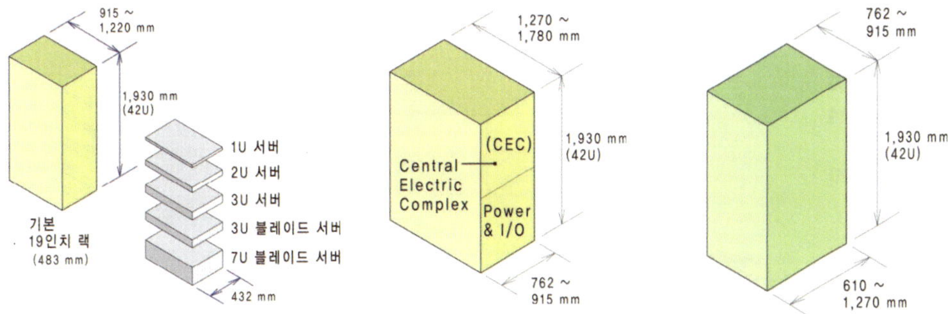

a) 랙-서버 형태(Server rack 및 Packaging) b) 저장서버 형태

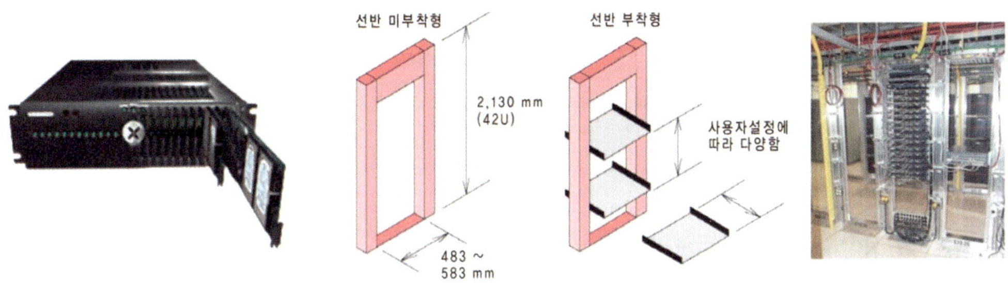

c) 블레이드서버 형태 d) 통신서버 형태

[그림 9] IT장비의 종류 및 형태

시스템 확장성, 적용성, 그리고 높은 가격대 성능비도 만족시키기 위해서 랙-서버가 보편적으로 적용되고 있지만 최근에는 랙-서버는 부피가 커지고 각 모듈들을 케이블로 연결함으로써 시스템 확장성과 유지관리에 불리하여 블레이드 서버가 급속하게 적용되고 있다. 블레이드 서버는 단일 고밀도 회로판에 전력과 다수의 전통적인 서버를 집약시켜 하드웨어 컴포넌트를 줄이고 데이터센터 공간을 절약한다. 보통 3U 이상의 새시에 상하로 삽입되는 블레이드 서버는 수십 개의 서버들을 하나의 캐비닛에 장착할 수 있게 되었다. 따라서 단위면적당 장비의 발열량이 급격하게 증가하게 되었다.

5.3 IT장비 전력 밀도의 변화

2000년 주요 IT장비 제조업체로 구성된 미국의 열관리협회(Thermal management consortium)에서 1992~2010까지의 IT장비·서버의 전력량 경향에 대해 발표한 적이 있다. 여기에는 20개 이상의 IT장비 제조업체의 정보가 포함되어 있다.

미국의 열관리협회의 첫 번째 작업 중 하나는 Uptime Institute를 통해 IT장비에 대

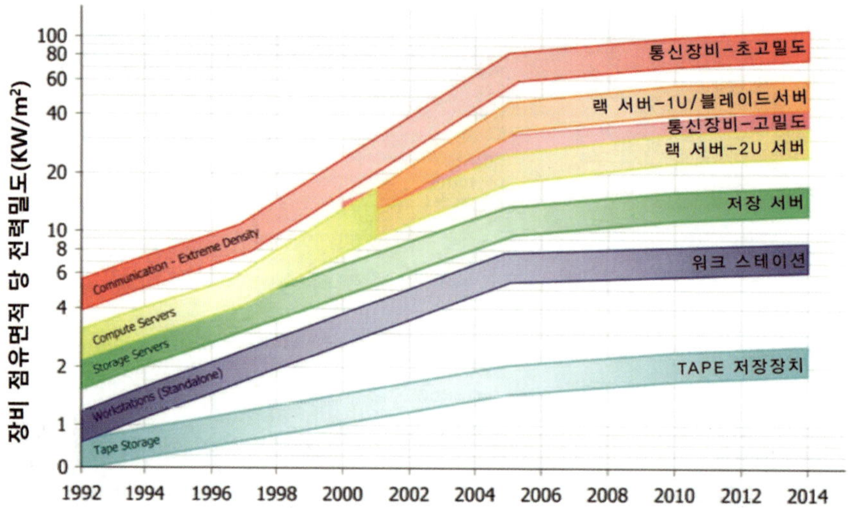

[그림 10] IT장비 전력 밀도 변화 경향(1992~2014)

한 전력 동향을 게시하는 것이었다. 약 5년마다 ASHRAE TC 9.9(Mission Critical Facilities, Data centers, Technology Spaces and Electronic Equipment)는 업데이트된 전력 동향을 발표했다. 이 예측은 여러 분야에서 광범위하게 인용되었으며, 2005년 기존의 문제점 보완과 예측기간을 2014년으로 연장하여 **[그림 10]**과 같이 두 번째 전력 밀도 예측을 발표하였다. 이러한 경향 예측은 캐비닛 또는 랙에 서버 유닛을 최대로 배치할 때를 기준으로 전력량의 최고치를 제시한 이론적인 수치이다. 따라서 IT장비 내부 프로세서, 메모리 또는 I/O 장치 그리고 캐비닛/랙 내에 설치된 IT장비의 수량에 따라서 실제 전력량은 상이할 수 있다.

데이터센터에 적용되는 주요 제조업체의 IT장비의 정보가 반영되어 있기 때문에 전력 밀도에 대한 절대적인 수치보다는 증가비율에 대한 정보의 활용 측면에서 매우 유용한 자료였다. 장비별 전력 밀도(2006년 기준)는 통신장비 20~72 kW/m^2, 랙-서버 및 저장서버 13~43 kW/m^2 그리고 워크스테이션과 테이프 저장장치 2~7 kW/m^2로 통신장비의 전력 밀도가 상대적으로 크다. IT장비의 발열 증가율을 보면, 2005년 기준으로 1992년부터 저장서버는 약 6배 1U, 2U 또는 블레이드 서버는 최대 약 15배까지 발열량이 증가했다. 급격한 증가는 아니라도 계속적인 증가가 예상되어 2006년을 기준으로 2014년까지 평균 약 1.5배에 다다를 것으로 예상했다. 블레이드 서버는 한 개의 랙에 약 60~70개의 장비가 설치되며 20~25 kW의 전력을 소비하고 이와는 별도로 IT장비를 위해 1 W 전력소비 대비 냉방설비를 가동하는 데에는 추가로 0.5~0.6 W의 전력이 필요하다.

세 번째 IT전력 밀도 예측에는 2025년까지 가장 잘 알려진 하드웨어 전력 추세가 포함되었다. 또한, 전력 밀도 추세가 워크로드 유형별로 분리되었다. 이는 주어진 형태 요소(예 : 1U vs 2U)의 서버에 대한 전력 밀도 추세에만 초점을 맞추던 이전 예측에서 크게 변경된 것이다. 워크로드 유형별로 전력 추세를 설명함으로써 사용자에게 주어진 구성 및/또는 워크로드에 대한 전력을 평가하기 위한 보다 맞춤화된 방법론을 제공하고 각 워크로드 및 서버 형태 요소에 대한 전력의 CAGR(복합 연간 성장률)을 포함하였다. 궁극적으로 데이터센터 사업자는 현재 시스템 전력 측정과 함께 CAGR을 사용하여 특정 장비를 기반으로 미래 전력수요에 대한 현실적인 예측을 얻을 수 있었다. IT장비 전력 밀도 동향은 워크로드 유형을 과학, 분석, 비즈니스, 클라우드, 인터넷 포털 데이터센터, 시각화 및 오디오, 정보·통신, 스토리지 및 네트워킹의 8가지 일반 범주로 분류하였다.

워크로드 유형별 전력 동향은 IT장비의 성능과 효율성을 극대화하기 위해 워크로드 유형을 대상으로 랙-서버 구성 측면에서 사용자의 요구를 지원하기 위해 IT업계의 변화를 반영한다. **[그림 11]**의 워크로드가 전체 전력 밀도 추세에 미치는 영향은 2U, 2-프로세서 서버의 전력 추세에 대한 과거 관점을 제공하는 측면에서 분명하다. 워크로드 부하를 충족하도록 다르게 구성된 유사한 서버라도 전력소비가 크게 상이할 수 있다. 궁극적으로 워크로드 기반 전력 밀도 추세로의 전환은 데이터센터 운영자가 여러 세대의 IT장비를 지원하는 보다 효율적인 데이터센터를 설계하는 데 큰 도움이 된다.

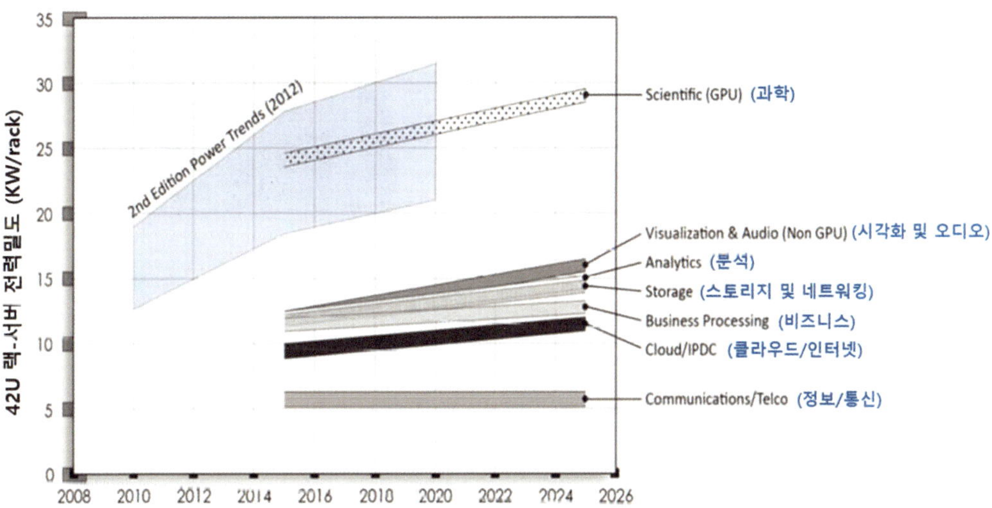

[그림 11] 랙-서버(42U) 전력 밀도 변화 경향(2008~2025)

IT장비 제조사의 저전력 기술개발 및 적용 등으로 실제로 초기에 예상했던 것만큼 IT 전력 밀도가 기하급수적으로 증가하지는 않았다. 2010년도 이후, 전용 데이터센터가 보편화되면서 상면 기준으로 일반적인 전력 밀도는 540-2,200 W/㎡이고 특정 구축사례에서는 10 kW/㎡를 초과하였다. 평균 10 kW/rack 이상을 소비하는 랙-서버를 구성할 경우 고밀도로 간주되었다.

Uptime Institute와 AFCOM의 최근 조사 보고서에 따르면, 2021년 기준, 글로벌 데이터센터의 평균 IT전력 밀도는 각각 7.8 kW/rack과 8.4 kW/rack으로 발표하였다. 해당 데이터센터는 상호 중복되는 부분이 있겠지만 각각 422개와 189개 표본으로 조사되었다. 평균 IT전력 밀도의 변화는 2011년 2.4 kW/rack, 2017년 5.6 kW/rack에서 최근까지 거의 네 배로 증가했다.

[그림 12]와 같이, 조사대상 과반수의 데이터센터가 4~10 kW/rack의 IT전력 밀도로 운영되고 있음을 알 수 있다. 그리고 10~20 kW/rack 수준의 데이터센터도 약 13%를 차지하고 있다. 20 kW/rack을 초과하는 데이터센터도 증가하고 있지만 이러한 고밀도 컴퓨팅의 집약적 워크로드 중 상당수는 하이퍼스케일3) 또는 클라우드 데이터센터에 적

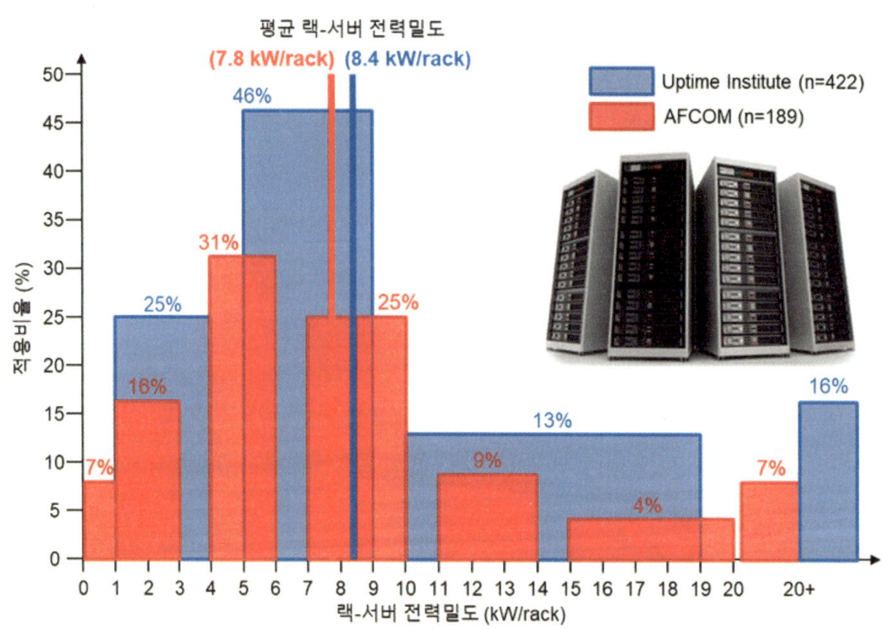

[그림 12] 주요 데이터센터의 평균 전력 밀도(2021)

3) 최소 10만 대 수준의 서버를 운영하고 22,500 m^2 이상 규모의 유기적인 구조를 가진 데이터센터를 칭한다. 소프트웨어를 통한 분산처리를 도입해 IT수요를 더 유동적으로 대응할 수 있다.

[표 10] 랙-서버 전력 밀도에 따른 데이터센터 구분

구분	랙-서버 전력 밀도	구분	랙-서버 전력 밀도
저밀도 Low-density	5 kW/rack 이하	고밀도 High-density	11~17 kW/rack
중간밀도 Medium-density	6~10 kW/rack	초고밀도 Extreme-density	17 kW/rack 이상

용되기 때문에 실제 전력 밀도는 높지 않다. 이것은 1대의 IT장비를 여러 서비스에 공유하기 때문이다. 하지만 IT산업의 변화에 따라서 여전히 고밀도 IT장비를 필요로 하는 데이터센터는 증가하고 있는 것이 현실이다. 또한, **[표 10]**과 같이, 데이터센터의 집적도를 IT전력 밀도를 기준으로 4개의 단계로 정의할 수 있다.

전 세계적으로 데이터센터 내 IT장비의 발열 제거에 관련된 문제들이 이슈화되고 있다. 장비의 전력소비량(W)보다 더 중요한 인자인 전력 밀도(W/㎡)는 직접적으로 IT장비의 발열량과 관련이 있다. 기술발전에 따라 장비의 집적도 및 전력소비량이 계속적으로 증가하므로 IT장비 운영환경에 관련된 설계기준도 지속적인 개선이 요구되고 있다.

6. IT장비 운영환경

6.1 일반사항

데이터센터는 재실자에게 쾌적한 환경을 제공하려는 보건 공조의 목적보다는 IT장비의 발열 제거가 보다 중요하기 때문에 데이터센터 고유의 공조·냉각설비에 대한 요구사항이 존재한다. 또한, 고밀도 IT장비의 사용으로 공조·냉각 에너지 소비가 매우 높다. 2004년 이전에는 데이터센터의 허용 가능한 IT장비 운영환경 기준이 제조업체마다 상이하였고 시설의 변경 및 확장성에 필수적으로 고려해야 하는 전력 밀도의 증가 추세 및 예측이 설계 엔지니어에게 제공되지 못하였다. 이러한 정보와 기준의 부재로부터 IT산업계에서 먼저 비공식적으로 IT장비 제조사를 중심으로 협의체를 구성하였고 관련 기술의 기준과 표준화에 대해 논의가 시작되었다. 그 결과, 2003년에 ASHRAE의 데이터센터 전문 기술위원회인 TC 9.9가 구성되었다.

ASHRAE TC 9.9의 첫 번째 출판물은 2004년 데이터센터의 환경을 위한 열관리 가이드라인 (Thermal Guidelines for Data Processing Environments)이다. 해당 가이드라인은 총 4회 개정되었다. 초기에는 공랭식 냉각 형식의 IT장비를 중심으로 구성되었지만 2015년부터 수냉식 냉각 형식의 IT장비에 대한 기술지침을 포함하고 있다. 여기에서 제시되고 언급된 온도와 습도 범위는 IT장비로 유입되는 입구 조건을 나타내며 IT룸의 전체의 공조 조건(공조기의 급기(SA : Supply Air) 및 환기(RA : Return Air) 온도조건)과 혼동해서는 안 된다. 신규 데이터센터의 경우 CFD 모델링을 이용하는 것이 IT장비의 입구온도조건을 추정하는 가장 합리적인 방법일 것이다. 운영 중인 기존 데이터센터의 경우는 데이터센터 온도와 습도 측정방법의 세부지침을 참고해야 된다.

6.2 IT장비 운영환경의 권장범위와 허용범위

데이터센터 열관리 가이드라인의 가장 중요한 내용은 IT장비 운영환경에 대한 권장범위와 허용범위이다. 다양한 매개변수(예 : 대기오염 및 고도)가 영향을 미치지만, IT장비 운영환경과 가장 밀접한 요소는 온도와 습도이고 해당 범위는 해수면을 기준으로 습공기 선도로 표시된다. 권장범위는 데이터센터 설계자와 운영자에게 가장 중요한 기준이다. 데이터센터의 IT장비 운영환경은 연중 대부분의 시간 동안 권장범위를 목표로 설계 및 운영되어야 한다. 반면에, IT장비는 적용 가능한 환경등급에서 허용범위 내에서도 일정

시간 이상 작동 가능하도록 설계되어야 한다. **[그림 13]**은 환경등급 A1~A4에서 IT장비 운영환경의 권장 및 허용범위를 모두 보여준다. 또한, **[그림 14]**는 새로운 고밀도 환경등급 H1에서의 공랭식 IT냉각에 대한 권장 및 허용범위를 보여준다. 해당 조건은 가스계 오염 및 부식이 낮은 환경의 기준이고 오염 가능성이 높아지면 최대 권장되는 상대습도(RH : Relative Humidity)는 70%에서 50%로 엄격해진다.

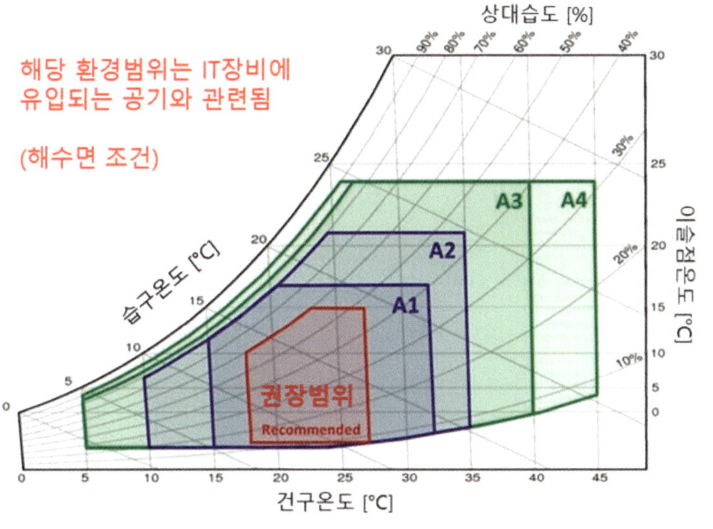

[그림 13] Class A1, A2, A3 및 A4에 대한 권장 및 허용 환경범위

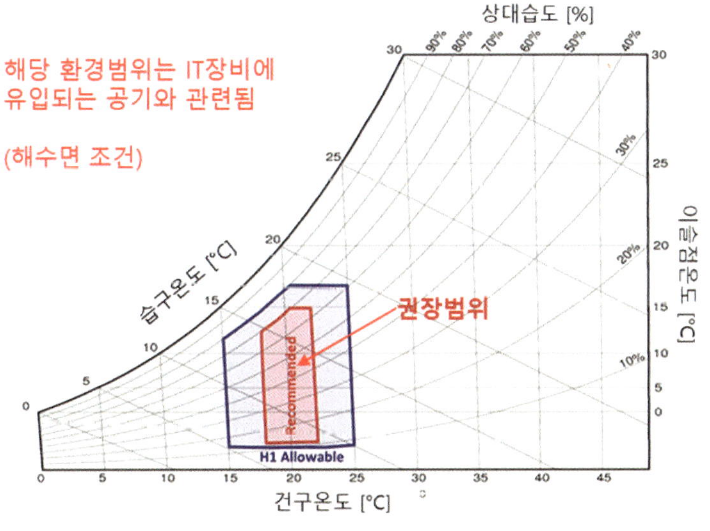

[그림 14] Class H1에 대한 권장 및 허용 환경범위

6.3 IT장비 운영환경의 구분 및 정의

IT장비는 연중 24시간 연속적인 운전이 이루어지기 때문에 고장 및 장비의 정지 등에 대한 위험성을 내재하고 있다. 따라서 이러한 위험 발생을 방지하기 위해 IT장비를 사용하는 용도에 따라서 환경기준을 차등 적용하고 있다. 모든 IT장비가 동일한 환경조건(즉, 허용범위)에 부합하게 설계된 것은 아니다. 데이터센터 열관리 가이드라인에는 다양한 종류의 환경등급이 정의되어 있다. 초기에는 Class 1~4의 4개 등급으로 구분되었다. 그 중 Class 1이 가장 엄격한(좁은) IT장비 운영환경의 허용범위를 갖고 Class 4가 가장 완화된(넓은) 허용범위를 갖는다. 2012년에는 데이터센터의 운영 효율성을 높여야 한다는 산업계 요구로 인해 A3과 A4의 새로운 환경등급이 추가되었다. 이 시점부터 최초의 등급 구분 및 명칭이 새롭게 변경되었다. **[표 11]**은 데이터센터 환경등급 구분과 정의 및 변경내용을 보여준다.

가장 최근(2021년)의 환경등급은 Class A1, A2, A3, A4 및 H1로 5개이다. 그리고 Class A1과 A2는 각각 초기(2004년)의 Class 1과 2에 해당한다. Class A3과 A4는 기계적(냉동기 등) 냉각 없이 다양한 냉각방법을 적용할 수 있도록 2012년부터 추가되었다. 새로운 고밀도 IT장비가 시장에 출시됨에 따라 2021년에는 고밀도 IT장비 운영환경에 대응 가능한 Class H1이 신규로 추가되었다. 최초의 Class 3과 4(2012년 Class B와 C로 명칭이 변경됨)는 일반적인 데이터센터의 IT장비 운영환경의 범주에 속하지 않기 때문에 여기서는 다루지 않는다.

[표 11] 데이터센터 열관리 가이드라인의 환경등급 구분

환경등급(Class)		환경등급의 정의
2004년	2021년	
Class 1 (2012년 Class A1 변경)	Class A1	일반적으로 엄격하게 제어되는 IT장비 운영환경 조건(노점온도, 건구온도 및 상대습도)으로 중요한 작업을 수행하는 데이터센터에 해당 함
Class 2 (2012년 Class A2 변경)	Class A2	일반적으로 IT장비 운영환경 조건의 일부를 적용하여 제어하는 IT장비 운영 공간
N/A	Class A3	Class A2와 유사하지만 허용범위가 더 넓어 대부분의 기후에서 냉동기 없이 냉각탑을 이용한 수냉식 냉각 시스템 적용이 가능함
N/A	Class A4	Class A2/A3과 유사하지만 허용범위가 더 넓어 대부분의 기후에서 냉동기 없이 외기를 이용한 외기냉방 적용이 가능함
N/A	Class H1	고밀도 공랭식 IT장비

[표 12] IT장비의 운영을 위한 환경등급별 조건

Class 구분	가동 조건[1],[2]						비가동 조건[3]	
	건구온도[4],[5] (℃)	습도기준		최대노점 온도(℃)	최대해발[4] 높이(m)	온,습도 변화(℃/h)	건구온도 (℃)	상대습도 (%)
		노점온도(℃)	상대습도(%)					
권장(Recommended) 기준								
A1~A4	18~27	-9~15	~60	15	N/A	N/A	N/A	N/A
허용(Allowable) 기준								
A1	15~32	-12~17	8~80	17	3050	5/20	5~45	8~80
A2	10~35	-12~21	8~80	21	3050	5/20	5~45	8~80
A3	5~40	-12~24	8~85	24	3050	5/20	5~45	8~80
A4	5~45	-12~24	8~90	24	3050	5/20	5~45	8~80
B	5~35	~28	8~80	28	3050	N/A	5~45	8~80
C	5~40	~28	8~80	28	3050	N/A	5~45	8~80
H	5~25	-12~17	8~80	17	3050	5/20	5~45	8~80

[1] 서버장비의 전원이 켜진 상태
[2] Tape 서버장비는 안정되고 보다 세밀한 환경이 요구됨(Class 1과 유사함)
표준상태의 온도변화율 : 5℃/h 이하, 습도변화율 : 5%/h 이하
[3] 서버장비의 제조장소에서 설치장소로의 운반될 때의 조건(장비보수, 업그레이드 등 동일 적용)
[4] 해발 900m 이상에서는 300m 당 1℃식 온도 기준이 내려감
[5] 디스켓 구동 서버장비의 최소온도 : 10℃

[표 12]와 같이, IT장비 운영환경 조건은 등급별로 차등이 있으며 등급이 높을수록 환경 제어 수준이 엄격해진다. 이는 냉각장비의 제어 및 운전이 더 정밀해야 된다는 것을 의미하기도 한다.

6.4 데이터센터의 공조·냉각설비 설계조건

6.4.1 온도

IT장비가 높은 실내온도 또는 급격한 온도 변화에 지속적으로 장시간 노출되면 장애 및 오류발생 가능성이 커진다. 냉각을 위해 IT장비로 유입되는 IT룸 내부의 공기 조건은 항상 체크되어야 하며 아래의 경제성을 고려하여 일반적으로 18~27℃의 범위를 권장한다. **[표 12]**

① HVAC 시스템의 운전과 관련된 에너지 비용

② 축전지의 교체비용
③ IT장비의 유지관리
④ 인프라설비의 유지관리 및 수선비용

허용범위에서의 IT장비 운영은 일반적으로 가능한 최소 시간으로 고려되어야 한다. 허용범위에서 운전이 지속될 경우, 권장범위 조건에서 운영되는 것에 비해 IT장비의 수명이 단축된다. 짧은 시간이라도 허용범위를 벗어나면 디스크 오류, 데이터 손실 및 CPU 이상 등의 원인이 될 수 있다. 따라서 인프라설비의 설계자 및 운영자는 항상 IT장비의 운영환경 허용범위를 고려해야 한다.

6.4.2 습도

높은 상대습도는 IT장비의 다양한 문제를 발생시킬 수 있는 원인이 된다. 이러한 문제는 전도성 양극 오류(CAF : Conductive Anodic Failures), 흡습성 먼지 오류(HDF : Hygroscopic Dust Failures) 및 테이프 매체의 오류 등을 포함한다. 극단적인 예로 IT장비의 차가운 표면에 결로가 발생할 수도 있다. 낮은 상대습도는 정전기 방전(ESD : Electrostatic Discharge)으로 인한 IT장비의 파손 및 운영상 악영향을 준다. 테이프 장치 및 저장매체는 낮은 습도에 큰 영향을 받는다. 그러나 대규모 전용 데이터센터는 재실공간이 아니기 때문에 내부에서 잠열 발생원이 없고 외기도 소량이지만 완전히 부하를 처리해서 공급하기 때문에 습도에 대한 문제는 거의 발생하지 않는다. 따라서 온도에 대한 관리를 더 중요하게 생각한다.

6.4.3 온·습도 변화율

일부 IT장비 제조사는 장비를 보호하기 위해 환경변화 범위를 정하고 있다. 이러한 기준들은 IT장비 설치 시 참고할 필요가 있다. ASHRAE에서는 A1과 A2에 대해서 시간당 최대 5℃ 이하의 온도 변화율을 권장한다. 습도 변화는 테이프 장치와 저장장치에 매우 중요한 요소이다. 일반적으로 테이프 장치의 환경 변화율은 시간당 ±5℃의 온도와 ±5%의 습도 변화율을 권장한다.

6.4.4 에어필터

먼지는 IT장비의 운영에서 악영향을 주며, 따라서 고성능 필터 적용과 적절한 필터관리는 필수이다. 부식성 가스는 장비의 수명을 단축시킨다. 또한, IT장비 냉각핀 표면에 먼지 또는 오염물질이 축적되면 발열 제거 효율이 저하된다. 외기는 IT룸에 공급하기 전에 먼지, 염분과 부식성 가스를 제거하기 위한 사전처리가 필요하다. 일정 필터효율의 조건에서 상대적으로 낮은 압력의 공간보다 높은 압력의 공간에서 오염농도가 높은 것으로 나타났다. 외기처리 필터를 통한 오염을 감소시키기 위해 프리필터 및 고성능필터의 설치 또는 실내의 압력을 낮게 유지하는 방안을 고려해야 한다. 대기의 오염 정도는 필터의 효율을 선정하는 하나의 기준이 된다. 필터 점검과 교체에 관련된 예방 유지관리와 운영절차 기준은 충분히 검토되어야 한다.

6.4.5 환기기준

외기를 데이터센터로 공급하는 주된 이유는 다음과 같다.

① 실내공기질(IAQ) 유지, 오염물질 배출을 위한 가압, 재연을 위한 Make-up 공기공급
② 에너지 절약을 위한 외기냉방 실시 등

실내공기질 기준은 ASHRAE Standard 62.1에 명시되어 있지만 데이터센터에 대한 명확한 기준은 없는 상태이다. 따라서 IT룸에서 발생할 수 있는 오염원 또는 가스에 대한 허용기준으로 접근하고 있다.

6.4.6 외피 구성

데이터센터의 외피를 계획할 때 가압, 실 구획, 투습방지, 기밀유지와 결로 등 여러 설계변수들을 고려해야 한다.

① 가압 : 데이터센터는 일반적으로 건물외피를 통해 외부의 오염된 공기가 유입되는 것을 방지하기 위해 가압을 한다. IT룸의 출입문이 외부와 연결되는 경우 에어 록(Air Lock)을 설치한다. 압력차 제어에 의한 변속 외기 시스템은 침기를 최소화할 수 있는 합리적인 방안이다.
② 실 구획 : 데이터센터는 IT장비 운영환경제어와 보안 등의 이유로 구획을 한다.
③ 투습방지 : 데이터센터의 적정한 상대습도를 유지하기 위해 습도제어가 되지 않는 공간의 모든 벽체 주변으로 투습 방지장치를 설치한다. 이는 데이터센터와 주변실 간의 증기압차에 의한 투습을 완화할 수 있다.
④ 기밀유지 : IT룸으로 공급되는 케이블과 배관의 인입구는 반드시 기밀을 유지하기 위해 내화재질로 채움 작업을 실시한다.

⑤ 외부창호의 결로 : 한랭기후에서의 외부창호는 결로와 침기를 방지하기 위해 2중 또는 3중 유리를 적용하고 출입문의 기밀을 철저하게 유지한다. 대부분의 데이터센터는 결로 문제를 차단하기 위해서 무창 형태로 외피를 설계 또는 리모델링을 한다.

6.4.7 소음

지금까지는 데이터센터가 작업자가 상주하는 재실공간이기보다는 산업시설로 분류되어 소음에 대한 명확한 기준이 없었다. 그러나 전력 밀도와 발열의 증가로 IT장비의 소음레벨이 높아졌기 때문에 데이터센터 설계자 및 장비 제조사에 소음문제는 중요한 이슈가 되고 있다. 재실 밀도가 높은 데이터센터는 OSHA[4] 소음기준 이상의 위험에 노출될 수 있다.

일반적인 데이터센터의 소음레벨은 청력에 영향을 줄 정도는 아니지만 근무자의 업무능력, 생산성에 영향을 주기 때문에 적절한 조치가 필요하다. 이러한 목적으로 데이터센터에 설치되는 각각의 IT장비의 소음기준을 정의하고 있다.

6.4.8 작업자(재실자) 쾌적성

데이터센터는 일반적으로 작업자의 재실시간이 짧거나 일시적인 경우가 많기 때문에 실내 쾌적에 관해서는 특별한 설계기준은 없다. IT장비의 발열에 의해 일부 구간은 높은 온도를 형성하는데, NIOSH[5]은 높은 실내온도에 대한 자세한 지침을 제시한다. 또 다른 관점에서는 IT장비의 과열로 인한 화상 등의 위험성을 고려한다.

6.4.9 설비의 유연성

IT기술이 지속적으로 발전함에 따라서 데이터센터는 주어진 공간에서 IT장비의 신설 및 재배치가 빈번하게 이루어진다. 이러한 결과로, 공조 시스템은 반드시 이러한 조건에 대응할 수 있도록 유연성을 부여해야 한다. IT시스템 운영이 중단되지 않고 인프라설비를 변경할 수 있도록 계획하는 것이 매우 중요하다.

---

4) Occupational Safety and Health Administration : 미국 직업 안전 위생 관리국

5) The National Institute for Occupational Safety and Health

6.5 데이터센터의 IT장비 환경기준의 변화

6.5.1 2008년 변경 내용

2004년 최초 발표된 이후, 2008년 첫 번째 변경된 IT장비 운영환경은 **[표 13]**과 같다. 이때는 온도와 습도 등의 권장범위가 모두 변경되었다. 건구온도의 경우, 권장범위가 20~25℃(68.0~77.0°F)에서 18~27℃(64.4~80.6°F)로 확장되었다. 권장 습도범위도 조정되었다. 상대습도의 경우, 최저 하한 조건이 삭제되고 최고 상한 조건이 55%에서 60%로 상향되었다. 5.5~15℃의 노점온도 권장범위도 이때 추가되었다. 상대습도와 노점온도 중 보다 낮은 조건을 권장범위로 채택한다. 이 당시 허용범위의 변경사항은 없었다.

6.5.2 2012년 변경 내용

2012년의 환경조건 변경내용은 **[표 14]**와 같다. 해당 개정에서는 권장범위의 변경은 없었다. Class A1과 A2의 경우에도 허용범위의 변경사항이 없었지만, Class A3과 A4라는 새로운 환경등급이 추가되었다. Class A3의 허용 온도범위는 5~40℃(41~104°F)인 반면, Class A4의 허용 온도범위는 5~45℃(41~113°F)이다.

[표 13] 공랭식 냉각 IT장비의 운영환경에 대한 권장범위 변화

구 분	2004년	2008년	2012년	2015년	2021년
권장 온도 [℃] (A1~A4)	20~25	18~27	18~27	18~27	18~27
권장 온도 [℃] (H1)[3]	N/A	N/A	N/A	N/A	18~22
권장 상대습도 [%] (All Classes)[4]	40~55	최대 60 (최소 노점온도 참고)	최대 60 (최소 노점온도 참고)		최대 70[4] 또는 최대 50[4]
권장 노점온도 [℃] (All Classes)[4]	N/A	5.5~15	5.5~15	-9~15	-9~15

[1] 개정 3판은 권장조건 또는 Class A1 허용조건에 대한 변경사항 없음. 반대로 더 넓은 운영범위와 함께 Class A3과 A4가 지침에 추가됨

[2] 은 또는 구리의 부식 테스트 결과, 측정값이 각 200과 300 Å/month 미만이면 상대습도는 최대 70%까지 설정 및 운영이 가능함. 부식 수준이 기준치를 초과할 경우, 촉매 유형의 오염물질이 존재할 가능성이 있으며 상대습도는 50% 이하로 운영해야 함

[3] Class H1에는 다른 환경등급과 다른 권장되는 운영 온도범위가 있음

[4] 권장 상대습도 및 이슬점은 Class H1이 이전에는 정의되지 않았기 때문에 개정 5판의 Class H1에만 적용됨

[표 14] 공랭식 냉각 IT장비의 운영환경에 대한 허용범위 변화

구 분	2004년	2008년	2012년	2015년	2021년
Class 1/1A[1] 허용 건구온도 [℃]	15~32	15~32	15~32	15~32	15~32
Class 1/A1 허용 상대습도 [%]	20~80	20~80	20~80	8~80	8~80
Class 1/A1 허용 노점온도 [℃]	최대 17	최대 17	최대 17	-12~17	-12~17
Class 2/A2[2] 건구온도 [℃]	10~35	10~35	10~35	10~35	10~35
Class 2/A2 허용 상대습도 [%]	20~80	20~80	20~80	8~80	8~80
Class 2/A2 허용 노점온도 [℃]	최대 21	최대 21	최대 21	-12~21	-12~21
Class A3 건구온도 [℃]	N/A	N/A	5~40	5~40	5~40
Class A3 허용 상대습도 [%]	N/A	N/A	8~85	8~85	8~85
Class A3 허용 노점온도 [℃]	N/A	N/A	-12~24	-12~24	-12~24
Class A4 건구온도 [℃]	N/A	N/A	5~45	5~45	5~45
Class A4 허용 상대습도 [%]	N/A	N/A	8~90	8~90	8~90
Class A4 허용 노점온도 [℃]	N/A	N/A	-12~24	-12~24	-12~24
Class H1 건구온도 [℃]	N/A	N/A	N/A	N/A	5~25
Class H1 허용 상대습도 [%]	N/A	N/A	N/A	N/A	8~80
Class H1 허용 노점온도 [℃]	N/A	N/A	N/A	N/A	-12~17

[1] Class 1이 Class A1로 명칭 변경
[2] Class 2가 Class A2로 명칭 변경

Class A3과 A4의 허용 습도조건은 기존의 Class A1과 A2보다 범위가 넓다. 이러한 새로운 환경등급은 대부분 기계적 냉각설비를 사용하지 않고 데이터센터에 다양한 냉각 방식을 적용할 수 있는 정보를 제공하려는 목적으로 만들어졌다. Class A3에 맞게 설계된 냉각설비는 냉각탑 또는 기타 외부(대기)로의 열을 제거하는 방법으로 증발냉각을 이용하여 냉동기 가동 없이 냉각이 가능한 시스템을 데이터센터에 적용할 수 있다. 또한, Class A4로 설계된 장비는 실외공기(적절한 여과 및 습도제어를 포함)를 직·간접적으로 냉각과 IT발열 제거에 100% 사용하는 외기냉방 시스템을 데이터센터에 적용 가능하다. IT장비 입구온도에 따른 IT장비의 고장률에 대한 제조사 엔지니어링 데이터도 제공하였다. 이를 이용하여 합리적인 냉각 공급 온도를 설정하면 IT장비의 오류 및 고장 없이 연간 냉각 에너지 소비를 최소화하면서 데이터센터 IT장비 운영환경을 최적으로 제어할 수 있다.

6.5.3 2015년 변경 내용

2015년의 IT장비 운영환경 변경은 **[표 13]**과 **[표 14]**에서 다시 확인 가능하다. 이러한 변경사항은 ASHRAE의 연구 프로젝트인 RP-1499가 완료된 이후 이루어졌다. RP-1499 연구 프로젝트는 ASHRAE가 2011년부터 2014년까지 Missouri S&T 대학교에 의뢰하여 정전기 방전(ESD)과 관련된 IT장비의 고장 및 파손 위험을 조사하였다. ESD는 습도 감소에 따른 위험률 증가에 초점을 맞춰 연구가 진행되었다. 해당 연구결과, 상대습도 25%로 운영하는 데이터센터가 상대습도를 8%로 낮추어도 ESD 위험률이 낮은 상태로 유지되는 것으로 나타났다. 해당 연구의 결과로, 권장 습도조건을 완화하여 범위를 확대하였고, Class A1과 A2의 허용 습도범위도 확대되었다.

6.5.4 2021년 변경 내용

2021년의 환경범위 변경사항도 ASHRAE의 또 다른 연구 프로젝트인 RP-1755 완료 이후 적용되었다. RP-1755는 ASHRAE에서 2015년부터 2018년까지 Syracuse 대학교에 의뢰한 연구 프로젝트로 높은 수준의 가스오염 물질이 존재할 때, 높은 상대습도 조건에서 운영되는 것과 같은 위험성이 조사되었다. RP-1755의 목표는 데이터센터에서 사용하는 에너지를 효과적으로 저감하기 위해 권장 습도수준을 완화하는 타당성에 대한 평가를 수행한 것이었다. 5가지 가스계 오염물질이 다양한 온도와 상대습도 조건에서 실험이 수행되었다. 대상 가스는 지구상에 존재하는 세 가지 오염물질(SO2, NO2와 O3)과 두 가지 촉매 오염물질(H2S 및 Cl2)이다. 대상 오염물질은 최대 평균 농도 수준에서 실험되었고, 이 연구를 기반으로 상대습도 권장범위가 다음과 같이 변경되었다.

① 데이터센터 운영환경에서 은과 구리를 대상으로 한 부식실험 결과, 부식 수준은 구리의 경우, 300 Å/month, 은의 경우, 200 Å/month인 것으로 나타났다. 권장 습도범위는 상대습도 60%에서 70%로 완화되었다. 습도범위의 상한은 이제 70%(RH) 또는 노점온도 15℃(59℉) 중 낮은 습도상태가 기준이 된다. 이러한 변경사항은 낮은 수준의 가스오염물질에 대한 환경범위에서 반영된다.

② 이때, Cl_2 및 H_2S(또는 기타 부식성 촉매)가 존재하는 경우, 권장되는 습도범위는 상대습도 50% 미만으로 유지되어야 한다. 습도범위 상한은 50%(RH) 또는 노점온도 15℃(59℉) 중 낮은 습도상태가 기준이 된다. 그리고 화학적 필터도 고려해야 한다. 해당 변경사항은 높은 수준의 가스오염물질에 대한 환경범위에서 반영된다.

마지막으로, Class H1의 새로운 고밀도 IT장비를 대상으로 한 환경등급이 추가되었다. Class H1의 권장 온도범위와 허용 온도범위는 Class A1보다 더 엄격하다. Class H1의 경우, 권장 온도범위는 18~22℃(64.4~71.6℉)이고 허용범위는 5~25℃(41~77℉)이다. Class H1의 권장 습도범위는 Class A1~A4와 동일하다.

7. 데이터센터 냉각설비

7.1 IT룸 배치 및 냉각

데이터센터 내 핵심 요소인 IT룸의 구성을 보면 데이터의 처리·저장이 가능한 랙-서버가 가장 큰 비율로 구성되어 있으며 상호 연결이 가능한 데이터 케이블, 전력케이블 그리고 서버를 설치할 수 있는 랙이 이차적으로 구성된다. 또한, IT룸의 적정 환경유지를 위한 냉각 및 공기분배와 관련된 CRAC/H 유닛 및 부속장비, 이중마루 등으로 구성된다. **[그림 15]**와 같이, IT장비의 발열제거는 공조장비에서 냉각된 차가운 공기를 전면부에서 받아 후면부로 내보내 냉각하는 것이 일반적이다.

공기 재순환을 최소화하기 위해 IT장비로의 유입되는 공기는 냉복도로부터, 배출되는 공기는 열복도로 구분하여 기류를 유도한다. 또한, 배치간격에 대한 기준은 **[표 15]**와 같이, 보편적인 기준으로 제시하고 있다.

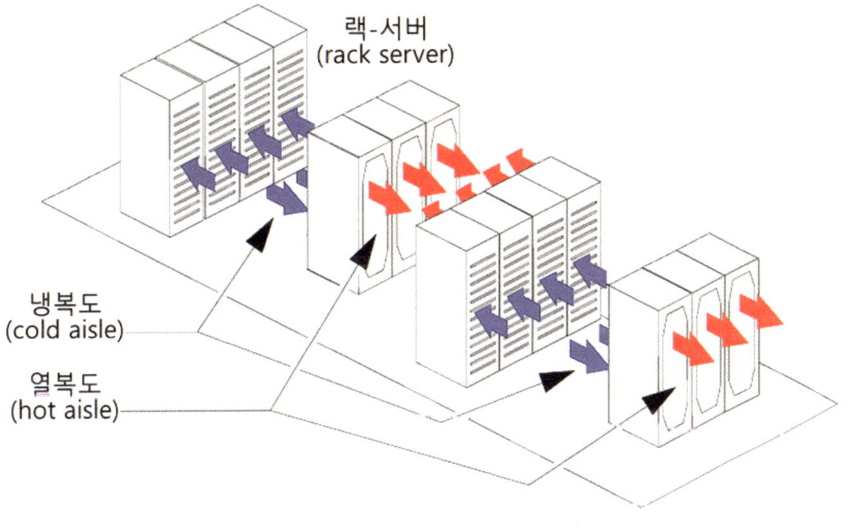

[그림 15] IT룸 냉각(공기분배) 개념

[표 15] IT룸 랙-서버 배치기준

구분	바닥타일 크기	복도간격(냉복도에서 다음 냉복도까지의 거리)	냉복도 크기	열복도 크기
미국	2 피트(610 mm)	14 피트(4,267 mm)	4 피트(1,220 mm)	3 피트(914 mm)
Global	600 mm(23.6인치)	4,200 mm(13.78피트)	1,200 mm(3.94피트)	900 mm(2.95피트)

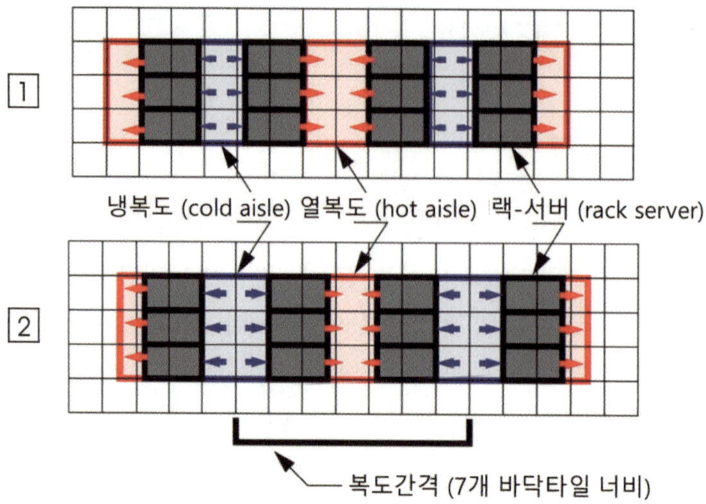

[그림 16] IT룸 내 랙-서버 배치방법

대규모 데이터센터 IT장비 운영환경의 경우, 랙-서버의 개수가 많기 때문에 효과적인 냉각을 위해 IT장비의 공기 유입구와 배출구 위치를 구분하여 배치하는 방식을 적용하는데, **[그림 16]**은 일반적인 랙-서버의 배치기준이다.

7.2 데이터센터 냉각방식

데이터센터에서 적정한 IT장비 운영환경을 유지하고 IT장비에서 발생하는 열-에너지를 실외로 전달하는 냉각방식은 일반적으로 13가지로 구분된다. 발열제거 및 IT장비 냉각방법은 냉동사이클의 구성요소를 IT장비 운영환경에서 이격하여 설치하고 물과 기타 열매체의 순환(자체 배관 포함)을 구성하여 프로세스를 수행한다. 발열제거는 IT룸에서 실외로 열-에너지를 이송(Transport)시키는 프로세스라고 생각할 수 있다. 열-에너지를 실외로 이송하는 수단으로 IT룸의 가열된 공기를 덕트를 통하여 직접 배출하는 것이 가장 간단하지만 배출된 공기만큼 다시 공급하는 방법이 간단하지 않다. 이러한 열-에너지의 이송은 일반적으로 열교환기를 사용하여 하나의 유체에서 다른 유체로 열-에너지를 전달함으로써 달성된다.

[그림 17]과 같이, 실내와 실외 전환 지점 사이의 열매체는 두 지점 사이의 열-에너지를 운반하는 역할을 하며, 크게 물, 공기, 부동액(글리콜) 및 냉매로 구분된다. 대규모 열원(냉동기 및 히트펌프)을 통하여 생산된 냉수를 이용하는 중앙 냉수식(Central Chilled

Water) 냉각 시스템은 CRAH(Computer Room Air Handling) 유닛을 사용하고, 열원에서 냉수를 만드는 방식에 따라서 다시 공랭식(Air-cooled), 수냉식(Water-cooled) 또는 글리콜식(Glycol-cooled)의 6가지 방식으로 세분화된다.

CRAC(Computer Room Air Conditioning) 유닛은 내부의 냉각 사이클을 수행하여 직접 IT룸의 발열을 제거하는 방식으로 실내 유닛과 실외 유닛으로 구분된다. 냉매를 사용하여 압축기와 증발기가 설치된 실외 유닛을 동작하는 공랭식, 압축기는 CRAC 유닛에 있고 냉각수 순환으로 냉각탑을 사용하는 수냉식, 그리고 열매체를 물이 아닌 부동액을 사용하고 냉각수 순환으로 드라이 쿨러(Dry-cooler)를 사용하는 글리콜식의 3가지 방식으로 구분된다.

마지막으로 CRAC/H 유닛을 사용하는 방식 외에 소규모 전산센터에 적용 가능한 방식으로 외기를 처리하여 직접 공급하고 배출하는 직접/간접 증발냉각방식과 소형 냉각기를 덕트 내 또는 건물 옥탑에 설치하는 방식 등 4가지 방식을 포함하여 총 13개의 냉각방식이 데이터센터에 적용 가능하다.

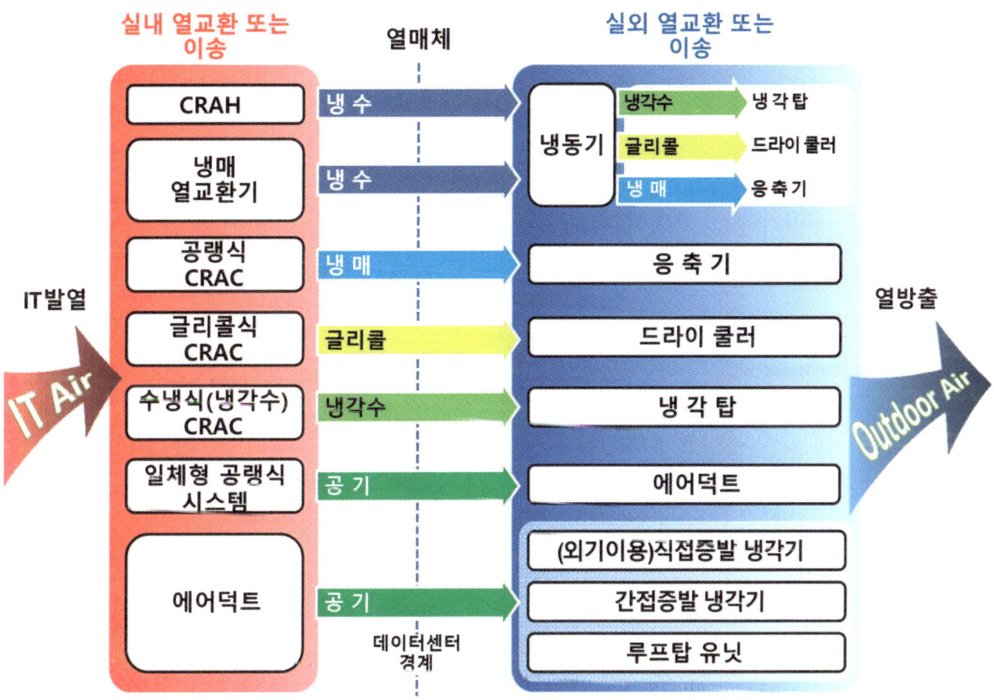

[그림 17] 13가지 기본적인 데이터센터 냉각 및 IT발열 제거 방식

7.2.1 일체형 공랭식 시스템

일체형 공랭식 시스템은 **[그림 18]**과 같이, 냉각 사이클에 필요한 모든 요소들이 실내 유닛에 포함된다. 실내의 발열은 응축코일을 통과한 공기의 배출로 제거되며 응축을 위한 공기의 유입과 배출은 덕트로 이동된다. 응축을 위한 공기 유입 덕트 면적 및 길이 증가에 한계가 있기 때문에 최대 냉각 용량은 15 kW 미만이고 국내에서는 거의 사용되지 않는 시스템이다.

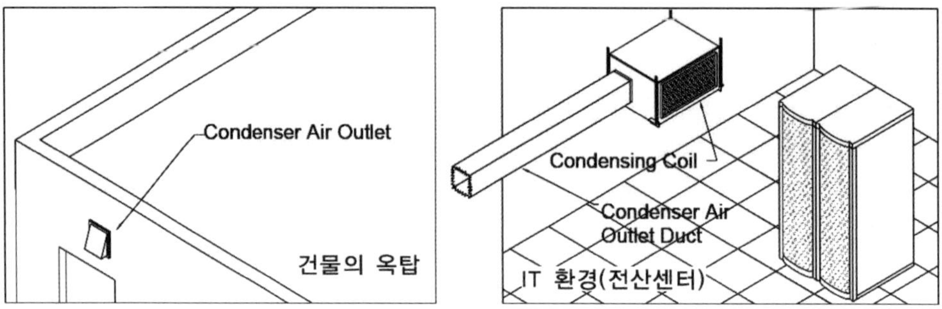

[그림 18] 일체형 공랭식 시스템 개념도

7.2.2 공랭식(직팽식) 시스템

공랭식(직팽식) 시스템은 중, 소규모 데이터센터에 가장 많이 사용된다. 냉동사이클은 CRAC 유닛과 실외기에서 이루어진다. 실내기와 실외기 사이의 냉매 순환은 배관을 통해 구성되며 히트펌프 원리에 의해 실외로 열을 방출한다. **[그림 19]**

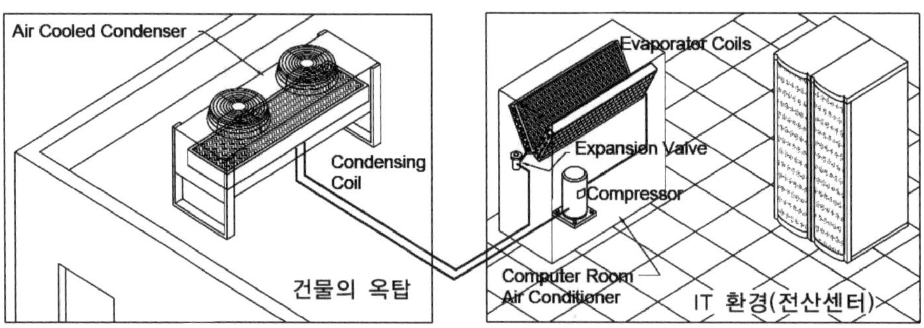

[그림 19] 공랭식(직팽식) 시스템 개념도

7.2.3 글리콜 냉각 시스템

응축코일이 열교환기로 대체되는 것을 제외하고는 공랭식 시스템과 유사하며 냉동사이클 부속 장치가 CRAC 유닛에 모두 구성된다. **[그림 20]**의 IT장비 발열은 수냉식 응축기에 전달되고 글리콜 용액은 응축기를 통해 순환되며 드라이 쿨러를 통해 열을 제거한다. 글리콜 용액은 공기에 비해 열전달 능력이 우수하기 때문에 열교환기 및 글리콜 배관은 공랭식 시스템의 응축코일보다 작다.

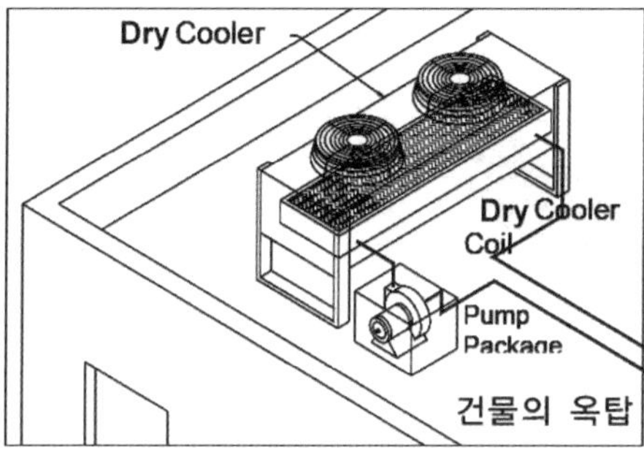

[그림 20] 글리콜 냉각 시스템 개념도

7.2.4 수냉식(냉각수) 시스템

글리콜 냉각 시스템과 동일하게 모든 냉동사이클 요소가 실내의 CRAC 유닛에 구성된다. 단, 글리콜 용액 대신 냉각수 순환에 의해 IT장비 운영환경 내 발열을 제거하는 것과 드라이 쿨러 대신 냉각탑을 사용하는 두 가지의 차이점을 보인다. **[그림 21]** 수냉식 시스템은 IT장비 운영환경의 냉각을 위한 전용 시스템으로 일반적으로 적용되지 않으며 재실을 위한 공조 시스템과 연계하여 사용된다.

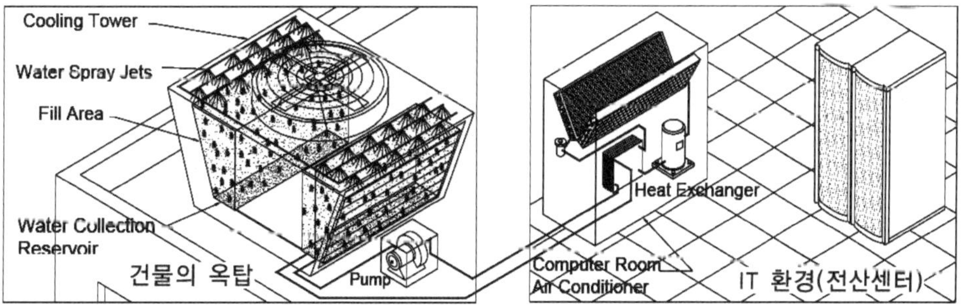

[그림 21] 수냉식(냉각수) 시스템 개념도

7.2.5 중앙 냉수식 시스템

[그림 22]의 중앙 냉수식 시스템의 냉동사이클은 IT룸 내부의 CRAH 유닛과 냉동기를 통해 순환된다. 냉동기는 냉수(7℃ 이하)를 생산하여 CRAH 유닛에 공급한다. 실내에 설치되는 CRAH 유닛은 CRAC 유닛과 외관상으로 유사하나 기능에서 차이가 있다. 이는 냉동기에서 공급된 냉수가 순환하는 냉수코일을 통해 IT룸의 상승된 공기를 냉각시키는 개념으로 CRAC 유닛처럼 열교환기나 압축기를 포함하지 않는다. 중앙 냉수식 시스템 또한 일반 건물용 재실을 위한 공조 시스템과 연계하여 많이 사용된다.

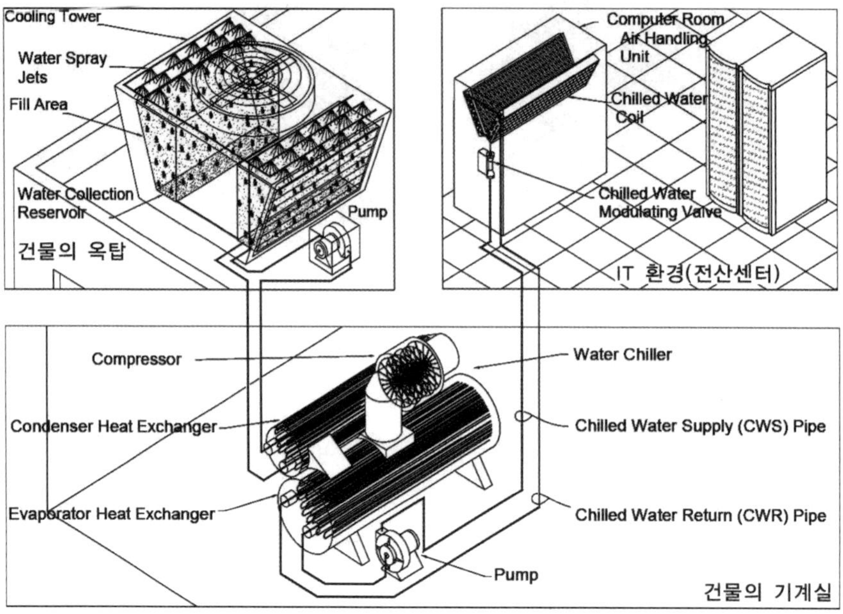

[그림 22] 중앙 냉수식 시스템 개념도

7.3 데이터센터 공조방식

데이터센터 냉각의 기본원칙과 기능은 공조 공기를 각 IT장비에 공급 및 분배하여 IT장비의 발열을 효과적으로 제거하는 것이다. 데이터센터 공조(공기분배) 방식의 기본 구성 및 일반적인 개념은 **[그림 23]**과 같다. 냉각을 효율적으로 수행하기 위해 구성된 랙 밀도에 따라서 공간단위(Room-based), 열-기반(Row-based) 및 랙-기반(Rack-based) 냉각으로 설계 방법이 구분된다. 또한, CRAC/H 유닛과 랙-서버에 장착된 IT장비와의 연계를 보여준다.

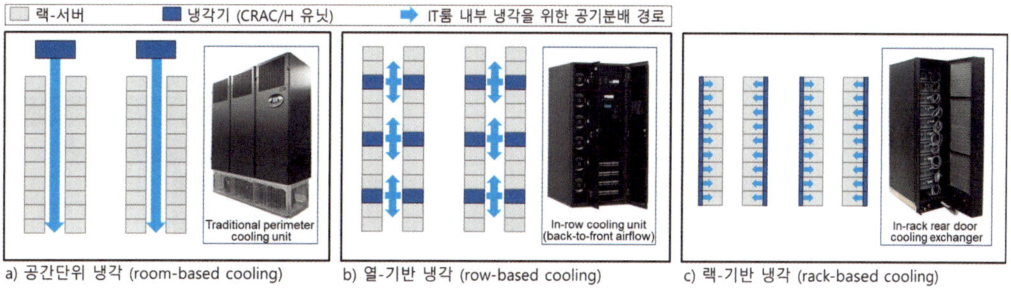

[그림 23] 데이터센터 냉각을 위한 (공냉식) 공기분배의 기본개념

[표 16] IT장비의 전력 밀도에 따른 데이터센터 공냉식 냉각 및 공기분배 방식

구분	랙-서버 전력 밀도	데이터센터 공냉식 냉각		
		공간단위 냉각 (Room-based)	열-기반 냉각 (Row-based)	랙-기반 냉각 (Rack-based)
저밀도(Low-density)	5 kW/rack 이하	●	비효율적 과대용량 구성	비효율적 과대용량 구성
중간밀도(Medium-density)	6~10 kW/rack	●	●	비효율적 과대용량 구성
고밀도(High-density)	11~17 kW/rack	냉각용량 초과로 불가	●	●
초고밀도(Extreme-density)	17 kW/rack 이상	냉각용량 초과로 불가	냉각용량 초과로 불가	●

데이터센터의 집적도를 IT전력 밀도를 기준으로 앞에서 4개의 단계로 정의하였다. 또한, 전력 밀도 수준에 따라서 **[표 16]**과 같이, 보편적인 냉각방식이 구분된다. 데이터센터 냉각 시스템 계획과 설계에 있어서, 보다 높은 IT전력 밀도에 대응하기 위한 냉각 용량 프로비저닝은 기존에 운용 중인 냉각방식이 담당하는 데에는 한계가 있을 수 있다.

데이터센터의 사업 및 업무범위가 확대됨에 따라서 IT장비의 수량과 함께 전력 밀도가 같이 증가함으로 데이터센터의 냉각을 위한 소비전력 문제가 야기된다. 또한, 시간이 지남에 따라 점진적인 공간 내의 임대료 상승이 함께 고려되어야 하므로 더 작은 공간에 높은 성능의 서버를 통합하는 것이 요구되며, 이를 효율적으로 냉각하는 방식이 필요하다. **[그림 24]**는 데이터센터 냉각의 적용 가능 IT전력 밀도 범위를 냉각방식과 시대적 흐름으로 보여준다.

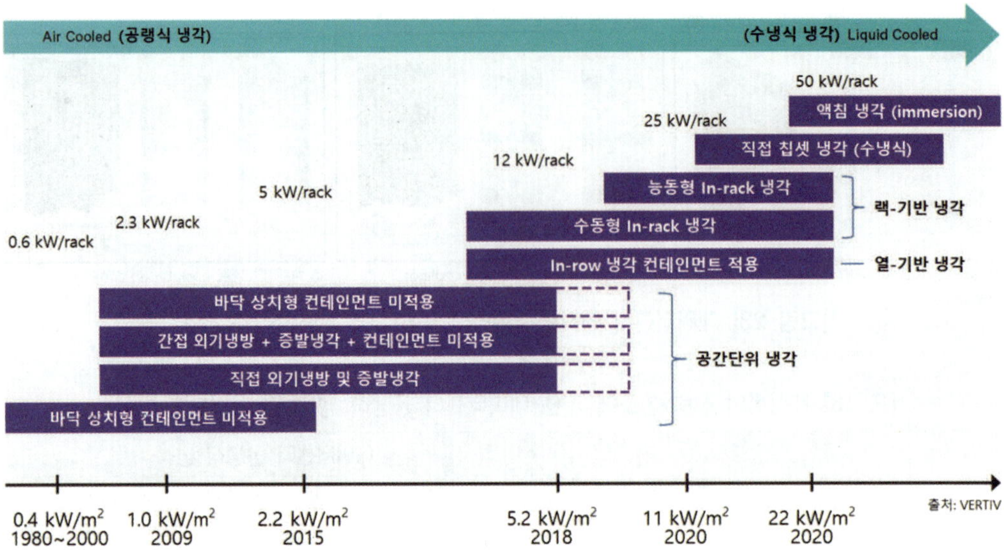

[그림 24] 데이터센터 랙 전력 밀도 범위에 따른 적용 가능 냉각방식

7.3.1 공랭식(Air-cooled) IT장비 냉각

(1) 공간단위(Room-based) 냉각

공간단위 냉각은 CRAC/H 유닛이 IT룸 전체를 담당하고 장비발열을 제거하기 위해 여러 개의 유닛이 동시에 운전된다. **[그림 25]** 공간단위 공기분배는 덕트, 댐퍼, 환기구 등에 의한 제어를 하지 않고 실내에 설치된 하나 이상의 CRAC/H 유닛에서 공조된 공기를 실내로 직접 공급하는 경우도 있고, 이중마루 하부공간과 천장 내부 공간을 사용하여 급기 및 환기를 부분적으로 제어할 수 있다. 설계 시 공기분배에 대한 고려가 IT룸 형태에 따라 변형되는 것이 일반적이다. IT룸의 효율적인 공기흐름을 형성하기 위해 열복도와 냉복도를 구분하고 일반적으로 이중마루가 설치된다. 공간단위의 냉각은 건축적 사항(상면면적, 천장높이, 공간형태), 이중마루 하부 장애물, 랙-서버 배치, CRAC/H 유닛 위치 및 각 IT장비의 배전 등에 큰 영향을 받는다.

일정 수준 이상의 IT전력 밀도에서 열복도 및 냉복도 차폐(Containment)가 적용되지 않을 경우, IT룸 전체의 냉방에 대한 균일한 성능은 기대하기 어렵다. 이 경우, 국부 온도 상승(Hot Spot)을 처리하기 위해 낮은 온도로 급기하여 정격 냉각 용량이 증가하는 등 전반적인 냉각효율 저하의 문제가 발생할 수 있다.

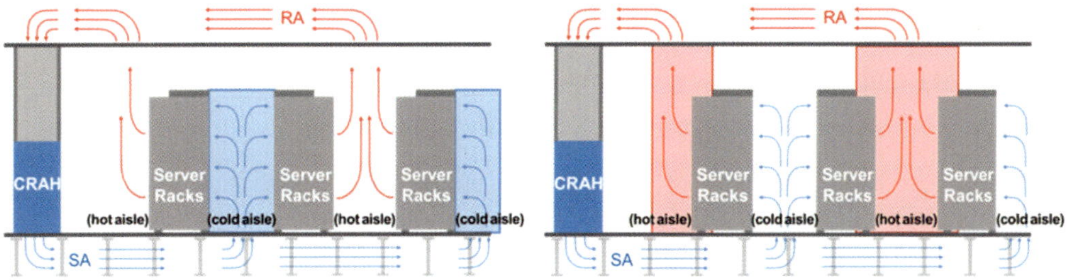

a) 냉복도 차폐 (Cold Aisle Containment)　　b) 열복도 차폐 (Hot Aisle Containment)

[그림 25] 공간단위 공랭식 냉각개념

(2) 열-기반(Row-based) 냉각

열-기반 냉각의 경우, 다수의 In-row CRAC/H 유닛을 특정 열에 배치된 랙-서버 사이에 설치한다. **[그림 26]** 공간단위 냉각보다 공기분배 경로가 짧다는 장점이 있다. 또한, 공기분배 흐름을 예측하기 용이하여 In-row CRAC/H 유닛을 정격 용량 이하로 운전할 수 있어 더 높은 IT전력 밀도에 대응 가능하다.

열-기반 냉각은 냉각성능 외에도 여러 가지 장점이 있다. 공기분배 경로를 단축시킬 수 있기 때문에 In-row CRAC/H 유닛의 송풍 팬 동력이 줄고 에너지 효율을 향상시킬 수 있다. 데이터센터는 공기분배를 위한 팬 동력이 차지하는 비율이 높고 향후 확장성을 고려하여 아직 설치되지 않은 IT장비까지 고려하여 큰 용량의 CRAC/H 유닛이 운전되기 때문에 공간단위 냉각은 비효율성이 커진다.

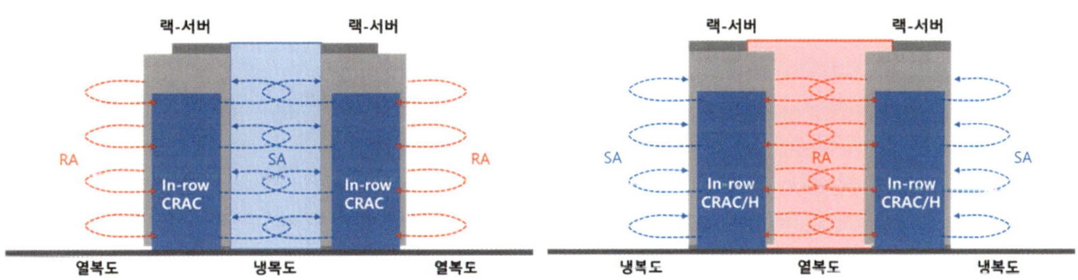

a) 열복도-냉복도-열복도 배열 (냉복도 차폐)　　b) 냉복도-열복도-냉복도 배열 (열복도 차폐)

[그림 26] 열-기반 공랭식 냉각개념

(3) 랙-기반(Rack-based) 냉각

랙-기반 냉각의 In-rack CRAC/H 유닛은 IT장비와 일체화되며 랙에 바로 설치된다. **[그림 27]** 공기분배 경로는 공간단위 또는 열-기반 냉각과 비교하여 더 짧고 명확하게 정의되므로 기류 순환은 랙-서버 설치, 변경 또는 배치의 제약조건에 전혀 영향을 받지 않는 장점이 있다. In-rack CRAC/H 유닛은 정격용량을 기준으로 운전할 수 있고, 초고밀도 랙-서버(최대 50 kW/rack)까지 대응 가능하다. 실제 필요 냉각 용량에 예비용량을 합하여 반영할 수 있다. N+1 또는 2N 이중화는 특정 랙-서버를 대상으로 할 수 있기 때문에 효율적이고 독립적인 운영이 가능하다. 랙-기반 냉각은 열-기반 또는 공간단위에서 시정할 수 있는 예비용량보다 효율적이지만 냉각장비의 수량이 증가함에 따른 비용 증가가 가장 큰 단점이다.

계속 증가하는 고밀도 IT부하에 대응 가능한 냉각은 공랭식(Air-cooled)으로는 한계에 도달했으며 수냉식(Liquid Cooling)을 고려해야 한다. 수냉식 냉각은 IT장비의 칩셋에 냉매를 공급하여 냉각을 하거나 IT장비 자체를 냉매에 넣어서 냉각하는 액침 냉각(Liquid-immersion Cooling)을 검토해야 한다. 이러한 기술들은 IT장비 제조사와 협의가 필요하고 데이터센터 내부에 수냉식 냉각설비를 구축해야 하기 때문에 적용이 어렵다. 아직까지는 랙-기반 냉각이 적용된 사례가 많지 않다. 이것은 공간단위 또는 열-기반 냉각으로 가능한 IT전력 밀도로 데이터센터가 구축되었기 때문이다. 그러나 15.0 kW/rack 이상의 전력 밀도를 적용해야 할 경우는 랙-기반 공랭식 냉각을 반드시 고려해야 한다.

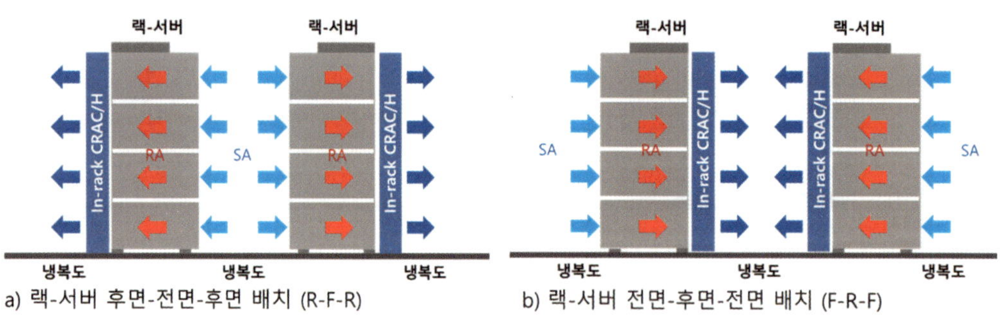

[그림 27] 랙-기반 공랭식 냉각 개념

7.3.2 수냉식(Liquid Cooling) IT장비 냉각

IT장비 및 데이터센터의 냉각 문제를 해결하기 위한 방법으로 수냉식 냉각방식이 산업계와 학계에서 점차 주목받고 있다. 수냉식 냉각방식은 누수, 부식, 시스템의 복잡성, 하중 등의 단점을 갖고 있으나 기존의 공랭식 냉각보다 더 많은 IT장비의 발열을 효과적으로 제거할 수 있다. 따라서 CPU의 높은 발열량에서도 낮은 온도로 구동할 수 있다. 수냉식 냉각의 특성상 주변 공기 온도에 영향을 받지 않으므로 데이터센터의 공기분배와 관련된 에너지 소비를 효과적으로 줄일 수 있다. 또한, 단일 IT장비뿐만 아니라 직렬 또는 병렬 형태의 랙-서버 형태에서도 동시에 냉각할 수 있는 장점을 갖고 있기 때문에 향후 데이터센터의 냉각방식 중 가장 효과적일 것으로 예측되고 있다.

[그림 28]의 수냉식 냉각 시스템은 펌프, 히트싱크의 형태인 워터 블록(Cold Plate), 방열기(Radiator), 저장조(Reserve Tank), 팬, 냉매(Coolant) 등 요소 조합으로 구성된다. CPU 등의 열원(Heat Source)은 워터 블록의 수냉식 열교환(Liquid Cooling Jacket)을 걸쳐 냉매로 열전달되며 펌프에 의하여 냉매는 방열기로 다시 이동한다. 여기서는 팬에 의한 강제대류 혹은 공기의 부력에 의한 자연대류에 의해 발열기 내부의 열을 대기로 방출시킨다.

수냉식 냉각 시스템을 적용할 경우, 현재 보편적으로 적용되는 공랭식 냉각과 비교하여 최대 30배, 최소 10배 이상의 열전달 능력을 갖는다고 알려져 있다. 냉각수는 주로 물(Water)을 주요 작용 열매체(Working Fluid)로 사용함으로써 환경오염의 문제가 발생하지 않으므로 친환경 기술로의 적용이 가능하며, 프레온 카본, 아세톤 등의 다른 물성 매체와는 다르게 지속적인 사용이 가능하다. 또한, 물은 비열이 높고 뛰어난 단상 유동

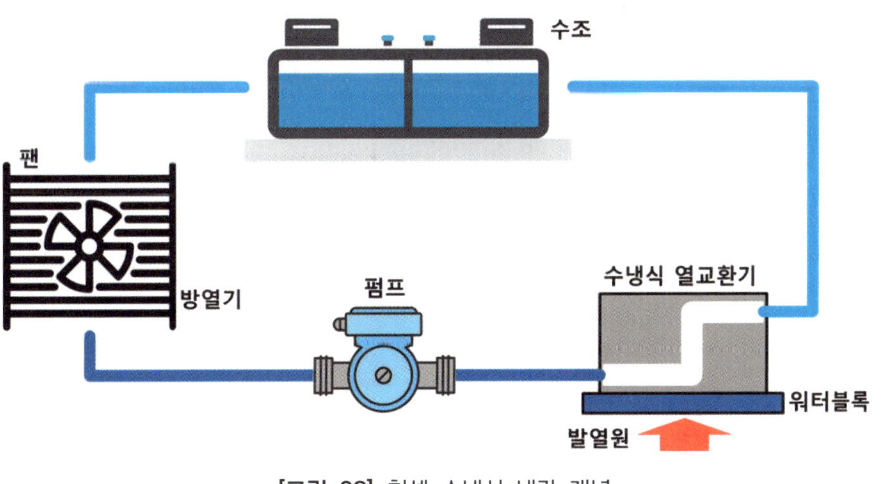

[그림 28] 칩셋 수냉식 냉각 개념

(Single Phase Flow) 열전달 능력을 갖고 있기 때문에 현재 요구되는 IT장비의 고발열량 문제를 해결할 수 있는 냉각 솔루션의 구축이 가능하다.

7.3.3 액침(Liquid-immersion Cooling) IT장비 냉각

일반적으로 수냉식 냉각 시스템을 포함하여 액체상태의 냉매를 사용하는 시스템을 액체(Liquid) 냉각 시스템으로 불리며, 이러한 액체 냉각 시스템은 수냉식 냉각 시스템과 유사한 작동 메커니즘을 갖고 있다. 액체 냉각 시스템은 냉매가 발열원을 접촉하는 직접식 냉각방법과 열교환을 통한 간접적으로 접촉하는 간접식 냉각으로 분류할 수 있다. 대표적인 직접식 냉각은 **[그림 29]**와 같은 액침 냉각방법이다. 초고밀도 IT장비 전체를 비전해성의 특성을 갖는 미네랄 계열의 오일류 또는 비전도성의 불화탄소 계열 냉매에 담가서 냉각하는 방식이다.

이러한 냉각 시스템을 구성하기 위해서는 복잡한 설치과정과 유지관리의 문제가 따른다. 냉매는 진공펌프로 IT장비 내부의 공기를 모두 뽑아낸 뒤에 밀폐하는 것이 요구된다. 이러한 이유는 상변화 과정을 낮은 온도에서 구현하기 위해서는 낮은 압력이 반드시 필요하기 때문이다. 또한, 시간이 경과하면서 공기 중의 수분이 응축하여 물이 되어 IT장비 하부에 깔려 냉매순환을 방해하기 때문이다. 유지관리를 위하여 IT장비 내부의 오일을 제거해야 하기 때문에 시간과 비용에 대한 문제점을 갖고 있다.

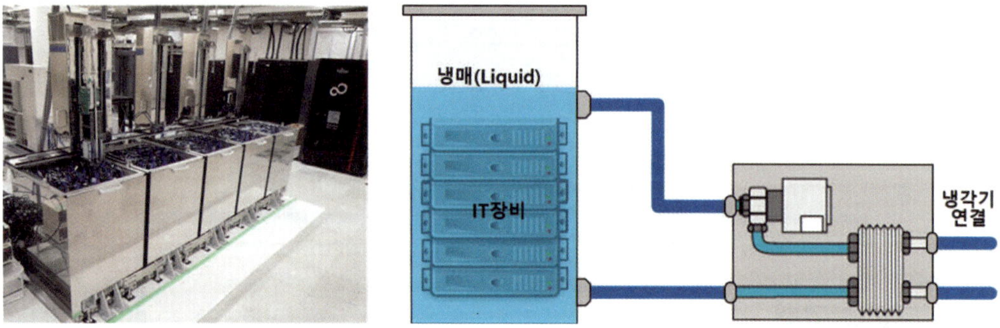

[그림 29] 액침 냉각 개념

7.4 CRAC/H 유닛

CRAC/H 유닛은 실내의 일정한 온도 및 습도를 필요로 하는 IT룸에 설치되어 냉각, 가습, 가열, 재열, 제습, 공기청정 및 공기순환 등의 기능으로 외부 기후조건에 관계없이 실내의 일정한 온도와 습도를 유지한다.

전통적인 공간단위 냉각을 위한 (Perimeter) CRAC/H 유닛은 급기(SA) 및 환기(RA)에 따라서 일반적으로 4가지 형식으로 구분된다. **[그림 30]**과 같이, 상부방향으로 급기하는 상향식 유닛과 이중마루 하부방향으로 급기하는 하향식 유닛으로 나뉜다. 세부적으로 급기에 덕트를 연결하는 덕트연결 상향식 유닛과 환기에 덕트를 연계하는 덕트연결 하향식 유닛이 있다.

열-기반 냉각을 위한 (In-row) CRAC/H 유닛은 **[그림 31]**과 같이, 랙-서버 사이에 설치하는 바닥 상치형 유닛과 냉복도 또는 열복도 상부에 설치하는 천정형 유닛으로 대표된다.

랙-기반 냉각을 위한 (In-rack) CRAC/H 유닛은 **[그림 32]**와 같이, 랙-서버와 일체화하여 설치된다. 여기에는 수동형(Passive) 열교환기를 설치하는 유닛과 강제로 팬을 가동하는 능동형(Active) 열교환기를 설치하는 유닛으로 구분된다.

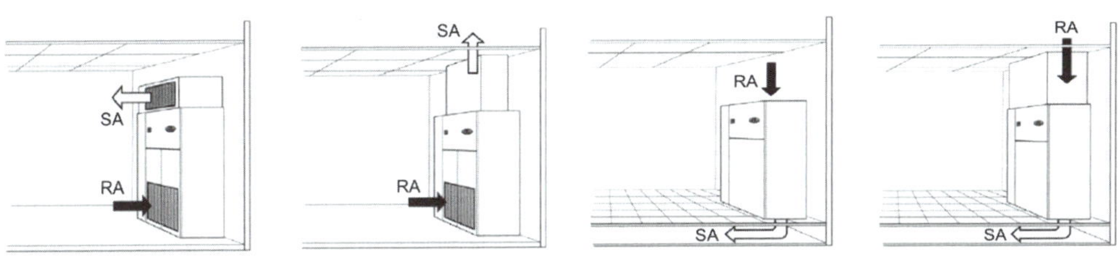

(a) 상향식 유닛 (b) 덕트연결 상향식 (c) 하향식 유닛 (d) 덕트연결 하향식

[그림 30] 공간단위 냉각을 위한 CRAC/H 유닛

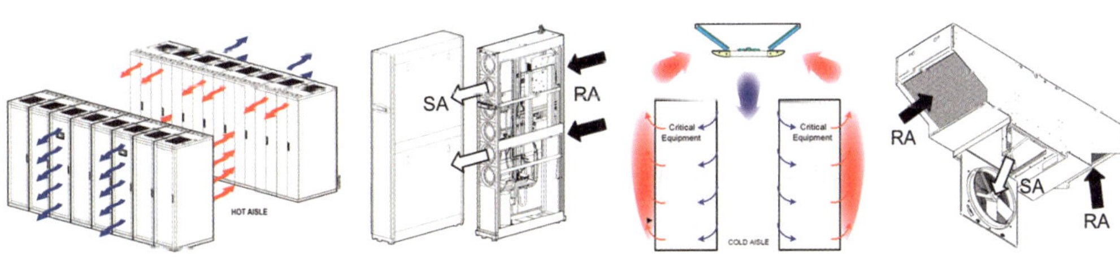

(a) 바닥상치형 In-row 유닛 (b) 천정형 유닛

[그림 31] 열-기반 냉각을 위한 CRAC/H 유닛

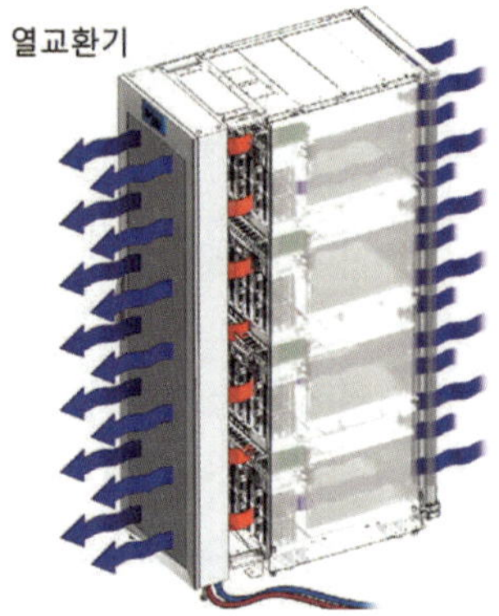

(a) In-rack 수동형 열교환 유닛

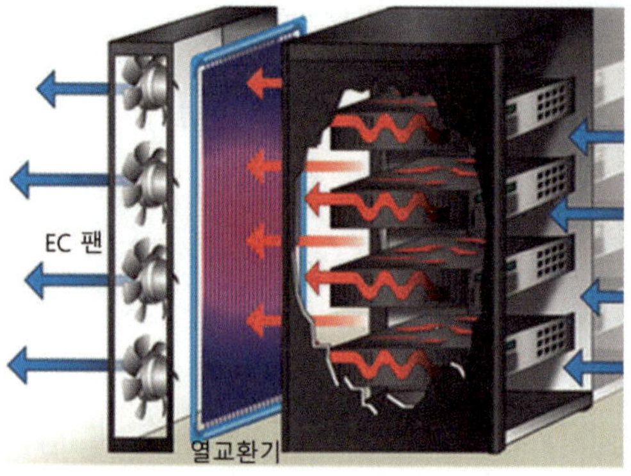

(b) In-rack 능동형 열교환 유닛 (팬 설치)

[그림 32] 랙-기반 냉각을 위한 CRAC/H 유닛

7.5 데이터센터 냉각장비 성능시험

7.5.1 국내 성능시험 방법 및 기준

국내의 데이터센터 CRAC/H 유닛에 부합하는 시험방법 및 기준은 아직까지는 없는 현실이다. 유사 품목은 국가기술표준(KS)의 덕트 없는 에어컨과 열펌프(KS B ISO 5151), 에어컨디셔너(KS C 9306)와 단체 표준인 항온항습기(SPS-KARSE B 0001-164) 성능시험 및 평가기준이 있다.

(1) 덕트 없는 에어컨과 열펌프 성능시험 및 평가기준

해당 표준의 적용범위는 공랭식 응축기를 이용한 덕트 없는 에어컨과 열펌프의 공조·냉각기기이며 25 Pa 미만의 기외정압에서 작동하고 8 kW 미만인 덕트 유닛에 적용된다. 냉방과 난방 시험으로 최대 용량, 최소 용량 및 응축수 제어 등의 성능을 평가한다. 장비 용량은 공조·냉각기기의 운영 특성을 반영하는 시험항목에서 가장 중요한 요소이다. 데이터센터는 항시 냉방 중심으로 운영이 되기 때문에 냉방 시험조건을 보면 **[표 17]**과 같다.

기준등급조건을 표준, 저온 및 고온 기후대로 구분하고 실내 및 실외 시험조건으로 성능시험을 한다. 시험방법은 정상상태에 도달한 상태에서 전 부하 작동 상태로 측정하고, 정상상태 판단기준은 10분 간격으로 측정한 값이 이전 30분 동안 측정한 평균 변동값의 2% 이내여야 한다. 총 시험시간은 1시간을 기준으로 한다.

[표 17] 덕트 없는 에어컨과 열펌프 - 성능시험 및 평가기준 (KS B ISO 5151)

시험조건		최대 냉방			최소 냉방		결로 제어
		T1	T2	T3	T1, T3	T2	
실내측 공기상태	건구온도 (℃)	32	27	32	21	21	27
	습구온도 (℃)	23	19	13	15	15	24
	상대습도 (%)	47	47	47	53	53	78
실외측 공기상태	건구온도 (℃)	43	35	52	21	10	27
	습구온도 (℃)	26	24	31	-	-	24
	상대습도 (%)	26	40	23	-	-	78
기후존 : 온난 (T1), 한랭 (T2) 및 열대 (T3)							

(2) 에어컨디셔너 성능시험 및 평가기준

해당 표준의 적용범위는 실내의 쾌적한 공기조화를 목적으로 하여 냉·난방 제습 및 공기의 순환과 정화를 하는 에어컨디셔너 중 일체형인 것 또는 분리형인 것으로, 정격 냉방 소비전력이 13,000 W 이하이고 정격 냉방능력이 35,000 W 이하인 제품에 대하여 규정하고 있다. 냉방 시험조건을 보면 **[표 18]**과 같다.

시험 항목은 냉방장치의 능력, 소비전력, 정압, 전기적 시험 등이고 시험방법은 냉방능력이 최대가 되는 상태로 운전하여 1시간 동안 10분 간격으로 6회 측정(데이터 측정 및

[표 18] 에어컨디셔너 - 성능시험 및 평가기준 (KS C 9306)

시험조건		실내측 공기상태		실외측 공기 상태 및 수온 상태					
				공랭식		수냉식 (냉방 전용)		수냉식 (히트펌프)	
		건구온도 (℃)	습구온도 (℃)	건구온도 (℃)	습구온도 (℃)	입구수온 (℃)	출구수온 (℃)	입구수온 (℃)	출구수온 (℃)
냉방 운전	표 준	27.0±0.3	19.0±0.2	35.0±0.3	24.0±0.2	30.0±0.3	35.0±0.3	18.0±0.3	29.0±0.3
	저 온	27.0±0.3	19.0±0.2	29.0±0.3	19.0±0.2		-	-	-
	저 습	27.0±0.3	15.0±0.2 이하	29.0±0.3	15.0±0.2 이하	-	-	-	-
	단 속	27.0±0.5	15.0±0.5 이하	29.0±0.5	15.0±0.5 이하	-	-	-	-
	과부하	32.0±0.5	23.0±0.3	43.0±0.5	26.0±0.3	34.0±0.5	-	24.0±0.5	-
	저온 결빙	21.0±0.5	15.0±0.3	21.0±0.5	15.0±0.3	-	21.0±0.5	-	21.0±0.5
	이슬 맺힘	27.0±0.5	24.0±0.3	27.0±0.5	24.0±0.3	-	27.0±0.5	-	27.0±0.5

취득 간격은 10초 이내)한다. 정상상태 판단기준은 10분 간격으로 측정한 값이 이전 30분 동안 측정한 평균 변동 값의 2% 이내로 한다.

(3) 항온항습기 성능시험 및 평가기준

해당 표준의 적용범위는 IT장비 운영환경 조건의 일정한 온도 및 습도로 유지시켜 주는 항온항습기 중 정격 냉방 능력이 6 kW 이상 35 kW 이하인 제품에 해당한다. 시험방법은 **[표 19]**의 시험조건에서 총 35분, 5분간 7회 취득한 데이터를 근거로 성능평가를 한다.

[표 19] 항온항습기 성능시험 및 평가기준 (SPS-KARSE B 0001-164)

시험조건	냉방		난방	
	건구온도(℃)	습구온도(℃)	건구온도(℃)	습구온도(℃)
실내측 공기상태	27±0.3	19±0.2	20±0.5	15±0.5
실외측 공기상태	35±0.3	24±0.2	-	-

7.5.2 국외 성능시험 방법 및 기준

해외의 데이터센터 공조·냉각장비 시험방법 및 기준에는 IT장비 운영환경을 고려한 CRAC/H 유닛 유형별 정격용량의 성능과 효율을 평가하는 표준이 마련되어 있다. 대표적인 표준은 ANSI/ASHRAE Standard 127과 AHRI Standard 1361이 해당된다.

(1) ANSI/ASHRAE Standard 127-2012 성능시험 및 평가기준

해당 표준의 적용범위는 앞에서 분류한 데이터센터 공조·냉각장비의 유형인 직팽식, 중앙 냉수식의 CDPR(Computer and Data Processing Room Unitary Air Conditioner), 중앙 냉수식의 CRAH 유닛 및 공랭식(직팽식), 수냉식, 글리콜식의 CRAC 유닛을 모두 포함한다.

[표 20]은 데이터센터 CRAC/H 유닛의 유형별 정격냉방, 재열, 가습 및 제습의 시험조건을 보여주고 있다. Class A1~A4는 IT장비 운영조건을 구분한 것인데 다양한 조건에서 대응 가능하도록 단계별로 조건을 제시하였고 원칙적으로는 모든 조건에서 시험을 해야 한다. CRAC/H의 실내 유닛은 풍량기준에 따라서 Class A1, A2는 289 CMH/kW 이하, Class 3A, 4A는 221 CMH/kW 이하만 적용 가능하다. Test A는 표준기준이 되며, Test B~D는 지역별 외기온도를 반영한 가중치를 이용하여 효율을 평가하는 데 사용된다. 보편적인 성능시험은 Test A를 기준으로 하면 무관하다.

[표 20] Computer and Data Processing Room Unitary Air Conditioners 성능시험 및 평가기준 (ANSI/ASHRAE Standard 127-2012)

구분		적용등급	정격냉각			
			Test A	Test B	Test C	Test D
실내측(실내기) 공기상태 (환기(RA)온도 제어)	환기(RA) 건구온도(℃)	Class 1	23.9	23.9	23.9	23.9
		Class 2	29.4	29.4	29.4	29.4
		Class 3	35.0	35.0	35.0	35.0
		Class 4	40.5	40.5	40.5	40.5
	환기(RA) 노점온도(℃)		11.1	11.1	11.1	11.1
공랭식 유닛 : 실외측(실외기) 공기상태	건구온도(℃)		35.0	26.7	18.3	4.4
수냉식 유닛 : 냉각탑 연결	입구수온(℃)		28.3	21.1	12.8	1.7
	출구수온(℃)		35.0			
	순환유량			Max = Test A		
글리콜식 유닛 : 드라이쿨러 연결 (순환유량의 40% 부동액 혼합)	입구글리콜온도(℃)		40.0	29.4	18.3	1.7
	출구글리콜온도(℃)		46.0			
	순환유량			Max = Test A		
중앙냉수식 공조기	입구수온(℃)				10.0	
	출구수온(℃)				16.7	
재열			기본성능			
모든 방식의 유닛	환수온도(℃)		23.9			
증기 재열 유닛	증기공급조건		100 kPag (14.5 psig) and 121℃			
온수 재열 유닛	입구수온(℃)		80.0			
	출구수온(℃)		70.0			
가습/제습			가습		제습	
모든 방식의 유닛	환기(RA) 건구온도(℃)		29.4		29.4	
	환기(RA) 노점온도(℃)		5.5		15.0	
	환기(RA) 상대습도(%)				60	
증기 가습 유닛	증기공급조건		19 kPag (2.76 psig) and 105℃			

(2) AHRI Standard 1361-2017 성능시험 및 평가기준

[표 21] Computer and Data Processing Room Air Conditioners 성능시험 및 평가기준 (AHRI Standard 1361-2017)

<table>
<tr><th rowspan="2">구분</th><th rowspan="2">측정위치</th><th rowspan="2">표준모델</th><th colspan="2">냉각</th><th colspan="2">가습</th></tr>
<tr><th>건구온도 (℃)</th><th>노점온도 (℃)</th><th>건구온도 (℃)</th><th>노점온도 (℃)</th></tr>
<tr><td rowspan="6">실내측 환기(RA)온도</td><td rowspan="2">천장형</td><td>덕트연결</td><td>24.0</td><td>11.0</td><td>24.0</td><td>5.6</td></tr>
<tr><td>무덕트</td><td>24.0</td><td>11.0</td><td>24.0</td><td>5.6</td></tr>
<tr><td rowspan="4">바닥 상치형</td><td>상향 취출식 (무덕트)</td><td>29.5</td><td>11.0</td><td>24.0</td><td>5.6</td></tr>
<tr><td>상향 취출식 (덕트연결)</td><td>29.5</td><td>11.0</td><td>24.0</td><td>5.6</td></tr>
<tr><td>하향 취출식</td><td>29.5</td><td>11.0</td><td>24.0</td><td>5.6</td></tr>
<tr><td>측면(수평) 취출식</td><td>35.0</td><td>11.0</td><td>24.0</td><td>5.6</td></tr>
<tr><td rowspan="12">냉각방식 및 시험조건</td><th colspan="2">냉각방식</th><th colspan="2">적용항목</th><th colspan="2">시험조건</th></tr>
<tr><td colspan="2">공랭식(DX) 유닛</td><td colspan="2">외기 건구온도(℃)</td><td colspan="2">35.0℃</td></tr>
<tr><td colspan="2" rowspan="3">수냉식 유닛 : 냉각탑 연결</td><td colspan="2">입구수온(℃)</td><td colspan="2">28.5℃</td></tr>
<tr><td colspan="2">출구수온(℃)</td><td colspan="2">35.0℃</td></tr>
<tr><td colspan="2">순환유량</td><td colspan="2">N/A</td></tr>
<tr><td colspan="2" rowspan="4">글리콜식 유닛 : 드라이쿨러 연결</td><td colspan="2">입구글리콜온도(℃)</td><td colspan="2">40.0</td></tr>
<tr><td colspan="2">출구글리콜온도(℃)</td><td colspan="2">46.0</td></tr>
<tr><td colspan="2">순환유량</td><td colspan="2">N/A</td></tr>
<tr><td colspan="2">글리콜 유체조건</td><td colspan="2">순환유량의 40% 부동액 혼합</td></tr>
<tr><td colspan="2" rowspan="2">중앙냉수식 공조기</td><td colspan="2">입구수온(℃)</td><td colspan="2">10.0</td></tr>
<tr><td colspan="2">출구수온(℃)</td><td colspan="2">16.5</td></tr>
</table>

해당 표준은 **[표 21]**과 같이, CRAC/H 유닛의 유형별 적용대상은 ANSI/ASHRAE Standard 127과 유사하다. 그러나 CRAC/H 실내 유닛을 천정형과 바닥 상치형으로 구분하고 공기의 토출방향과 IT장비와의 설치 위치 근접성을 고려하여 환기온도 제어 조건을 세분화하였다.

8. 데이터센터 공조설비

8.1 일반사항

IT룸의 공기흐름을 효율적으로 유지하면 가장 적은 노력으로 높은 효과를 얻을 수 있다. 그러나 대부분의 데이터센터에서는 아직 이러한 사항에 대한 인식 부족으로 공조효율 및 에너지 성능 개선의 기회를 놓치고 있다. 충분한 냉각 용량을 확보하고 있음에도 불구하고 IT룸의 국부적인 온도상승으로 인프라설비를 추가적으로 설치하여 문제를 해결하고 있다. 이는 장비의 용량이 커지고 에너지 사용량의 증가로 이어지기 때문에 효율적인 공기분배 시스템 선정 및 계획이 매우 중요하다.

IT룸에서 공기분배 관리의 기본은 CRAC/H 유닛에서 급기(SA)되는 모든 공기가 IT장비로 유입되고 발열을 제거하고 온도가 상승된 공기를 다시 CRAC/H 유닛으로 환기(RA)하는 것이다. 그러나 현실은 **[그림 33]**과 같이, 공기의 재순환(Re-circulation), 혼합(Mixing) 또는 유실(By-pass) 등 공기의 흐름을 방해하는 요소들로 인하여 공조효율이 저하되고 국지적으로 온도가 상승하는 악순환이 발생한다.

효율적인 공기흐름을 유도할 수 있는 IT장비의 배치와 공기의 재순환과 유실을 방지하기 위한 방안들이 반드시 필요하다. 랙-서버의 효율적인 배치는 냉복도와 열복도를 기준으로 적용하고 각각의 공기분배의 공조효율을 개선하는 것이 선행되어야 한다.

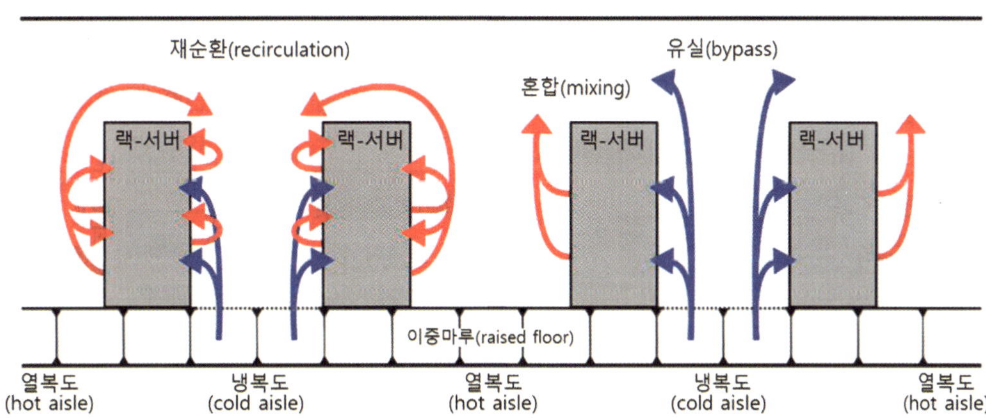

[그림 33] IT룸 내부의 대표적인 공기분배 및 흐름의 문제점

8.2 데이터센터 공기분배 효율 평가방법

데이터센터 공기분배 시스템 효율분석을 위한 실내환경 요소는 습도를 제외한 온도 및 기류에 국한된다. 습도도 데이터센터 환경기준에 중요한 요소이다. 그러나 통상적인 공기분배 시스템은 IT장비 보호를 위해 외기를 적정 수준 이상으로 처리하여 공급하고 냉각을 위해 실내공기를 계속 순환시키기 때문에 외기에 의한 습도변화 요인은 없다. IT룸 내부에 관리자가 상시 거주하지 않기 때문에 잠열발생이 미미하여 습도에 대한 영향은 고려하지 않는다.

데이터센터 공조 및 냉각효율을 고려하여 적용 가능한 다양한 공기분배 방식을 선정하고 최적의 시스템으로 설계해야 한다. 일반적으로 데이터센터 관리에 사용되고 있는 지표들은 열량 변화 및 IT룸의 온도에 치중하고 있다.

보편적인 성능지표가 된 SHI(Supply Heat Index), RHI(Return Heat Index), RCI(Rack Cooling Index)와 RTI(Return Temperature Index)를 사용하여 공조효율을 평가하는 연구가 수행되고 있다. 이는 발열을 제거하여 상승된 공기가 다시 IT장비로 재순환되는 것과 발열이 제대로 제거되지 않은 공조된 공기가 다시 CRAC/H 유닛으로 재유입되는 것을 방지하기 위한 척도이다. 이러한 문제점들은 데이터센터 운영을 저해하는 요소이기 때문에 설계단계에서 CFD분석 등을 활용하여 사전에 검토하는 것이 필요하다.

8.2.1 SHI(Supply Heat Index), RHI(Return Heat Index)

공랭식 IT장비는 장비로 인입되는 공기의 온도에 가장 큰 영향을 받는다. SHI와 RHI는 무차원 지표로 IT장비에서 배출되는 고온의 공기와 저온의 공조된 공기의 혼합량을 나타낸다. 기본개념은 **[그림 34]**와 같다.

Q는 IT룸 내부에서 IT장비를 통과하여 온도가 상승된 공기의 총열량을 나타내며, **[식 1]**과 같이, 랙-서버로 공급되는 공기와 서버를 통과하여 발열을 제거하고 온도가 상승한 공기의 풍량과 온도차를 기준으로 열량을 산출한다. **[식 2]**의 δQ는 CRAC/H 유닛으로부터 공급되는 공기가 IT장비를 통과하기 전의 엔탈피 상승량을 의미한다. $(Q+\delta Q)$는 공기의 재순환에 의해 추가적으로 발생하는 비효율적인 열량이라 볼 수 있다. 따라서 공조 시스템으로부터 부가적으로 발생하는 비효율적인 δQ가 작을수록 공조효율은 우수하다고 판단할 수 있다. 즉, SHI는 0에, RHI는 1.0에 근접할수록 우수하며 두 지표의 합은 항상 1.0이 된다.

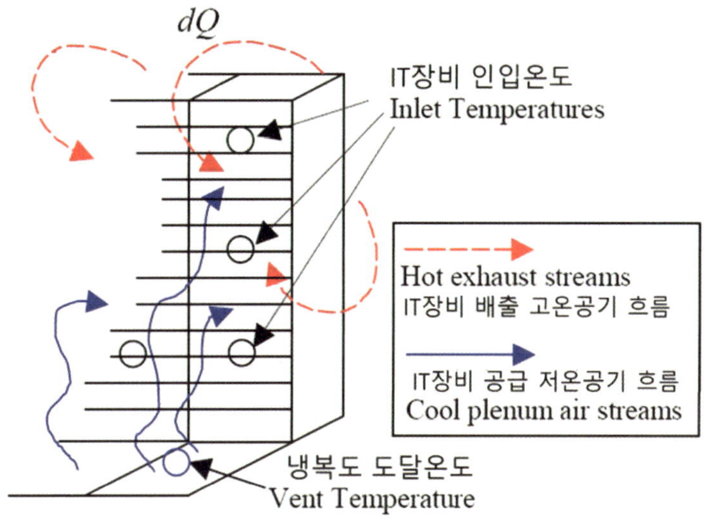

[그림 34] IT룸 내부의 열량 이동에 의한 공조효율 평가개념

$$SHI = \left(\frac{\delta Q}{Q + \delta Q}\right) \quad \text{[식 1]}$$

$$RHI = \left(\frac{Q}{Q + \delta Q}\right) \quad \text{[식 2]}$$

$$Q = \sum_i \sum_j m_{i,j}^{rack} C_\rho \left[\left(T_{re}^{rack}\right)_{i,j} - \left(T_{rs}^{rack}\right)_{i,j} \right] \quad \text{[식 3]}$$

$$\delta Q = \sum_i \sum_j m_{i,j}^{rack} C_\rho \left[\left(T_{rs}^{rack}\right)_{i,j} - T_{sa} \right] \quad \text{[식 4]}$$

Q : 총 열량 (W)
T_{sa} : CRAC/H 급기온도 (℃)
T_{rs}^{rack} : IT장비로의 유입 공기온도 (℃)
T_{re}^{rack} : IT장비로부터의 배출 공기온도 (℃)
m : 풍량 (㎥/h)
C_ρ : 공기의 용적비열 (0.34 Wh/㎥·℃)

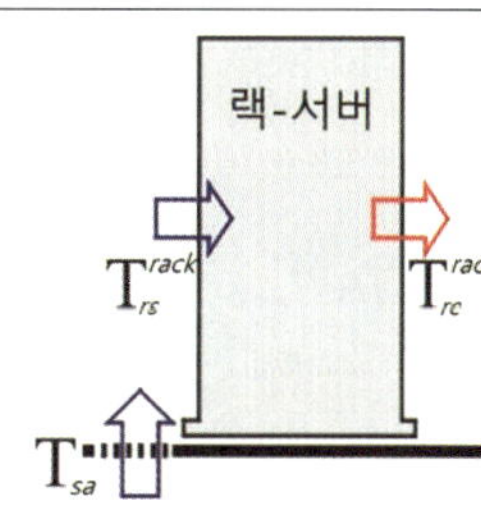

8.2.2 RCI(Rack Cooling Index)

대규모 데이터센터는 대부분 Class A1 이상의 기준으로 계획되고 있다. RCI는 IT룸의 설계기준 또는 지침에서 허용하는 온도범위를 기준으로 공조효율을 판단하는 지표이다. **[그림 35]**은 ASHRAE에서 정의하는 Class A1기준으로 IT장비로 공급되는 권장 온도범위와 허용 온도범위를 보여준다. 또한, 권장온도를 초과하는 범위와 미달하는 범위의 비율을 산출하여 RCI_{HI}와 RCI_{LO}의 지표를 구할 수 있다.

[식 5]와 **[식 6]**은 RCI_{HI}와 RCI_{LO}의 계산식을 보여준다. 공조효율과는 별개로 IT장비의 보호 측면에서 RCI는 권장온도 이하인 낮은 온도로 유지되는 것보다 권장온도를 초과하여 높게 유지되는 것이 더 큰 위험성을 갖는다.

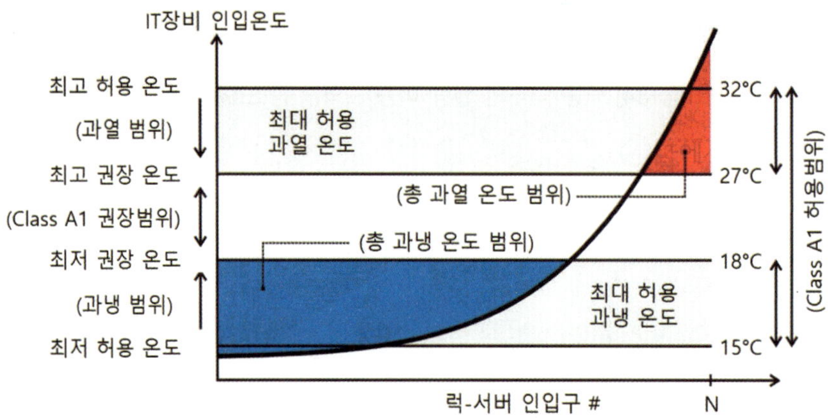

[그림 35] RCI 산출을 위한 온도범위 정의

$$RCI_{HI} = \left[1 - \frac{\sum (T_x - T_{\max - rec})_{T_x > T_{\max - rec}}}{(T_{\max - allow} - T_{\max - rec}) \times n} \right] \quad \textbf{[식 5]}$$

$$RCI_{LO} = \left[1 - \frac{\sum (T_{\min - rec} - T_x)_{T_x < T_{\min - rec}}}{(T_{\min - rec} - T_{\min - allow}) \times n} \right] \quad \textbf{[식 6]}$$

T_x	: (x) 랙-서버의 공기유입구 평균온도 (℃)
n	: 공기 유입구 수량
$T_{\max - rec}$	: 최고 권장 IT장비 인입 온도 - 기준 또는 지침 (℃)
$T_{\max - allow}$	: 최고 허용 IT장비 인입 온도 - 기준 또는 지침 (℃)
$T_{\min - rec}$	: 최저 권장 IT장비 인입 온도 - 기준 또는 지침 (℃)
$T_{\min - allow}$	: 최저 허용 IT장비 인입 온도 - 기준 또는 지침 (℃)

[표 22] RCI 효율등급

등급	Ideal	Good	Acceptable	Poor
RCI	100%	≥96%	91-95%	≤90%

따라서 RCI_{LO} 보다는 RCI_{HI}가 데이터센터의 위험성과 효율성을 평가하는 중요한 지표가 된다. **[표 22]**와 같이, RCI는 96% 이상 유지될 때를 효율성이 있다고 평가한다.

8.2.3 RTI(Return Temperature Index) 및 β

개방된 IT룸에서는 RCI_{HI}는 급기온도의 상승률을 판단할 수 있는데, 이는 에너지 페널티에 해당된다. 반면에 RTI는 공조 시스템의 에너지 성능을 측정할 수 있으며 CRAC/H 유닛의 급기와 환기의 온도상승과 IT장비를 통과하여 발열을 제거한 후의 온도 상승의 비율을 평가의 척도로 보고 있다. 계산식은 **[식 7]**과 같다.

$$RTI = \left[\frac{T_{ra} - T_{sa}}{\Delta T_{rack}} \right] \qquad \text{[식 7]}$$

T_{ra}	: 환기온도 (℃) - 가중평균
T_{sa}	: 급기온도 (℃) - 가중평균
ΔT_{rack}	: IT장비 통과 후 상승온도 (℃) - 가중평균

CRAC/H 유닛으로 돌아오는 잠재적인 고온의 환기는 IT장비를 통과하여 온도가 상승하였기 때문이며 이러한 현상을 고려하여 RTI의 표준을 설정하여야 한다. **[표 23]**에서와 같이, 효율평가는 100%를 기준으로 그 이상이면 IT장비에서의 배출 공기가 인입구로 재순환되는 현상이, 그 이하면 CRAC/H 유닛의 급기가 IT장비로 유입되지 못하고 바로 환기되는 공기 유실 현상이 발생하는 것으로 판단할 수 있다.

또 다른 평가지표인 β는 국부과열에 의한 공조된 공기의 재순환에 대한 정보를 제공한다. 계산식은 **[식 8]**과 같고 평가기준 목표치는 0이다.

[표 23] RTI 효율등급

등급	목표(Target)	재순환(Recirculation)	유실(By-pass)
RTI	100%	> 100%	< 100%

$$\beta = \frac{T_s - T_c}{T_h - T_s}$$ **[식 8]**

T_s	: IT장비로 유입되는 공급 공기온도 (℃)
T_c	: CRAC/H로 부터의 취출되는 급기온도 (℃)
T_h	: IT장비로 부터의 배출 공기온도 (℃)

8.3 데이터센터 공조 및 공기분배 계획

8.3.1 기본방향

IT장비는 연중 중단 없이 연속적으로 가동되기 때문에 IT장비 고장 및 정지 등의 위험성을 항시 내재하고 있다. 따라서 이러한 위험 발생을 방지하기 위해 IT장비를 사용하는 용도에 따라서 환경기준을 차등 적용하고 있다. IT장비 운영환경 제어에 따른 등급 구분은 온도, 상대습도 등 적용수준 그리고 적용용도에 따라 일반적으로 4단계 구분이 된다.

데이터센터의 권장 및 허용 온도범위는 공기분배 시스템의 발열제거 효율을 판단하는 중요한 기준이 된다. IT장비의 발열제거는 공기를 장비 전면부에서 받아 후면부로 내보내 냉각시키는 것이 일반적이다. 따라서 공기의 재순환을 최소화하기 위해 급기는 냉복도, 그리고 환기는 열복도로 구분하여 기류를 유도하는 방안은 가장 기본적인 사항이 되었다. 이러한 IT장비 배치에 따른 공기분배 방식은 **[그림 36]**에서 보여주고 있다.

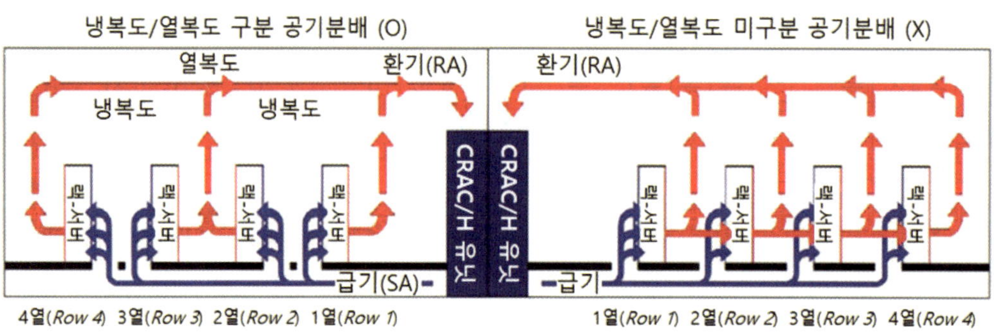

[그림 36] 랙-서버 배치에 따른 데이터센터의 공기분배 방법

8.3.2 공간단위(Room-based) 공기분배

공간단위 공기분배는 IT룸 내부의 급기(SA)와 환기(RA)로 구성된다. 즉, CRAC/H 유닛으로부터의 냉각된 공기를 부하 측으로 공급하는 급기 분배방식과 IT장비를 거쳐 부하를 제거한 공기를 CRAC/H 유닛으로 유입하는 환기 분배방식으로 구분된다. **[표 24]**는 공간단위 냉각에서 적용 가능한 12가지 주요 공기분배 시스템을 보여준다.

[표 24] 데이터센터의 적용 가능한 12가지 공간단위 공기분배

환기(RA) / 급기(SA)	CRAC/H 측면 환기 (CRAC/H Flooded)	천장내 환기 (Locally Ducted)	IT장비 직접연결 환기 (Fully Ducted)
CRAC/H 측면 급기 (CRAC/H Flooded)	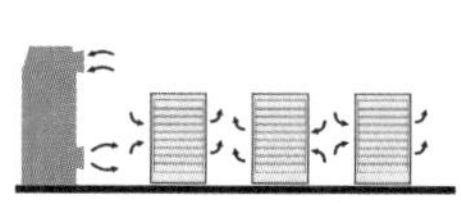 ⓐ O-CS/CR	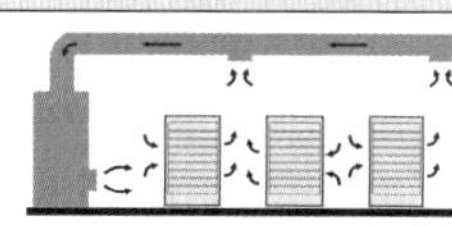 ⓑ O-CS/LR	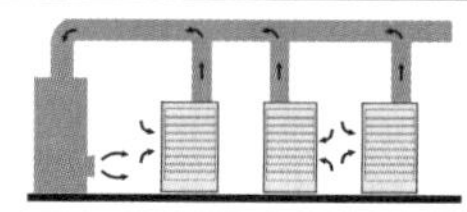 ⓒ O-CS/FR
천장 급기 (Over Head Locally Ducted)	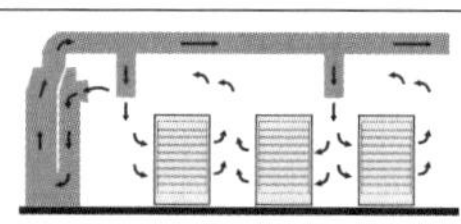 ⓓ O-LS/CR	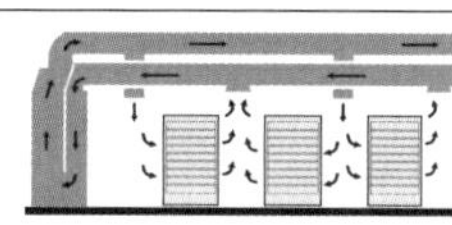 ⓔ O-LS/LR	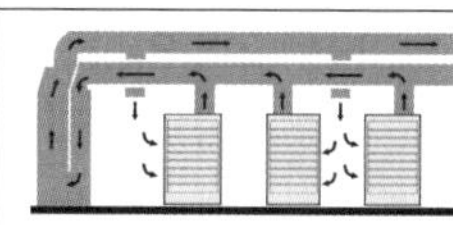 ⓕ O-LS/FR
바닥 급기 (Under Floor Locally Ducted)	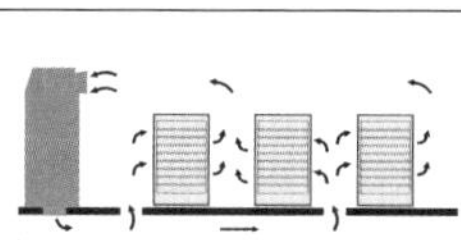 ⓖ U-LS/CR	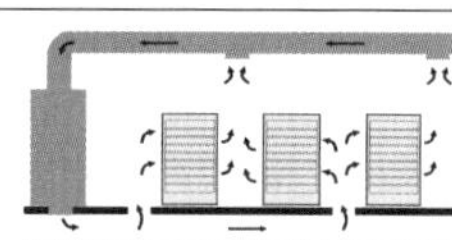 ⓗ U-LS/LR	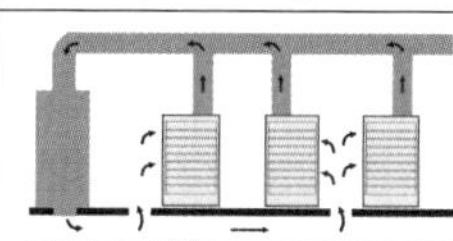 ⓘ U-LS/FR
IT장비 직접연결 급기 (Under Floor Fully Ducted)	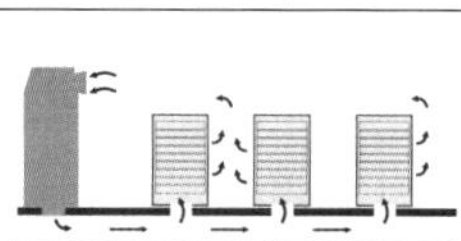 ⓙ U-FS/CR	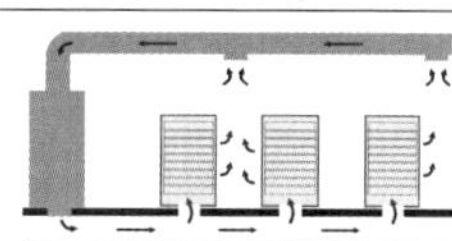 ⓚ U-FS/LR	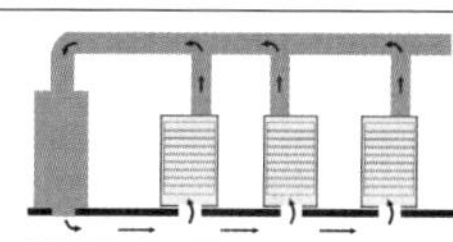 ⓛ U-FS/FR

※ 급배기 방식별 기호(ID)를 명명하여 구분함
ⓐ O-CS/CR : Overhead Distribution CRAC/H Flooded Supply + CRAC/H Flooded Return
ⓑ O-CS/LR : Overhead Distribution CRAC/H Flooded Supply + Locally Ducted Return
ⓒ O-CS/FR : Overhead Distribution CRAC/H Flooded Supply + Fully Ducted Return
ⓓ O-LS/CR : Overhead Distribution Locally Ducted Supply + CRAC/H Flooded Return
ⓔ O-LS/LR : Overhead Distribution Locally Ducted Supply + Locally Ducted Return
ⓕ O-LS/FR : Overhead Distribution Locally Ducted Supply + Fully Ducted Return
ⓖ U-LS/CR : Under Floor Distribution Locally Ducted Supply + CRAC/H Flooded Return
ⓗ U-LS/LR : Under Floor Distribution Locally Ducted Supply + Locally Ducted Return
ⓘ U-LS/FR : Under Floor Distribution Locally Ducted Supply + Fully Ducted Return
ⓙ U-FS/CR : Under Floor Distribution Fully Ducted Supply + CRAC/H Flooded Return
ⓚ U-FS/LR : Under Floor Distribution Fully Ducted Supply + Locally Ducted Return
ⓛ U-FS/FR : Under Floor Distribution Fully Ducted Supply + Fully Ducted Return

급기와 환기의 공기분배 시스템은 CRAC/H 유닛의 측면급기, 덕트와 플래넘을 이용한 급기 및 IT장비에 직접 연결하여 공기를 분배하는 3가지 기본적인 방식이 있다. 그중 급기 시스템의 덕트와 플래넘을 이용한 공급방식은 이중마루 구조 여부에 따라 바닥급기와 천장급기로 구분된다. 여기서 이중마루는 바닥을 이중으로 구획하여 바닥면 하부를 전기, 통신설비 및 공조를 위한 플래넘 개념으로 이용하는 구조를 말한다. 각 4가지 급기방식과 3가지 환기방식을 조합한 시스템에 랙 캐비닛 자체 내에서 냉각하는 모듈형 랙-서버 방식을 추가하면 총 13가지 시스템 조합이 가능하다.

(1) 공조 차폐(Aisle Containment)

공간단위 공기분배에서 빈번하게 발생하는 공기의 재순환, 유실 등으로 국부적인 과열이 지속적으로 발생할 수 있는 가능성이 크다. **[그림 37]**

공조를 위한 차폐 시스템을 적용하면 에너지 효율뿐 아니라 IT장비의 인입공기온도를 일정하게 유지할 수 있으며 기존의 비-차폐 데이터센터에서 빈번하게 발생하는 국부과열을 어느 정도 해결할 수 있다. 대부분의 데이터센터에서 열복도 차폐(HAC : Hot Aisle Containment) 또는 냉복도 차폐(CAC : Cold Aisle Containment)를 반영하여 공기분배 성능과 냉각효율을 개선하고 있다. 하지만 "데이터센터에 더 효율적인 공조 차폐 시스템은 무엇인가"라는 의문이 제기된다. 실제로 가장 좋은 공조 차폐의 형태는 IT룸 설비의 설치조건에 크게 좌우된다. 그럼에도 불구하고 열복도 차폐와 냉복도 차폐는 다음과 같은 5가지 효율성을 제공한다.

① 냉각 시스템의 급기(SA)온도를 높게 설정 가능 : 공조 차폐를 적용하지 않을 경우, 냉각 시스템은 국부과열을 방지하기 위해 IT장비에서 필요한 수준보다 상당히 낮은 급기온도(약 13℃ 이하)로 설정해야 된다.

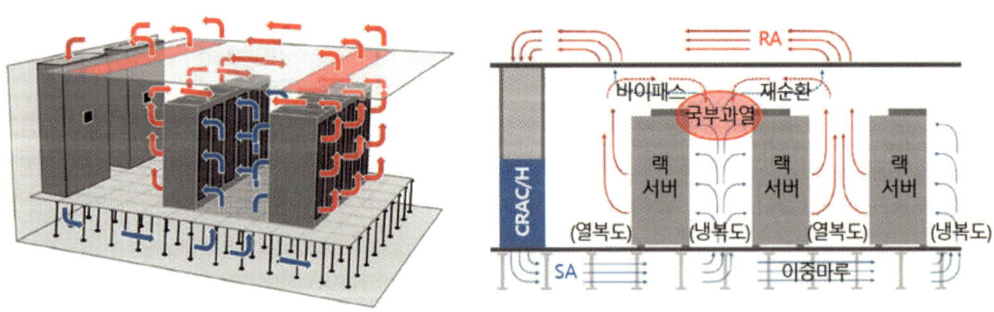

[그림 37] 비-차폐 데이터센터에서 빈번하게 발생하는 국부과열

② 국부과열 제거 : 냉각장치의 급기온도가 IT장비에 도달하는 온도와 거의 동일하므로 IT장비로 인입되는 공기온도를 일정하게 유지할 수 있다. 열복도 차폐와 냉복도 차폐는 CRAC/H 유닛의 급기가 환기와 혼합되지 않고 IT장비 공기 인입구까지 도달할 수 있다.

③ 에너지 절약 : 냉각 시스템의 설정온도를 높이면 냉동기 등 압축기의 가동 시간이 감소하여 에너지를 절약할 수 있다.

④ 가습 및 제습 저감 : 노점온도점 이상의 높은 온도로 급기할 경우는 제습이 필요 없고, 제습 작용이 없으면 가습 기능이 필요하지 않으므로 에너지와 가습에 필요한 수자원 절약이 가능하다.

⑤ 인프라설비의 전반적인 사용률이 향상되면 냉각 용량을 최적화할 수 있고, 이에 따라서 장비의 운전효율이 향상된다. 장비 용량이 필요 이상으로 과대하면 적정 용량의 장비보다 에너지 손실이 커진다.

(2) 열복도 차폐(HAC : Hot Aisle Containment)

열복도 차폐는 열복도를 차폐하여 IT장비 발열의 열기를 격리하고 IT룸의 나머지 공간은 냉복도 플레넘이 된다. 열복도를 차폐함으로써 데이터센터 내부의 열기흐름과 냉기흐름이 분리된다. **[그림 38]**은 공조 차폐 중 열복도 차폐를 보여준다.

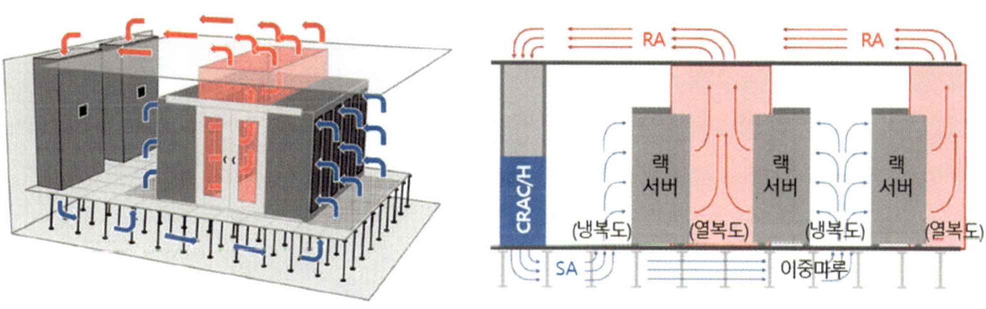

[그림 38] 공간단위 열복도 차폐 적용 개념

(3) 냉복도 차폐(CAC : Cold Aisle Containment)

냉복도 차폐는 열복도 차폐와 반대의 개념으로 냉복도를 차폐함으로써 IT룸의 나머지 공간은 거대한 열복도 플레넘이 된다. IT장비는 열복도와 냉복도가 구분된 배열로 구성되어야 하며, 내부의 열기흐름과 냉기흐름을 분리한다. **[그림 39]**는 냉복도 차폐를 보여준다.

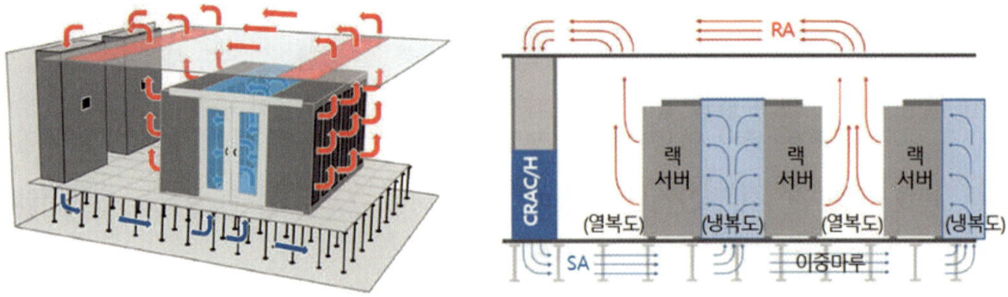

[그림 39] 공간단위 냉복도 차폐 적용 개념

(4) 공조 차폐 기밀유지

냉복도와 열복도를 차폐하는 솔루션은 다양한 재료로 제작된 구조체로 구현할 수 있다. 데이터센터에서 최적의 성능을 유지하기 위해 열기나 냉기의 누출이 없는 열복도 차폐와 냉복도 차폐가 구현되어야 한다. 기존의 비-차폐구조의 이중마루를 포함한 누기율은 일반적으로 25-50%인 반면, 공조 차폐 시스템의 누기율은 일반적으로 3-10%이다. 그러나 공조 차폐 시스템을 사용하더라도 많은 데이터센터에서 국부과열이 발생한다. 공기분배의 비효율은 공조 차폐 시스템의 누기로 인해 발생할 수 있고, 이 또한 공통적 문제인 공기 재순환, 유실 및 실내의 음압 형성이 포함된다. 그리고 랙 캐비닛 내부의 사용되지 않는 빈 공간을 통하여 열기가 IT장비로 재유입 된다.

8.3.3 열-기반(Row-based) 공기분배

열-기반 공기분배 방식은 특정 열(Row)의 실제 필요한 IT장비에 더 근접하여 공기를 분배한다. 공간단위 공기분배에 비해 공기흐름 경로가 더 짧고 더 명확하게 정의된다. 또한, 기류 형성이 훨씬 더 예측 가능하고 CRAC/H 유닛의 정격용량을 사용할 수 있으며 더 높은 전력 밀도를 대응할 수 있다.

IT전력 밀도 10~15 kW/rack에 해당하는 고밀도 부하에 대응하여 열-기반 공기분배는 이중마루 구성없이 구현할 수 있다. 해당 방식은 최대 공기분배 효율의 기류를 유도하기 위해 냉복도-열복도-냉복도(C-H-C) 배열 **[그림 40]** 또는 열복도-냉복도-열복도(H-C-H) 배열 **[그림 41]**로 구성 가능하다.

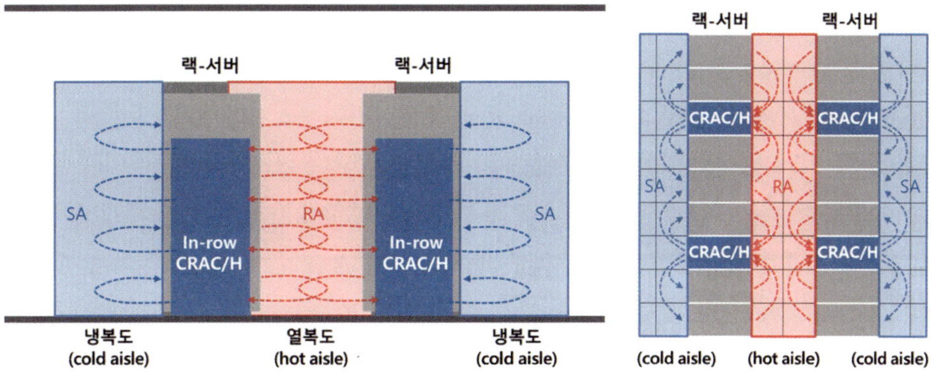

[그림 40] 열-기반 공조 차폐 냉복도-열복도-냉복도(C-H-C) 배열

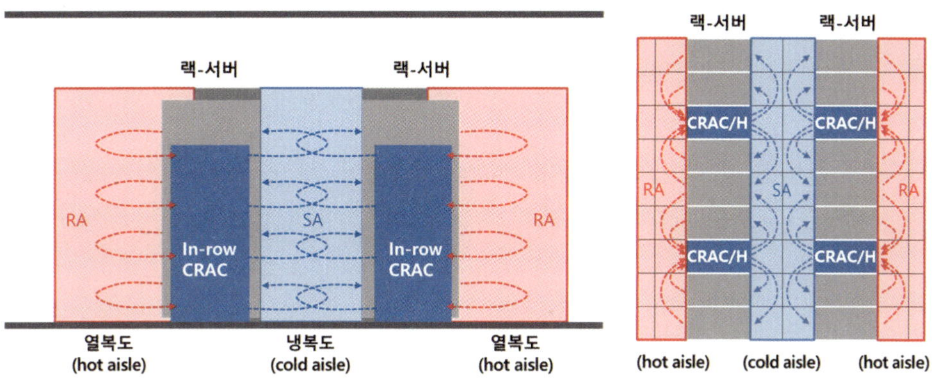

[그림 41] 열-기반 공조 차폐 열복도-냉복도-열복도(H-C-H) 배열

8.3.4 랙-기반(Rack-based) 공기분배

아직까지는 랙-기반 냉각이 적용된 사례가 많지 않다. 이것은 공간단위 또는 열-기반 냉각으로 가능한 IT전력 밀도로 데이터센터가 구축되었기 때문이다. 그러나 15.0 kW/rack 이상의 전력 밀도를 적용해야 할 경우에는 랙-기반 공랭식 냉각을 고려해야 한다. **[그림 42]**는 고밀도 IT부하 대응을 위한 랙-기반 공기분배 개념을 보여준다. 상면공간은 다른 공기분배 방식과 다르게 열복도가 구성되지 않는다.

상면공간 내의 공기분배는 고밀도 랙-서버 후단에 In-rack CRAC/H 유닛을 설치하여 1:1로 직접 냉각을 담당한다. 랙-기반 공기분배는 In-rack CRAC/H 유닛과 IT장비가 일체화되어 열복도가 형성이 안 된다. 따라서 열-기반 냉각보다도 획기적으로 공기 이동경로가 감소한다. 동시에 공기 이동경로에서의 공기 유실과 재순환이 이론적으로는

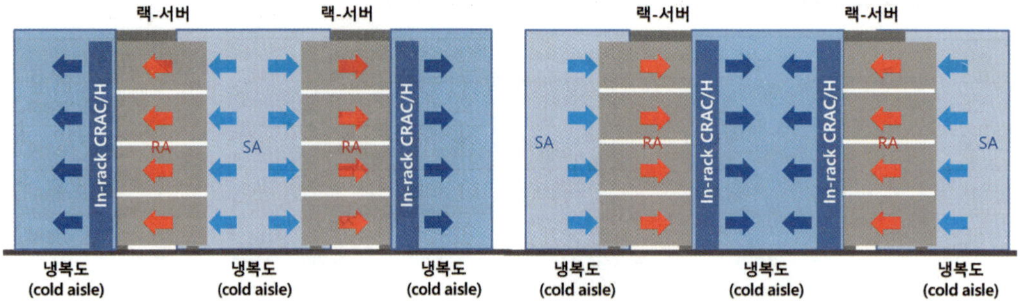

[그림 42] 랙-기반 공조 차폐 배열

발생하지 않는다. 단일 공간으로 형성된 냉복도 차폐를 적용하면 공기 이동경로에서 냉기와 열기가 혼합되는 요소가 없다. 공기분배에서 열손실이 없기 때문에 In-rack CRAC/H 유닛의 취출온도를 상향하여 공급할 수 있다.

9. 데이터센터 전원설비

9.1 UPS(Uninterruptible Power Supply) 개요

9.1.1 일반사항

상용전원의 각종 전원 장애(전압 변동, 주파수 변동, 정전, 과전압, 노이즈 등)는 IT장비(서버) 및 각종 전자기기와 장비들에 영향을 미쳐 데이터 손실 및 기기의 수명 단축 등의 결과를 초래한다. 전원 장애의 종류는 **[그림 43]**과 같이, Noise, Spike, Ringing Transients, Sag, Surge/Swell, Distortion, Interruption, Frequency Change 등이 있다.

① 정전 : 1/2 Cycle 이상 전원이 공급되지 않는 현상
② 주파수 변동 : 60 Hz의 경우, 1초에 60 Cycle의 파형이 주기적으로 발생하여야 하지만 파형이 더 많이 발생하거나 적게 발생하는 경우
③ Noise : 정상적인 파형에 수십에서 수백 Hz의 고주파가 섞여 있는 파형
④ Spike : 통상 1 usec에서 2 msec의 폭으로 수백에서 수천 Volt의 전압이 나타나는 경우
⑤ Sag 및 Swell : 일반적인 지속 시간이 수 msec에서 수 Cycle의 대역으로써 정격 정압보다 상승(Swell)하거나 하강(Sag)이 발생하는 경우

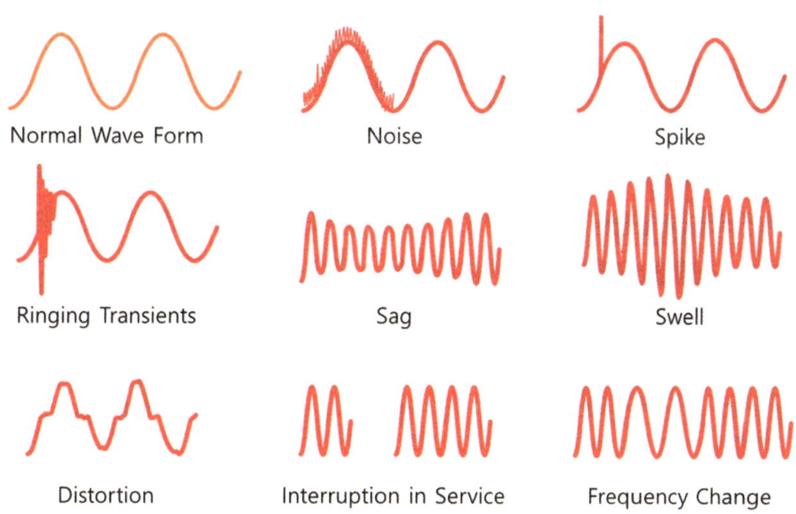

[그림 43] 전원장애의 유형

9.1.2 UPS의 필요성

상용전원은 다수의 수용가에 전력을 공급하기 때문에 부하변동, 선로 및 말단 부하 측 사고에 따라 시시각각으로 전압이나 주파수가 변동되거나 정전이 발생한다. 또한, 전력 수요가 증가되고 송배전 계통이 복잡해짐에 따라 낙뢰 및 부하단락 사고에 의한 순시정전 등이 빈번하게 발생하고 있다. 산업구조의 자동화와 IT산업의 고도화로 전자장치나 IT장비 등의 수요가 폭발적으로 증가되는 상황에서 이런 불안정한 전원공급은 큰 문제점을 야기한다.

이러한 장치는 전압변동, 순간정전, 노이즈 등에 상당히 민감하여 운전 중에 큰 장애를 야기할 수 있다. 자체 내장된 전원장치만으로는 상용전원에서 발생하는 다양한 형태의 전원장애를 방지할 수 없다. 이에 공급되는 상용전원과 말단 부하장비 사이에 이를 보완할 수 있는 전원장치의 필요성이 대두되면서 무정전전원장치(UPS : Uninterruptible Power Supply)가 널리 사용되고 있다. UPS를 사용하면 상용전원에서 발생하는 전원장애(전압변동, 주파수 변동, 정전, Sag, Surge, Noise)를 상당 부분 차단하고 안정된 전원을 공급할 수 있다. 초기에는 전산 및 제어분야 등 일부 분야에 적용되었으나 전력소자 및 제어기술의 발달로 안정성과 신뢰성이 높아지고 산업 전반에 걸쳐서 안정된 전원에 대한 인식이 확산되면서 점차 그 적용범위가 넓어지고 있다. **[그림 44]**와 같이, 데이터센터 IT장비 운영 시 다양한 원인으로 장애가 발생하는데, 그중 주요 요인은 Surge/Swell과 정전이며, 약 45.3%가 시스템에 공급되는 전원의 불안정 때문에 발생한다.

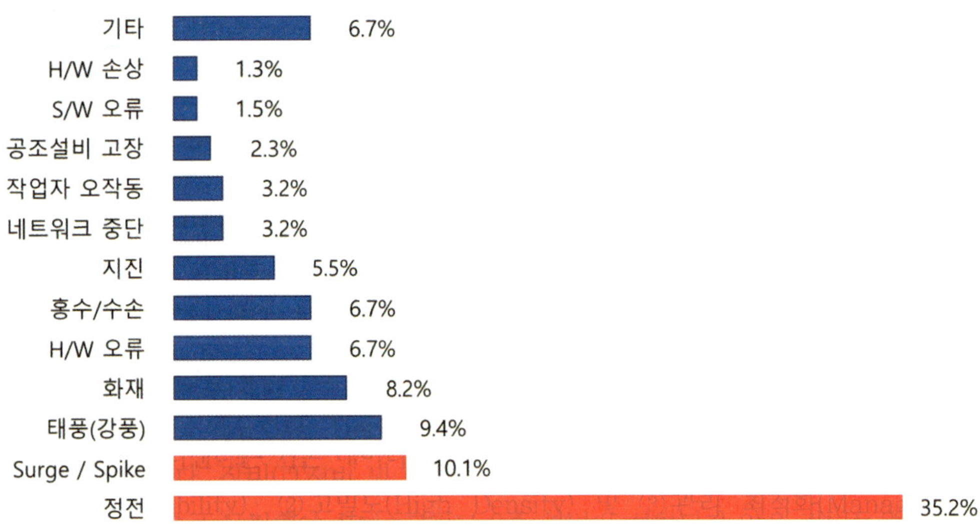

[그림 44] 데이터센터 IT장비 장애 원인

9.1.3 UPS의 정의 및 관련기술

UPS는 상시에는 상용전원을 공급받아서 축전지를 충전하고 이를 변환하여 출력에 전력을 공급한다. 상용전원이 정전되거나 낮아지면 축전지에 저장된 에너지를 통해 연속적이고 안정된 전원을 공급하여 정전이나 순간정전, 전압 및 주파수 변동, Surge, 고주파, 노이즈 등 각종 전원교란에 대해 부하를 보호한다. **[그림 45]**와 같이, 대용량 UPS(20~600 kVA)는 자립형으로 구성되고, 소용량 UPS(1~10 kVA)는 랙/타워 형으로 구성된다.

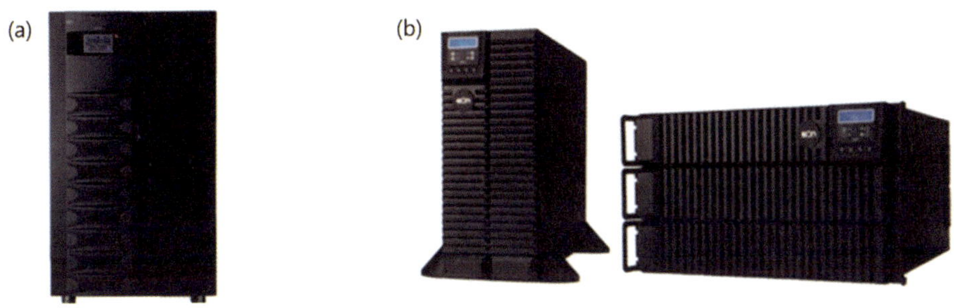

[그림 45] UPS의 종류 : (a) 대용량 UPS, (b) 소용량 UPS

UPS는 핵심부품인 전력용 장치의 발달과 함께 발전하였으며, 1960년대에는 회전형이 주류를 이루다가 1970년대 싸이리스터가 UPS에 적용되면서 정지형 UPS로 발전하였다. 1980년대 이후 파워 트랜지스터, 파워 MOS-FET, IGBT 등 새로운 전력 소자의 개발로 UPS의 소형화, 경량화 및 고효율화가 진전되었고, 1990년대 이후 마이크로프로세서, DSP 등이 적용되면서 아날로그 방식에서 디지털 방식으로 전환되었다. **[그림 46]**은 연도별 UPS의 변천을 보여주며, 주 장치, 제어기술, 제어장치에 따라서 구분된다.

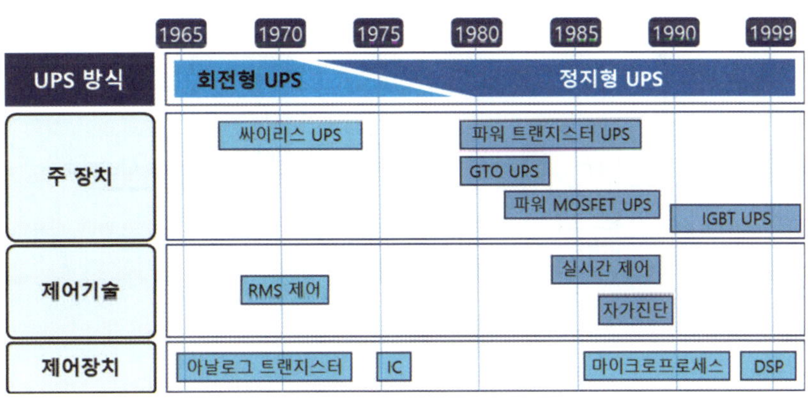

[그림 46] UPS 기술의 변천

최근 UPS는 파워 디바이스의 발전과 전력 및 전자기술의 발전으로 인해 급속히 진화하고 있는 추세이며 주요 기술의 발전은 **[표 25]**와 같이, 고효율, 용량 확장, 소형·경량, 저왜율, 저노이즈, 저소음, 보수의 용이, 디자인, 네트워크 기능의 확대 등이 있다.

[표 25] UPS 주요 기술 발전

항목	내용
고효율화	UPS 자체의 손실을 저감하여 운영 비용 절감(3-레벨 적용, 저손실 소자 적용)
손쉬운 용량 확장	Hot Plug Modular Design 적용으로 용량 확대가 용이
소형, 경량화	무변압기 방식 채용으로 크기가 크게 작아짐
저왜율화	고속의 DSP(Disital Signal Processor) 채용 및 실시간 전압제어로 비선형 부하 일때도 왜율 저감
저노이즈화	입력 필터 및 PWM 컨버터 채용으로 입력측에 유입되는 노이즈 저감
저소음화	고속의 스위칭 소자(IGBT, MOD-FET)를 사용하여 가청주파수의 범위보다 높게 스위칭함으로서 소음이 대폭 저감됨
보수의 용이	자기 진단 및 시스템 이상내력 기억기능으로 신속한 보수가 가능
디자인화	컴퓨터실과 같은 곳에 설치됨에 따라 주변환경과 부합되는 디자인 적용
Network 기능 강화	다양한 Network 접속 및 통신기능의 강화

9.2 UPS의 구성요소

UPS는 일반적으로 **[그림 47]**과 같이, 정류·충전부, 인버터부, Static Switch, Maintenance Bypass Switch, 축전지로 구성된다.

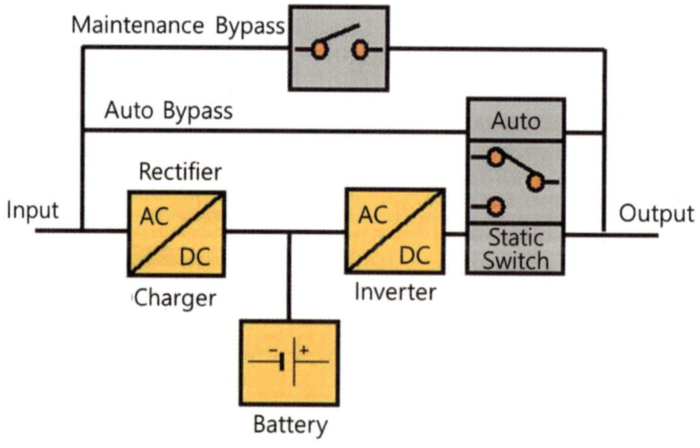

[그림 47] UPS의 구성 요소

9.2.1 정류·충전부

정류·충전부는 입력 교류전원을 직류전원으로 변환하여 축전지를 충전하고 인버터에 전원을 공급하는 역할을 한다. 정류 방식에 따라 6펄스 방식, 12펄스 방식, PWM 방식으로 구분되며, 최근에는 대부분 PWM 방식을 사용하고 있다. **[표 26]**은 정류 방식에 따라 6펄스 방식, 12펄스 방식 및 PWM 방식의 특징을 비교하였다.

[표 26] 각종 정류 방식의 비교

항 목	6펄스 방식	12펄스 방식	PWM 방식
구성도	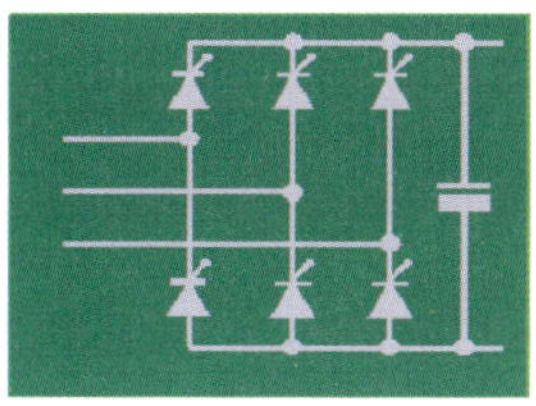	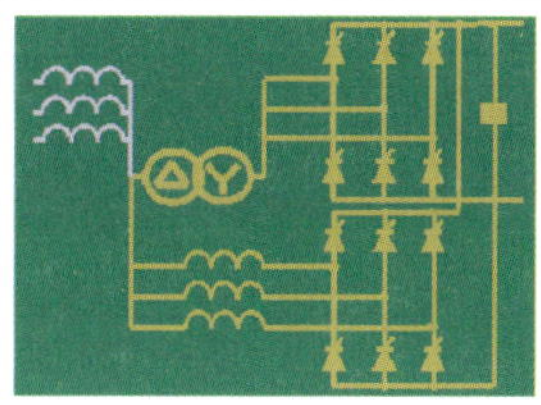	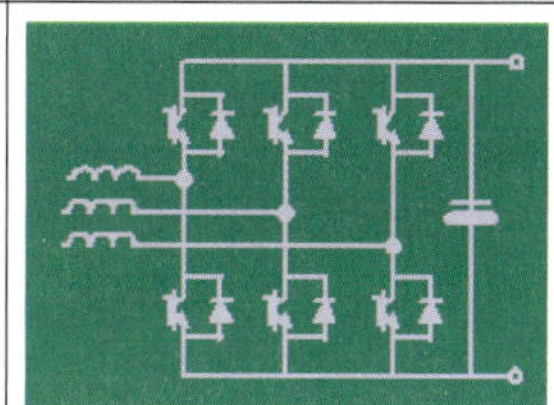
사용소자	SCR	SCR	IGBT
입력전류 파형	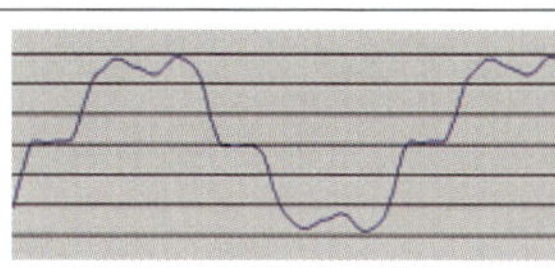	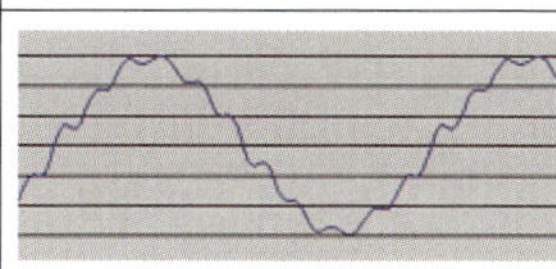	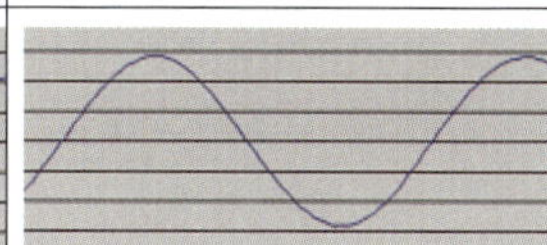
제어 방법	위상 제어	위상 제어	펄스폭 변조 제어
리플 주파수	360Hz	720Hz	스위칭 주파수 (5~20kHz)
고조파율	▸ 제 5, 7, 11, 13, 17, 19, 23, 25차 등의 고조파가 발생 ▸ 고조파 비율 : 25~33% (입력 고조파 필터 부착시는 7~10%)	▸ 제 11, 13, 23, 25차 등의 고조파 발생 ▸ 고조파 비율 : 10~12% (입력 고조파 필터 부착시는 4~5%)	▸ 고조파가 거의 발생하지 않음 ▸ 고조파 비율 : 5%이하 (입력 고조파 필터가 필요 없음)
역 율	0.80	0.85	0.99
소요 발전기용량 (UPS용량대비)	약 200%	약 150%	약 120%

6펄스 제어 방식의 특징은 **[표 27]**과 같으며, 주요 특징으로 입력전류의 위상 제어가 불가함으로 입력 역률이 0.7 정도이고, 이에 따른 입력전류 고조파 왜율도 30% 이상으로 커진다. 따라서 발전기와 연결 시 발전기 용량을 UPS 용량 대비 약 2배로 선정해야 된다.

6펄스 제어 방식의 회로 구성은 **[그림 48]**과 같이, SCR 6개로 구성되며, 입력전류 고조파 왜율을 줄여야 할 경우, 별도의 고조파 필터를 **[그림 49]**와 같이, 추가로 설치하면 고조파 왜율은 7% 이하까지 줄일 수 있다.

[표 27] 6펄스 제어 방식의 특징

항목	사양	비고
사용 소자	SCR	► 별도의 고조파 필터 부착 시 THDi 7% 이하 ► 공진 소음 증가 ► 효율 감소 ► 설치 공간 증가
제어 방법	위상 제어	
리플 주파수	360Hz	
DC Capacitor	용량이 매우 커짐	
입력 역률	0.7 이상	
입력전류 고조파 왜률(THDi)	30% 이상	
발전기 용량	출력대비 2~3배	

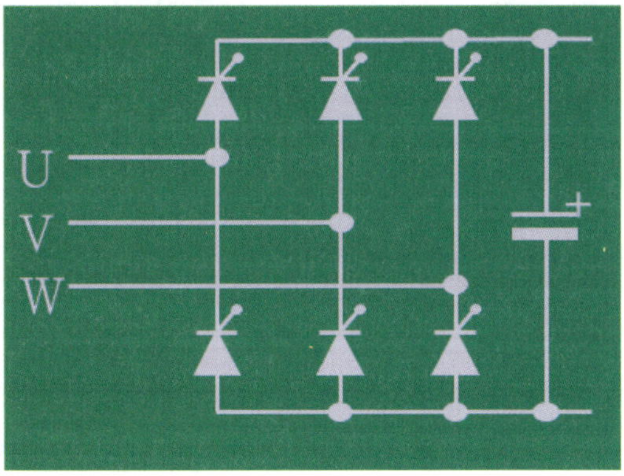

[그림 48] 6펄스 제어 방식의 회로 구성도

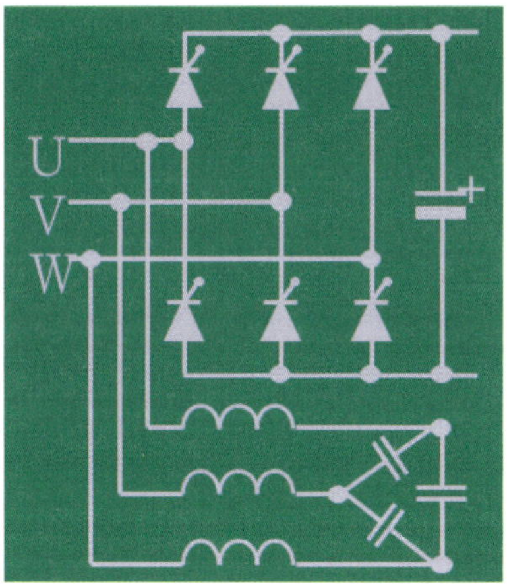

[그림 49] 필터 추가 회로 구성도(6펄스)

6펄스 제어 방식의 전압과 전류 파형은 각각 **[그림 50]** 및 **[그림 51]**과 같다.

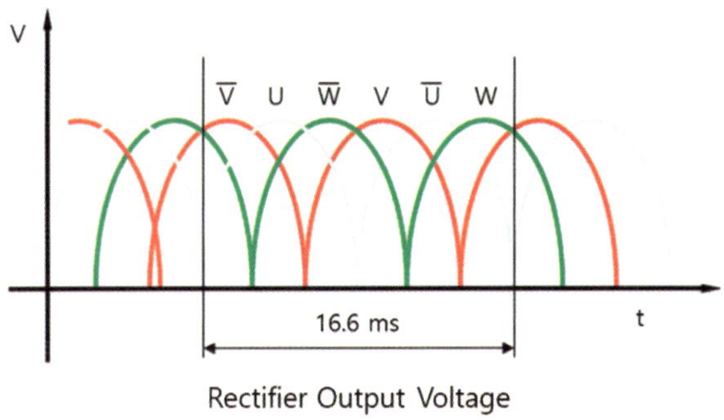

[그림 50] 6펄스 제어 방식의 전압 파형

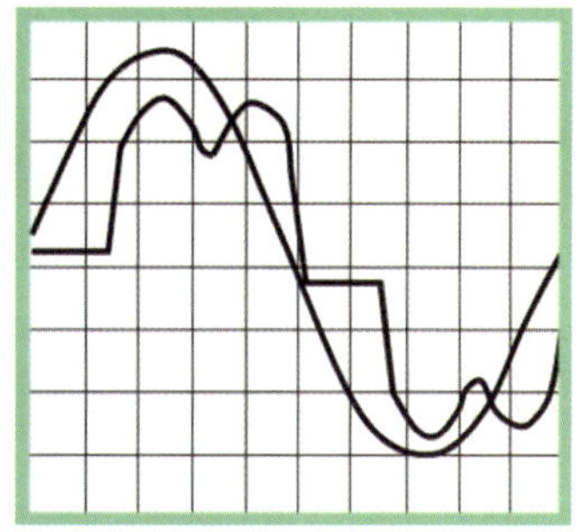

[그림 51] 6펄스 제어 방식의 전류 파형

12펄스 제어 방식의 특징은 **[표 28]**과 같으며, 주요 특징으로는 입력전류의 위상을 일부 제어하여 입력 역률은 0.8 정도이다. 이에 따른 입력전류 고조파 왜율도 12~17%로 발전기와 연결 시 발전기 용량을 UPS 용량 대비 약 1.5배로 선정해야 된다. 별도의 Δ-Y 변압기를 사용하므로 2중으로 정류부를 구성하게 되어 효율이 감소하고, 변압기의 추가로 인한 설치 공간이 증가하는 단점이 있다.

[표 28] 12펄스 제어 방식의 특징

항목	사양	비고
사용 소자	SCR, Δ-Y Transformer	▸ 별도의 고조파 필터 부착 시 THDi 5% 이하 ▸ 별도의 Δ-Y Transformer 사용 및 2중의 정류부 구성으로 효율 감소 ▸ 공진 소음 증가 ▸ 설치 공간 증가
제어 방법	위상 제어	
리플 주파수	720Hz	
DC Capacitor	용량이 커짐	
입력 역률	0.8 이상	
입력전류 고조파 왜률(THDi)	12~17%	
발전기 용량	출력대비 1.5~2배	

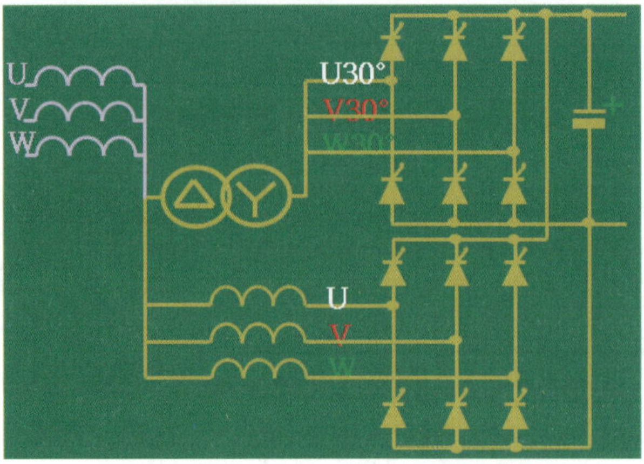

[그림 52] 12펄스 제어 방식의 회로 구성도

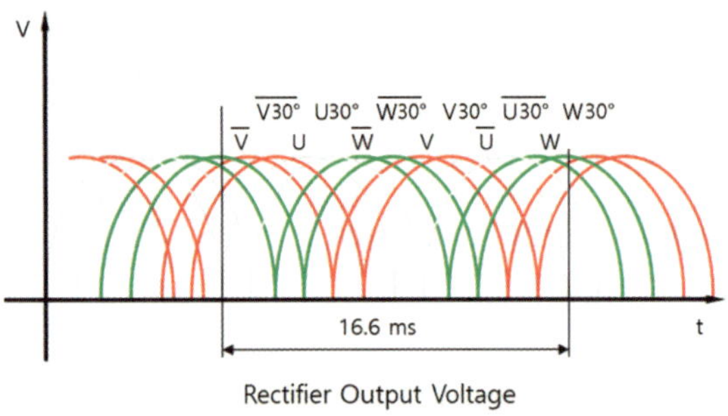

[그림 53] 12펄스 제어 방식의 전압 파형

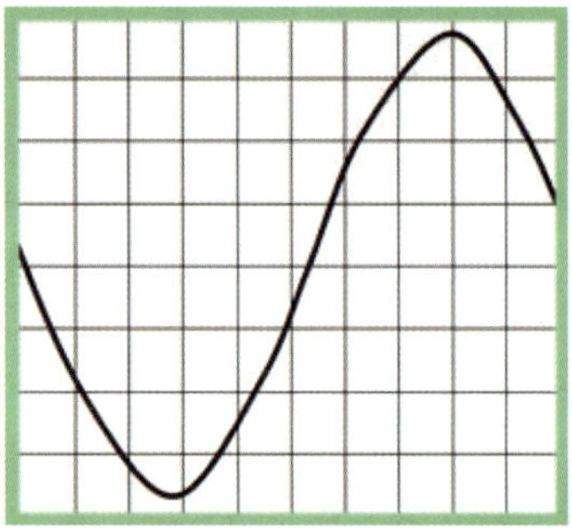

[그림 54] 12펄스 제어 방식의 전류 파형

12펄스 제어 방식의 회로 구성은 **[그림 52]**와 같이, SCR이 12개로 구성되며 Δ-Y 변압기에서 위상이 30도 지연되는 현상을 이용하여 제어한다. 전압과 전류파형은 **[그림 53]** 및 **[그림 54]**와 같다.

PWM 제어 방식의 특징은 **[표 29]**와 같으며 IGBT를 사용하여 스위칭 주파수를 수 kHz 이상으로 제어하여 입력전류를 입력전압과 동상으로 제어하는 방식으로 입력 역률은 0.95 이상이고 입력전류 고조파 왜율은 5% 이하이다. 따라서 발전기와 연결 시 발전기 용량을 UPS 용량 대비 약 1.2배로 선정해야 된다.

PWM 제어 방식은 스위칭 주파수를 높여서 고조파 왜율을 개선하고 필터의 사이즈를 줄일 수 있지만 스위칭 주파수가 가청 주파수와 같은 수 kHz이므로 스위칭 소음이 증가하는 단점이 있다. PWM 제어 방식의 회로 구성은 **[그림 55]**와 같이, IGBT를 6개 사용하며, 전압과 전류파형은 **[그림 56]**과 같다.

[표 29] PWM 제어방식의 특징

항목	사양	비고
사용 소자	IGBT	► 고조파 왜률이 작아 수전단의 전원이 안정됨 ► 역률 개선 및 고조파 저감에 의한 설비 용량(상용/발전기) 저감 ► 스위칭 소음 증가
제어 방법	펄스폭(PWM) 제어	
리플 주파수	7 KHz (스위칭 주파수)	
DC Capacitor	용량이 작아짐	
입력 역률	0.95 이상	
입력전류 고조파 왜률(THDi)	5% 이하	
발전기 용량	출력대비 1.2~1.5배	

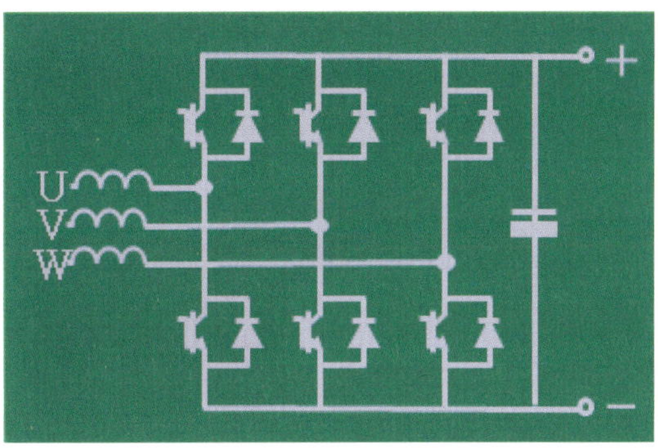

[그림 55] PWM 제어 방식의 회로 구성도

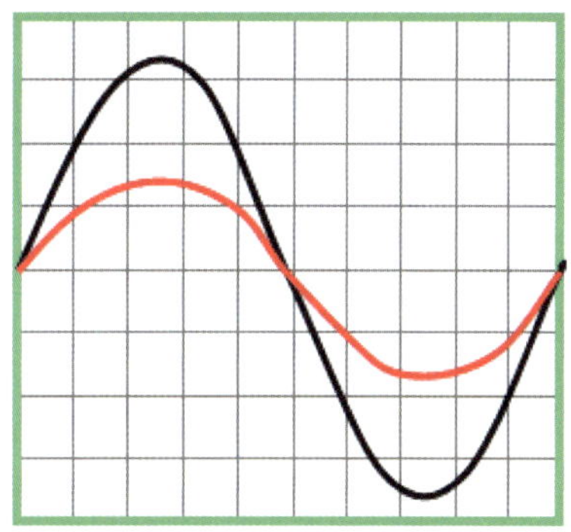

[그림 56] PWM 제어 방식의 전압, 전류 파형

9.2.2 인버터

인버터는 정류부나 축전지에서 직류전원을 공급받아 정전압, 정주파수의 교류전원으로 변환하여 출력에 안정적인 전력을 공급하는 역할을 하며, **[그림 57]**과 같이, IGBT와 L-C 필터로 구성되어 있다.

[그림 58]은 스위칭에 따른 PWM 파형과 필터 전과 후의 파형으로 양의 반주기에는 양의 값을 출력하기 위해서 양의 펄스폭을 더 길게 인가하고 음의 반주기에는 음의 값을 출력하기 위해서 음의 펄스폭을 더 길게 인가하여 필터를 통하여 정현파를 부하에 공급한다.

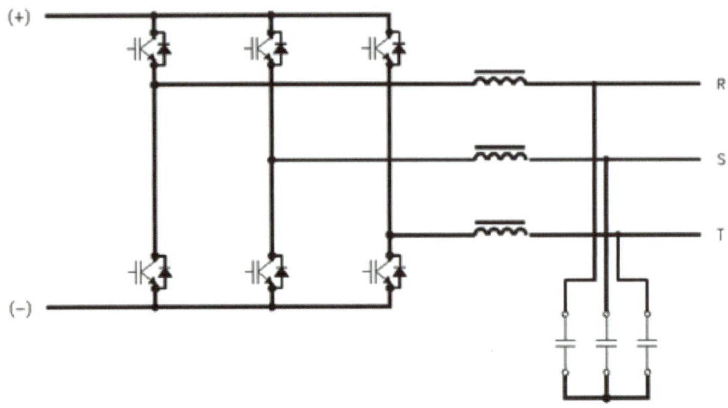

[그림 57] 인버터의 회로 구성도

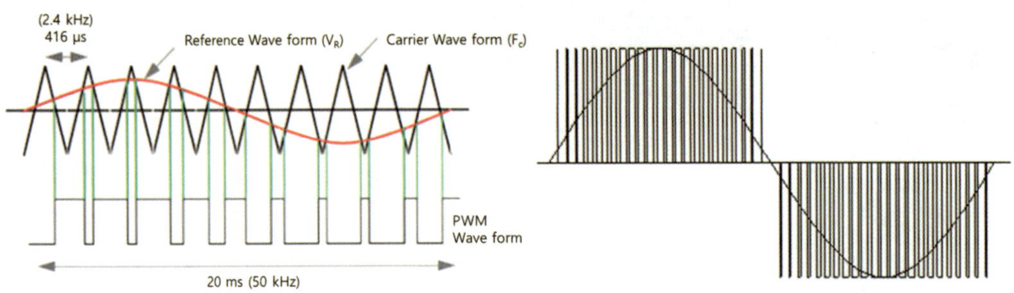

[그림 58] 필터 전후 파형

9.2.3 Static Switch

Static Switch는 인버터 이상 시에 부하에 전력공급이 중단되지 않도록 상용전원(한전)으로 부하를 무순단으로 절체하는 역할을 한다. 소용량 UPS의 경우, 릴레이 등 저가의 소자를 사용하여 절체 시 8 msec 이상의 절체 시간이 존재하고 중대용량 UPS는 무순단으로 절체하기 위해서 SCR 소자를 사용한다. **[그림 59]**는 인버터 이상 유무에 따른 전원 공급 상태를 나타낸 것으로 인버터 전압이 상용전원의 위상을 항상 추종하여 동작하므로 절체 시 무순단으로 절체할 수 있다.

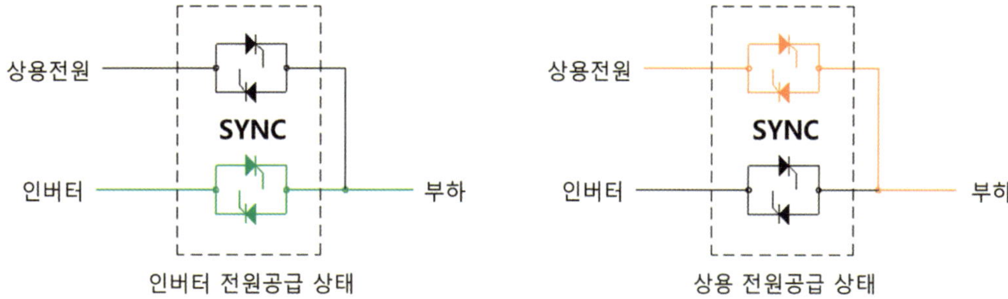

[그림 59] 인버터 이상 유무에 따른 전원 공급 상태

9.2.4 유지보수 바이패스 스위치(Maintenance Bypass Switch)

유지보수 바이패스 스위치는 UPS 이상으로 수리 또는 점검 시 임시로 부하에 상용전원(한전)을 직접 공급할 수 있는 스위치로 **[그림 60]**과 같이 동작하며, UPS 내부의 인버터와는 동시에 동작할 수 없다. 일반적으로 UPS 외부에 추가로 유지보수 스위치를 설치하므로 최근에는 UPS 내부의 유지보수 스위치를 원가 절감을 위하여 설치하지 않고 있다.

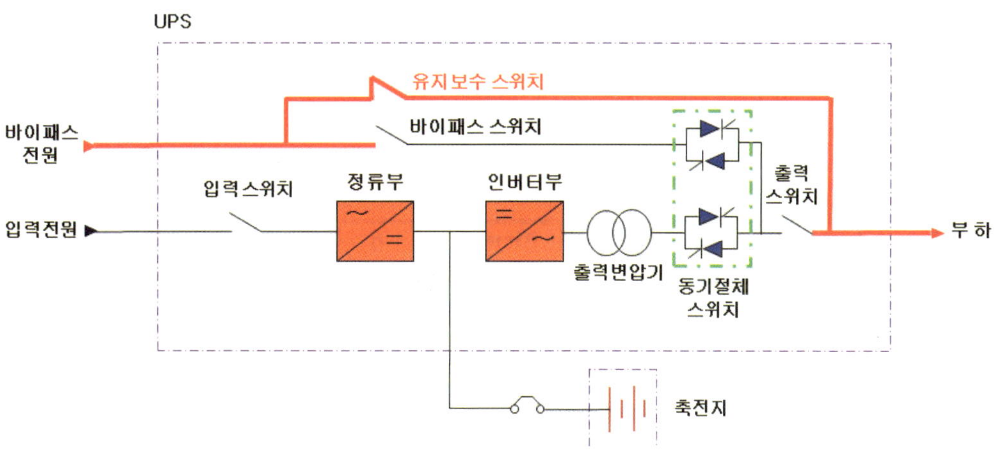

[그림 60] 유지보수 스위치 동작 상태

9.2.5 축전지

축전지는 입력 정전 시 인버터에 전원을 공급하여 정해진 정전보상 시간 동안 출력을 안정적으로 공급하는 역할을 하며, **[표 30]**은 축전지 종류 및 특징을 보여준다. 일반적으로 납축전지를 주로 사용하나 최근에는 설치 공간 및 장수명의 장점으로 리튬이온 전지의 사용량이 증가하고 있다.

[표 30] 축전지의 종류 및 특징

축전지 종류	셀당 공칭 전압	극판 및 전해액	기대 수명	주요 특징 및 사용처
납축전지	12V 또는 2V	양극 및 음극 : 납-칼슘 합금 (Pb-Ca) 전해액 : 묽은 황산 (H_2SO_4)	일반형 : 3~5년 장수명형 : 약 10년	상대적으로 가격이 저렴하여 현재까지 UPS용으로 가장 많이 사용됨 (전산 및 IDC 센터, 금융권, 통신설비, 자동화 공장 등)
니켈카드뮴 축전지	1.2V	양극 : 수산화니켈 (NiOOH) 음극 : 카드뮴(Cd) 전해액 : 수산화칼륨 (KOH)	약 15년	연축전지에 비하여 고율방전이 가능하고 내환경성이 우수하며 산업용(대형 공장) 및 철도용 등 한정된 용도로 사용됨
리튬이온 축전지	3.7V	양극 : 리튬금속화합물 음극 : 탄소계화합물 전해액 : 리튬염	약 15년	에너지 밀도가 가장 높고 충방전 특성이 매우 우수하여 최근에 UPS용으로 사용 범위가 점차 넓어지고 있음

9.3 UPS의 분류

IEC/EN 62040-3에 의해서 UPS는 입력전압과 출력전압의 종속성에 의해서 다음과 같이, VFD, VI 및 VFI의 3가지 타입으로 분류할 수 있다. **[그림 61]**과 같이, UPS은 일반적으로 VFI 타입을 말하며, VFD는 소용량 UPS 등 일부분만 사용이 되고 있다.

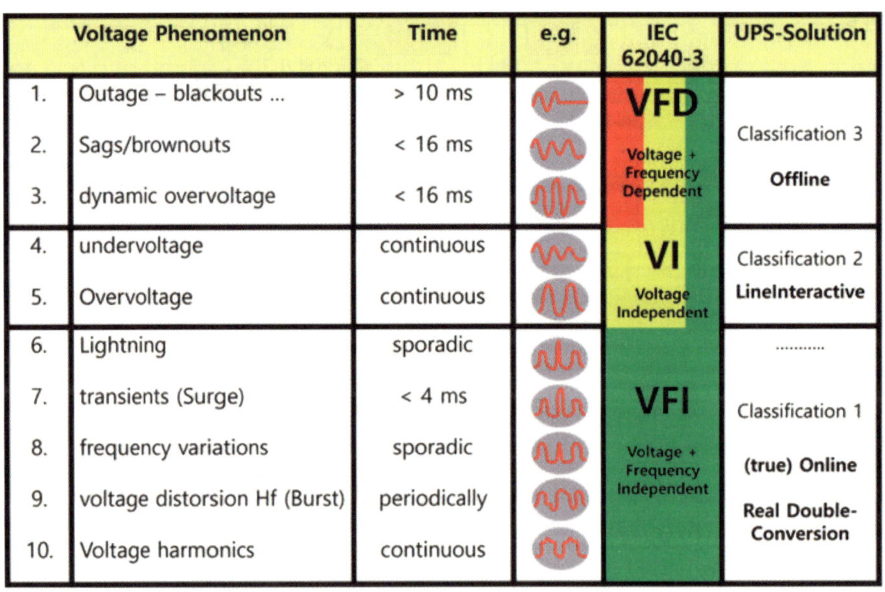

[그림 61] IEC/EN 62040-3에 의한 UPS 분류

9.3.1 OFF Line UPS(VFD : Voltage Frequency Dependent)

VFD 방식은 **[그림 62(a)]**와 같이, 평상시 상용전원을 그대로 출력으로 내보내며 충전부를 통해 축전지를 충전하면서 **[그림 62(b)]**와 같이, 정전 발생 시에는 인버터 회로를 구동시켜 축전지를 통해 출력에 전원을 공급하는 방식이다. 이때 출력이 상용에서 인버터로 전환되는데 일정한 전환시간(4~8 ms)이 필요하고, 입력을 바로 출력에 공급하며 정전 시에만 인버터가 가동되므로 상시 효율이 높은 장점이 있다. 반면에 상용출력이 그대로 출력에 공급되므로 전원에 민감한 장비들에 영향을 줄 수 있고 각종 전원교란에 대한 대응 능력이 떨어져 소규모 시스템에 적합하다.

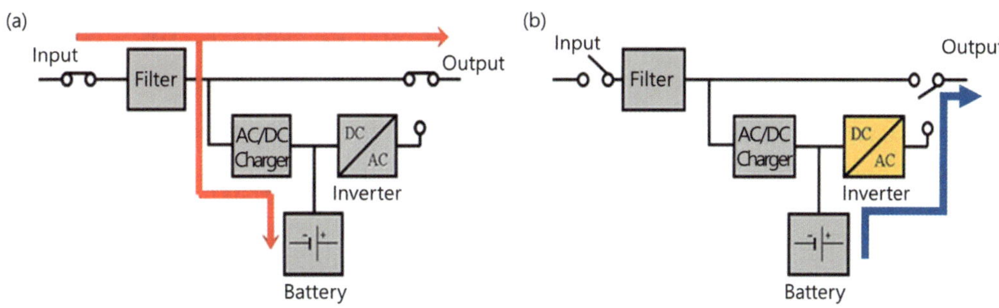

[그림 62] VFD 방식 : (a) 정상 모드, (b) 배터리 모드

9.3.2 Line Interactive UPS(VI : Voltage Independent)

VI 방식은 VFD 방식과 같이, 상시에는 상용전원을 출력에 공급하지만 전압조정기능을 가지고 있어서 일정 범위 안에서 조정된 출력을 공급하는 방식으로 **[그림 63(a)]**와 같이, 정상 모드에서는 동작을 한다. 정전 시에는 **[그림 63(b)]**와 같이, 인버터 회로를 구동시켜 축전지를 통해 인버터에 저장된 에너지를 공급하여 부하에 안정적인 전력을 공급한다. VI 방식은 VFD 방식의 장점인 상시 동작 효율을 높이면서, 별도의 AVR을 설치하여 일정 부분 전압을 조정하여 전원의 안정성을 높인 방식이다.

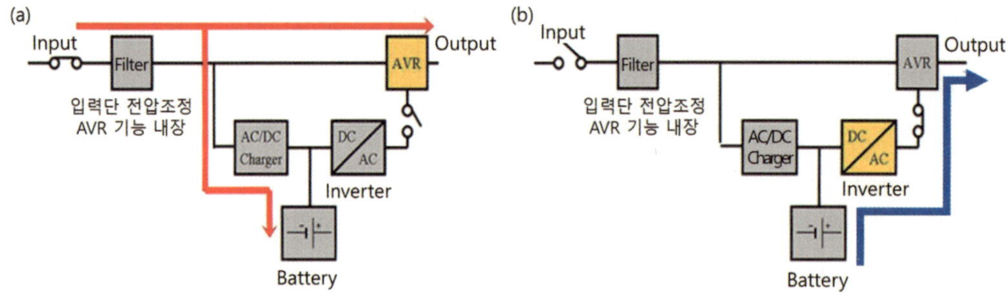

[그림 63] VI 방식 : (a) 정상 운전, (b) 정전 운전

9.3.3 Double Conversion UPS(VFI : Voltage Frequency Independent)

VFI 방식은 상시 인버터 방식(온라인)이라고도 하며 **[그림 64(a)]**와 같이, 상용전원을 직류전원으로 변환하여 축전지를 충전하고 인버터부를 통해 직류전원을 다시 안정된 교류전원으로 변환해 출력으로 보내는 방식이다. 정전이 발생하면 **[그림 64(b)]**와 같이, 축전지에 저장된 에너지를 인버터에 공급하여 부하에 안정적인 전력을 무순단으로 공급한다. VFI 방식은 축전지 충전회로가 별도로 구성되어 있거나 축전지의 수량에 따라 정류부 출력단에 별도의 DC/DC 컨버터를 설치하여 축전지를 충전하는 방식이 있다. 항상 인버터 회로를 통해 변환된 출력을 공급하므로 출력은 안정되며 높은 정밀도를 가지는 반면 항상 정류기와 인버터를 통하여 전력을 부하에 공급하므로 효율이 떨어지고 전력소자가 항상 동작하므로 방열에 대한 상당한 고려가 필요한 방식이다. VFI 방식은 높은 안정성 및 신뢰성이 요구되는 일정 규모 이상의 시스템에 적합하며, 대부분의 UPS는 VFI 방식으로 동작한다.

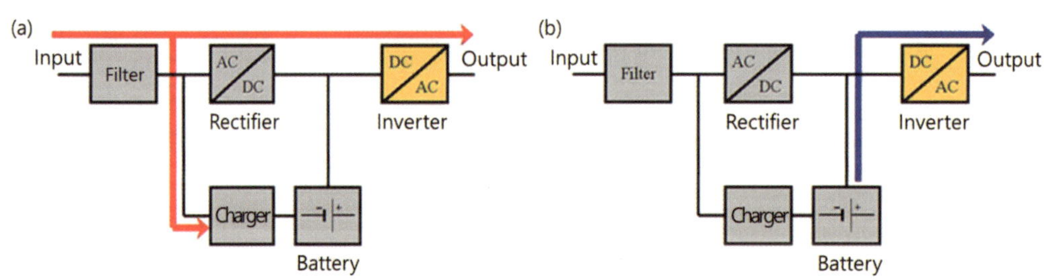

[그림 64] VFI 방식 : (a) 정상 운전, (b) 정전 운전

9.3.4 운전방식에 따른 특징

[표 31]은 UPS의 운전방식에 따른 특징을 정리한 것으로 상시 효율이 중요하면 VFD 방식을 적용하고 출력전원의 신뢰성이 중요하면 VFI 방식을 설치한다. VFD 방식의 UPS는 대부분 소용량(1~5 kVA)만 있으며, 신뢰성 문제로 대부분의 UPS는 VFI 방식이나 최근 제어기술의 발전으로 입력전원의 상태에 따라 VFD, VI, VFI 방식을 교번하여 운전하는 방식으로도 운영된다.

[표 31] UPS 운전방식에 따른 특징

항목	Passive-Standby	Line-Interactive	Double-Conversion
전원 장애에 대한 보호	VFD(Voltage & Frequency Dependent of Input)	VI(Voltage only Independent of Input)	VFI(Voltage & Frequency Independent of Input)
출력전압 변동	입력에 따라 변동	변동 없음	변동 없음
출력주파수 변동	입력에 따라 변동	입력에 따라 변동	변동 없음
출력전원 신뢰도	낮음	중간	높음
정전시 순단시간	4~10 msec	4~10 msec	순단 없음
요구되는 기술 정도	정전 및 복전시 급속전환 관련 낮은 정도의 기술력 요구	전압조정기능과 정전 및 복전시 급속전환 관련 중간 정도의 기술력 요구	복잡한 회로 구성으로 높은 기술력 요구

9.4 UPS의 동작

UPS는 정상 모드, 정전 및 복전 모드, 바이패스 모드로 동작하며, 각 모드별 동작원리는 다음과 같다.

9.4.1 정상 모드

정상 모드는 **[그림 65]**와 같이, 상용 또는 예비전원을 공급받아 정류부는 교류를 직류로 변환시켜 인버터부에 공급하고 인버터는 자체 발진으로 상용전원과 동기화된 교류로 변환하여 부하에 안정된 교류전력을 공급하는 모드이다. 동시에 충전부는 축전지를 자동으로 충전하여 축전지에 에너지를 저장한다.

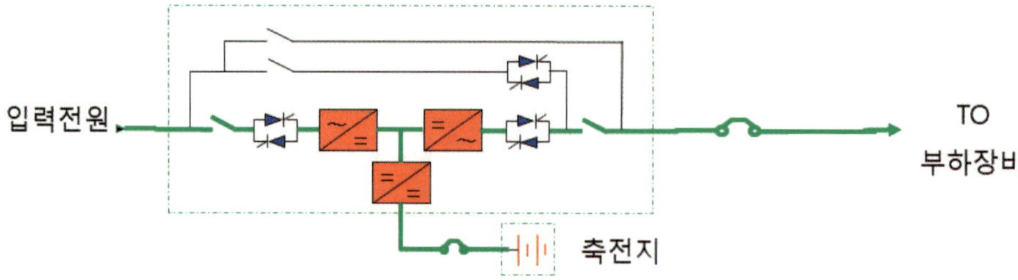

[그림 65] 정상 모드 동작 상태

9.4.2 정전 및 복전 모드

정전 및 복전 모드는 **[그림 66]**과 같이, 입력전원에 이상이 발생되면 정류부는 작동이 중단되고 평상시 충전부에 의해 충전되어 있던 축전지에서 직류를 인버터부에 무순단으로 공급한다. 인버터부에 의해 무정전상태로 지정된 정전보상시간 동안 인버터의 자체발진으로 안정된 교류전력을 부하에 공급한다. 차단되었던 입력전원이 복전되면 축전지의 방전이 자동으로 멈추고 입력전원은 정류부를 거쳐 인버터부를 통해 무순단으로 부하에 안정된 양질의 전력을 공급하게 된다. 동시에 충전부는 방전된 축전지를 재충전하여 추후 정전에 대비한다.

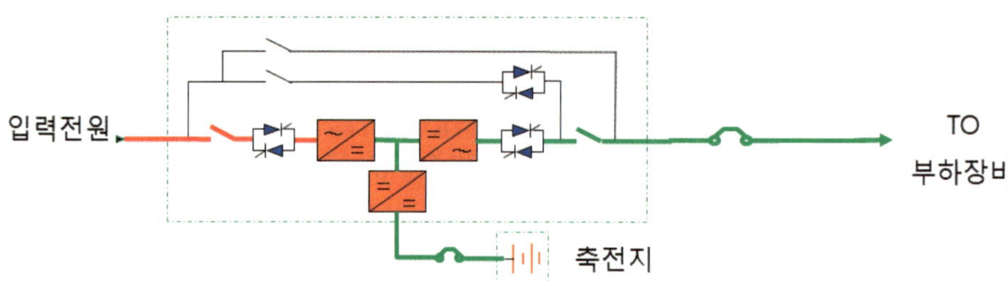

[그림 66] 정전 및 복전 모드 동작 상태

9.4.3 바이패스 모드(장비 고장시 운전)

바이패스 모드는 **[그림 67]**과 같이, 인버터부는 출력주파수 및 위상을 상용전원과 자동 동기화 시키는 방식으로서 장비의 고장 및 과부하로 인한 인버터부의 자동 셧다운시 상용전원과 동기화된 상태로 동기절체스위치를 통하여 상용전원으로 무순단 절체되어 부하에 전력을 공급한다.

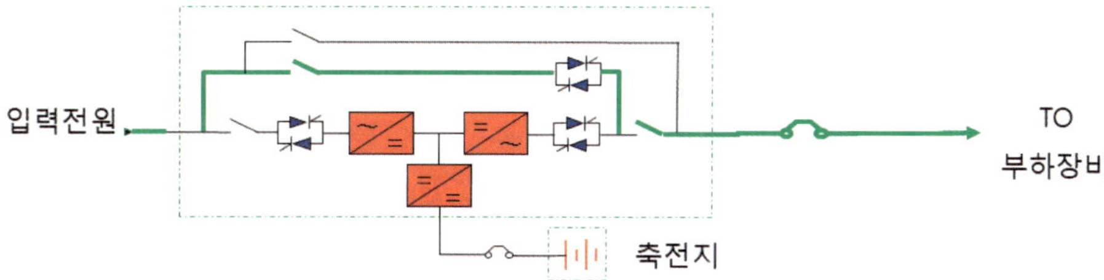

[그림 67] 바이패스 모드 동작 상태

9.5 UPS의 직렬 및 병렬 예비 시스템

UPS는 안정적인 운영을 위하여 단독으로 설치하지 않고 직렬 및 병렬로 구성하여 혹시 모를 고장에 대비한다. 이런 직렬 및 병렬 구성에는 다양한 방식이 존재하지만 직렬 예비 시스템, 병렬 예비 시스템, 이중화 시스템, 예비 설계 구조 시스템에 대해서 설명한다.

9.5.1 직렬 예비(Hot-Standby) 시스템 구성

직렬 예비 시스템은 서로 다른 제조사의 UPS를 직렬로 연결하여 UPS의 고장에 대비할 수 있는 장점이 있으나 UPS가 직렬로 연결되어 있어 효율이 낮고 신뢰성이 낮다는 단점이 있다. 직렬 예비 시스템은 **[그림 68]**과 같이, 정상 동작 시에는 메인 UPS가 100% 부하를 전담하여 전원을 공급하고 예비 UPS는 메인 UPS에 전원을 공급한다.

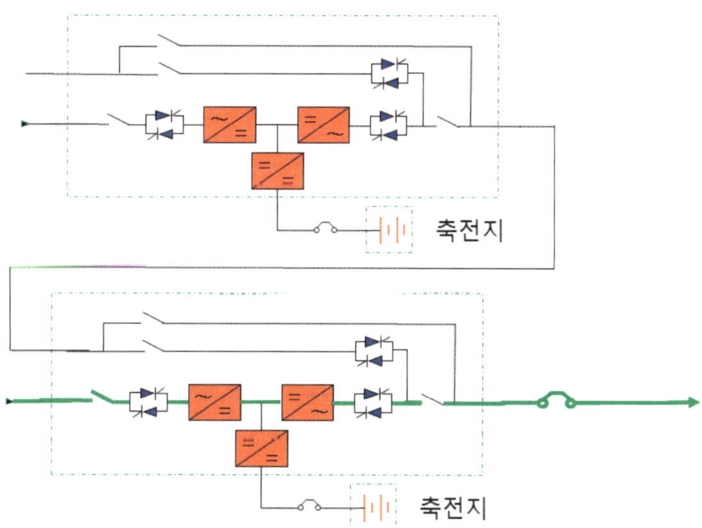

[그림 68] 직렬 예비 시스템의 정상 동작 상태

[그림 69]와 같이, 메인 UPS가 장애가 발생하면 메인 UPS는 바이패스 모드로 절체되고 예비 UPS가 100% 부하를 전담하여 전원을 공급한다.

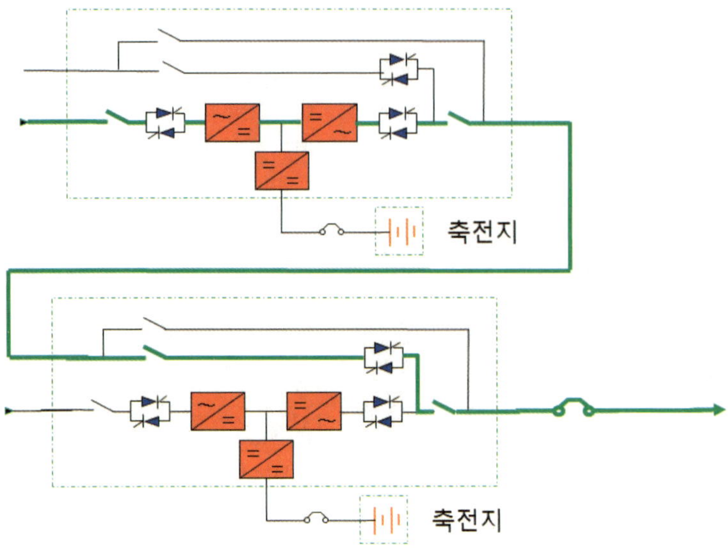

[그림 69] 메인 UPS 장애 시 동작 상태

[그림 70]과 같이, 메인 UPS와 예비 UPS 모두 장애가 발생하면 UPS는 모두 바이패스 모드로 절체되어 상용전원을 부하에 공급한다.

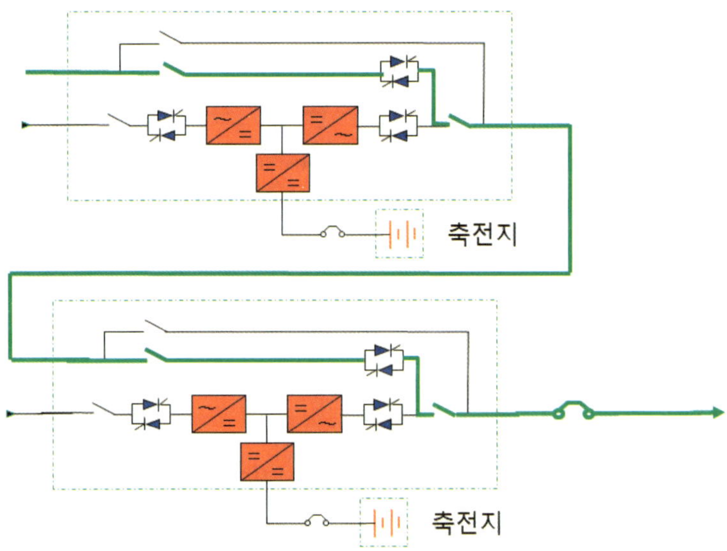

[그림 70] 메인 및 예비 UPS 장애 시 동작 상태

9.5.2 병렬 예비(Parallel Redundant) 시스템 구성

병렬 예비 시스템은 **[그림 71]**과 같이, 정상 동작 시에는 UPS 2대가 각각 50%씩 부하를 분담하여 전원을 공급한다. 병렬로 연결된 UPS가 3대면 각각 33%씩 부하를 분담하여 전원을 공급한다.

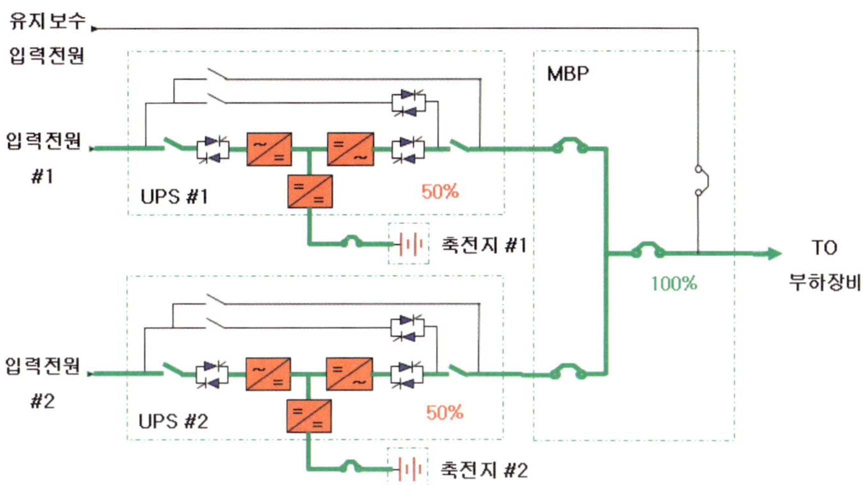

[그림 71] 병렬 예비 시스템의 정상 동작 상태

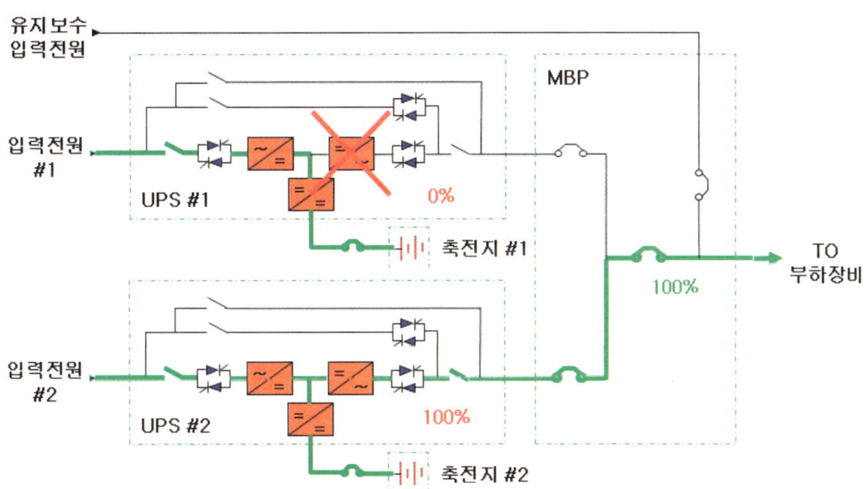

[그림 72] 병렬 예비 시스템의 UPS 장애시 동작 상태

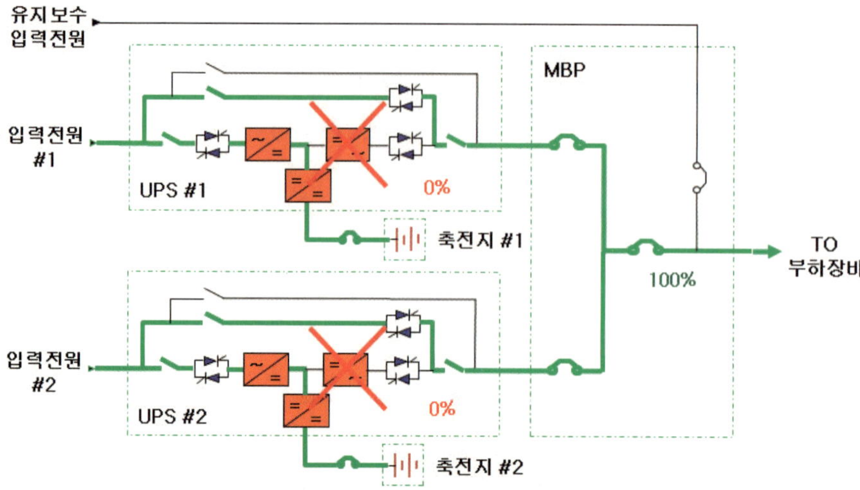

[그림 73] 병렬 예비 시스템의 바이패스 동작 상태

[그림 72]와 같이, 1대의 UPS에 장애가 발생되면 정상 동작하는 나머지 UPS가 100% 부하를 공급한다. [UPS 1 장애발생, UPS 2 정상 동작] UPS가 3대이면 장애가 발생하지 않은 2대의 UPS가 각각 50%씩 부하를 분담하여 전원을 공급한다. 추가로 여러 대의 UPS가 병렬로 연결되어 있으면 장애가 발생한 UPS를 제외한 나머지 UPS가 각각 같은 비율로 부하를 분담하여 전원을 공급한다.

[그림 73]과 같이, 2대의 UPS에 장애가 발생되면 Static Switch를 통하여 무순단으로 상용 전원으로 절체되어 부하장비에 연속적으로 전원이 공급된다. [UPS 1 & UPS 2 장애발생, Bypass 절체] 여러 대의 UPS가 병렬로 연결되어 있을 경우 장애가 발생한 UPS를 제외하고 나머지 UPS가 각각 부하를 분담하여 전원을 공급하지만 부하 분담률이 각각 100%를 넘으면 바이패스 모드로 절체되어 상용전원으로 부하에 전원을 공급한다.

9.5.3 이중화 시스템 구성

이중화 시스템은 **[그림 74]**와 같이, 입력전원을 별도로 구성하여 2개의 UPS에 각각 입력전원을 공급하고, 부하는 이중 입력부하의 경우 두 개의 전원을 연결시켜 놓으면 한쪽 전원의 이상 시 자동으로 다른 쪽 전원으로 공급되어 운전되지만 단일 입력부하의 경우, 전원을 1개밖에 받지 못하므로 STS(Static Transfer Switch)를 이용하여 두 개의 전원을 부하에 공급한다. 한 개의 UPS가 고장이 나거나 전원 이상으로 동작을 멈추면 STS는 자동으로 절체되어 고장이 나지 않은 UPS가 부하에 전원을 무순단으로 공급한다.

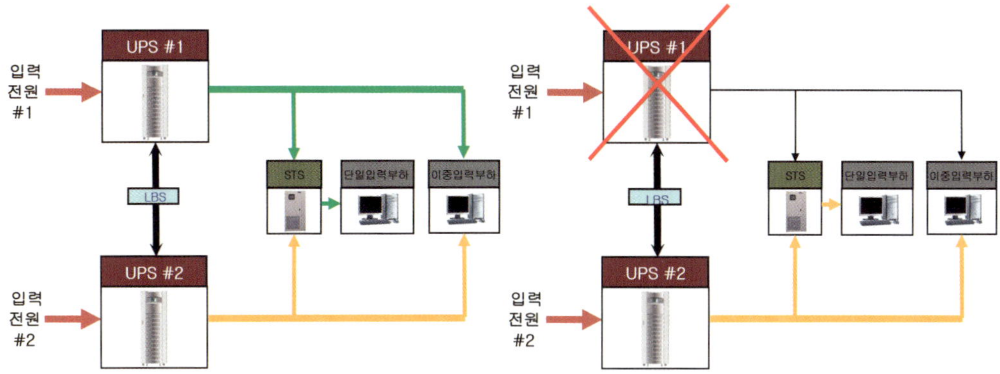

[그림 74] 이중화 시스템의 동작 상태

(1) STS(Static Transfer Switch)

STS는 **[그림 75]**와 같이, 2개의 각각 다른 전원(Source 1, Source 2)을 공급받아 그 중 지정된 한쪽의 전원(주전원)을 공급하며, 공급하던 전원의 이상 시에는 대기 중이던 다른 전원으로 무순단 절체시키는 기능을 한다.

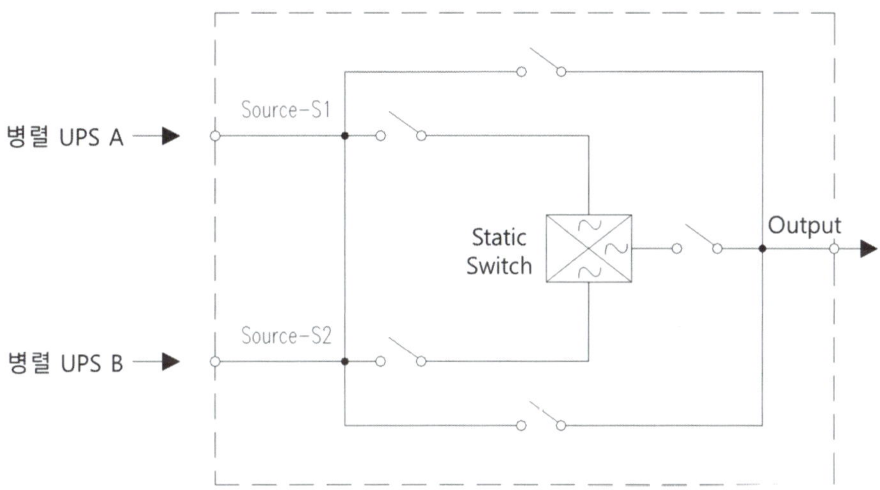

[그림 75] STS 개요도

(2) Fixed Priority Mode

두 공급전원 중 하나가 우선권을 가지며, 우선으로 선택된 공급전원이 잘못되거나 외부 명령이 있을 경우에는 절체가 이루어진다. 우선순위가 높은 전원이 정상으로 돌아오면 재 절체가 이루어진다.

(3) No Priority Mode

두 공급전원이 동일한 우선순위를 가지고 허용된 수치를 따라 마지막으로 따르게 된 공급전원부터 부하를 공급한다. 절체 전의 전원이 복구되어도 절체된 전원이 정상일 때는 재 절체가 이루어지지 않는다. **[그림 76]**과 같이, 그룹 A UPS 전원과 그룹 B UPS 전원을 입력으로 공급받아 Static Switch에서 양전원 중 선택(그룹 A)하여 출력에 전원을 공급하다가, 한쪽 그룹의 전원에 이상이 발생하면 Static Switch에서 정상적인 그룹 B UPS 전원으로 자동으로 절체되어 출력에 전원을 공급한다.

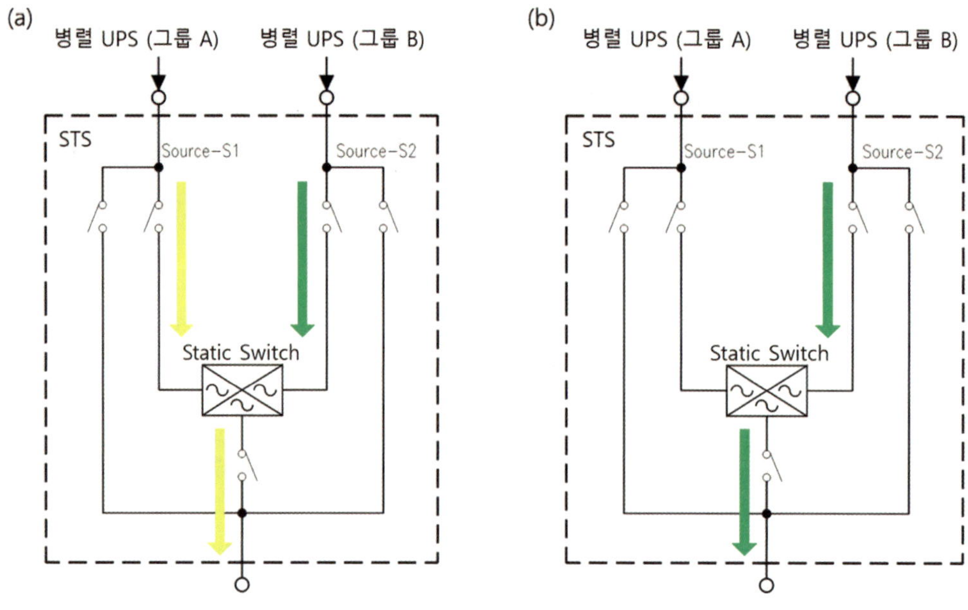

[그림 76] STS의 동작원리 : (a) 정상 운전상태, (b) 그룹 A 고장시

9.5.4 예비 설계 구조 시스템

이중화 시스템의 경우 **[그림 77(a)]**와 같이, 부하 분담률이 항상 50%로 동작하여 가용성이 낮은 단점이 있다. 이를 보완하기 위한 시스템으로 **[그림 77(b)]**와 같이, 예비 설계 구조(Catcher)로 설치하면 예비 설계 구조가 방식에 따라서 가용성을 높일 수 있다.

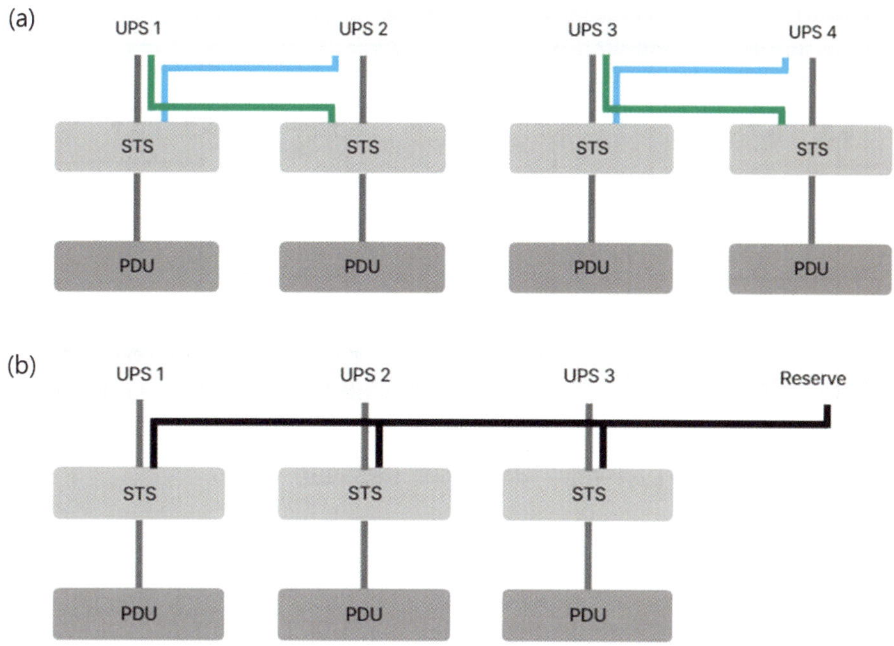

[그림 77] 예비 설계 구조 시스템 개요 : (a) 이중화 시스템, (b) 예비 설계 구조 시스템

9.6 UPS 최신 기술 동향

9.6.1 2-레벨 UPS 방식

2-레벨 방식의 UPS는 **[그림 78]**과 같이, 정류부는 2-레벨 PWM 컨버터, 인버터부는 2-레벨 하프-브릿지 인버터, 배터리 충·방전기부는 양방향 벅-부스트 컨버터 및 균등 회로부는 하프 브릿지 컨버터로 구성된다.

정류기는 입력전류를 입력전압과 동상으로 제어하면서, 직류단 전압을 일정하게 제어한다. **[그림 79]**는 입력전압 및 스위칭 소자의 내압을 나타낸 것으로 직류단 전압이 스위칭 소자에 인가되므로 사용되는 소자는 1,200 V급 IGBT 소사 사용하며, 최근 고속 스위칭 동작을 위하여 SiC 소자를 사용하기도 한다.

인버터는 직류단 전압을 교류 정현파로 변환하며 **[그림 80]**과 같이, 스위칭 소자에 직류단 전압만큼 인가되므로 1,200 V급 IGBT 소자를 사용한다.

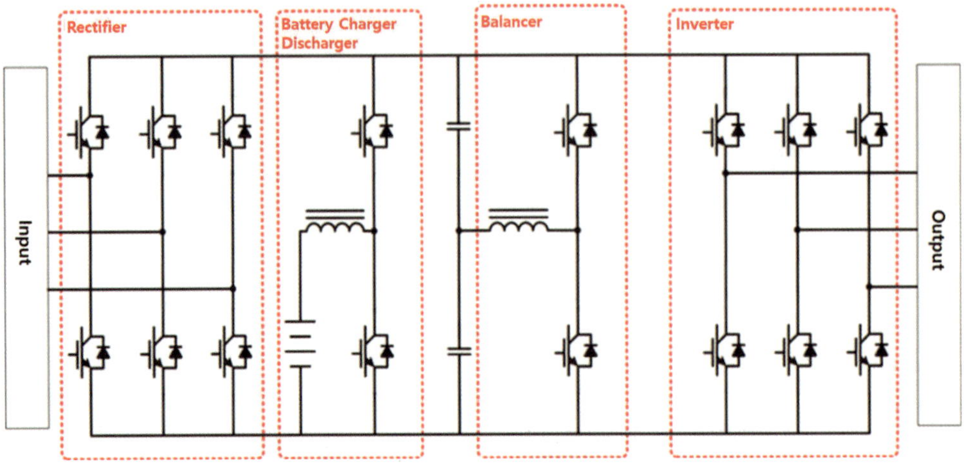

[그림 78] 2-레벨 방식의 UPS 회로 구성도

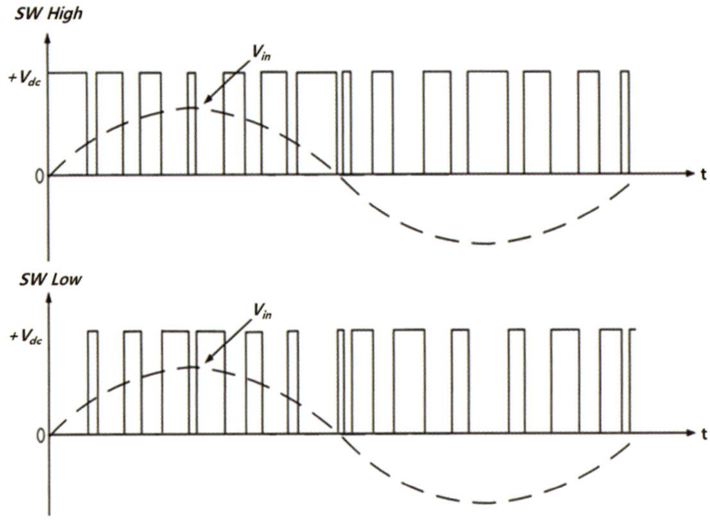

[그림 79] 2-레벨 방식의 UPS 입력전압 및 스위칭 소자 내압

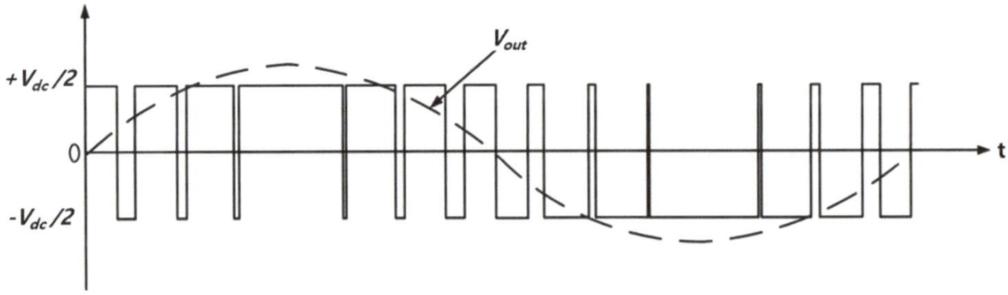

[그림 80] 2-레벨 방식의 UPS 출력 전압 및 스위칭 소자 내압

배터리 충·방전기는 IGBT로 구성되며 운전 모드에 따라 벅 컨버터와 부스트 컨버터로 동작하는 양방향 컨버터로 구성한다. **[그림 81]**과 같이, 정상 모드에서는 직류단 전원을 강압하여 배터리를 충전시키는 역할(벅 컨버터 동작)을 하고 배터리 모드에서는 배터리 전원을 승압하여 직류단에 전원을 공급하는 역할(부스트 컨버터 동작)을 한다.

균등 회로는 하프-브릿지로 구성하며, **[그림 82]**와 같이, 입력 컨버터 정지 시 상단 IGBT와 하단 IGBT의 듀티비를 조정하여 직류단의 (+)단 전압과 (−)단 전압을 균등하게 제어하는 역할을 한다.

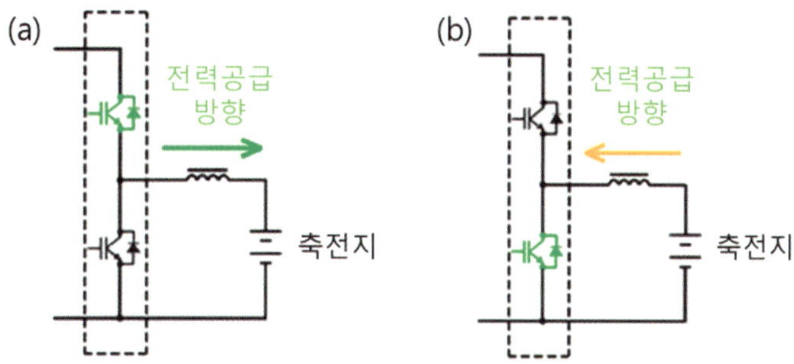

[그림 81] 배터리 충·방전기 동작 모드 : (a) Buck 동작 – 충전, (b) Boost 동작 – 방전

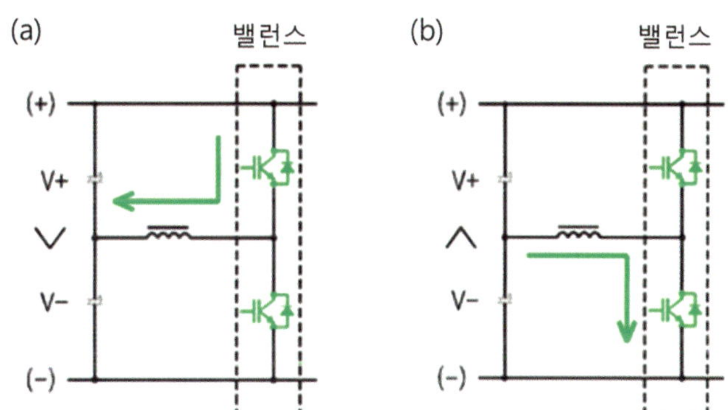

[그림 82] 균등 회로 동작 모드 : (a) V+ 전압이 V−전압보다 높은 경우, (b) V+ 전압이 V− 전압보다 낮을 경우

9.6.2 3-레벨 UPS 토폴로지

3-레벨 토폴로지 방식의 UPS는 **[그림 83]**과 같이, 정류기는 3-레벨 부스트 컨버터, 인버터는 TNPC(T-Type Neutral Point Clamp) 인버터, 배터리 충전기는 벅 컨버터로 구성된다.

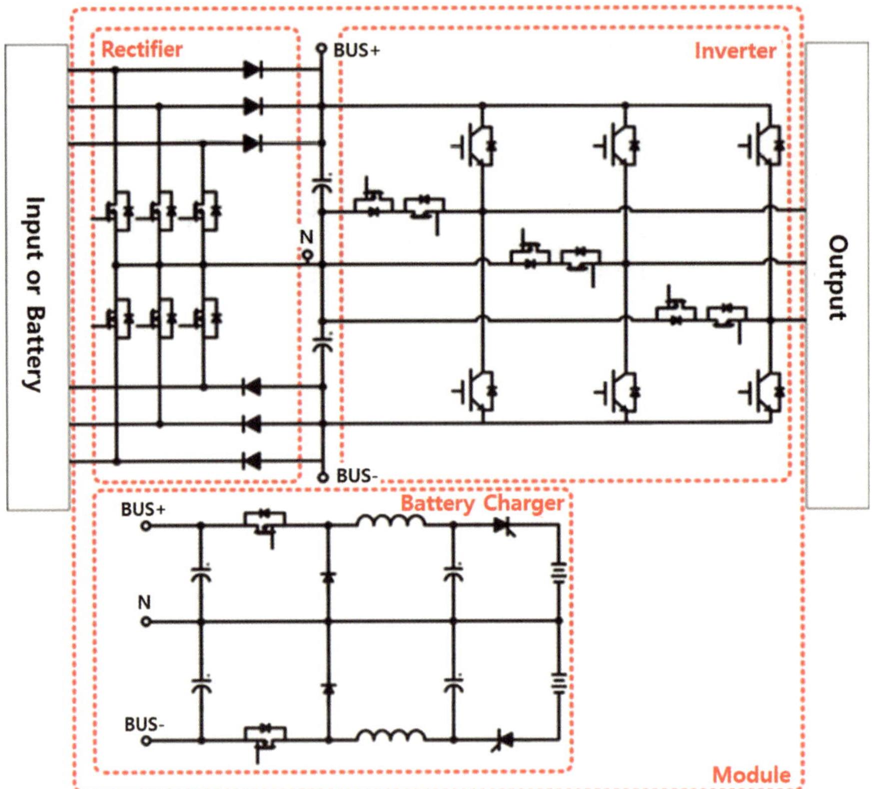

[그림 83] 3-레벨 방식의 UPS 회로 구성도

정류기는 **[그림 84]**와 같이, SCR, MOS-FET으로 구성되며, **[그림 85]**와 같이, 3-레벨로 동작하여 2-레벨 방식과는 다르게 스위칭 소자에 인가되는 전압이 직류단 전압의 1/2이다. 600 V급 MOS-FET 소자를 사용하여 스위칭 주파수를 높여 소음을 줄이고 효율을 상승시키며, 초기 충전회로로 SCR을 사용하여 돌입전류를 방지한다.

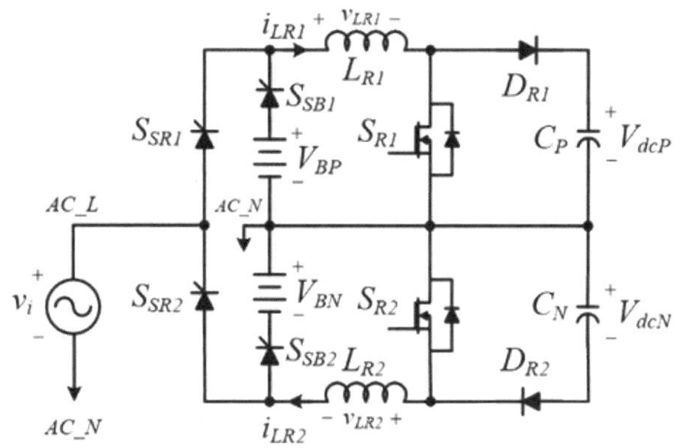

[그림 84] 정류기 구성도

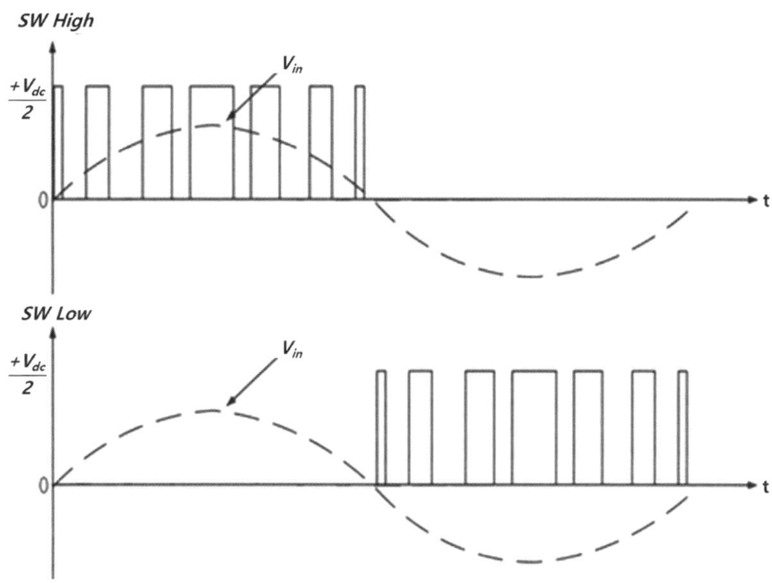

[그림 85] 정류기 입력 전압 및 스위칭 소자 내압

동작 모드는 **[그림 86]**과 같으며 정상 모드에서는 PFC로 동작하여 입력전류 및 직류단 전압을 제어하고 정전 모드에서는 직류단 전압을 일정하게 제어한다. 2-레벨 방식과는 다르게 윗단과 아랫단으로 각각 제어하므로 균등회로를 제거할 수 있다. 다만, 동일한 하드웨어라도 스위칭 소자와 구동 회로의 차이 또는 부하의 불평형으로 윗단과 아랫단에 불평형이 발생할 수 있어 윗단과 아랫단 전압의 차이를 0으로 만들어주는 평형 제어기를 제어 알고리즘에 추가하여 불평형을 방지한다.

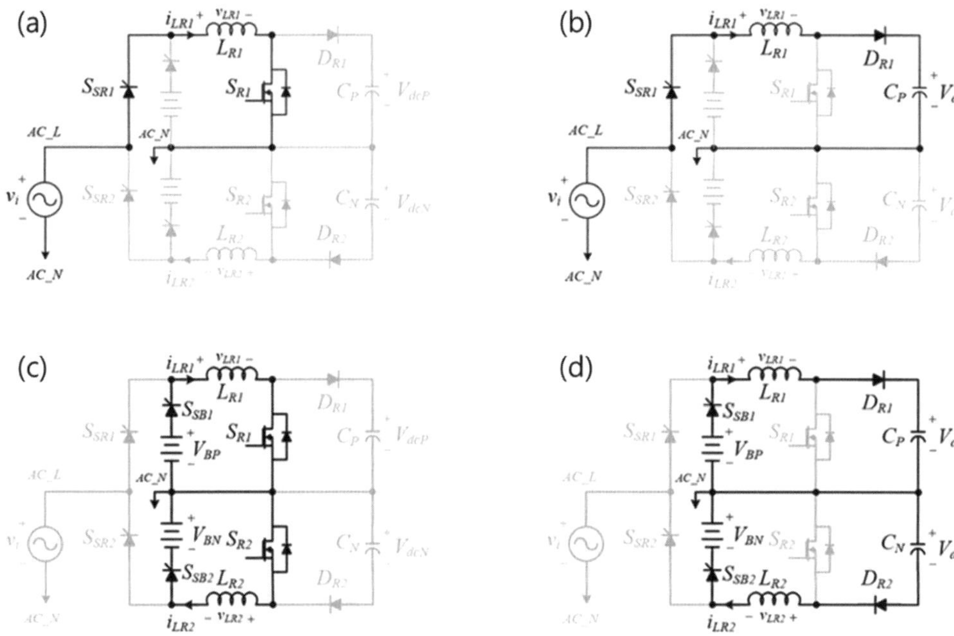

[그림 86] 정류기의 동작 모드 : (a) PFC 모드 P1 동작, (b) PFC 모드 P2 동작, (c) 부스터 컨버터 모드 B1, (d) 부스트 컨버터 모드 B2

인버터는 **[그림 87]**과 같이, 3-레벨 TNPC 인버터로 구성되며 직류단 전압을 정현파 교류 전압으로 변환한다. **[그림 88]**은 인버터 출력전압 및 인버터 폴 전압파형으로 직류단 스위칭 소자는 소자에 인가되는 전압이 직류단 전압이므로 1,200 V급 IGBT를 사용한다. 중성점 스위칭 소자는 직류단 전압의 1/2이 인가되므로 600 V급 IGBT를 사용하며, **[그림 89]**와 같이, 동작하여 직류전압을 교류전압으로 변환한다.

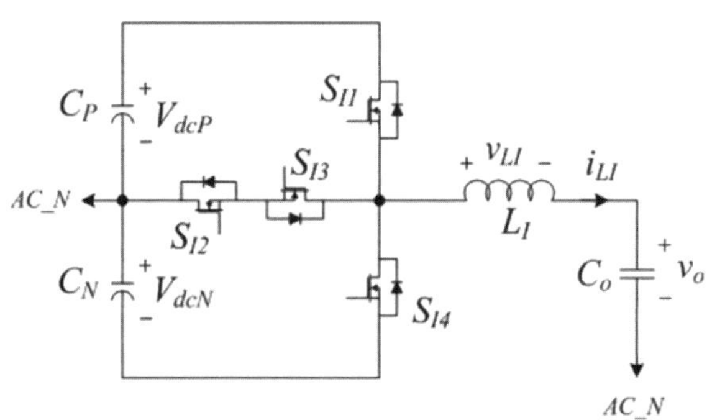

[그림 87] 3-레벨 TNPC 인버터 회로 구성도

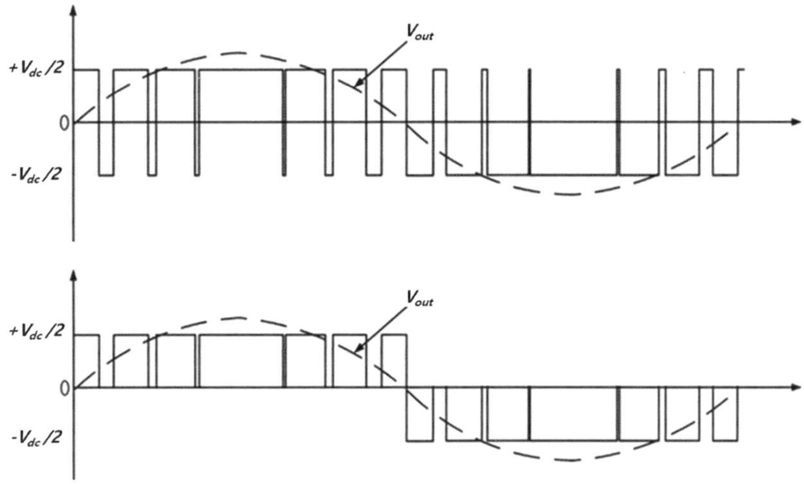

[그림 88] 출력 전압 및 인버터 폴 전압

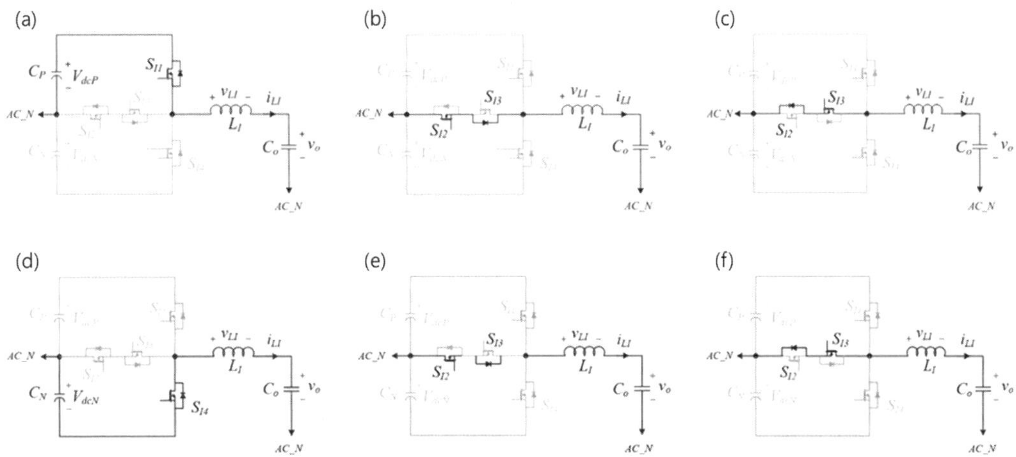

[그림 89] 인버터의 동작 모드 : (a) 인버터 모드 I1 동작, (b) 인버터 모드 I2-1, (c) 인버터 모드 I2-2, (d) 인버터 모드 I1 동작, (e) 인버터 모드 I2-1, (f) 인버터 모드 I2-2

9.6.3 반복 제어기

UPS는 일정한 전압 및 주파수로 제어하므로 제어 주파수의 배수차(120 Hz, 180 Hz, 240 Hz…)의 이득을 높여 고조파 성분을 제거하여 THD를 개선할 수 있는 반복 제어기를 사용하여 제어한다. **[그림 90]**은 반복 제어기를 사용하였을 경우와 사용하지 않았을 경우의 출력전압 및 전압 오차에 대한 파형으로 반복 제어기를 사용하면 전압 오차를 줄여 출력 전압 THD를 개선할 수 있다.

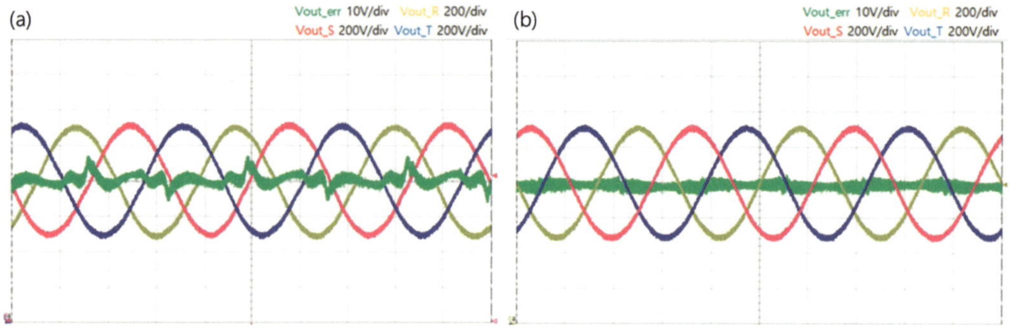

[그림 90] 반복제어기 실험 결과 : (a) 반복제어기 적용 전, (b) 반복제어기 적용 후

9.6.4 모듈형 UPS

최근 부하전력의 용량 확대에 맞춰 병렬 확장 기능을 통한 추가적인 용량 증설이 가능한 모듈형 UPS가 사용되고 있다. 모듈형 UPS는 부하의 다운타임 없이 추가적인 용량 증설 가능하고, 장비 수리 및 유지보수 시간을 단축할 수 있어 평균 수리시간(MTTR : Mean Time To Repair)이 일체형 UPS에 비해 빠른 장점이 있다. 또한, 부하 증설이 용이하므로 초기 설치 시 필요한 용량만 설치하고 부하 증가에 따라 필요한 용량만큼 모듈을 설치하여 용량을 증설하므로 자산비용(CAPEX)과 운용비용(OPEX)을 고려한 인프라 설비의 구축에 유리하다. **[그림 91]**은 50kW 모듈로 구성된 모듈형 UPS와 400 kW로 구성된 대용량의 모듈형 UPS를 보여준다.

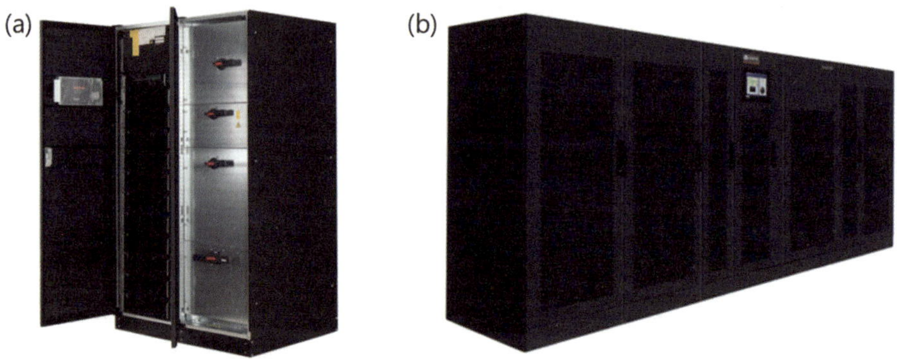

[그림 91] 모듈형 UPS : (a) 모듈형 UPS 외형도, (b) 대용량 모듈형 UPS 외형도

9.6.5 ESS(Energy Storage System) 기능

에너지 저장 장치(ESS : Energy Storage System)는 **[그림 92]**와 같이, 전기 에너지를 적시, 적소에 공급하도록 전기를 저장하는 장치로 전력이 가장 필요한 시기에 공급하여 에너지 효율을 상승시키는 장치이다. ESS는 발전, 송·배전, 수용가 등 단계별로 저장 가능하며, 전력품질 향상, FR(Frequency Regulation), 부하 평준화 등의 기능이 있다.

부하 평준화 기능은 전기요금이 저렴한 경부하 시(야간)에 배터리에 에너지를 저장하였다가 전기요금이 비싼 피크부하 시(주간), 전력부족 시에 미리 저장된 에너지를 사용하는 기능으로 발전소, 변전소의 전력 이용률을 향상시켜 투자비를 절감할 수 있고 수용가 입장에서는 전기요금을 절감할 수 있다.

UPS는 정전을 대비해서 설치하는 장치이다. 평상시에는 축전지를 사용하지 않으므로 ESS 기능을 추가하여 축전지의 사용률을 높일 수 있다. **[그림 93]**은 정상 모드, 정전 모드, ESS 모드로 동작할 경우의 흐름도로 정상 모드에서는 부하에 전력을 공급하면서 축전지를 충전하고, 정전 모드에서는 저장된 에너지를 이용하여 부하에 전력을 공급한다. ESS 모드는 부하량과 축전지의 방전량을 비교하여 방전량이 부하보다 적을 경우에는 부하에 전력을 공급하고 부족한 전력은 상용전원에 공급하는 ESS 모드 1과 축전지의 방전량이 부하량보다 클 경우에는 부하에 전력을 공급하고 나머지 전력을 입력단으로 회생하여 일반 부하에 전력을 공급하는 ESS 모드 2가 있다.

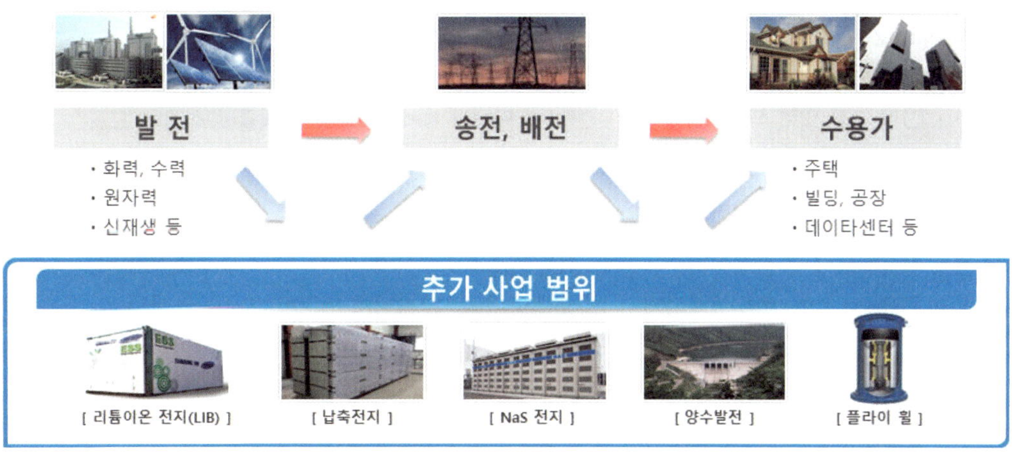

[그림 92] ESS의 개요

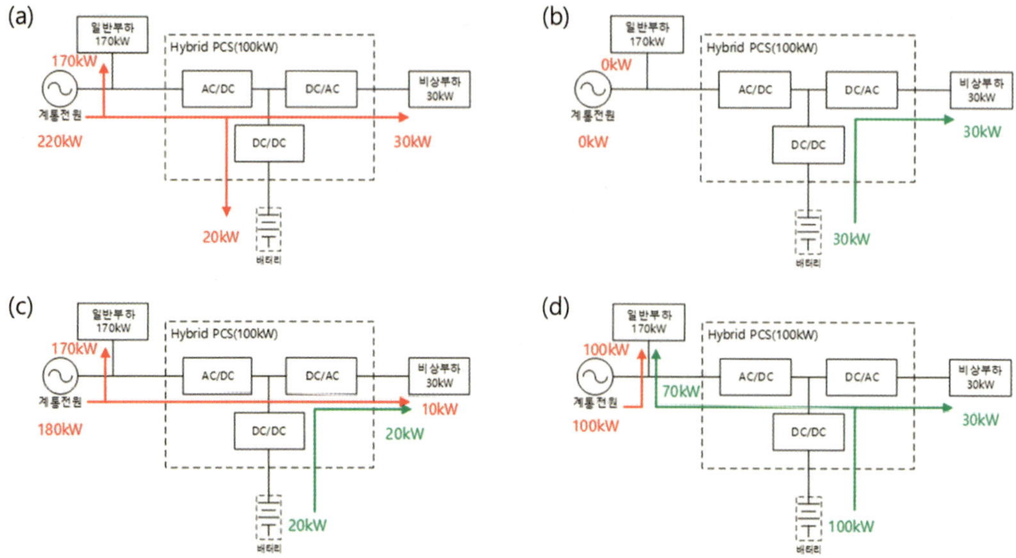

[그림 93] ESS 동작 모드 : (a) 정상 모드, (b) 정전 모드, (c) ESS 모드-1, (d) ESS 모드-2

9.6.6 입력 무효전력 조정 기능

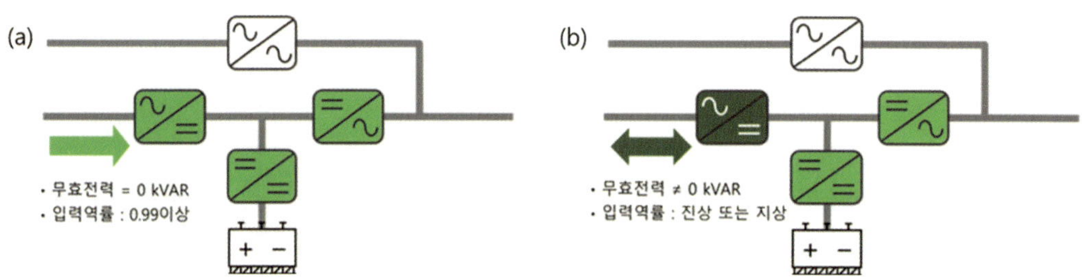

[그림 94] 입력 무효전력 조정 모드 : (a) 평상시 UPS 모드, (b) 역률 보상장치 모드

일반적으로 UPS는 **[그림 94(a)]**와 같이, 입력전압과 입력전류를 동상으로 제어하여 입력 역률이 '1'이 되도록 조정하고 무효전력이 발생하지 않도록 한다. **[그림 94(b)]**와 같이, 입력 역률을 조정할 경우 UPS에서 진상 또는 지상 전력을 발생하도록 설정하여 건물 전체 역률이 1에 가까워지도록 동작할 수 있어 전기요금을 저감할 수 있다.

▎PART 2 참고문헌 ▎

1. AHRI, 2017, AHRI Standard 1361:2017, Performance Rating of Computer and Data Processing Room Air Conditioners, Air-Conditioning, Heating and Refrigeration Institute.
2. Almoli, A., A. Thompson, N. Kapur, J. Summers, H. Thompson, G. Hannah, 2012, Computational fluid dynamic investigation of liquid rack cooling in data centres. Applied Energy, 89(1).
3. Avelar, V., D. Azevedo, A. French, 2012, PUE : a comprehensive examination of the metric, The green grid : white paper #49.
4. ASHRAE, 2004, Thermal Guidelines for Data Processing Environments (First Edition), American Society of Heating, Refrigerating and Air-Conditioning Engineers Inc., Atlanta.
5. ASHRAE, 2005, Datacom equipment power trends and cooling applications (First Edition), American Society of Heating, Refrigerating and Air-Conditioning Engineers Inc., Atlanta.
6. ASHRAE, 2005, Design considerations for datacom equipment centers (First Edition), American Society of Heating, Refrigerating and Air-Conditioning Engineers Inc., Atlanta.
7. ASHRAE, 2008, Thermal Guidelines for Data Processing Environments (Second Edition), American Society of Heating, Refrigerating and Air-Conditioning Engineers Inc., Atlanta.
8. ASHRAE, 2008, High Density Data Centers; Case Studies and Best Practices, American Society of Heating, Refrigerating and Air-Conditioning Engineers Inc., Atlanta.
9. ASHRAE, 2009, Best Practices for Datacom Facility Energy Efficiency (Second Edition), American Society of Heating, Refrigerating and Air-Conditioning Engineers Inc., Atlanta.
10. ASHRAE, 2009, Particulate and Gaseous Contamination in Datacom Environments, American Society of Heating, Refrigerating and Air-Conditioning Engineers Inc., Atlanta.
11. ASHRAE, 2011, Green Tips for Data Centers, American Society of Heating, Refrigerating and Air-Conditioning Engineers Inc., Atlanta.
12. ASHRAE, 2012, ANSI/ASHRAE Standard 127-2012; Method of Testing for Rating Computer and Data Processing Room Unitary Air Conditioners, American Society of Heating, Refrigerating and Air-Conditioning Engineers Inc., Atlanta.
13. ASHRAE, 2012, Thermal Guidelines for Data Processing Environments (Third Edition), American Society of Heating, Refrigerating and Air-Conditioning Engineers Inc., Atlanta.
14. ASHRAE, 2012, Datacom equipment power trends and cooling applications (Second Edition), American Society of Heating, Refrigerating and Air-Conditioning Engineers Inc., Atlanta.
15. ASHRAE, 2015, Thermal Guidelines for Data Processing Environments (Fourth Edition), American Society of Heating, Refrigerating and Air-Conditioning Engineers Inc., Atlanta.
16. ASHRAE, 2019, ANSI/ASHRAE/IES Standard 90.1-2019 : Energy Efficiency Standard for Buildings Except Low-Rise Residential Buildings, American Society of Heating, Refrigerating and Air-Conditioning Engineers Inc., Atlanta.
17. ASHRAE, 2021, Thermal Guidelines for Data Processing Environments (Fifth Edition), American Society of Heating, Refrigerating and Air-Conditioning Engineers Inc., Peachtree Corners.

18. Atwood, D., J.G. Miner, 2008, Reducing data center cost with an air economizer, IT@Intel Brief, Intel Information Technology Computer Manufacturing Energy Efficiency.
19. Bash, C.E., C.D. Patel, R.K. Sharma, 2003, Efficient thermal management of data centers. Immediate and long-term research needs, International Journal for HVAC&R Research, 9(2).
20. Barnett, T., S. Jain, A. Sumits, U. Andra, T. Khurana, 2016, Cisco Global Cloud Index 2015-2020, Cisco Knowledge Network (CKN) Session.
21. Beaty, D.L., 2013, Internal IT load profile variability, ASHRAE Journal, 55(2).
22. Beitelmal, A., C. Patel, 2007, Thermo-fluids provisioning of a high performance high density data center, Distributed and Parallel Databases : High Density Data Centers 21(2/3).
23. Belady, C., A. Rawson, J. Pfleuger, T. Cader, 2008, Green Grid datacenter power efficiency metrics : PUE and DCiE, White Paper #6, The Green Grid.
24. Belady, C, C. Malone, 2006, Data center power projections to 2014. Proceedings of the tenth intersociety conference on thermal and thermomechanical phenomena in electronics systems.
25. Bhopte, S., D. Agonafer, R. Schmidt, B. Sammakia, 2006, Optimization of data center room layout to minimize rack inlet air temperature, Transactions : American Society of Mechanical Engineers Journal of Electronic Packaging, 128(4).
26. Choo, K., R.M. Galante, M.M. Ohadi, 2014, Energy consumption analysis of a mediumsize primary data center in an academic campus, Energy and Buildings, 76(6).
27. David, M.P., M. Iyengar, P. Parida, R. Simons, M. Schultz, M. Gaynes, R. Schmidt, T. Chainer, 2012, Experimental characterization of an energy efficient chiller-less data center test facility with warm water cooled servers, 28th IEEE Semi-therm Symposium.
28. Depoorter, V., E. Oro, J. Salom, 2015, The location as an energy efficiency and renewable energy supply measure for data centres in Europe, Applied Energy, 140.
29. DOE, 2021, Status of State Energy Code Adoption; Commercial, U.S. Department of Energy.
30. Dunlap, K., N. Rasmussen, 2012, Choosing between room, row, and rack-based cooling for data centers, APC white paper 130 rev02, Schneider Electric-Data Center Science Center.
31. Durand-Estebe, B., C. Le Bot, J.N. Mancos, E. Arquis, 2014, Simulation of a temperature adaptive control strategy for an IWSE economizer in a data center, Applied Energy, 134.
32. Emerson Network Power, 2007, Energy efficient cooling solutions for data centers; introducing an Emerson Network Power tool for evaluating cooling system total cost of ownership, A White Paper from the Experts in Business-Critical Continuity.
33. Emerson Network Power, 2008, Energy logic : Reducing Data Center Energy Consumption by Creating Savings that Cascade Across Systems, A White Paper from the Experts in Business-Critical Continuity.
34. Emerson Network Power, 2010, Economizer fundamentals : smart approaches to energy-efficient free-cooling for data centers, A White Paper from the Experts in Business-Critical Continuity.
35. Energy Efficiency & Renewable Energy (EERE), 2011, Economizer-based Data Center Liquid Cooling with Advanced Metal Interfaces, U.S. Department of Energy.

36. Evans, T., 2004, The different types of air conditioning equipment for IT environments, APC White Paper #59.

37. Garday, D., 2009, Reducing data center energy consumption with wet side economizers, Intel Information Technology White Paper.

38. Garimella Suresh V., T. Persoons, J. Weibel, L-T. Yeh, 2013, Technological drivers in data centers and telecom systems : Multi scale thermal electrical and energy management, Applied Energy, 107.

39. Gartner Research, 2018, Forecast : Data Centers, Worldwide, 2015-2022, 2018 Update.

40. Google, 2009, Insights into Google's PUE Results, Efficient Data Center Summit.

41. Green Grid, 2010, Recommendations for Measuring and Reporting Overall Data Center Efficiency, Version 1-Measuring PUE at Dedicated Data Centers.

42. Greenberg, S., E. Mills, B. Tschudi, P. Rumsey, B. Myatt, 2006, Best practices for data centers : lessons learned from benchmarking 22 data centers, Proceedings of the ACEEE Summer Study on Energy Efficiency in Buildings.

43. Haas, J., J. Froedge, 2009, Usage and public reporting guidelines for the green grid's infrastructure metrics (PUE/DCiE), White Paper #22, The Green Grid.

44. Ham, S., M. Kim, B. Choi, J. Jeong, 2015, Energy saving potential of various air-side economizers in a modular data center, Applied Energy, 138.

45. Hannaford, P., 2005, Ten steps to solving cooling problems caused by high-density server deployment, Telecommunications Conference, INTELEC '05.

46. Herrlin, M.K., 2005, Rack cooling effectiveness in data centers and telecom central offices : the rack cooling index (RCI), ASHRAE Transactions, 111(2).

47. Herrlin, M.K., 2006, A new tool for evaluating and designing the thermal environment in telecom central offices, Proceedings of Telecommunications Energy Conference.

48. Herrlin, M.K., 2007, Improved data center energy efficiency and thermal performance by advanced airflow analysis, Proceedings of Digital Power Forum.

49. Herrlin, M.K., 2008, Airflow and cooling performance of data centers : two performance metrics, ASHRAE Transactions, 114(2).

50. Heydary, A., P. Sabounchi, 2004, Refrigeration assisted spot cooling of a high heat density data center, Inter Society Conference on Thermal Phenomena.

51. Hwang, H., 2018, Global Data Center Industry Trends, ICT & Media Policy of KISDI, 30(20).

52. Integral Group, 2013, Energy Efficiency Baselines for Data Centers : Statewide Customized New Construction and Customized Retrofit Incentive Programs, Integral Group, Oakland.

53. Kant, K., 2009, Data center evolution : a tutorial on state of the art, issues, and challenges, Computer Networks, 53(17).

54. Karki, K.C., S.V. Patankar, A. Radmehr, 2003, Techniques for controlling airflow distribution in raised-floor data centers, Proceedings of IPACK03, The Pacific Rim/ASME International Electronic Packaging Technical Conference and Exhibition.

55. Karki, K.C., S.V. Patankar, 2006, Airflow distribution through perforated tiles in raised floor data centers, Building and Environment, 41(6).

56. KARSE, 2014, SPS-KARSE B 0001-164:2014; Testing Methods for Constant Temperature and Humidity Air Conditioner, Korean Association of Air Conditioning Refrigeration and Sanitary Engineers.

57. Koomey, J.G., 2007, Estimating Total Power Consumption by Servers in the U.S. and the World, Lawrence Berkeley National Laboratory.

58. Koomey, J.G., 2008, Worldwide electricity used in data centers, Environmental Research Letters, 3(3).

59. Koomey, J.G. 2011, Growth in data center electricity use 2005-2010, Analytics Press.

60. KSA, 2018, KS B ISO 5151:2018; Non-ducted air conditioners and heat pumps – Testing and rating for performance, Korean Standards Association.

61. KSA, 2017, KS C 9306:2017; Air conditioners – Testing and rating for performance, Korean Standards Association.

62. Kurkjian, C., J. Glass, 2007, Meeting the needs of 24/7 data centers, ASHRAE Journal, 49(2).

63. Kurkjian, C., J. Glass, G. Routsen, 2007, Efficiency plus reliability, ASHRAE Journal, 49(12).

64. Lee, K., H. Chen, 2013, Analysis of energy saving potential of air-side free cooling for data centers in worldwide climate zones, Energy and Buildings, 64(9).

65. Linter, W., B. Tschudi, O. VanGeet, 2011, Best practices guide for energy-efficient data center design, US Depart Energy Efficiency Renew Energy.

66. Lu, T., X. Lü, M. Remes, M. Viljanen, 2011, Investigation of air management and energy performance in a data center in Finland : case study, Energy and Buildings, 43(12).

67. Masanet, E., A. Shehabi, N. Lei, S. Smith, J. Koomey, 2020, Recalibrating global data center energy-use estimates, Science, 367(6481).

68. Mingay, S., 2007, Green IT : the new industry shockwave, Gartner RAS Core Research Note G00153703.

69. Nah, Y., H. Mok, 2011, Standardization trends and certification strategy of green IDC for green computing, Telecommunications Review, 21(3).

70. NRDC, 2014, Data center efficiency assessment/scaling up energy efficiency across the data center industry : evaluating key drivers and barriers, Natural Resources Defense Council, New York.

71. OSHA, 2017, OSHA Technical Manual (OTM) SECTION III : Health Hazards, Occupational Safety and Health Administration.

72. Park, J., 2011, Open compute project : data center V1.0, Facebook.

73. Patel, C.D., C.E. Bash, C. Belady, 2001, Compute fluid modeling of high compute density data center to assure system inlet air specifications, Proceedings of IPACK 01, The Pacific Rim/ASME International Electronic Packaging Technical Conference and Exhibition.

74. Patel, C., R. Sharma, C. Bash, A. Beitelmal, 2002, Thermal considerations in cooling large scale high computer density data centers, Proceedings of ITHERM 2002 the Eighth Intersociety Conference on Thermal and Thermomechanical Phenomena in Electronic Systems.
75. Patterson, M.K., R. Steinbresher, S. Montgomery, 2005, Comparing data center & computer thermal design, ASHRAE Journal, 47(4).
76. Patterson, M.K., 2008, The effect of data centre temperature on energy efficiency, Proceedings of thermal and thermomechanical phenomena in electronic systems.
77. Pelley, S., D. Meisner, T. Wenisch, J. VanGilder, 2009, Understanding and abstracting total data center power, Proceedings of the 2009 Workshop on Energy Efficient Design (WEED).
78. Quirk, D., 2011, Navigating ASHRAE Standard 90.1-2010 requirements for economizers in datacom, ASHRAE Transactions, 117(2).
79. Quirk, D., 2022, Standards 90.1 and 90.4; Meeting Data Center Energy Compliance, ASHRAE Journal, 64(1).
80. Quirk, D., T. Davidson, R. Schmidt, 2022, ASHRAE's Data Center Thermal Guidelines; Air-Cooled Evolution, ASHRAE Journal, 64(5).
81. Quirk, D., V. Sorell, 2010, Economizers in datacom; risk mission vs. reward environment? ASHRAE Transactions, 116(2)
82. Rake, R., S. Baul, 2018, Data Center Cooling Market Outlook : 2025, Allied Market Research.
83. Rasmussen, N., 2003, Re-examining suitability of raised floor for data center applications, APC White Paper #19.
84. Rasmussen, N., 2003, Air distribution architecture options for mission critical facilities, APC White Paper #55.
85. Rasmussen, N., 2011, Guidelines for specification of data center power density, APC White Paper #120.
86. Schmidt, R., C. Belady, A. Classen, T. Davidson, et al., 2004, Evolution of data center environmental guidelines, ASHRAE Transactions, 110(1).
87. Schmidt, R., D. Beaty, J. Dietrich, 2007, Increasing energy efficiency in data centers, ASHRAE Journal, 49(12).
88. Scofield, C.M., T.S. Weaver, 2008, Data center cooling using wet-bulb economizer, ASHRAE Journal, 50(8).
89. Seem, J.E., J.M. House, 2010, Development and evaluation of optimization-based air economizer strategies, Applied Energy, 87(3).
90. Sharma, R., C. Bash, C. Patel, 2002, Dimensionless Parameter for Evaluation of Thermal Design and Performance of Large-scale Data Centers, American Institute of Aeronautics and Astronautics.
91. Shehabi, A., E. Masanet, H. Price, A. Horvath, W. Nazaroff William, 2011, Data center design and location : consequences for electricity use and greenhouse-gas emissions, Building and Environment, 46.

92. Siriwardana, J., S. Jayasekara, S.K. Halgamuge, 2013, Potential of air-side economizers for data center cooling : a case study for key Australian cities, Applied Energy, 104.
93. Sorell, V., 2007, OA economizers for data centers, ASHRAE Journal, 49(12).
94. Sorell, V., J. Sloan, 2015, The need for energy modeling software for data centers, 2015 ASHRAE winter conference.
95. Spitaels, J., 2011, Dynamic power variations in data centers and network rooms, Schneider-Electric White Paper 43.
96. Strutt, S., C. Kelley, H. Singh, V. Smith, 2012, Data center efficiency and IT equipment reliability at wider operating temperature and humidity ranges, The green grid : white paper #50.
97. Sun, H.S., S.E. Lee, 2006, Case study of data centers' energy performance, Energy and Buildings, 38(5).
98. Sun, K., N. Luo, X. Luo, T. Hong, 2021, Prototype energy models for data centers, Energy and Buildings, 231.
99. Taras, M.F. 2005, Is economizer cycle justified for AC applications, ASHRAE Journal, 47(7).
100. Telcordia (M.K. Herrlin), 2001, Generic Requirements NEBS GR-3028-CORE, Thermal Management in Telecommunications Central Offices, Telcordia Technologies.
101. Telcordia, 2002, Generic Requirements NEBS GR-63-CORE, NEBS Requirements : Physical Protection, Telcordia Technologies.
102. Todorovic, M.S., J. Kim, 2014, Data centre's energy efficiency optimization and greening; case study methodology and R&D needs, Energy and Buildings, 85.
103. Tschudi, W., S. Fok, 2007, Best practices for energy-efficient data centers identified through case studies and demonstration projects, ASHRAE Transactions, 113(1).
104. Turner, W.P., H.S. John, G.B. Kenneth, 2008, Industry standard tier classifications define site infrastructure performance, Uptime Institute White Paper.
105. U.S. Department of Energy, 2009, U.S. Data Centers Save Energy Now, Industrial Technologies Program, DOE-Energy Efficiency and Renewable Energy.
106. U.S. Environmental Protection Agency, 2007, Report to Congress on Server and Data Center Energy Efficiency Public Law.
107. U.S. Environmental Protection Agency, 2010, Energy Star for data centers.
108. VanGilder, J.W., S.K. Shrivastava, 2007, Capture index : an airflow-based rack cooling performance metric, ASHRAE Transactions, 113(1).
109. Wan, F., D. Swenson, M. Hillstrom, D. Pommerenke, C. Stayer, 2014, The effect of humidity on static electricity induced reliability issues of ICT equipment in data center-motivation and setup of the study, ASHRAE Transactions, 119(2).
110. Zhang, J., R. Zhang, R. Schmidt, J. Gilbert, B. Guo, 2019, Impact of Gaseous Contamination and High Humidity on the Reliable Operation of Information Technology Equipment in Data Centers, ASHRAE Research Project RP-1755.

PART

3

데이터센터 인프라설비 효율화

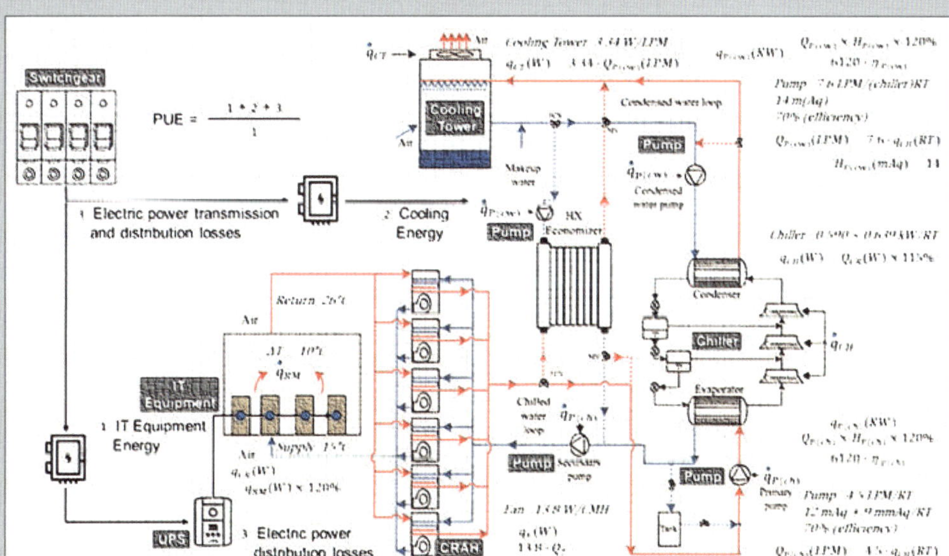

10. 데이터센터의 에너지 효율

10.1 데이터센터 에너지 소비

[그림 95]에서 보듯이, 데이터센터는 일반건물 대비 약 40~100배 이상의 에너지를 사용하는 에너지 고밀도 다소비 건물 유형에 해당된다. 2019년 기준 국내 158개 데이터센터가 운영 중이고, 2015년 데이터센터에서 사용한 총 전력량은 약 26.5억 kWh로 산업용 전력 소비량 (2,735억 kWh)의 1%에 해당하며 국내 원전 1기 전력생산량의 약 40%를 차지한다.

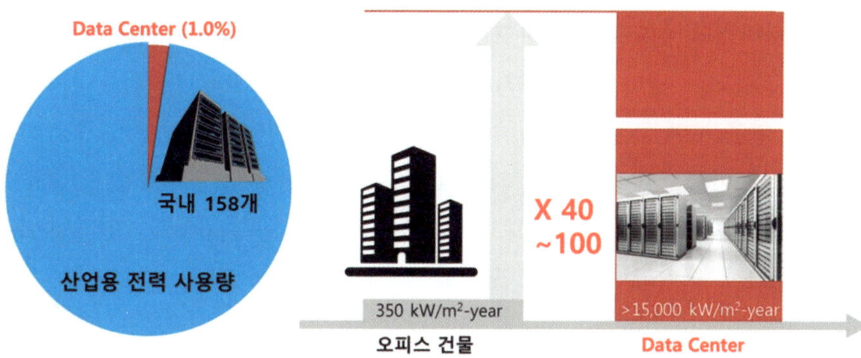

[그림 95] 데이터센터의 에너지 소비 개념

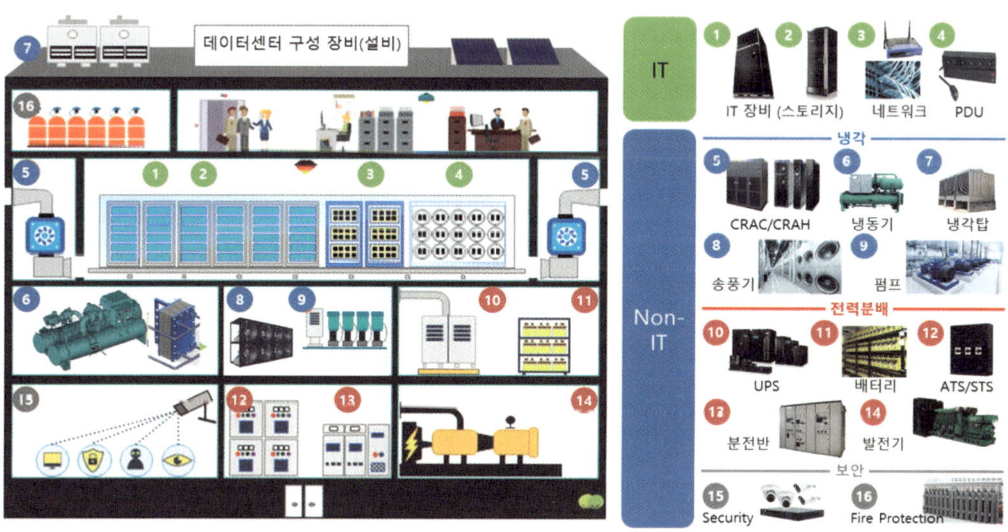

[그림 96] 데이터센터의 주요 구성장비

[그림 96]과 같이, 데이터센터 구성 인프라설비는 크게 IT부문과 Non-IT부문으로 구분된다. IT부문은 데이터센터의 종류에 따라서 구성장비에 차이는 있다. 그러나 기본적으로 IT장비인 서버와 네트워크 장비 및 말단 전력분배기로 구성된다. Non-IT부문은 IT장비의 운영환경을 유지하는 목적으로 구성된다. 대표적으로 냉각 시스템과 전력분배 시스템이 핵심 설비이고 안전성 유지를 위한 보안 및 소방설비가 부가적으로 구성된다. 전력량은 IT부하 용량에 절대적으로 비례하지만 냉각설비는 시스템의 종류와 구성에 따라서 다른 양상을 보이고 있다

10.1.1 글로벌 데이터센터 에너지 소비

컴퓨팅 인스턴스가 에너지 효율적인 새로운 형태의 데이터센터로의 변화를 유도하고 있다. 즉, IT 서비스의 수요는 증가하고 있지만 에너지 효율성을 보장할 수 있는 형태의 데이터센터로 전환되고 있다. **[그림 97]**은 2010년 대비 2018년 데이터센터의 상대적인 에너지 소비 경향을 보여준다. 앞에서 언급한 바와 같이, 서비스의 수요는 증가하는 경향을 보이지만 이에 비례하지 않고 에너지 효율은 향상되는 것을 볼 수 있다. 글로벌 데이터센터와 서비스 수요측면에서 워크로드 및 컴퓨팅 수요량은 6.5배, 인터넷 프로토콜(IP) 트래픽이 11배 그리고 스토리지 용량은 25배가 증가하였다.

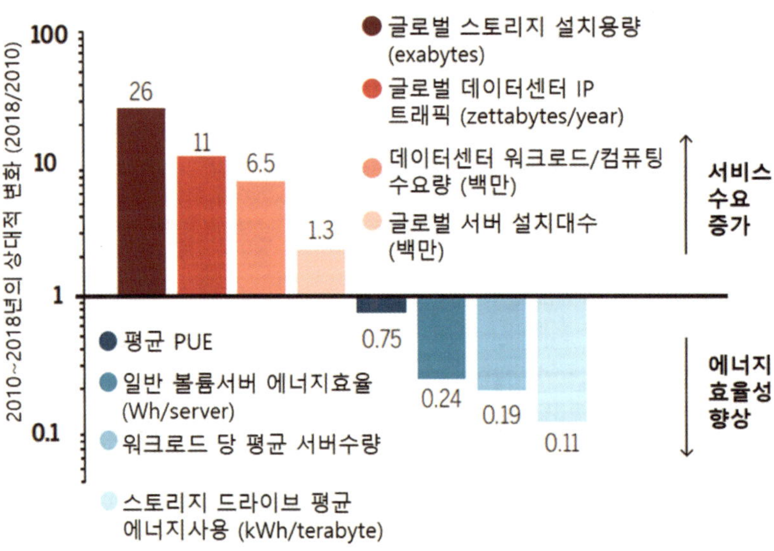

[그림 97] 글로벌 데이터센터의 에너지 사용 경향 (2018년 기준)

하드웨어적으로 이러한 수요의 증가는 이에 비례하여 에너지 소비 증가를 수반하지만 에너지 효율 향상으로 데이터센터의 주요 장비인 볼륨서버의 전력 사용량은 4배(주로 프로세서 효율성 향상 및 유휴 전력 감소), 스토리지 전력은 9배(드라이브 밀도와 효율성 향상) 감소하였고 가상화로 인한 서버당 호스팅되는 컴퓨팅 인스턴스는 5배 증가하는 등 데이터센터 에너지 효율 지표(PUE : Power Usage Effectiveness)도 지속적으로 25% 감소하였다.

[그림 98]의 세부 내용을 보면, 2018년 에너지 소비는 205 TWh로 전 세계 전력소비량 약 1%까지 증가했고 2010년 대비 6% 증가한 반면 글로벌 데이터센터 컴퓨팅 수요는 동일기간 550% 증가하였다. IT부문(서버, 스토리지 및 네트워크)의 에너지 소비는 약 92 TWh에서 130 TWh로 증가했지만 Non-IT부문(냉각 및 전력분배)의 에너지 사용이 크게 감소하였고 전체 IT장비 에너지 소비 증가의 대부분을 상쇄하여 평균 PUE는 2.1에서 1.6까지 향상되었다. 또한, 2010년 컴퓨팅 수요의 79%를 전통적인 데이터센터가 차지하였지만 2018년에는 에너지 효율적인 클라우드 및 하이퍼스케일[6] 데이터센터의 컴퓨팅 수요가 89%로 그 중심이 이동하였다.

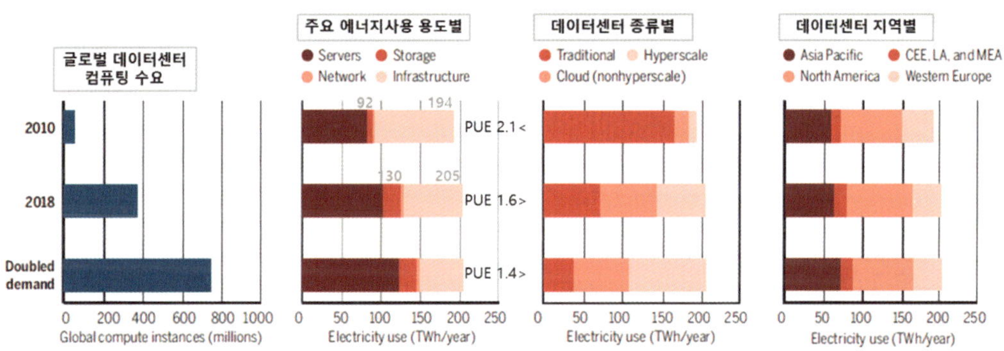

[그림 98] 글로벌 데이터센터의 에너지 사용의 변화 (2010-2018년)

10.1.2 국내 데이터센터 에너지 소비

2017년 대한민국 에너지 총 조사 기준, 대규모 건물의 업체당 에너지 소비가 가장 높은 건물용도는 병원(3,497 toe)이었으며, 그 다음으로 호텔과 통신용(데이터센터)건물(3,258 toe)도 타 용도에 비해 상내적으로 많은 에너지를 소비하였다. **[그림 99]** 건물용도별 총 에너지 소비량은 공동주택이 약 85만 toe로 가장 큰 비율을 차지하고 있고 통신시

6) 하이퍼스케일 (Hyperscale) : 분산된 컴퓨팅 환경을 최대 수천 개 서버로 확장할 수 있는 안전한 하드웨어 및 소프트웨어의 조합 (하이퍼스케일 1개 서버 = 기존서버 3.75대 대체)

설은 20만 toe로 국내 상업용 데이터센터 158개를 감안하면 단일건물 부문으로는 매우 높은 에너지 소비 수준을 보이고 있다.

[그림 100]의 사용 에너지원을 살펴보면, 전력 사용량이 19.2만 toe로 전체 에너지 사용량의 92%를 차지하고 있다. 사용 용도별로는 IT부문에서 사용되는 IT장비 등의 에너지 소비량 비율은 30%로 높다. Non-IT부문의 용도별로는 냉방 28%, 난방 7%, 조명 12%로 과반을 차지하고 있으며 일반 동력(18%)도 높은 비율을 보이고 있다. 전체 전력 소비가 크게 차지하는 이유는 건물의 대형화에 따른 동력 수요 증가, IT장비의 운영조건을 유지하기 위한 냉각 증가, 정보화 추진에 따른 통신 및 전산설비의 증설 등에 기인하는 것으로 분석되었다.

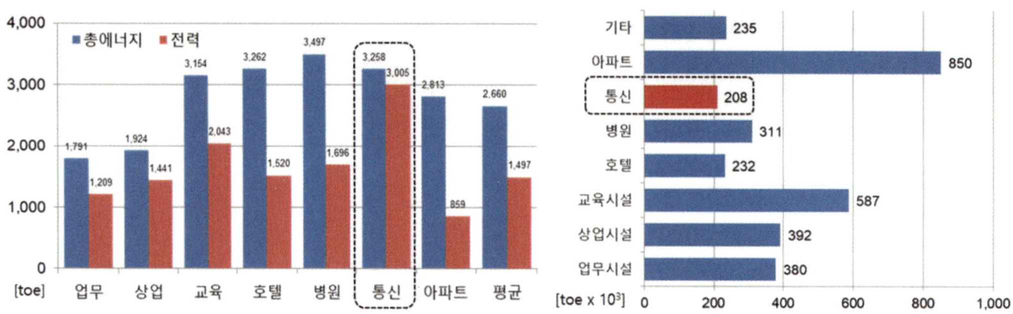

[그림 99] 국내 업체당 에너지 소비 : 대형건물(좌) 및 용도별 총 에너지 소비량 (우) (2016년)

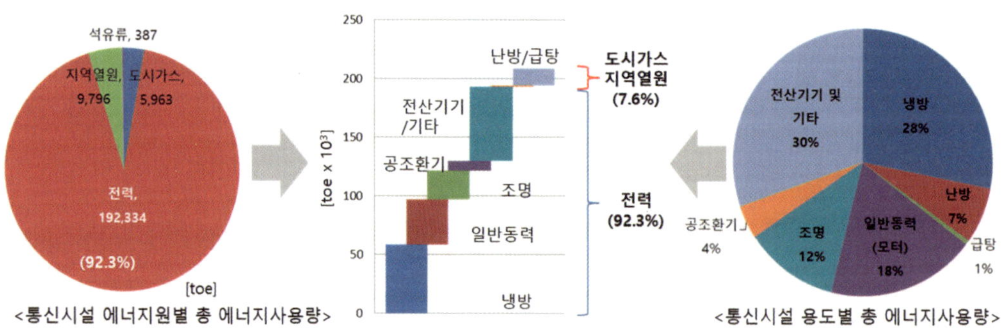

[그림 100] 국내 데이터센터(통신시설)의 에너지원(좌) 및 용도별(우) 총 에너지 사용량 (2016년)

2019년 기준, 서울시 소재 에너지 다소비 건물(연간 사용량의 합계가 2천 toe 이상인 건물) 324개소 중 14개를 데이터센터가 차지하고 있다. **[그림 101]**과 같이, 업종별 에너지 사용량 및 단위면적당 사용량이 많은 건물의 상위 30개소 중 데이터센터는 9개소를 차지하여 총 에너지 소비량의 29%를 차지하였다. 에너지 다소비 1위인 S 대학교는 2위인 K 데이터센터에 비해 연면적은 21배 크지만 단위면적당 에너지 소비는 오히려 2위인 데이터센터가 18배 더 많은 것처럼 에너지 소비의 강도가 월등하게 큰 것을 확인할 수 있다.

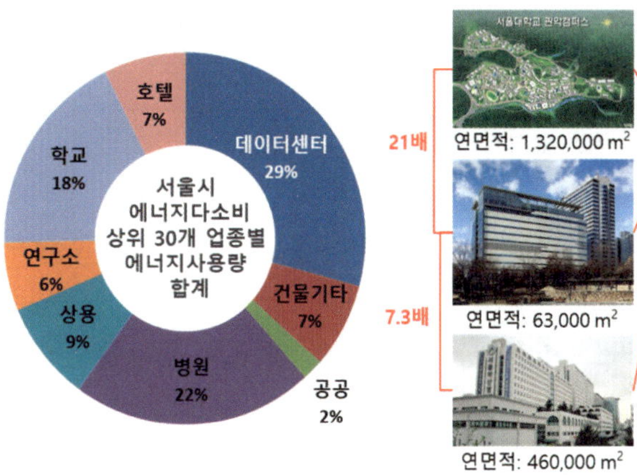

	업체명	업종	에너지소비량 toe	에너지소비량 kgoe/m²
①	서울대학교	학교	51,618	39
②	KT 목동IDC1	IDC(전화국)	44,972	714
3	가산IDC	IDC(전화국)	41,611	555
⑥	서울아산병원	병원	34,988	76
13	KT 목동IDC2	IDC(전화국)	22,651	453
19	SK브로드밴드IDC서초1	IDC(전화국)	18,124	453
24	LG U+	IDC(전화국)	18,669	
26	LG U+ 논현IDC	IDC(전화국)	12,743	
28	KT 구로지사	IDC(전화국)	12,209	
29	KT 혜화지사	IDC(전화국)	11,914	
30	삼성SDS 상암데이터센터	IDC(전화국)	13,830	

(18배: ①–② kgoe/m², 9.4배: ②–⑥ kgoe/m²)

[그림 101] 서울특별시 상위 30개 에너지 다소비건물의 건물 용도별 에너지 소비량

10.2 데이터센터 에너지 효율평가

10.2.1 데이터센터 에너지 효율 지표

전 세계적으로 표준화된 데이터센터의 에너지 효율을 평가할 지표가 부재하여 PUE를 기준으로 데이터센터 에너지 효율 정도를 측정해 왔다. PUE는 그린 그리드(The Green Grid)가 2007년 제안한 데이터센터의 에너지 효율을 측정하기 위한 평가지표이고 현재로서는 가장 보편적인 글로벌 효율지표로써 활용된다. PUE는 **[식 9]** 및 **[그림 102]**와 같이, 데이터센터의 총 사용 에너지와 IT부문이 사용하는 에너지의 비율로 표시되며, 1.0에 근접할수록 데이터센터의 에너지 효율은 높다고 할 수 있다.

$$PUE = \frac{① \ Total\ data\ center\ energy(\text{데이터센터의 총 사용 에너지})}{③ \ IT\ equipment\ energy(IT\text{부문 사용 에너지})} \quad \textbf{[식 9]}$$

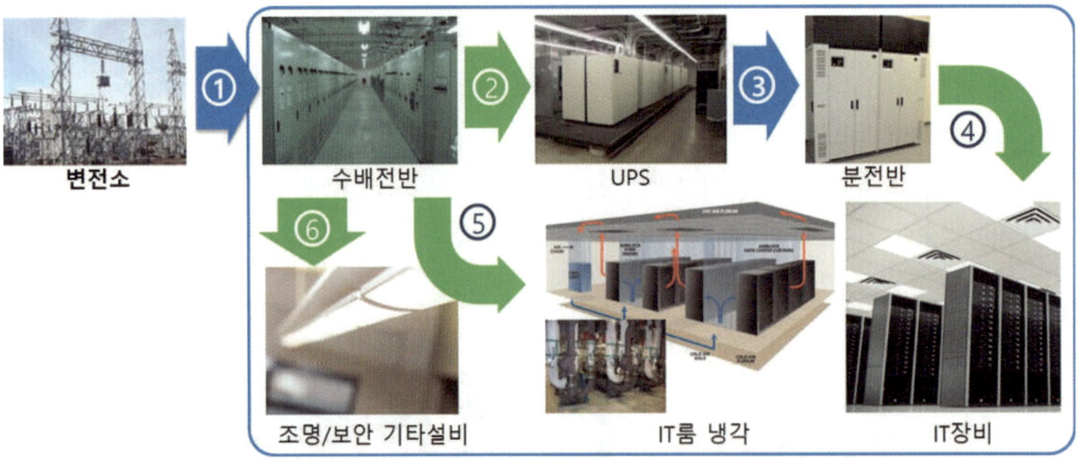

[그림 102] 데이터센터 내부 에너지 사용 및 PUE 개념

[그림 103]은 데이터센터의 인프라설비와 연계된 에너지 소비 영향도를 보여준다. IT부하는 기후, 운영조건(온도, 습도 등) 그리고 공조 차폐 등과 연계가 된다. IT장비를 냉각하기 위한 시스템은 팬을 포함한 CRAC/H 유닛, 냉동기, 냉각탑 및 냉수/냉각수 순환펌프 등의 성능 수준에 따라서 결정된다. 그리고 전력분배 계통은 전력손실에 의해서 에너지 소비가 발생한다. UPS, 변압기 등의 효율이 그 손실량을 결정한다. **[그림 104]**

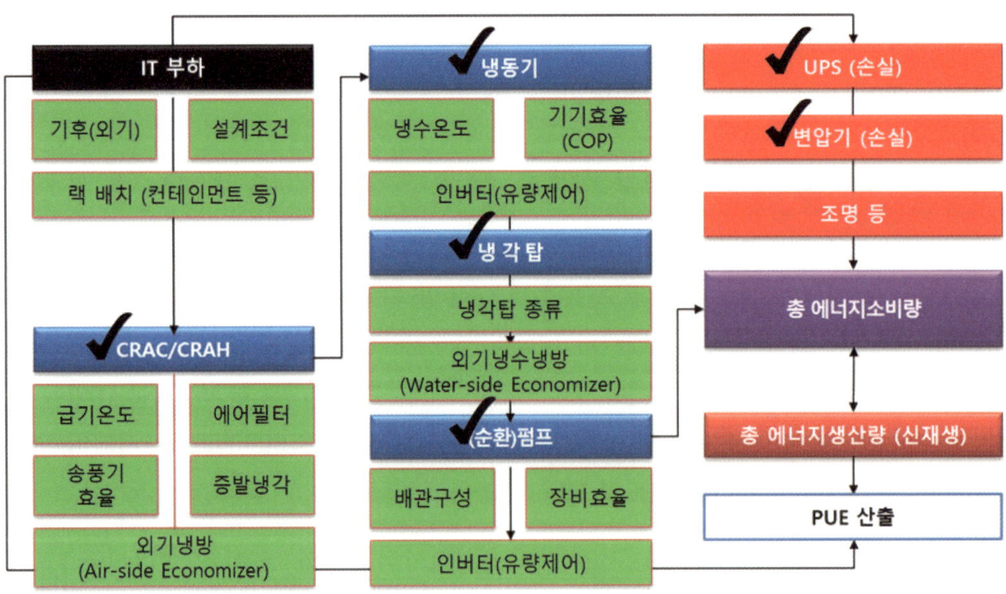

[그림 103] 데이터센터의 에너지 소비 영향도

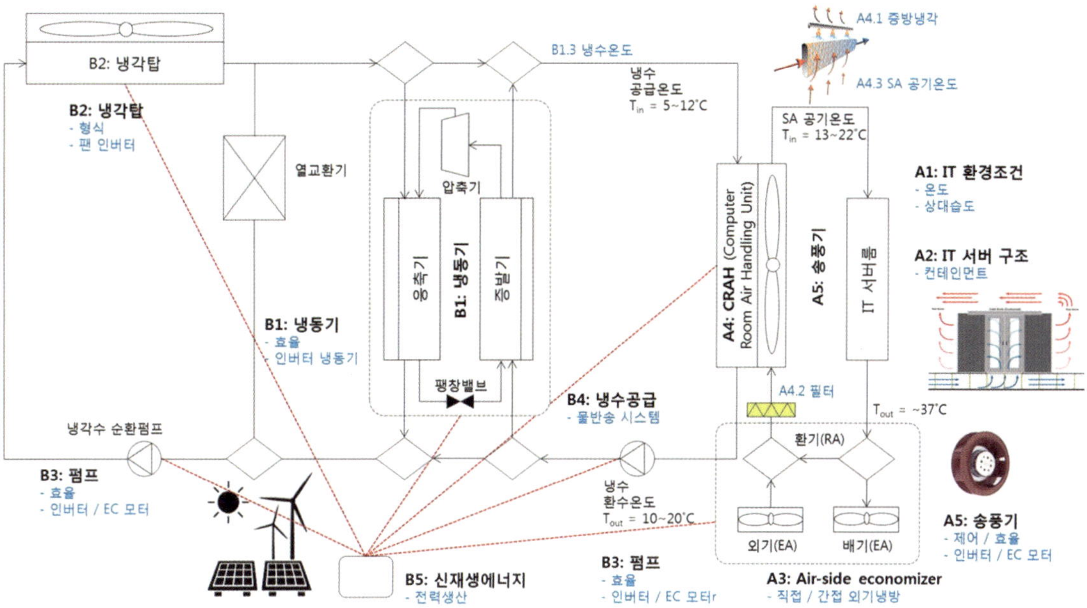

[그림 104] 데이터센터의 냉각 시스템 연계 에너지 영향요소 (예시)

PUE는 IT부문의 효율성을 파악할 수 없지만 IT장비에서 사용하는 전력 외에 데이터센터 시설에서 사용하는 전력량에 대한 유용한 프록시로 남아 있다.

[그림 105]에서와 같이, 글로벌 데이터센터의 PUE는 지속적으로 향상되었고, 2018과 2021년 연간 평균 PUE는 각각 1.60과 1.57로 데이터센터의 non-IT부문이 IT부문의 에너지 사용의 약 60%를 사용했음을 의미한다. 그러나 2014년 이후 데이터센터의 PUE는 크게 향상되지 못하고 있다. 이것은 PUE 1.60 이상인 데이터센터가 5.0 kW/rack 이하의 비교적 저밀도 랙-서버가 지배하기 때문이다. 평균 IT전력밀도가 높을수록 데이터센터가 보다 효율적으로 설계될 수 있다. PUE 1.3~1.6 범위에 있는 대부분의 데이터센터의 전력밀도는 5~10 kW/rack이다. 효율적인 PUE를 보이는 데이터센터 그룹의 15% 이상이 일반적으로 10 kW/rack 이상의 IT장비를 구성하고 있다. 따라서 향후 고밀도 데이터센터 설계에서는 PUE 향상을 위해 효율적인 냉각방식이나 기술을 채택해야 한다.

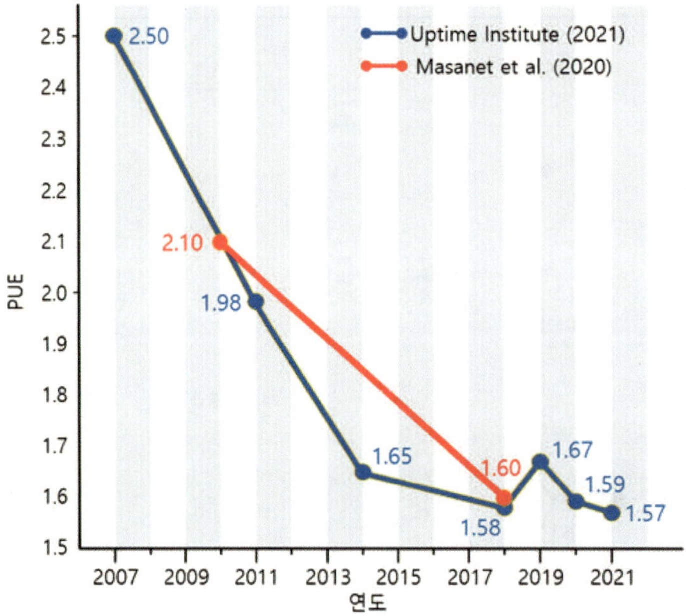

[그림 105] 글로벌 데이터센터 효율(PUE) 변화 추이

국내 데이터센터의 평균 PUE는 1.8x 수준으로 알려져 있다. 그러나 국내 데이터센터의 정확한 PUE를 제시하기에는 명확하게 전력사용 용도를 구분할 수 있는 데이터가 부족한 것으로 판단된다. 국내 데이터센터 PUE는 평균 2.66으로 해외 데이터센터(평균 PUE=1.6)와 큰 차이를 나타내고 있다. 그러나 최근에는 국내의 신축 데이터센터가 PUE 1.30 수준으로 계획되고 있으며 PUE 1.20의 최고 수준으로 운영되는 사례도 증가하고 있다. **[그림 106]**

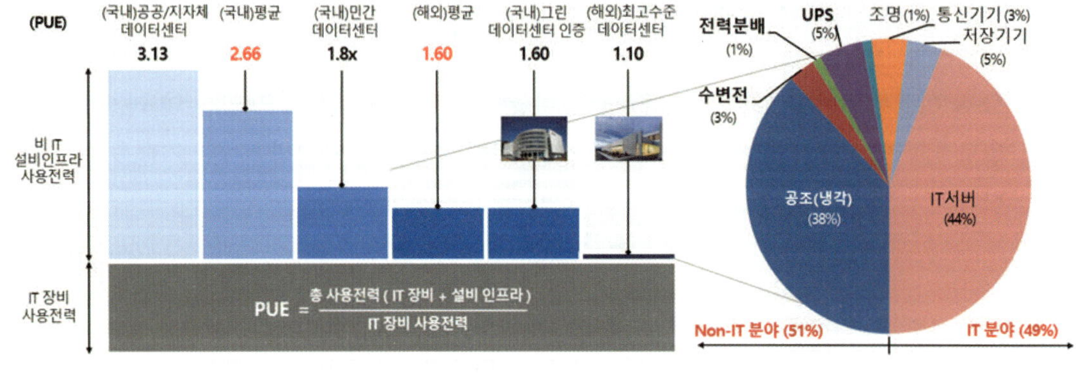

[그림 106] 데이터센터 효율(PUE) 비교

10.2.2 데이터센터 에너지 효율 지침

2016년 이전에는 ANSI/ASHRAE/IES Standard 90.1인 저층 주거용 건물을 제외한 일반건물에 대한 에너지 기준(2010년 데이터센터가 포함된 이후)이 데이터센터의 에너지 규정 및 준수사항을 검증하는 유일한 수단이었다. ASHRAE Standard 90.1-2010에서는 PUE를 사용하여 데이터센터의 에너지 효율을 평가하는 방법을 제시하였다. 그러나 PUE는 데이터센터가 계획되는 설계단계가 아니라 운영단계의 평가방법으로 개발된 것이기 때문에 적합하지 않았다. ASHRAE Standard 90.1은 2019년 개정을 통해서 데이터센터의 에너지 관련 대체 규정사항에 대해서는 직접적으로 Standard 90.4를 참조하였고, 두 표준 모두 국제코드위원회(ICC : International Code Council)에서 채택되었다. 또한 국제 에너지 절약 코드(IECC : International Energy Conservation Code) 내에서도 참조되도록 하였다. **[그림 107]**

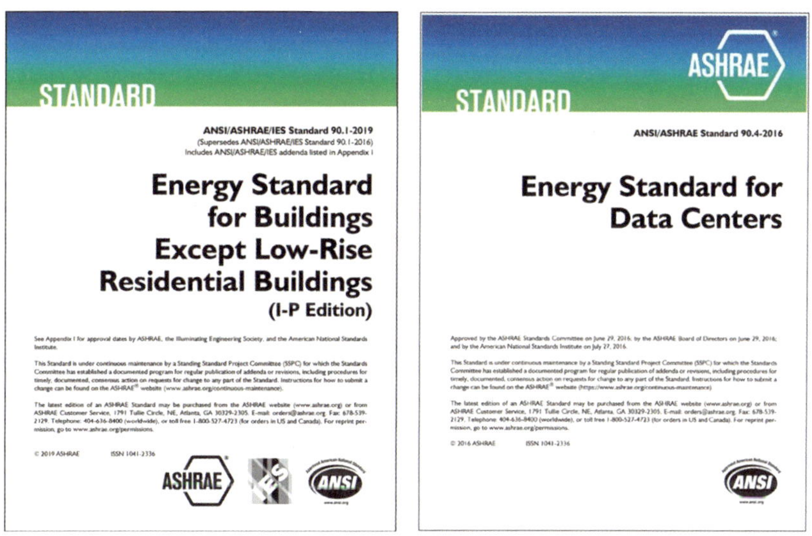

[그림 107] 데이터센터 에너지 지침 : ASHRAE Standard 90.1과 ASHRAE Standard 90.4

(1) ASHRAE Standard 90.1 규정준수 사항

ASHRAE Standard 90.1-2016에는 여러 에너지 관련 규정준수 사항이 제시되어 있다. 6.2.1에 따라 모든 프로젝트는 섹션 6.2 : 일반사항, 6.7 : 제출서류, 6.8 : 최소 장비 효율 및 다음의 조항 중 하나를 준수해야 한다.

① 섹션 6.3 : HVAC 시스템의 단순화 접근 방법
② 섹션 6.4 : 필수 조항 및 섹션 6.5 : 규범적 사항
③ 섹션 6.4 : 필수 조항 및 섹션 6.6 : 대체 규정 사항

선택사항 중에서 섹션 6.5 : 규범적 사항인 6.5.1의 냉각 관련 이코노마이저 시스템은 권장사항으로 많은 설계자에게 다양한 고려사항을 극복해야 하는 새로운 과제가 주어졌다. 이코노마이저 시스템을 적용할 경우, 데이터센터 운영상의 다양한 위험성이 우려되기 때문에 이를 최소화하기 위해 빈번하게 적용되지 않았다. 이러한 내용들은 다양한 컨퍼런스 및 전문포럼에서 데이터센터 산업계의 전문가들에 의해 지속적으로 논의되어 왔다. 또한, 특정 IT룸에 대해서는 이코노마이저 적용 예외 조항도 있다. (6.5.1항 #11 및 #12 참조) 섹션 6.6 : 대체 규정 사항인 6.6.1의 전산실 시스템은 난방, 냉방 또는 환기 요구사항을 충족하는 공조 시스템을 다루고, 섹션 6.1, 6.4, 6.6.1.1 또는 6.6.1.2, 6.7 및 6.8을 준수해야 함을 명시하고 있다.

섹션 6.6.1.1에서는 해당 데이터센터의 PUE1(표준에 정의된 에너지 소비 지표)이 표 6.6.1에서 제시된 값보다 작거나 같아야 한다고 명시하고 있다. 또한, 섹션 6.6.1.2에서는 PUE0(표준에 정의된 에너지 요구량 지표)이 IT장비 설계 부하의 100% 및 50% 모두에서 표 6.6.1의 기준 값보다 작거나 같아야 한다. **[표 32]**

[표 32] ASHRAE Standard 90.1-2016 최대 허용 전력 사용 효율

ASHRAE 기후구분	최대허용 전력사용효율 (PUE1)	ASHRAE 기후구분	최대허용 전력사용효율 (PUE1)	ASHRAE 기후구분	최대허용 전력사용효율 (PUE1)
0A	1.64	5A	1.36	6B	1.33
0B	1.62	6A	1.34	3C	1.39
1A	1.61	2B	1.45	4C	1.38
1B	1.53	3B	1.42	5C	1.36
2A	1.49	4B	1.38	7	1.32
3A	1.41	5B	1.33	8	1.30
4A	1.36				

(2) ASHRAE Standard 90.1-2019

ASHRAE Standard 90.1-2019의 경우, 표 6.6.1이 삭제되었으며 섹션 6.6 : 대체 규정 사항은 단순하게 ASHRAE Standard 90.4를 참조하고 있다.

(3) ASHRAE Standard 90.4-2016

ASHRAE Standard 90.4-2016의 기계설비 시스템 규정준수 사항은 기계설비의 부하요소(MLC : Mechanical Load Component)라고 하는 계산에 의한 기준을 설계 및 연간 에너지 목표로 모두 달성하도록 제시하고 있다. 여기에는 ITE 부하의 100% 및 50%에서 충족되어야 하는 설계 MLC와 연간 에너지 MLC가 있다. 또한, 전력설비의 손실요소(ELC : Electrical Loss Component)라는 지표로 정의된 전력 인프라설비의 손실에 대한 설계기준을 제시하고 있다. 섹션 11에서는 전반적으로 규정을 준수하기 위해서 MLC와 ELC 간의 상호보완을 허용하고 있다.

(4) ASHRAE Standard 90.4-2019

설계 MLC는 2019년 개정된 표준에서 삭제되었으며, 연간 에너지 MLC만 존재하고 있다. 이것은 데이터센터가 시대에 따라 변하는 다양한 ITE 부하로 운전된다는 점을 고려한 것이다. (일반적으로 항상 증가하지는 않음) 연간 에너지 MLC의 계산은 IT장비 설계 부하의 25%, 50%, 75% 및 100%에서 수행되고 냉각 시스템이 허용 가능한 ITE 운전범위 내에서 효율적으로 설계되었는지를 확인한다. 연간 에너지 계산과 관련된 요구사항은 새로운 표준에 나열되어 있으며, bin 데이터 및 TMY3 기상 데이터를 사용한 에너지 모델링 방법을 모두 허용한다.

2016년과 2019년 MLC를 직접 비교하는 것은 무리가 있다. 이것은 2016년 표준은 모든 규모의 데이터센터에 대해 하나의 기준을 적용하고 있는 반면에, 2019년 표준은 300 kW 전후를 기준으로 소규모 데이터센터와 대규모 데이터센터를 구분하기 때문이다. 2016년 대비 소규모 데이터센터의 경우, 2019년의 MLC 값은 14%~31% 낮고, 대규모 데이터센터는 기후대에 따라 28%~60% 작다. **[표 33]**

ELC는 전력손실을 반영하고 있지만 연간 에너지 소비는 고려하지 않는다. 즉, ITE 부하의 100% 및 50% 모두에서 ELC를 계산하여 부분부하 에너지 효율을 고려하는 설계상의 손실계산에 가깝다고 할 수 있다. 전력손실은 인입 전력분배, UPS 및 IT장비 전력분배 등 세 가지 과정에서 발생된다. ELC 계산을 위한 소규모 데이터센터와 대규모 데이터센터의 구분 기준은 MLC 계산의 기준인 300 kW가 아니라 100 kW이다. 소규모 데이터센터의 경우, 2019년 ELC는 2016년보다 11%~19% 작다. 그리고 대규모 데이터센터의 2019년 ELC는 2016년보다 8%~18% 작다. 이러한 ELC 기준 조정은 주로 UPS 효율이 지속으로 개선된 점을 반영한 것이다. **[표 34]**

[표 33] ASHRAE Standard 90.4의 최대 연간 에너지 MLC 기준에 대한 비교

ASHRAE 기후구분	소규모 데이터센터 (<300 kW)				대규모 데이터센터 (>300 kW)			
	90.4-2016	90.4-2019	차이	감소비율	90.4-2016	90.4-2019	차이	감소비율
0A	0.37	0.31	-0.06	16%	0.37	0.25	-0.12	32%
0B	0.40	0.34	-0.06	15%	0.40	0.28	-0.12	28%
1A	0.36	0.31	-0.05	14%	0.36	0.26	-0.10	29%
1B	0.38	0.32	-0.06	16%	0.38	0.27	-0.11	29%
2A	0.35	0.29	-0.06	17%	0.35	0.23	-0.12	34%
3A	0.33	0.27	-0.06	18%	0.33	0.21	-0.12	36%
4A	0.33	0.26	-0.07	21%	0.33	0.18	-0.15	45%
5A	0.33	0.25	-0.08	24%	0.33	0.16	-0.17	52%
6A	0.32	0.24	-0.08	25%	0.32	0.16	-0.16	50%
2B	0.36	0.27	-0.09	25%	0.36	0.17	-0.19	53%
3B	0.35	0.26	-0.09	26%	0.35	0.17	-0.18	51%
4B	0.35	0.24	-0.11	31%	0.35	0.14	-0.21	60%
5B	0.33	0.23	-0.10	30%	0.33	0.14	-0.19	58%
6B	0.34	0.24	-0.10	29%	0.34	0.14	-0.20	59%
3C	0.32	0.23	-0.09	28%	0.32	0.14	-0.18	56%
4C	0.32	0.23	-0.09	28%	0.32	0.14	-0.18	56%
5C	0.32	0.23	-0.09	28%	0.32	0.14	-0.18	56%
7	0.32	0.23	-0.09	28%	0.32	0.14	-0.18	56%
8	0.32	0.22	-0.10	31%	0.32	0.13	-0.19	59%

[표 34] ASHRAE Standard 90.4의 최대 ELC 기준에 대한 비교

구분	소규모 데이터센터 (<100 kW)				대규모 데이터센터 (>100 kW)			
	90.4-2016	90.4-2019	차이	감소비율	90.4-2016	90.4-2019	차이	감소비율
Single Feed UPS (N, N+1 등) 또는 UPS 없음								
ITE 부하 100%의 ELC	0.297	0.265	-0.032	11%	0.265	0.245	-0.020	8%
ITE 부하 50%의 ELC	0.265	0.231	-0.034	13%	0.231	0.189	-0.042	18%
Active Dual Feed UPS (2N, 2N+1 등)								
ITE 부하 100%의 ELC	0.265	0.231	-0.034	13%	0.231	0.189	-0.042	18%
ITE 부하 50%의 ELC	0.302	0.245	-0.057	19%	0.258	0.233	-0.025	10%

(5) ASHRAE Standard 90.1 Appendix G 및 Standard 90.4의 에너지 모델링

ASHRAE Standard 90.1 Appendix G에서 제시하는 에너지 모델의 요구사항으로 사용 소프트웨어는 ASHRAE Standard 140-2017의 건물 에너지 시뮬레이션 평가를 위한 테스트 방법을 준수해야 한다는 것이다. ASHRAE Standard 90.4의 경우, 2019년 개정에는 특정 소프트웨어를 지정하지 않았다. 그러나 bin 데이터를 최대 1℃(2°F)로 증분하여 사용하거나 TMY3 기상데이터를 사용해야 한다고 지정하고 있다. 데이터센터가 기계적 냉각을 사용하는 경우, 데이터센터 환경조건(온도 및 습도)은 연간 최소 8,460시간 동안 ASHRAE의 데이터센터의 열관리 가이드라인(Thermal Guidelines for Data Processing Environments)에서 제시하는 환경을 유지해야 한다. **[그림 108]**

Bin 데이터를 사용하거나 총 8,760시간의 에너지 모델을 사용하여도 다양한 기후조건에 적용할 수 있는 적절한 장비의 성능곡선을 사용하는 것이 중요하다. 일반적인 건물의 냉방부하와 달리, 전체 데이터센터 냉방부하는 건물외피(일사/열 획득)부하의 영향이 매우 작아, 연중 크게 변동하지 않는다. 따라서 ITE 부하는 매우 일정하지만 외부 공기온도는 변한다고 가정할 때, 냉각장비에 대한 부분부하 성능 데이터를 확보하는 것이 중요하다. 이러한 데이터는 일반적으로 구하기 쉽지 않으며, 장비 제조사의 몇 가지 사용자 지정 선택이 필요하다.

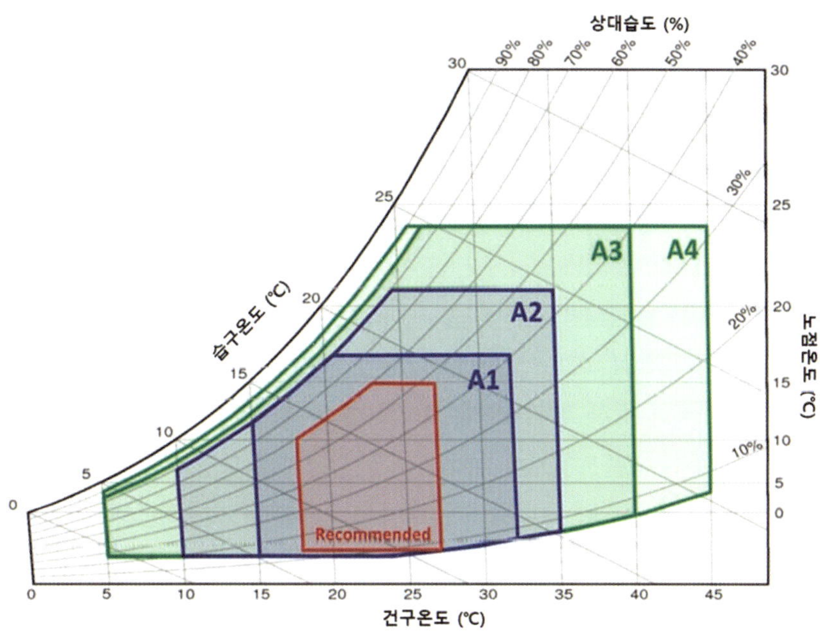

[그림 108] 데이터센터의 권장/허용 환경기준 범위

미국의 에너지성(U.S. DOE)은 미국의 모든 기후대에 걸쳐 16개의 상업용 건물의 표준 에너지 모델을 구축하였고 ASHRAE Standard 90.1-2019에 따라 최신 업데이트를 제공한다. 그러나 현재, 표준 에너지 모델에는 데이터센터가 포함되지 않았다. 최근 데이터센터를 위한 두 가지 에너지 모델을 개발하였다.

① 첫 번째 모델 : 431 W/m^2와 1,076 W/m^2의 두 가지 수준의 IT장비 부하밀도를 갖고 CRAC 유닛이 설치된 소규모 데이터센터
② 두 번째 모델 : CRAH 유닛이 설치된 1,076 W/m^2 및 5,382 W/m^2 IT장비 부하밀도의 대규모 전용 데이터센터

두 에너지 모델에 대한 기본적인 가정(예 : 구조, 조명, 운영 스케줄 및 장비효율)은 ASHRAE Standard 90.1을 기반으로 하였다. 데이터센터의 에너지 모델은 에너지 법규와 표준을 비교할 수 있는 유용한 참고자료이지만 기본 가정으로 제한된다는 한계가 있다. 예를 들어, 에너지 모델이 모든 공기분배 방식(시나리오)을 반영한 것은 아니며, 이중마루의 바닥공조를 적용한 사례로 급기와 환기의 고정된 온도제어만 사용할 수 있다.

10.3 데이터센터 에너지 소비구조 및 기준모델

10.3.1 일반사항

데이터센터의 에너지 소비흐름은 **[그림 109]**와 같이 ①IT장비의 인입전력, ②냉각 에너지와 ③전력분배 손실의 3개의 영역으로 구분이 된다. 데이터센터의 에너지 기준모델은 IT장비, 냉각 시스템, 전력계통을 구성하는 장비의 표준 에너지 사용량 데이터를 기반으로 정의가 가능하다.

에너지 분석을 위한 데이터센터의 Non-IT부문 기준모델이 현재까지는 명확하지 않은 실정이다. 그러나 유일하게 미국의 캘리포니아주 Title 24 에너지 법규에 데이터센터를 포함시켜 냉각 시스템에 대한 기준모델을 확립하였다. 법규에 근거한 기준모델은 기존 건물에 대한 분석을 통한 기준모델보다 분석모델을 생성하는 과정이 크게 간소화되었다. 또한 법규 준수와 관련해 인증된 에너지 시뮬레이션 도구에는 기본적으로 법적 기준모델 요구사항의 처리가 가능하다. 전력 시스템에 대한 기준모델은 미국의 ENERGY STAR 요구사항을 채택하여 반영하였다.

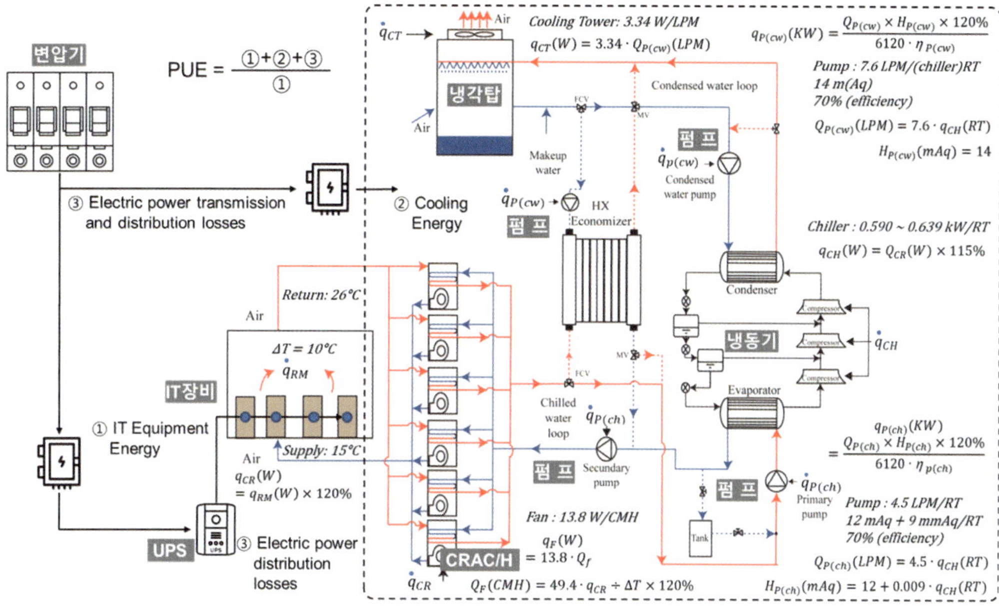

[그림 109] 대규모 데이터센터 주요 시스템 구성 및 에너지 흐름

10.3.2 IT부하 및 기준모델 시스템 유형

데이터센터는 총 냉각부하 850 kW(열원용량 : 250 RT)를 기준으로 구분한다. 이에 따라 총 IT부하가 850 kW 이상과 이하에 따라서 기준모델 냉각 시스템 유형을 각각 공랭식(직팽식) CRAC 유닛과 중앙 냉수식 CRAH 유닛으로 구분하여 구성한다.

10.3.3 IT룸 공조 시스템 설계 요구사항

공조 시스템의 급기(SA)와 환기(RA) 온도차는 ΔT=10℃로 설계 부하를 기준으로 결정한다. 데이터센터 기준모델 공조 시스템은 15℃의 최소 급기온도를 규정한다. 또한 기준모델 IT룸은 실내온도(공조 차폐를 적용한 열복도 온도) 26℃를 유지하도록 설계하고 별도의 습도제어 기능은 제외한다. Title 24 모델링 요구사항인 26℃의 실내온도로 평가한다. 설계 온도가 26℃를 초과하는 데이터센터의 경우, 기준모델 시스템과 제안된 시스템 모두는 설계 온도에서 운전하도록 설정한다. 설계 온도가 26℃ 이하인 개·보수 프로젝트는 기준모델 시스템과 제안된 시스템 모두 26.℃ 온도에서 운전하도록 설정한다. 이러한 방법은 과도하게 낮은 실내온도로 운전을 계획하여 과장된 에너지 절약뿐만 아니라 기준모델보다 높은 실내온도 또는 냉복도 온도에서 운전을 제안하는 등 과장된 에너지 절약을 허용하지 않는다.

10.3.4 2차측(공조) 시스템

(1) CRAC/H 코일 용량

CRAH 및 CRAC 유닛 냉각코일은 0.5%의 외기 설계 건구온도 및 이에 상응하는 평균 동시발생 습구온도에서 설계 부하의 120%를 담당할 수 있도록 용량이 결정된다.

(2) 급기팬 풍량

급기풍량은 급기와 환기 간 ΔT=10℃ 상태에서 설계 냉각부하의 120%를 충족하도록 용량이 결정된다.

(3) 급기팬 효율

기준모델 시스템에 공기측 이코노마이저(ASE : Air Side Economizer)를 적용할 경우, CRAC 유닛은 17.3 W/CMM의 급기팬 효율을 적용하고 공기 측 이코노마이저를 반영하지 않을 경우, 13.8 W/CMM의 효율을 적용한다. 모든 CRAH 유닛은 13.8 W/CMM의 급기팬 효율로 적용된다.

(4) 급기팬 및 모터 형식

급기팬은 Draw Through Fan을 반영한다.

(5) 풍량 및 급기팬 성능곡선

급기팬 풍량은 **[식 10]**에서 정의된 풍량 대비 팬 전력소비 성능곡선을 적용한다.

$$PLR = a + b \times Fan_{ratio} + c \times Fan_{ratio}^2 + d \times Fan_{ratio}^3 \quad \textbf{[식 10]}$$

PLR	: 부분부하 조건의 팬 전력 대비 전부하 팬 전력의 비율 (최소 10%로 제한)		
Fan_{ratio}	: 부분부하 CMM 및 전부하 CMM의 비율		
a	: 0.027827882	b	: 0.026583195
c	: 0.0870687	d	: 1.03091975

(6) 배기(EA)팬 풍량

외기를 이용한 공기 측 이코노마이저 시스템은 배기팬을 적용한다. 배기 풍량은 가압을 위하여 시스템을 적용한 서버룸의 0.015 CMM/m^2 미만의 급기풍량과 동일하게 풍량을 결정한다. 배기팬 설계 총 정압은 설계 풍량이 283 CMM 미만인 배기팬의 경우, 190

Pa이고, 설계 풍량이 283 CMM 이상인 팬의 경우 250 Pa을 적용한다. 배기팬 효율은 설계 풍량이 283 CMM 미만인 경우 40%이고, 설계 풍량이 283 CMM 이상인 경우 50%로 한다. 배기팬 모터 효율은 팬의 설계 축동력을 초과하는 최소 기준 모터 용량에 상응하는 모터 효율에 기초해 지정된다. 팬 축동력은 위에서 명시한 설계 풍량, 정압 및 효율을 통해 [식 11]과 같이 계산된다.

$$BPH = \frac{CMM \times SP}{180 \times eff_{fan}} \quad \textbf{[식 11]}$$

BPH	: 팬의 축동력 (kW)	SP	: 설계 총 정압 (Pa)
CMM	: 설계 배기팬 풍량 (CMM)	eff_{fan}	: 팬 효율 (%)

(7) 팬 속도 제어

설계 부하가 5 RT 미만인 IT룸을 냉각하는 CRAC 유닛은 정풍량 급기팬을 적용한다. 설계 부하가 5 RT 이상 되는 CRAC 유닛과 모든 CRAH 유닛은 변풍량 급기팬을 적용하고 변풍량 팬의 부분부하 성능은 **[식 10]**의 성능곡선을 참조한다.

(8) 급기온도 및 풍량제어

정풍량 CRAC 유닛은 IT부하를 충족하기 위하여 최소 15~26℃ 범위에서 급기온도를 조절한다. 변풍량 CRAC 유닛은 100% 냉방부하의 설계 풍량 100%에서 50% 냉방부하의 설계 풍량의 최소 50%까지 선형적으로 풍량을 재설정한다. 급기온도는 최소 15℃(냉방부하 50%)에서 26℃(냉방부하 0%)까지 재설정한다. 모든 CRAH 유닛은 변풍량 시스템을 적용하고 변풍량 CRAC 유닛과 조건은 동일하다.

(9) 이코노마이저 제어

모든 CRAH 유닛은 건구온도제어 이코노마이저를 적용한다. CRAC 유닛은 용량이 16 kW 이상이면 건구온도(현열) 제어 이코노마이저를 적용한다.

(10) 배기팬 제어

배기팬은 냉각에 외기를 활용하는 설계를 기반으로 분석한 정상적 건물 가압에 필요한 풍량을 초과하여 운전하게 된다. 배기풍량은 외기(OA)풍량에서 가압풍량의 차와 같고 배기팬 전력은 **[식 11]**에서 풍량에 따라 적용한다.

10.3.5 1차측(냉각열원) : 공랭식/직팽식(DX) 시스템

(1) 용량 선정

각 IT룸에 개별 유닛이 하나씩 운전되도록 CRAC 유닛의 용량을 선정한다. 개별 CRAC 유닛은 각각 제시된 코일 및 풍량 요구사항에 따라 용량이 결정된다.

(2) 효율

냉방부하가 20 RT 이상인 IT룸의 경우 CRAC 유닛의 효율은 AHRI 340/360 시험조건에서 9.8 EER이다. 부하가 20 RT 미만인 서버룸의 경우 CRAC 유닛의 효율은 IT부하의 50%에 맞게 용량을 선정한 공랭식 패키지형 유닛을 기준으로 Title 24 효율에 상응해야 한다.

10.3.6 1차측(냉각열원) : 중앙 냉수식 시스템 정의

(1) 냉동기 형식 및 대수

냉각열원은 설계 냉방부하의 115%를 충족하도록 용량을 결정한다. 냉동기 기준모델은 전기식을 사용하는 것을 원칙으로 하고, 냉동기 설치 대수와 형식은 **[표 35]**에 근거하여 선정한다.

[표 35] 냉동기 기준모델의 적용 수량과 종류

냉각용량	냉동기 수량 및 종류의 정의
≤ 300 RT	1개 스크류 냉동기 적용
300~600 RT	용량을 동일하게 2개 스크류 냉동기 적용
600 RT ≤	1개의 용량이 800 RT 넘지않게 최소 2개 이상의 원심식(터보) 냉동기 적용

(2) 냉동기 효율

냉동기 효율은 **[표 36]** (Title 24 Table 110.2-D 기준)과 같이, 스크류 냉동기는 설계 용량의 15% 하향 조정할 수 있고 원심식 냉동기는 설계의 10% 용량을 하향 조정 가능하다. 냉동기 기준모델의 용량과 효율은 IT부하, 냉각수 입구온도 및 냉수 출구온도에 따라 변화한다. 적용 가능한 성능곡선은 냉동기 냉각능력 및 전기식 냉동기 냉각효율이다.

[표 36] 냉동기 기준모델의 적용 효율

냉동기 종류	냉각용량	효율조건	
스크류/스크롤 냉동기	≤ 75 RT	≤ 0.800 kW/RT	≤ 0.600 IPLV
	75~150 RT	≤ 0.790 kW/RT	≤ 0.586 IPLV
	150~300 RT	≤ 0.718 kW/RT	≤ 0.540 IPLV
	300 RT ≤	≤ 0.639 kW/RT	≤ 0.490 IPLV
원심식(터보) 냉동기	≤ 150 RT	≤ 0.639 kW/RT	≤ 0.450 IPLV
	150~300 RT	≤ 0.639 kW/RT	≤ 0.450 IPLV
	300~600 0RT	≤ 0.600 kW/RT	≤ 0.400 IPLV
	600 RT ≤	≤ 0.590 kW/RT	≤ 0.400 IPLV

(3) 냉각탑

냉각탑 기준모델은 가변 축류팬 개방형 냉각탑이다. 1대의 단일 셀, 단일 팬 냉각탑은 각 기준모델 냉동기와 1:1 연결된다. 각 냉각탑은 설계 습구온도에서 설계 냉각부하를 충족하도록 용량을 결정하고 다음의 제약조건이 적용된다.

① 냉각수(냉각탑 토출) 온도 : 29.4℃ 또는 설계 습구온도의 10℃ 이상 중 낮은 온도를 선정한다.
② 냉각탑 레인지(Range) : 10℃
③ 냉각탑의 팬 : 냉각수 유량 230 LPM 기준 0.75 kW에서 용량이 결정된다.

(4) 냉수 순환펌프

① 시스템 형식 : 냉수 순환펌프 기준모델은 변유량 1차 펌프 시스템이다. 냉수유량은 설계 유량의 최소 30%로 감소될 수 있다.
② 펌프 대수 : 각 냉동기 기준모델에는 냉수 순환펌프가 1대씩 적용된다.
③ 설계 유량 : 증발기를 통과한 ΔT=10℃에 상응하여 냉동기 용량의 4.5 LPM/RT를 공급하도록 펌프의 유량을 결정한다.
④ 설계 양정 : 냉수 순환펌프는 12 mAq + 9 mmAq/RT이며, 상한은 30.5 mAq이다.
⑤ 펌프 효율 : 냉수 순환펌프는 일반적으로 70% 효율을 적용한다.
⑥ 설계 모터용량 및 효율 : 펌프 모터는 설계 BHP를 구동할 수 있는 최소 표준 용량을 기준으로 선정한다. BHP는 **[식 12]**와 같다.

$$BPH = \frac{Head \times LPM}{6125 \times eff_{pump}}$$ **[식 12]**

BPH	: 펌프의 축동력 (kW)	$Head$	: 설계 총 양정 (mAq)
LPM	: 설계 유량 (LPM)	eff_{pump}	: 펌프의 효율

(5) 냉각수 순환펌프

① 시스템 형식 : 냉각수 순환펌프 기준모델은 정유량 방식이다.

② 펌프 대수 : 각 냉동기 기준모델에는 냉각수 순환펌프가 1대씩 적용된다.

③ 설계 유량 : 응축기를 통과한 ΔT=7℃에 상응하여 냉동기 용량의 7.6 LPM/RT을 공급하도록 펌프의 유량을 결정한다.

④ 설계 양정 : 냉각수 순환펌프의 양정은 14 mAq를 일괄 적용한다.

⑤ 펌프 효율 : 냉각수 순환펌프는 일반적으로 70% 효율을 적용한다.

⑥ 설계 모터 용량 및 효율 : 펌프 모터는 설계 BHP를 구동할 수 있는 최소 표준 용량을 기준으로 선정하고 BHP는 **[식 12]**에 의해 계산한다.

10.3.7 냉각열원 제어

(1) 냉수 공급온도 설정

기준모델의 냉수 공급온도는 6.7℃이고 냉방수요에 따라서 6.7℃에서 최대 12.2℃까지 변경할 수 있다.

(2) 냉수 차압 설정

냉수 공급 시스템 기준모델은 냉방수요에 따라서 차압을 재설정한다. 차압 설정의 영향은 **[식 13]**에 제시된 유량 대비 펌프의 전력 관계식을 고려한다.

$$PLR = a + b \times Flow_{ratio} + c \times Flow_{ratio}^{2} + d \times Flow_{ratio}^{3}$$ **[식 13]**

PLR	: 부분부하 조건의 펌프 전력 대 전부하 펌프 전력의 비율		
$Flow_{ratio}$	: 부분부하 LPM 및 전부하 LPM의 비율		
a	: 0.0	b	: 0.0205
c	: 0.4101	d	: 0.5753

(3) 냉각수 공급온도 설정

냉각수 공급 온도의 설정값은 현장의 설계 습구온도로 고정된다. 냉각탑 팬은 가변속 팬 제어를 사용한 설정값으로 냉각수 공급온도를 유지한다.

10.3.8 전력 공급/분배 시스템 에너지 모델

일반적으로 효율적인 전기설비는 데이터센터에서 사용하는 효율적인 기계설비만큼 높은 에너지 절감 잠재력을 갖고 있다. 따라서 데이터센터에서 사용하는 가장 중요한 3가지 전기 시스템은 다음과 같다.

(1) UPS

UPS에 대한 미국의 ENERGY STAR® 요구사항에 정의된 표준은 ENERGY STAR®에서 제시하는 **[식 14]**에 따라 정격효율의 최대값을 정의한다.

$$EFF_{avg} = t_{25\%} \times EFF_{25\%} + t_{50\%} \times EFF_{50\%} + t_{75\%} \times EFF_{75\%} + t_{100\%} \times EFF_{100\%} \quad \textbf{[식 14]}$$

EFF_{avg}	: 평균 UPS 효율
$EFF_{00\%}$	: 00% 부하에서의 UPS 효율
$t_{00\%}$	: 00% 부하에서 소비한 시간의 비율

평균 효율 최대값은 UPS 종류, UPS 크기 및 통신능력에 따라 차이를 보이고 UPS의 종류는 VFD, VI 및 VFI의 3가지 분류로 구분한다.

① VFD(Voltage and Frequency Dependent) : VFD UPS는 연속적인 저전압 또는 과전압에 입력전압의 변화에 응답하거나 보정할 수 없는 전형적인 Offline/Standby UPS가 이 범주에 포함된다.

② VI(Voltage Independent) : VI UPS는 연속적인 저전압 또는 과전압에 응답하고 이를 보성하지만 입력 주파수의 변화를 보정할 수 없다. Line-interactive UPS가 이 범주에 속한다.

③ VFI(Voltage and Frequency Independent) : VFI UPS는 연속적인 저전압 또는 과전압 입력에 응답하고 이를 보정할 수 있다. Double Conversions UPS가 이 범주에 포함된다.

UPS의 각 형식에 따른 기준모델의 효율은 **[표 37]**과 같다. 평균 효율을 정의하기 위해 사용한 각 부하조건에서의 가동시간 비율은 UPS에 따라 **[표 38]**과 같이 차이를 보인다.

[표 37] 기준모델 UPS의 적용 효율

정격출력 전력(W)	VFD	VI	VFI
1,500 < P ≤ 10,000(통신기능과 무관)	0.970	0.967	0.0099 × ln(p)+0.815
P > 10,000(통신기능 미보유)	0.970	0.950	0.0099 × ln(p)+0.805
P > 10,000(통신기능 보유)	0.960	0.940	0.0099 × ln(p)+0.795

[표 38] 부하조건에서의 UPS의 가동시간 비율

정격출력 전력(W)	25% 부하	50% 부하	75% 부하	100% 부하
1,500〈P≤10,000	0.0	0.3	0.4	0.3
P〉10,000	0.25	0.50	0.25	0.00

설치된 UPS는 동일한 유형(분류, 크기 등급 및 통신방법)의 UPS 기준모델과 비교된다. 가변 기준모델은 다중화 수준, Uptime Institute 요구사항 및 로컬 전력품질의 변동성 같은 요인이 UPS 선택에 영향을 준다. 제조업체의 데이터를 통해 계산된 유형, 크기 및 통신 분류가 동일한 UPS에 상응하는 최대값을 초과하지 않는 UPS는 에너지 절약에 적합하지 않다. 전력품질에 따라 2가지 모드로 운전할 수 있는 UPS(VFI 및 VI가 모두 포함된 일반적인 유닛)는 상대적으로 효율이 떨어지는 유형의 기준모델 유닛과 비교된다. 1,500 W 미만의 UPS는 에너지 절약에 적합하지 않다. **[식 15]**에서 회귀 변수는 UPS 크기에 따라 **[표 39]**와 같이 정의된다.

$$EFF(LF) = EFF_{avg}(a \times LF^3 + b \times LF^2 + c \times LF + d) \quad \textbf{[식 15]}$$

$EFF(LF)$	: 부하율 LF 에서의 효율
LF	: 부하율 (Load Factor) 최대 출력 용량의 %
EFF_{avg}	: ENERGY STAR® 정의에 의한 기준효율

[표 39] UPS 용량에 따른 회귀 변수

정격출력 전력(W)	a	b	c	d
1,500〈P≤10,000	0.1698	-0.4203	0.3574	0.8982
P〉10,000	0.1719	-0.4256	0.3618	0.9092

적용된 UPS의 효율이 해당 UPS 기준모델의 값을 초과하는지의 여부를 먼저 확인해야 한다. 설치 후의 예상되는 부하 데이터가 있다면 기준모델 및 적용된 UPS 효율곡선을 통해 절약이 될 것인지의 여부를 추정하고 해당 프로젝트가 기준모델와 비교하여 실질적인 에너지 절약으로 이어질 수 있을지를 추가적으로 확인하는 것이 필요하다. UPS 기준모델 선정은 **[식 16]**과 같이, 750 kVA의 최대 UPS 용량을 기준으로 안전율을 1.2로 설계하여 부하를 충족하는 데 필요한 UPS의 수량을 결정한다.

$$UPS_{req} = ROUDUP\left(\frac{kW_{design} \times 1.2}{PF \times 750kVA}\right) \quad \textbf{[식 16]}$$

UPS_{req}	: UPS 필요 용량 (kW)
kW_{design}	: 데이터센터 설계 부하 (kW)
PF	: 설계 역율

UPS의 용량을 결정하기 위해서는 적용한 것과 동일한 역률을 사용한다. 보호부하(안전율 포함)가 750 kVA 이하의 설비는 UPS의 보호부하가 100 kVA를 초과할 경우, 가장 가까운 50 kVA 증분으로 그리고 초과되는 보호부하가 100 kVA 미만일 경우, 가장 가까운 10 kVA 증분으로 반올림하여 용량을 결정한다. 설치된 UPS의 수량은 데이터센터의 이중화 요구사항에 따라 조정한다. 예를 들어, 2N 시설에서 UPS 기준모델 수량은 2 × UPS_{req}가 된다. 모든 기준모델 유닛은 동일하게 용량이 결정되며 동시에 운전한다. 예비 장비를 포함한 모든 유닛은 동일한 부하를 제공한다.

(2) 정류기

AC-AC UPS에 더불어 정류기를 다루는 미국의 ENERGY STAR® 표준은 신축 및 개보수에 대해서 정류기 기준모델을 제시한다. ENERGY STAR®에는 정류기가 **[식 17]**에서 정의된 가중평균 최대값을 만족할 것을 요구한다.

$$EFF_{avg} = \frac{EFF_{30\%\,load} + EFF_{40\%\,load} + EFF_{50\%\,load} + EFF_{60\%\,load} + EFF_{70\%\,load} + EFF_{80\%\,load}}{6} \quad \textbf{[식 17]}$$

$EFF_{30\%\,load}$	: 30% 부하에서의 UPS 효율	$EFF_{60\%\,load}$	: 60% 부하에서의 UPS 효율
$EFF_{40\%\,load}$	: 40% 부하에서의 UPS 효율	$EFF_{70\%\,load}$	: 70% 부하에서의 UPS 효율
$EFF_{50\%\,load}$	: 50% 부하에서의 UPS 효율	$EFF_{80\%\,load}$	: 80% 부하에서의 UPS 효율

ENERGY STAR®에는 형식과 용량에 상관없이 계측 및 통신능력이 없는 모든 정류기의 최소 효율(EFF_{avg})이 0.955일 것을 권장한다. 계측 및 통신 능력이 있는 정류기의 효율은 0.945여야 한다. (제조업체의 데이터를 통해 계산된)효율이 해당 최대값을 초과하지 않는 정류기는 에너지 절감에 적합하지 않다. 적합성은 효율에 기초해 결정되지만 에너지 절감은 적용한 정류기와 정류기 기준모델의 운전상태 및 성능에 기초하여 평가된다. 따라서 정류기 기준모델의 부분부하 효율은 **[식 18]**로 특성이 규명된다. 그리고 회귀변수는 **[표 40]**과 같이 정의된다.

$$EFF(LF) = EFF_{avg}(a \times LF^4 + b \times LF^3 + c \times LF^2 + d \times LF + e) \quad \textbf{[식 18]}$$

$EFF(LF)$	: 부하율 LF 에서의 효율
LF	: 부하율 (Load Factor) 최대 출력 용량의 %
EFF_{avg}	: ENERGY STAR® 정의에 의한 Baseline 효율

[표 40] 정류기 용량 회기변수

정격출력 전력(W)	a	b	c	d
모든 용량	-0.5155	1.7065	-2.0770	1.0833

(3) 변압기

미국 에너지성(US DOE)은 저전압/중전압 건식 변압기 및 유입식 변압기에 대한 고효율 표준을 제시한다. 변압기 기준모델 용량은 **[표 41]**, **[표 42]**에서 제시된 값에 해당되는 경우, 기준모델 효율은 선형 보간법으로 분석된다. 표에 명시된 것보다 작거나 큰 변압기는 에너지 절감에 적합하지 않다. 저전압 분전반(PDU)은 이러한 분류에 포함되지 않는다. 제조사가 보유한 용량의 유틸리티 계량기 상의 변압기만 에너지 절감에 적합하다.

[표 41] 유입식 변압기 기준모델 효율

단상				3상			
용량(kVA)	효율	용량(kVA)	효율	용량(kVA)	효율	용량(kVA)	효율
10	98.70	167	99.33	15	98.65	300	99.27
15	98.82	250	99.39	30	98.83	500	99.35
25	98.95	333	99.43	45	98.92	750	99.40
37.5	99.05	500	99.49	75	99.03	1,000	99.43
50	99.11	667	99.52	113	99.11	1,500	99.48
75	99.19	833	99.55	150	99.16	2,000	99.51
100	99.25			225	99.23	2,500	99.53

[표 42] 건식 변압기 기준모델 효율

단상					3상				
용량 (kVA)	저전압	중전압			용량 (kVA)	저전압	중전압		
		20-45 kV	46-95 kV	>=96 kV			20-45 kV	46-95 kV	>=96 kV
15	97.70	98.10	97.86		15	97.89	97.50	97.18	
25	98.00	98.33	98.12		30	98.23	97.90	97.63	
37.5	98.20	98.49	98.30		45	98.40	98.10	97.86	
50	98.30	98.60	98.42		75	98.60	98.33	98.13	
75	98.50	98.73	98.57	98.53	113	98.74	98.52	98.36	
100	98.60	98.82	98.67	98.63	150	98.83	98.65	98.51	
167	98.70	98.96	98.83	98.80	225	98.94	98.82	98.69	98.57
250	98.80	99.07	98.95	98.91	300	99.02	98.93	98.81	98.69
333	98.90	99.14	99.03	98.99	500	99.14	99.09	98.99	98.89
500		99.22	99.12	99.09	750	99.23	99.21	99.12	99.02
667		99.27	99.18	99.15	1,000	99.28	99.28	99.20	99.11
833		99.31	99.23	99.20	1,500		99.37	99.30	99.21
					2,000		99.43	99.36	99.28
					2,500		99.47	99.41	99.33

10.4 데이터센터 에너지 효율평가 방법의 한계

데이터센터의 막대한 에너지 소비 파급력을 고려한다면 반드시 일정 수준의 에너지 효율화를 달성해야 한다. 그러나 적정 수준의 효율화가 무엇인가에 대한 해답은 아직까지 없다. 데이터센터를 일반건물과 유사한 기준으로 접근하는 인증대상으로 보면 안 된다. 이것은 데이터센터의 목적성과 특수성에 기반을 두어 그 에너지 소비량의 차이가 발생하는 것이지 낮은 에너지 효율과 불필요한 에너지 사용 및 손실과 직결되는 결과는 아니다. 따라서 획일적인 에너지 소비량에 대한 등급기준은 적합하지 않다고 판단된다. 현재, 보편적으로 통용되는 PUE의 기준으로 데이터센터의 효율 정도를 특정하는 것도 불합리한 요소가 여전히 존재한다. 이 또한 데이터센터의 목적성과 특수성에 따라서 그 PUE의 차이가 발생할 수 있다.

① PUE는 데이터센터 최종 목적의 효율성을 측정하지 않음 : 데이터센터 역할은 에너지를 공급하는 것이 아니라 유용하고 생산적인 컴퓨팅을 수행하는 것으로 IT장비에 냉각과 전력이 공급된다고 해서 데이터센터가 제대로 작동한다는 의미는 아님

② PUE는 데이터센터 간 에너지 효율을 비교하는 방법으로 불합리함 : 데이터센터의 위치, 기후, 규모(서버의 수), 상면면적, 건물형태 및 운영조건과 같은 변수를 제어하지 않으면 어떤 데이터센터가 에너지 효율적인가를 정확하게 평가할 수 없음

③ PUE는 복합용도 건물(데이터센터, 실험실 및 사무실)에서 사용이 불합리함 : 복합용도 환경에서 일부 시스템이 전력설비 또는 냉각설비를 공유하는 경우, 데이터센터 환경에서 사용된 에너지양을 결정하기 어려움

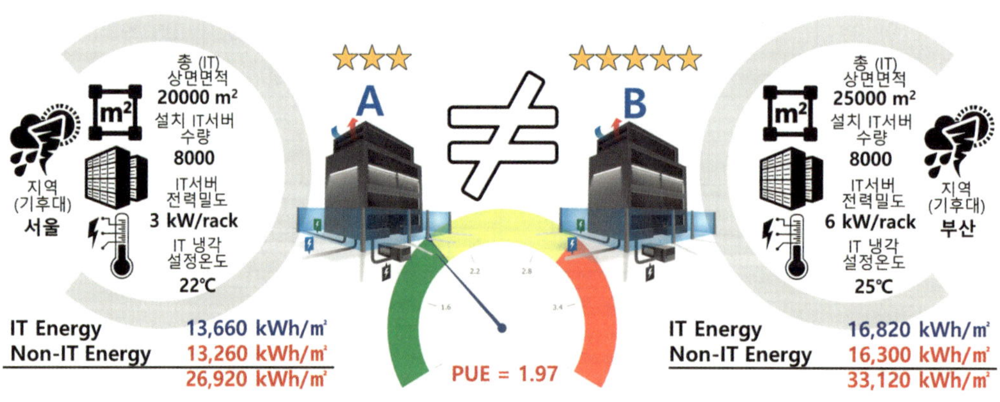

[그림 110] 동일한 PUE를 갖는 서로 다른 운영조건의 데이터센터 사례

[그림 110]의 A와 B의 데이터센터의 PUE가 같다고 해서 두 데이터센터의 에너지 효율이 동일하다고 할 수 없다. 이 또한 획일적인 PUE에 대한 등급기준은 적합하지 않다. 상세하게는 데이터센터의 운영조건(온·습도 조건)과 다중화 수준 그리고 데이터센터가 위치하는 지역(기후에 영향)에 따라 변할 수 있다.

11. 데이터센터의 M&V (측정 및 검증)

11.1 일반사항

데이터센터를 구성하는 기계 및 전기 시스템에서 실현 가능한 에너지 절감량을 추정하기 위한 설계 및 운영기준을 명시하고, 데이터센터에 에너지 효율적인 장비를 신설하거나 데이터센터의 기존 장비를 에너지 효율적으로 변경하기 위한 기준모델을 활용한다.

데이터센터 프로젝트와 관련해서는 새롭게 제시되는 신축 및 개·보수가 포함된다. 먼저, 신축 및 개·보수 프로젝트를 위한 기준모델 요구사항을 확인하고, 차이가 발생하는 다양한 기준모델 시나리오를 규명한다. 또한 본 표준화된 측정 및 검증(M&V : Measurement and Verification) 방법을 명시하며, 해당 프로그램에 적용되는 맞춤형 지침을 제시한다. 이러한 접근법의 목표는 프로그램 수행자와 사전 M&V 분석 내용 간의 오차를 최소화하는 것이다.

11.1.1 M&V 기술 현황

M&V는 에너지 관리 프로그램에 의한 개별 인프라설비에서 달성되는 실제 절감량이 신뢰성을 가질 수 있도록 측정하고 검증하는 프로세스이다. 에너지 절감량은 **[그림 111]**과 같이, 에너지 사용의 유무를 나타내기 때문에 직접적으로 측정할 수 없다. 그 대신에 에너지 절감량은 조건의 변동에 대한 적절한 조정을 통하여 프로젝트 실행 전과 후의 측정된 사용량의 비교에 의해 결정하게 된다.

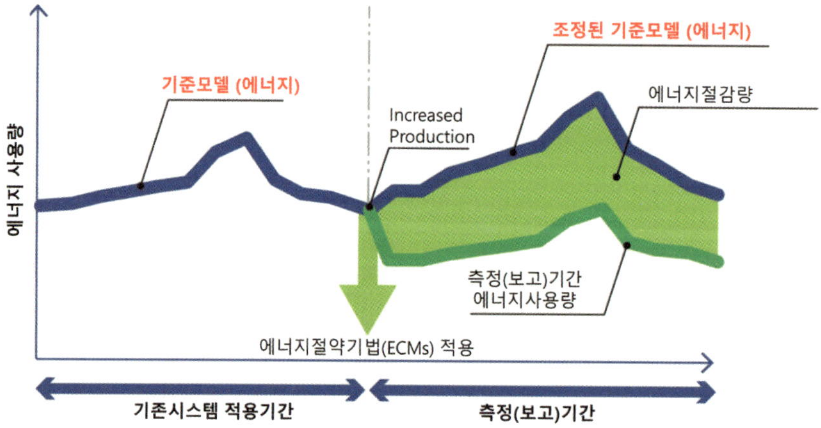

[그림 111] M&V 수행을 위한 기준모델 적용개념

에너지 절약의 잠재성에 대한 검증은 구조적인 접근방법이 요구되고 M&V 활동은 일련의 절차를 따라야 한다. M&V 수행을 위한 대표적인 기술지침은 IPMVP(International Performance Measurement and Verification Protocol) 및 ASHRAE Guideline 14가 널리 알려져 있으며, 미국 연방정부의 성과보증 프로젝트를 위한 FEMP(Federal Energy Management Program) 매뉴얼은 구체적 M&V 방법 및 절차를 기술하고 있다.

에너지 기준모델 결정에는 기간과 관련된 변수 측정과 운영 데이터 수집을 포함한다. 일반 건물에 비해서 데이터센터의 에너지 관련 기준들은 미비한 상태이다. 미국의 경우, 캘리포니아 연방 에너지 법규에서 다루는 프로세스에 IT룸과 데이터센터를 포함시킨 Title 24 Energy Code가 2014년 채택되었다. Title 24는 IT룸과 데이터센터의 기계설비 인프라설비에 대한 기준모델을 확립하였다. 에너지 절감량 산출을 위한 M&V의 고려사항은 다음과 같다.

① 에너지 절감량 산출 방식(옵션 A, B, C, D) 및 측정 경계 **[표 43]**
② 측정 경계조건에서 에너지 이용 특성(에너지 검토 결과)
③ 기준모델 : 기간, 에너지 사용량 및 전력수요 특성, 영향변수(독립변수)
④ 조정(Adjustment) 및 추정 값(옵션 A)의 근거
⑤ 기준모델 적용 및 에너지 절감량 산출 계산방법
⑥ 계측기 특성 : 사양, 측정 불확도, 검교정 여부 등
⑦ 불확도는 샘플링, 측정, 기준모델 조정(회귀분석모형) 과정에서 발생
⑧ 선택한 IPMVP 옵션과 불확도 수준에 적합한 측정 기간 및 주기 결정

[표 43] M&V 수행을 위한 에너지 절감량 산출방식 구분

Option 구 분		산 출 방 법
Option A	단일 에너지 성능 개선활동(EPIA)에서 핵심 영향변수 측정	핵심 영향변수의 단기측정 및 연속측정 (그 외 영향변수는 추정)
Option B	단일 에너지 성능 개선활동(EPIA)에서 모든 영향변수 측정	모든 영향변수의 단기측정 및 연속측정
Option C	시스템에서 영향변수의 연속측정	계절적 영향 반영 : 1 년간 기준 기간 회귀분석 기법 적용
Option D	시스템에서 컴퓨터 시뮬레이션	검증된 시뮬레이션을 사용하여 절감량 산출

11.1.2 데이터센터의 M&V

지금까지의 M&V 관련 수행은 일반건물에 국한되어 있었다. 그리고 에너지의 많은 부분을 차지하고 있는 공조/냉각 시스템을 중심으로 이루어지고 있다. 최근에는 클라우드를 이용한 모니터링 데이터를 통한 보다 진보된 에너지 절약 기법(ECMs : Energy Conservation Measures)의 검증도 고도화되고 있다. 그러나 주로 전력기반으로 에너지를 소비하는 데이터센터는 IT부하를 대응하는 공조·냉각 시스템 이외에도 전력손실을 최소화하는 ECMs도 중요한 요소이다. 특수한 IT장비 운영환경의 공조·냉각 시스템과 전력분배 시스템에 대한 기준이 명확하지 않기 때문에 데이터센터의 ECMs적용에 따른 검증에는 한계가 있었다. 선진국을 중심으로 지자체 법규에 데이터센터의 기준들을 포함시키고 있는 상황이다. 따라서 국내에서도 데이터센터의 다양한 ECMs 적용을 위한 실질적인 에너지 절감량을 정량적으로 측정하고 검증하는 방법론 정립이 무엇보다도 필요하다.

데이터센터의 프로젝트를 위한 현장 데이터 수집, 모니터링 및 분석을 포함한 표준화된 M&V 접근법을 정의해야 한다. M&V 요구사항은 M&V 프로세스를 표준화하여 해당 데이터센터 기준모델을 활용하는 프로그램과 관련 프로젝트를 수행하는 담당자 간에 분석의 객관성을 일관되게 유지하도록 하는데 목표를 두고 있다. 요구 사항은 기본적인 프로젝트 유형(신축 및 개·보수 프로젝트)으로 먼저 분류된다. 그리고 개·보수 프로젝트 요구사항은 기준모델 유형으로 다시 추가로 분류된다.

11.2 데이터센터 M&V 프로젝트 범위

11.2.1 데이터센터의 용도 구분

M&V 프로젝트를 위한 데이터센터의 용도 구분은 **[그림 112]**와 같이, IT부하와 기능 등에 의해서 IT룸과 데이터센터로 구분된다.

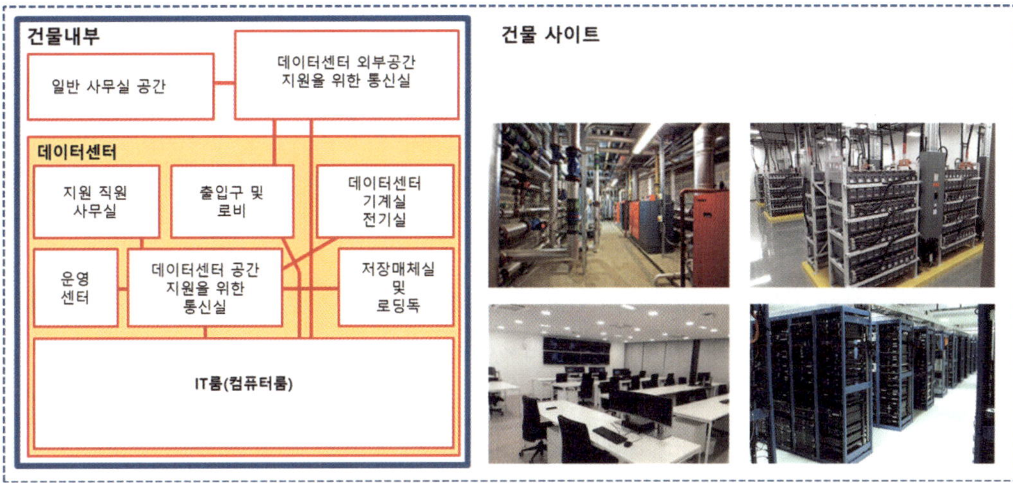

[그림 112] 데이터센터 기본구성 및 구분

① IT룸 : IT장비를 수용하는 기능을 하며, IT장비 전력밀도의 설계조건은 바닥면적 기준 220 W/m^2 (20 W/ft^2)를 초과한다. IT장비에는 전형적인 IT룸과 데이터센터에 적용되는 장비 류(IT서버, 라우터, 스위치 등) 그리고 통신 및 무선 기지국(RBS)에 적용되는 특수 장비가 포함된다.

② 데이터센터 : IT룸(공조설비 및 관련 인프라설비 포함)이 건물의 총 연간 에너지 사용량의 50%를 초과하는 건물이다. IT룸이 건물의 총 연간 에너지 사용량의 50% 이하의 경우, 목적상 복합용도 건물로 간주된다. 총 IT부하는 최소 30 kW이다.

11.2.2 프로젝트 유형

(1) 신축 프로젝트

신축 프로젝트는 새로운 건물의 구조물을 구축하거나 기존의 시설을 확장(증축)하는 것에 해당된다. 증축에는 기존 1차(열원) 시스템을 사용 또는 확장하거나 새로운 전용 시스템을 추가할 수 있다. (예를 들어, 2층 사무실 한쪽에 새로운 IT룸을 추가하는 것은 증축에 해당한다) 증축은 기준모델을 사용하여 사실상 신축 프로젝트로 간주되지만, 고유한 모델로 새로운 요구사항이 적용될 수도 있다. 건축설계가 요구되는 대규모 확장, 철거 또는 수리와 관련된 프로젝트 또한 신축 범주에 속한다.

(2) 개·보수 프로젝트

기존 인프라설비의 교체 또는 변경과 관련된 프로젝트는 개·보수 프로젝트에 해당된다. 데이터센터 관점에서 기존의 공기조화기, CRAC/H 유닛 및 냉동기를 교체하고, 인버터 드라이브를 펌프에 추가하고 기존의 제어 시스템을 업그레이드하고, UPS를 교체하는 등의 조치가 개·보수에 해당한다. 개·보수 프로젝트의 하위 범주는 다음과 같다.

① 성능 저하에 따른 교체(ROB : Replace on Burnout) : 기존 장비가 제 기능을 하지 못하거나 고장상태로 인한 장비를 교체하는 프로젝트
② 정상적인 교체(NR : Normal Replacement) : 유효수명(EUL : Effective Useful Life)이 종료된 장비를 교체하는 프로젝트
③ 조기 철거(ER : Early Retirement) : 별도의 인센티브 프로그램을 직접적으로 수행하여 에너지 효율 개선을 위해 기존 장비를 조기 철거했다는 것을 입증할 수 있는 프로젝트
④ 신규 부하/장비 추가(NEW) : 기존 IT룸의 부하 증가에 맞춰 새로운 장비를 설치하는 프로젝트
⑤ 개·보수 보완(REA : Retrofit Add-On) : 운전효율을 증가시키려는 목적으로 기존 시스템에 제어장치 또는 여타 장비를 추가하는 프로젝트

11.3 신축 프로젝트

11.3.1 에너지 절감량 계산

(1) IT부하 프로파일 및 에너지 절약 기준

M&V 관점에서 확인된 데이터센터 부하 프로파일을 사용하여 ECMs의 적용 근거를 마련해야 한다. IT부하 프로파일을 규명하기 위하여 신축 프로젝트는 설치 후 IT장비 평균 부하를 검증하는 1개월의 프로파일 분석 기간이 필요하다. M&V 부하 데이터를 산출된 ECMs에 적용하기 위해 **[식 19]**의 비표준 모형 보정법이 필요하다.

$$\text{보정된 에너지 절감량} = \text{24시간 에너지 절감량} \times \frac{\text{측정된 평균 부하}}{0.625 \times \text{설계 부하}} \qquad \textbf{[식 19]}$$

(2) IT부하 프로파일 및 피크부하 저감 기준

피크부하 저감은 IT부하 프로파일의 특성을 반영하여 DEER(Database of Energy Efficiency Resources)의 피크기간의 정의와 다른 방식으로 계산해야 한다. 변화하는 부하 관점에서 설치된 시스템과 기준모델 시스템의 효율 그리고 기후대에 따라 상당히 다른 결과가 도출된다.

객관적으로 기후대를 반영하려면 6월 1일부터 9월 30일까지 PM 2시에서 5시의 기간 동안 평균 수요전력 감소에 기초해 수요전력 절약을 계산하여 모든 IT부하 수준을 포함시켜야 한다. 이러한 데이터는 기준모델 및 제안된 시스템의 시간당 산출을 통해 얻을 수 있다. 그리고 이러한 계산법에 의한 수요전력 감소는 다음과 같이 운영 중 모니터링 기간 동안 측정한 평균 IT부하에 기초하여 조정된다. 이 방법은 계산에서 도출된 부분부하 장비효율과 설치 후 모니터링에서 수집한 실제 부하 프로파일 측면에서 **[식 20]**과 같이, 계산된 피크부하 저감과 에너지 절감량을 일치시킬 수 있다.

$$\text{보정된 피크부하 감소량} = \text{하절기 평균피크부하 감소량} \times \frac{\text{측정된 평균 부하}}{0.625 \times \text{설계 부하}} \quad \textbf{[식 20]}$$

(3) 복합용도 건물에 대한 고려사항

데이터센터가 복합용도 건물 내에 위치해 있다면 2회에 걸쳐 모델을 구현해야 한다. 먼저, 데이터센터를 포함한 전체 건물을 고려하여 모델링을 하고 그 다음 데이터센터가 없는 건물의 모델링을 한다. 2개의 모델을 통하여 추정한 에너지 및 피크수요전력 저감은 사실상 데이터센터에 해당하는 특정 절감량으로 판단할 수 있다. 프로젝트의 총 에너지 절감량 중 여기에 해당하는 부분만 **[식 19]** 및 **[식 20]**을 적용하여 조정해야 한다.

(4) 에너지 절감 및 피크부하 저감 산출 대안

사용자가 특정 부하를 입력할 수 있는 시뮬레이션 도구를 사용하여 표준모델을 수정할 경우, 복합용도 건눌 및 전용 데이터센터와 관련하여 상기의 수식을 적용할 수 없다. 1개월 설치 후 경향 분석기간 동안 관찰된 평균 IT부하는 모델에 직접 적용하여, 에너지 절감을 추정할 수 있다. 피크부하 저감은 기후대 특성을 고려한 DEER 피크부하 발생기간 정의에 따라 유사하게 추정할 수 있으며 결과의 사후처리가 필요하지 않다.

(5) 증축 또는 중앙열원 변경에 대한 요구사항

증축과 중앙(1차) 열원 시스템이 설치된 건물은 신축 프로젝트와 동일하게 모델링한다. 일반적으로 증축은 표준계산에서 (기존 건물의 모델링 없이) 단독으로 또는 기존 건물과 함께 모델링할 수 있다. 기존 건물도 모델링할 수 있는 경우, 변경 또는 확장된 기존 열원 시스템을 전체적으로 모델링해야 한다. 증축만 모델링할 경우는 기존 열원 시스템에서 변경된 사항을 모델링해야 한다. 기준모델 중앙(1차) 열원 시스템은 기준 소프트웨어를 사용하여 기본 값으로 설정할 수 있다. 증축에서 처리하는 열원의 총 설계 부하의 확장 부분에 비례하여 반영해야 한다. 중앙열원 플랜트로 사용되는 신축 건물은 증축만 모델링하는 증축 프로젝트와 동일하게 처리한다. 증축 또는 중앙열원 변경에 대한 요구사항은 **[표 44]**와 같다.

[표 44] 증축 및 증축 또는 중앙열원 변경에 대한 요구사항

	증축-1 (기존 건물 및 증축 모델링)	증축-2 (증축 건물 모델링)	신규 중앙열원 플랜트 건물
열원 시스템 미 변경	기존 열원 시스템을 전체적으로 모델링	증가하는 부하에 비례하여 기존의 열원 시스템을 변경하여 모델링	증가하는 부하에 비례하여 기존의 열원 시스템을 변경하여 모델링
열원 시스템 확장	확장된 열원 시스템을 전체적으로 모델링	증가하는 부하에 비례하여 확장된 열원 시스템을 반영하여 모델링	증가하는 부하에 비례하여 확장된 열원 시스템을 반영하여 모델링

11.3.2 전기설비 검토

일반적으로 효율적인 전기설비는 데이터센터에서 사용하는 효율화된 기계설비만큼 높은 에너지 절약 가능성을 갖고 있다. 따라서 데이터센터에서 사용하는 가장 중요한 3가지 전기 시스템은 다음과 같이 분류할 수 있다.

① UPS : 해당 시스템은 허용오차를 벗어난 유틸리티 전력 조건 (정전)으로 부터 중요한 IT장비를 보호한다. 이러한 시스템은 에너지 저장 장치(고용량 화학전지, 기계전지 등)를 대체하여, 비상시 중요한 IT장비에 전원을 지속적으로 공급한다. UPS는 대체 에너지 저장장치를 이용 가능한 상태에서 인프라설비 전력과 긴밀히 연결되어야 한다. UPS의 효율은 100%에 미치지 못하기 때문에 UPS의 효율의 극대화는 데이터센터 에너지 절약을 위한 중요한 방법이다.

② 정류기 : 정류기는 DC 출력 UPS 시스템이다. 정류기는 전기통신 중앙 사무실 및 RBS에서 빈번하게 볼 수 있는 중요한 DC 전력 시스템의 부하를 보호할 목적으로 사용된다.

③ 변압기 : 간선전압을 데이터센터 내에서 사용할 수 있는 수준으로 감소시키기 위해 강압 변압기가 필요하다. 모든 데이터센터 인프라설비의 전력은 변압기를 통해 공급되기 때문에 변압기 효율을 증가시키면 상당한 에너지 절약을 실현할 수 있다.

UPS 유닛, 정류기 및 변압기는 관련 에너지 법규에서 다루고 있지 않다. 따라서 이러한 전기설비에 대한 기준모델은 데이터센터의 기계설비에 적용되는 기준모델과는 상이하다. 따라서 각 장비에 대한 기준모델 요구사항의 정의가 필요하다.

11.3.3 비용분석

신축 프로젝트는 기준모델에 적용된 시스템의 비용을 분석해야 한다. **[표 45]**는 대안분석법(ACM : Alternative Calculation Method)을 사용하여 기준모델 시스템 유형으로 구성된 주요 구성요소를 정의하고 있고 이러한 구성요소에 해당되는 공조·냉각 시스템을 제시하고 있다. ACM 모델 분석방법에 기초하여 기준모델을 선택할 수 있고 기준모델 시스템 구성요소의 용량, 수량 및 성능 분석지표는 프로젝트에 따라 상이하기 때문에 반드시 고려되어야 한다. 그리고 분석한 각각의 ECMs와 관련된 장비(냉동기, CRAC/H 유닛 등)의 비용도 계산에 포함되어야 한다.

비용분석은 각 항목별 해당 기준모델 시스템별 장비와 적용된 시스템별 장비 간 설치비용의 차이로 계산한다. 설계에서 혁신적인 접근법이 적용되기 때문에, 설치비용에는 장비 비용, 인건비 및 요구되는 추가 엔지니어링 비용이 포함된다. 기준모델 시스템과 적용된 시스템에서 동일한 장비는 추가 비용에 포함하지 않는다. 예를 들어, 신축 프로젝트를 위해 제안된 설계에서 법규 준수의 냉각탑을 최소한으로 사용할 경우, 추가 비용에는 냉각탑의 비용이 포함되지 않는다. 아니면, 더 작은 어프로치(냉각수 출구수온과 입구공기 습구온도의 차이)와 팬 에너지 감소를 위하여 적용된 냉각탑이 과도하게 커지면, 기준모델 냉각탑에 대비한 큰 냉각탑의 추가 비용이 포함되어야 한다. 각 품목 비용의 출처는 추가 비용의 계산에 명기되어야 한다.

[표 45] 부하범위에 따른 기준모델 시스템 구성 매트릭스

구성요소	냉각부하			
	5 RT 미만	5~250 RT	250~600 RT	600 RT 이상
팬 정속제어, SAT 리셋, Air-side Economizer DX CRAC	있음	-	-	-
팬 속도 가변제어, SAT 리셋, Air-side Economizer DX CRAC	-	있음	-	-
팬 속도 가변제어, SAT 리셋, Air-side Economizer CRAH	-	-	있음	있음
변속 스크류 냉동기	-	-	있음	-
변속 원심식 냉동기	-	-	-	있음
가변 인버터 팬이 설치된 축류 팬, 대향류형 냉각탑	-	-	있음	있음
가변 속도 냉수순환 펌프	-	-	있음	있음
정속 냉각수순환 펌프	-	-	있음	있음
열복도/냉복도 차폐 적용	-	IT부하 175 kW 초과 IT룸 보유	IT부하 175 kW 초과 IT룸 보유	IT부하 175 kW 초과 IT룸 보유
DDC 제어장치	-	있음	있음	있음
UPS	-	있음	있음	있음

11.4 개·보수 프로젝트

11.4.1 일반사항

개·보수 프로젝트는 다음과 같이 구분할 수 있다.

① 조기철거(ER : Early Retirement)
② 개·보수 보완 (REA : Retrofit Add-On)
③ 정상적인 교체(NR : Normal Replacement)
④ 성능 저하에 따른 교체(ROB : Replace on Burnout)
⑤ 신규 부하/장비 추가(NEW : New Load/New Added Equipment)
⑥ 복합 개·보수(Mixed)

개·보수 프로젝트는 신축 프로젝트와 여러 측면에서 차이를 보인다. 적절한 기준모델 M&V 방법 및 비용분석 측면에서 고유한 특성을 갖는다. 개·보수 프로젝트는 개·보수 보완(REA) 및 조기철거(ER) 프로젝트의 경우, 기존 장비의 기준모델을 사용할 수 있으며, 성능저하에 의한 교체(ROB), 정상적인 교체(NR) 및 신규 부하 및 추가 장비(NEW)의 경우, 신설 장비의 기준모델을 사용할 수 있다. 기존 장비의 기준모델을 적용하는 프로젝트에 대한 M&V는 개·보수 전 조건과 비교하여 에너지 절감을 평가하는 수단을 필요로 한다. 기준모델에 대한 M&V는 NR 프로젝트의 경우에 기존 조건에 대비 실질적으로 절감이 발생하였다는 것을 확인해야 한다. REA 및 ER 프로젝트에 대한 비용 분석에서는 총 프로젝트 비용을 고려하는 반면, ROB, NR 및 NEW 프로젝트에 대한 비용 분석에서는 추가 비용만을 고려한다.

11.4.2 기준모델 선정

개·보수 프로젝트에 대한 적절한 기준모델은 기존 조건 즉, 법규 및 표준 조건 또는 이들의 조합일 수 있다. 개·보수 프로젝트를 위한 적절한 기준모델을 결정하는 핵심 개념은 에너지 절약의 영향도이다.

① 조기철거(ER) : 입증책임 하에 있는 공익사업 프로그램이 직접적으로 작용하여 기존 장비의 교체로 이어졌다는 것을 증명할 수 있을 경우, 기존 장비는 기준모델을 형성한다.

② 개·보수 보완(REA) : 기존 펌프에 가변 인버터 설치 또는 외기냉수냉방(Water-side Economizer)의 추가와 같은 보완 조치는 인프라설비의 기존 조건을 기준모델로 활용한다.

③ 정상적인 교체(NR) : 인프라설비의 변경이 작용하고 기존 장비의 교체로 이어진 것을 입증할 수 없으면 법적 기준모델을 적용한다.

④ 성능 저하에 따른 교체(ROB) : 이론적으로는 수년의 내구연한(RUL : Remaining Useful Life)을 지니고 있지만 반복적으로 고장이 발생하거나 필요에 의하여 교체되는 장비는 유효수명(EUL)을 초과한 것으로 간주되며, 법적 또는 기준모델이 적용된다.

⑤ 신규 부하/장비 추가(NEW) : 데이터센터 사용자가 데이터센터의 부하 밀도를 증가시켜 기존의 냉각 시스템이 IT부하를 더 이상 충분히 감당하지 못하게 되어 교체해야 하는 경우에는 법적 기준모델을 형성한다. 그러나 교체 대신에 기존 냉각 시스

템을 추가한다면 (예를 들어, 기존 IT룸에 CRAC/H 유닛 추가) 기준모델은 새로운 장비에만 적용되고 기존의 나머지 장비에는 에너지에 변화가 없는(즉, 기준모델 시나리오와 제안된 시나리오 모두에서 동일한) 것으로 간주된다.

⑥ 복합 기준모델 : 여러 대의 장비를 교체하는 상황에서 ECMs가 작용하여 몇 대의 장비만 교체된 것이 입증된다면 복합 기준모델이 적용된다. 에너지 절감에 직접적인 영향을 받아 교체된 장비는 기존 장비 기준모델을 사용하고 그 외 장비는 법적 또는 표준화된 기준모델을 사용한다.

11.4.3 개·보수 프로젝트의 고려사항

(1) UPS 효율

정상적인 교체 및 개·보수 프로젝트에서 UPS 효율에 대한 기준모델은 **[표 46]**과 같다. 부분부하 효율은 신축 효율 기준모델에서 정의된 식과 용량 계수를 사용해 계산한다.

[표 46] 개·보수 UPS 평균효율

정격출력 전력(W)	평균효율(EFF_{avg})
$1,500 < P \leq 10,000$	0.898
$10,000 < P \leq 100,000$	0.902
$P > 100,000$	0.923

(2) 장비의 유효수명(EUL)

[표 47]은 데이터센터에서 사용하는 다양한 핵심 시스템에 대한 EUL이 요약되어 있다. 교체되는 장비가 제시된 항목에 포함되지 않을 경우, 20년을 초과하지 않도록 EUL을 결정한다. EUL은 생애주기비용 및 에너지 절약 분석의 목적상, 가동시간에서 사용되는 잔존 유효수명을 결정하는 것이 중요하다.

[표 47] 주요 장비의 유효수명

주요 장비	EUL(년)	주요 장비	EUL(년)
냉동기	20	CRAC 유닛(공랭식 또는 수냉식)	15
냉각탑	15	외기냉방(Air-side Economizer)	10
펌프 및 모터	15	증발 냉각기(간접식 또는 직접식)	15
팬 및 모터	15	가변 인버터	15
외기냉수냉방(Water-side Economizer)	15	DDC 제어 시스템	15
CRAH 유닛	15		

11.4.4 개·보수 기준모델 및 분석법

개·보수 프로젝트의 M&V에 필요한 분석법은 기준모델 유형에 따라 차이를 보인다. M&V 방법에 상관없이 모든 프로젝트는 개·보수 후 모니터링 기간 동안 관찰된 부하에 기초해 에너지 절약 정도를 평가한다. 에너지 절약은 현장에서 가장 가까운 지역의 기후 데이터를 사용해 계산한다. 모든 개·보수 프로젝트 분석은 운전 데이터의 수집으로 시작된다. 개·보수 프로젝트는 기후와 관련된 조치사항일 경우 개·보수 전과 후 모니터링이 4개월 동안 진행되고 기후와 관계가 없는 조치사항은 개·보수 전과 후 모니터링이 1개월 동안 진행된다. 또한, 프로젝트 유형별로 요구되는 모니터링에 관한 세부 정보의 제공이 필요하다.

장비 또는 관련 시스템의 에너지 사용이 기후조건의 직접적인 영향을 받으면 이러한 조치는 기후 종속적이다. 냉동기 교체, 외기냉수냉방 및 외기냉방 적용, 냉각탑 교체 그리고 CRAC/H 유닛 개·보수 모두는 기후영향에 종속된 조치의 사항이다. 기후영향에 독립된 조치사항에는 기후조건에 영향을 받지 않는 것을 입증할 수 있는 모든 전기설비 및 기계설비 에너지 효율개선이 포함된다. 기후영향 독립 기계설비 조치사항의 예는 고효율 팬(kW/CFM이 낮은) 공기조화기 설치와 CRAC/H 급기팬 모터 VFD 개·보수가 포함된다.

(1) 조기철거(ER) 및 개·보수 보완(REA) 프로젝트

이 두 시나리오는 기존 시설을 기준모델로 사용한다. 그리고 개·보수 기간 전후 변경 데이터에서 생성된 기후 및 부하 정규화 회귀모형을 사용해 에너지 절감을 평가한다.

(2) 정상적인 교체(NR) 프로젝트

개·보수 전과 후의 에너지 소비 차이는 운영 중 취득된 데이터에서 생성된 기후 및 부하 정규화 회귀모형을 사용하여 평가한다. 기존 조건에 대비하여 계산된 절감량은 ①실제 프로젝트에서 절감이 달성되었는지를 검증하고 ②제시된 에너지 절감에 상한을 설정한다. 그리고 표준 조치사항이 기준모델의 에너지 사용이 반영되도록 개·보수 후 모델을 조정한다.

개·보수 후와 표준 조치사항 기준모델 간 연간 에너지 사용량 차이는 프로젝트의 에너지 절감이며, 제시된 에너지 절감량은 개·보수 전 모니터링을 통해 결정된 실제 에너지 절감량을 초과할 수 없다는 제약을 받게 된다.

(3) 성능 저하에 의한 교체(ROB) 프로젝트

성능이 저하된 장비의 정격효율은 규정한 수준을 초과하지 않을 경우, 이 시나리오에서 기준모델을 형성한다. 이 경우, 성능이 저하된 장비를 기반으로 기준모델을 형성한다. 영향을 받은 시스템의 기후조건 및 부하 정규화 회귀모형을 구성하기 위해 개·보수 후의 운영 데이터를 사용한다. 그런 다음, 표준 기준모델 에너지 사용을 반영하도록 개·보수 후 모형을 조정한다. 개·보수 후와 표준 기준모델 간 연간 에너지 사용량 차이는 프로젝트를 통한 에너지 절감량이다. NR 프로젝트와 대조적으로, ROB 프로젝트는 기존 장비가 고장이 났거나 고장이 나기 직전이기 때문에 개·보수 전 모니터링을 필요로 하지 않는다.

(4) 신규 부하/추가 장비(NEW) 프로젝트

NEW 프로젝트는 신축 프로젝트와 유사하게 처리되기 때문에 전체 건물의 에너지를 시뮬레이션해야 한다. 기준모델 및 제안된 사례모형은 에너지 시뮬레이션 도구에서 구축한다. 표준 기준모델을 형성하는(즉, 기존의 모든 기계 시스템을 교체하는) 프로젝트의 경우, 사용하는 분석 툴이 적용된 시스템을 정확히 모델링할 수 있다면 어떠한 프로그램을 사용해도 무관하고, 이를 사용해 모델링한다. 다른 개·보수 프로젝트 유형과는 대조적으로 NEW 프로젝트는 기준모델 및 제안된 모델과 관련하여 1개월 기간의 개·보수 후 부하 운영 데이터만 요구된다.

(5) 복합 기준모델 프로젝트

복합 기준모델 프로젝트에 대한 M&V는 NEW 프로젝트와 관련된 경우를 제외하고는 여타 개·보수 프로젝트 유형과 동일하게 기후 영향에 종속되는 항목과 관련하여 4개월 기간의 개·보수 전후 모니터링이 필요하며 기후 영향에 독립적인 항목은 1개월의 개·보수 전후 모니터링이 필요하다. 기준모델의 대상이 되는 장비는 개·보수 전 기간 동안 별도의 모니터링이 필요하다. 개·보수 전 데이터센터에서 기준모델 효율 수준을 평가하고, 해당 시스템에 대한 에너지 사용이 조정된다. 그리고 기후 및 부하 정규화 개·보수 전후 에너지 모델을 생성하여 에너지 절감량과 효과를 추정할 수 있다.

NEW 조치가 포함된 프로젝트의 경우, 위에 명시된 기준을 준수해야 한다. 예를 들어 프로젝트에서 새로운 냉동기를 추가하여 기존 IT룸의 증가된 부하를 처리하고 (NEW 조치) 외기냉수냉방을 적용할 경우, (REA 조치) IT부하의 변경으로 인한 개·보수 부분을 분리하거나 전체 건물 모니터링을 사용하면 프로젝트를 적절히 분석할 수 없다. 전체 건물 모델링 방법을 적용하면 적절한 기준모델(새로 설치된 냉동기와 용량이 동일한 냉동기+기존 플랜트)뿐만 아니라 적용된 사례(기존 플랜트+새로운 냉동기 및 외기냉수냉방)를 구성할 수 있다.

11.4.5 비용분석

개·보수 프로젝트는 일부 상황에서 증가된 비용 대신에 총 프로젝트 비용을 적용한다는 점에서 신축 프로젝트와 차이를 보인다. REA와 ER은 기존 시스템의 교체가 필요치 않기 때문에 총 프로젝트 비용 기준을 사용한다. ROB, NR 및 NEW 프로젝트는 장비 교체 또는 추가가 필요하기 때문에 증가된 비용 기준을 사용한다. 복합 기준모델 프로젝트는 ROB, NR 또는 NEW 구성요소를 위하여 증가된 비용 기준을 사용하고, 여타 구성요소를 위하여 총비용 기준을 사용한다.

11.5 데이터센터 M&V 기준모델 모델링

데이터센터의 에너지 기준모델은 Title 24(미국 캘리포니아) 기준에 따라 내구연한과 복합 기준모델을 사용하는 개·보수 프로젝트에서 사용자 정의로 적용해야 한다. 기계설비(시스템)와 관련하여 데이터센터 및 IT룸에서 적용 가능한 모든 ACM 기준 요구사항을 제시하였다. 이러한 요구사항은 Title 24 기준모델을 필요로 하는 모든 개·보수 프로젝트에 대한 기준을 정의하기 위해 사용된다. 이 기준모델은 신축 프로젝트에 바로 적용 가능하고 별도의 추가 작업도 필요치 않다.

11.6 데이터센터 M&V 수행 방법

11.6.1 데이터센터 M&V 수행 구분

데이터센터의 신축 및 개·보수 프로젝트를 위한 현장 데이터 수집, 모니터링 및 분석을 포함한 표준화된 M&V 방법을 정의한다. 이러한 요구사항은 M&V 프로세스를 표준화하여 해당 데이터센터 기준모델을 활용하는 프로그램과 관련 프로젝트를 수행하는 담당자 간에 분석의 객관성을 일관되게 유지하는데 그 목표를 두고 있다. 요구 사항은 기본적인 프로젝트 유형(신축 및 개·보수 프로젝트)으로 먼저 분류된다. 그중 개·보수 프로젝트의 요구사항은 기준모델 유형으로 다시 추가로 분류된다.

11.6.2 신축 프로젝트 공통사항

(1) 현장 검증 요구사항

신축 프로젝트는 시공, 시운전 및 데이터센터 운영 중에 진행되는 검증 사항으로 현장 방문을 필요로 한다. 현장 방문에서 M&V 수행기관은 제시된 모든 에너지 효율화에 필요한 장비의 설치를 확인해야 한다. 적용된 모든 장비에 대한 명판 정보(최소한 모델과 일련번호 포함)를 수집해야 한다. M&V 담당자는 중앙열원 및 공조 시스템에 대한 운영절차(SOP : Standard Operating Procedure)의 최종 도서를 검토한다. 에너지 관리 시스템(EMS : Energy Management System) 관리자는 문서화된 운영절차에 에너지 절약 운전모드가 반영되어 있는지 확인하기 위해 프로그램화된 절차에 관한 면담도 진행한다. 면담 과정에서 외기냉수냉방 및 외기냉방 시스템에 대한 핵심 절차를 검토하고 M&V 담당자는 분석모델을 구성하기 위하여 사용한 모든 설정값(예를 들어, 최소 급기온도, 상한 이코노마이저 운전온도, 냉수 공급온도 설정값과 리셋 범위, 냉각수공급온도 설정값, 실내 설정온도 범위 등)을 추가로 확인해야 한다. 실제 설치된 조건과 준공도면으로 구축된 분석모델에 포함된 조건 사이에 불일치가 식별되면, 현장 운전상태 및 조건을 모델에서 반영하고 불일치에 대한 조치를 해야 한다.

(2) 모니터링 요구사항

신축 프로젝트는 분석모델에서 추정한 에너지 절약의 반영사항을 검증하기 위하여 운영 후 IT부하 데이터를 1개월 동안 수집해야 한다. 이러한 데이터는 데이터센터의 전체 인프라설비가 아닌 IT룸 IT부하를 공급하는 UPS에 대한 전력의 출력 형태를 취득해야 한다. 가능하면 5분 또는 15분 간격으로 UPS 출력 상태를 분석해야 한다. 불가능할 경우, 최소한 1시간 단위의 데이터 수집이 요구된다. 누적 평균의 추세는 가능하면 즉시 확인하는 것을 권장한다. 소비전력의 경향분석 기능이 없는 UPS를 적용한 경우, 운영 담당자는 IT부하에 공급하는 각 UPS에 대한 총 소비전력 출력 일지를 작성 및 보관해야 한다. 이러한 데이터는 소비전력의 경향분석 기능이 있는 UPS의 자체 디스플레이에서 바로 판독할 수 있다. UPS, 정류기 또는 변압기의 에너지 절약 프로젝트는 각 장비에 대한 출력 또는 입력전력을 최소 15분마다 1개월 단위로 모니터링 해야 한다(수기로 기입한 일지는 허용되지 않음). 모니터링 기간을 1개월 이상 연장하게 되면 인프라설비 운영을 합리적으로 증축한 상태에서 IT룸 부하를 보고할 수 있다.

(3) 분석 요구사항

신축 프로젝트는 에너지 소비 데이터 또는 UPS 운영데이터를 통해 수집된 평균 IT부하를 사용하여 ECMs를 M&V 방법에 따라 조정한다. 시뮬레이션 분석에 포함되지 않은 전기설비를 통한 절약은 **[식 21]**의 일반화된 공식을 사용하여 평가한다.

$$E_{saved} = \frac{8760}{n}\sum_{i}^{n} load_i \times \left(\frac{1}{\eta_{BL(LF_{BLi})}} - \frac{1}{\eta_{IS(LF_{ISi})}}\right) \quad \textbf{[식 21]}$$

E_{saved}	: 연간 절감 에너지 (kWh)
n	: 모니터링(측정) 데이터의 시간
$load_i$	: 모니터링(측정) 데이터의 i 시간 동안의 평균 IT부하(출력) (kWh)
$\eta_{BL(LF_{BLi})}$	: 기준모델 시스템 부하율
$\eta_{IS(LF_{ISi})}$	: 설치된 시스템 부하율

설치된 장비에 대한 부분부하 효율곡선을 수집할 수 있으며 제조사로부터 해당 데이터를 취득한다. UPS와 정류기의 부분부하 효율곡선을 이용할 수 없다면 기준모델 정규화 선도를 사용한다. 기준모델 유닛 또는 적용된 유닛이 25% 미만의 부하로 운전하는 UPS일 경우에는, 25% 미만 부하의 효율을 25% 부하 효율로 고정한다. UPS, 정류기와 대조적으로 변압기는 정격효율 값을 사용할 수도 있다. 분석을 간소화할 목적으로 전기설비의 ECMs와 관련된 상호작용은 전기설비가 설치된 공간에 제공되는 공조/냉각 시스템의 정격효율에 기초해 추정한다. 전기설비의 ECMs에 대한 최대 수요전력 절감은 **[식 21]**의 i시간 동안 최대 절약된 전력이 된다.

11.6.3 신축 M&V 프로세스

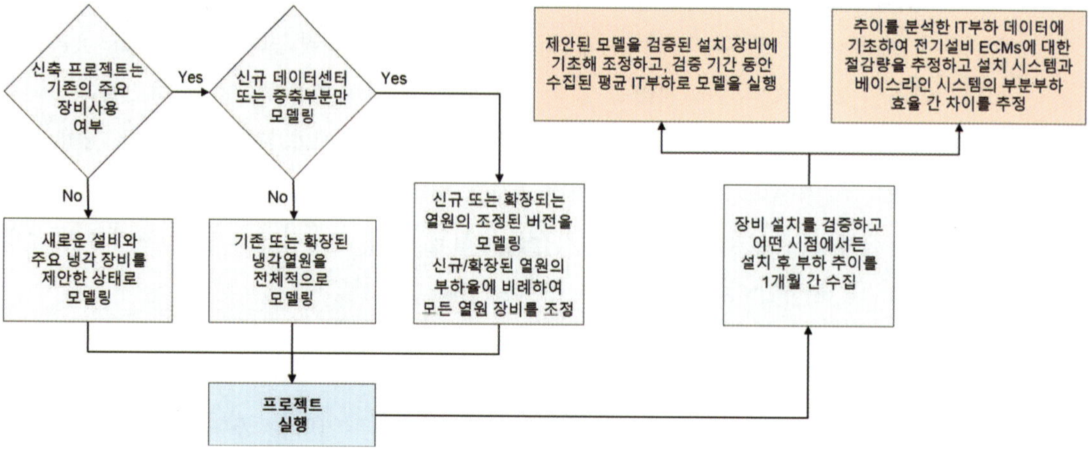

[그림 113] 신축 데이터센터 ECMs 분석 프로세스

모든 신축 데이터센터 프로젝트에서 요구되는 ECMs 분석과 M&V 프로세스 흐름은 **[그림 113]**과 같이 제시할 수 있다.

12. 데이터센터 커미셔닝

12.1 일반사항

주요 데이터센터 인프라설비의 커미셔닝(Commissioning)은 시설의 기능과 안정적인 운영을 추구하는 프로세스에 있어 없어서는 안 될 부분이다. 프로젝트 초기단계에 커미셔닝이 시작되어야 발주처 요구사항(OR : Owner Requirement)이 설계 및 건설 과정 전반에 걸쳐 더욱 잘 정의될 수 있다. 커미셔닝에는 공장검수 테스트(FAT : Factory Acceptance Test), 요소 및 부품별 레벨 테스트, 시스템 성능 테스트, 통합 시스템 테스트가 반드시 포함되어야 한다. 비상상황에 대응하는 전체 설비인프라가 전반적인 설계 의도와 일치함을 증명하기 위해서 커미셔닝에는 공장 검수 테스트, 부품 레벨 테스트, 시스템 성능 테스트 및 통합 시스템 테스트가 포함되어야 한다. 프로젝트의 마무리 단계에서 커미셔닝의 검토범위가 더욱 확장된다.

데이터센터 구축 프로젝트가 마무리될 때에는 사업비도 거의 소진된다. 따라서 발주처로부터 때때로 "이미 모든 시설과 시스템에 대하여 보증을 제공받기로 계약한 사항에 대해서 왜 발주처가 커미셔닝에 대한 별도의 비용을 지불해야 하는가?"라는 의문을 제기하는 것은 놀랍지도 않다. 이 질문에 대한 답변은 모든 건물은 고유의 특성이 반영되어 설계되었다는 사실에 있다. 각 설계에 대한 사항을 테스트하고 입증할 필요가 있다. 단편적으로 도면과 사양에 부합하도록 정확하게 인프라설비를 구축하는 것이 발주처의 요구사항 반영을 보장하는 것은 아니다. 데이터센터의 주요 인프라설비의 커미셔닝은 기타 시설(예를 들면, 일반 사무실)에 적용되는 것처럼 동일한 논리를 포함하지만 몇 가지 단계가 추가된다. ASHRAE 가이드라인 HVAC 커미셔닝 프로세스에서는 커미셔닝을 다음과 같이 정의하고 있다.

① 시스템이 설계 의도대로 성능을 발휘하기 위해서 설계, 적용, 성능 테스트, 유지관리될 수 있도록 하는 프로세스이다.
② 계획단계에서부터 설계, 시공, 시운전, 승인, 교육에 이르기까지 건물의 전 생애에 걸쳐 적용될 수 있다.

또한, 미국 포틀랜드 에너지 관리국의 커미셔닝 계획 및 가이드에서는 커미셔닝을 다음과 같이 정의하고 있다.

① 건물 시스템이 설계의도와 건물주의 운영 요구사항에 따라 양방향으로 운전되는 것을 보장하는 체계적인 과정이다.
② 설계 초기단계에서 설계의도를 문서화하고 시공, 승인, 품질보증기간 동안 성능검증, 유지관리(O&M : Operations & Maintenance) 문서 검증 및 운영인력 교육을 수행하는 것으로 정의하고 있다.

일반적으로 커미셔닝은 신축 프로젝트와 관련되지만, 기존 시설의 증축, 개·보수, 유지보수를 위해서도 수행되어야 한다. 데이터센터 사업자는 일반적인 운영 및 유지관리 프로그램에 설치된 시스템과 인프라설비 운영에 있어서 신뢰성 및 가용성에 대한 요구사항을 충족시키기 위해서 지속적인 커미셔닝 형태로 관리할 것을 고려해야 한다. 인프라설비가 유지관리 부족 또는 장비 고장으로 설계조건과 운영상황이 불일치할 때, 리트로-커미셔닝은 기존 시스템을 적절하고 효율적인 운영체계로 되돌리기 위해서 수행되어야 한다.

12.2 기본 구비 문서

커미셔닝의 가시적 효과를 위해, 프로젝트팀으로부터 설비인프라의 목적과 성능의 요구사항을 정의하고 의견을 조율할 필요가 있다. 발주처의 프로그램 문서화, 설계지침의 문서화, 커미셔닝 계획 관련 서류의 문서화는 커미셔닝을 수행하는 가장 좋은 방법이다.

12.2.1 발주처(Owner's Program)

발주처 프로그램에는 설비인프라의 용도, 성능 요구사항이 포함된다. ASHRAE 가이드라인에서는 발주처 프로그램을 인프라설비를 어떻게 사용하고 운영할 것인지 발주처의 전반적인 비전을 제시하는 문서로 정의하고 있다. 이 문서는 때때로 발주처가 준비한다. 일반적으로 새로운 데이터센터 시설의 프로그램, 스페이스, 물류 등의 요구사항 체계화를 위해 프로그램 매니저 또는 외부 컨설턴트의 도움을 받아 준비한다.

12.2.2 설계지침(BOD : Basis of Design)

설계지침에는 발주처 프로그램에 언급된 바와 같이 시설 용도에 맞는 성능 구현을 위하여 시설의 물리적인 측면과 관련된 사항을 포함한다. 본 문서는 일반적으로 발주처가 고용한 건축가와 엔지니어링사에서 준비한다. 설계지침서에는 적용 시스템의 설명 또는 간략한 계통도 등이 포함된다. 이것은 프로젝트가 진행되는 과정을 통해 업데이트되어야 한다. 왜냐하면 설계의도를 달성하기 위한 수단은 비용 또는 초기단계에 정의될 수 없는 실행계획의 제약에 따라 변경될 수 있기 때문이다. 이 문서가 설계변경 반영을 위해 업데이트됨에 따라, 결과물은 변경된다. 특히, 범위가 변경되면 설계의도에 부합되는지 확인하기 위해 발주처 프로그램을 다시 체크해야 한다.

12.2.3 커미셔닝 계획

커미셔닝 계획은 교육 교재를 포함하여 프로젝트 수행에서 종료까지 예상되는 검증 및 테스트 프로세스를 정의하는 것이다. 일반적으로 커미셔닝 에이전트(CxA : Commissioning Authority)가 커미셔닝 계획을 준비한다. CxA의 이상적인 고용형태는 데이터센터 사업주가 직접 고용하는 것이고 CxA가 없는 프로젝트의 경우, 발주처 프로그램 및 설계지침은 작성되지 않을 수도 있다. 따라서 CxA는 이러한 문서를 만드는 프로세스를 총괄하는 것은 물론 각 문서에 각각의 후속 단계로 전달될 정보가 포함되었는지를 확인하는 업무를 지원할 수도 있다. 후속 단계는 1단계 설계 프로세스, 2단계 시공, 3단계 시설 및 모든 시스템의 테스트를 의미한다. 결과적으로 커미셔닝 계획은 전체 프로세스와 설치된 시스템의 테스트가 이 프로세스의 첫 번째 단계와 발주처 프로그램 문서와 일치하는지를 검증하고 테스트하기 위한 방법을 제공한다.

12.3 커미셔닝 단계

커미셔닝은 개별 요소들의 공장검수 테스트부터 전체 인프라설비에 적용된 무수히 많은 시스템들이 의도한 대로 성능을 발휘하는지를 확인하는 성능검증 시뮬레이션에 이르기까지 다양하다. 정규 커미셔닝에 있어서 매우 중요한 부분은 데이터센터 운영과 관련된 인프라설비의 정보 및 부품, 장비, 시스템의 데이터를 수집, 정리 및 기록하는 것이다. 시스템 매뉴얼은 운영시 고려해야 할 항목들이 시공단계에도 인지되도록 도와준다. 시스템 매뉴얼을 통해 시스템 성능, 평상시, 대기시, 비상시 또는 기타 정의된 모드에 대한 운전 시퀀스와 유시관리 요구사항 및 질차(예비부품 목록, 유지보수 방법, 주요 예비 장비 등)와 설치 데이터(공급업체 연락처 정보, 보증 정보 등)를 고려한 시스템 관련 정보를 수집한다. 이러한 매뉴얼의 개발은 설계 단계에서 시작되어야 하며 데이터센터의 생애 기간 동안 유지되어야 한다. 커미셔닝 수준을 정리하면 다음과 같다.

12.3.1 Level 1

Level 1 커미셔닝은 장비 납품 전 테스트를 의미하고 공장검수 테스트(FAT : Factory Acceptance Test)라 한다. 제안된 테스트의 범위와 방법은 설치 시 사용목적의 최대 성능 값을 포함하여 보장되어야 한다. 이를 통해 장비 납품 전에 쉽게 해결할 수 있는 결함 또는 미미한 불량 상태를 발견할 수 있다. 또한 프로젝트팀이 특수장비를 검토할 수 있는 좋은 기회다. 제품 설명서와 카탈로그 외에 운전상태의 장비를 직접 보고, 듣고, 관찰할 수 있다. 설계, 운전, 유지관리, 제품 공급 및 고객지원 등에 대한 질문은 현장에서 해결 가능하다.

12.3.2 Level 2

Level 2 커미셔닝은 현장검증을 의미한다. 장비 납품 시 손상 없이 시방서 요구사항이 반영되었는지 장비를 점검, 확인하는 것이다. 중요하거나 고가 또는 장기 발주 품목의 경우, 포괄적이고 철저한 확인이 이루어져야 한다. 설치 전까지 안전한 장소로 운송 및 보관이 이루어져야 한다.

12.3.3 Level 3

Level 3 커미셔닝은 설계 및 시방서에 준하여 장비가 설치되었는지를 현장에서 확인 및 검증하는 것으로 시스템 시공 확인(SCV : System Construction Verification)을 의미한다. 이렇게 공식적으로 진행되는 검사의 경우 CM은 의견조율 및 문서작성을 주관하고, 건축 및 엔지니어링사는 검사를 주관하며 발주처, 시공사, 장비 공급사의 참석을 독려한다. 이 단계에는 사용자 요구 테스트, 목업 테스트 그리고 기타 기획 및 설계업무도 포함된다. 운영관리 직원은 현장에 상주해야 한다. 이는 유지관리 직원이 장비배치와 유지관리 동선을 파악하고 적재, 예비품 재고관리, 설치 및 유지관리 매뉴얼 검토 그리고 설계팀, 시공사 및 설치업자와 질의·응답할 기회를 제공하고 CxA가 시설을 어떻게 운영하길 원하는지 등을 확인할 수 있도록 한다.

12.3.4 Level 4

Level 4 커미셔닝은 일반적으로 현장 적용 테스트(SAT : Site Acceptance Testing)를 의미한다. 관련 부품, 장비 그리고 적용 시스템이 시방서와 설명서에 제시된 성능 구현이 가능한지 입증하는 것을 의미한다. 또한 영향을 받는 모든 분야에서 조립 및 설치된 장비와 부품이 어떻게 시스템으로 작동하고 성능을 구현할 것인지를 이해하고 동의할 것을 요구한다. 프로그래밍 및 설계단계 동안 잘 만들어진 커미셔닝 계획은 설계의도와 설계지침 등을 통해 책임과 역할(R&R : Role and Responsibility)을 명확하게 제시된 설계도서로 반영된다.

12.3.5 Level 5

Level 5 커미셔닝은 시스템 통합 테스트(IST : Integrated System Test)라고 한다. 예비용 부품, 시스템 그리고 상호 연계된 시스템은 예상되는 그리고 예상외의 이상 현상에 대응하기 위하여 테스트를 수행한다. Level 5 커미셔닝을 수행하는 것은 시스템이 본래 프로그래밍의 의도와 기대에 부합함을 실증하기 위해 사전에 고려되고 적절히 테스트되었음을 확인하기 위한 것이다. 자동제어 시스템은 특히 Level 4와 5 테스트를 수행하는 동안 커미셔닝 툴로 중요한 역할을 할 수 있다. BAS(Building Automation System)는 우선 커미셔닝을 위해 다른 시스템에 사용하기에 앞서 엄격한 커미셔닝 프로세스를 거쳐야 한다. 이것은 일반적으로 BAS가 설계 및 설치 단계에서 다른 시스템의 작동을 지연시키는 상황에서 최단경로(Critical Path)를 도출해 내는 것이다.

12.4 인프라설비 커미셔닝

일반적으로 주요 인프라설비는 예상된 그리고 예상치 못한 이상 현상 발생 시 인프라설비 운전에 영향을 미치지 않도록 어떻게 대응할 것인지를 고려한 요구 성능이 포함된다. 통상적으로 시스템에는 비상시 IT장비 보호를 위해 자동 또는 수동으로 작동시킬 수 있는 백업 시스템 또는 장비의 예비 부품과 유틸리티 배관, 여유 용량이 포함된다. 이러한 예비·백업용 장비, 시스템 또는 상호 연계된 시스템은 Level 5 통합 시스템 테스트 단계에서 성능검증을 해야 한다. 일반적으로 데이터센터의 Level 5 커미셔닝은 일반건물의 커미셔닝과는 상이하다.

실질적인 Level 5 커미셔닝 계획 수립에 앞서, 예상되는 내·외부적인 이상 현상으로부터 안정성이 보장되는 인프라설비 구축을 위해 판단기준이 구축되어야 한다. Level 5 커미셔닝을 성공적으로 수행하기 위해서는 인프라설비의 중요도, 실비의 복잡한 특징 그리고 사용 가능한 에너지원을 고려한 품질보증 확보를 위한 노력이 이루어지는 프로젝트 초기단계부터 시작되어야 한다. Level 5 커미셔닝은 인프라설비가 설계의도와 프로그램 요구사항에 부합됨을 입증하는 것이다. 여기에는 UPS와 비상발전기 병용운전에 따른 일반전력 손실 테스트가 포함된다.

UPS의 장비용량은 UPS 모듈과 배전반을 포함한 전력수전에서부터 원격 분전반까지 검증된 부하로 선정된다. UPS는 부하뱅크의 전부하뿐 아니라, 수전전력 손실, 모듈고장 및 유사 성능 테스트 등의 다양한 고장 유형을 고려한 테스트가 이루어져야 한다. 부하뱅크의 발열은 공조기와 냉각기기의 냉방부하로 처리된다. BAS 모니터링, 제어 및 알람 시스템 역시 확인한다. 가장 좋은 방법은 상호 연계 시스템 테스트를 가능한 많이 반복 수행하는 것이다.

12.5 커미셔닝 비용

12.5.1 Level 1

Level 1 활동은 일반적으로 제조사의 비용으로 발생된다. 단, 발주처가 추가로 요구하거나, 제조사의 품질보증 및 품질관리(QA/QC : Quality Assurance/Quality Control) 프로세스 기준 이상으로 요구하는 테스트 또는 테스트 문서를 제외하고는 장비 가격에 포함되어 있다.

12.5.2 Level 2

Level 2 활동 또는 인수 유형 검사는 일반적인 인수 프로세스와 절차 형식을 갖추기 위한 추가적인 문서작업이 필요하며, 상대적으로 적은 추가 비용이 발생한다.

12.5.3 Level 3

Level 3 활동에서 발생되는 일반적인 비용은 건설 프로젝트에도 포함된다. CM, 건축, 엔지니어가 설계기준과 도면 그리고 허용 품질에 따라 성능을 구현하는 수단과 방법을 확인하기 위해 검증을 실시한다. 양식을 갖춘 커미셔닝 계획은 검토 수준, 문서화 그리고 이러한 노력에 대한 책임을 증가시키는 경향이 있다. 따라서 시간과 비용이 막대하게 증가될 것으로 예상된다.

12.5.4 Level 4

Level 4 커미셔닝은 더 많은 계획, 구체적인 절차, 시간과 인력은 물론, 일반적인 운영 및 테스트보다 더 많은 추가 비용이 발생한다. Level 4 커미셔닝을 통해 주요 시스템이 안전하게 의도된 성능이 구현될 것임을 보증하고, Level 5 통합 시스템 테스트를 위한 필수조건이다. 새로운 시스템의 의미 있는 테스트처럼 실패할 수도 있고 결과가 지연되거나 개선사항이 생길 수도 있다. 개선사항은 수정에서부터 수리, 심지어는 재설계 및 설계변경에 이르기까지 다양하다. 프로젝트 예산과 일정에는 Level 4 커미셔닝 단계에서 모순점을 고심하고 해결하기 위해 예상치 못한 재작업과 같은 만일의 상황이 반영되어야 한다.

12.5.5 Level 5

긍정적인 결과 도출을 위한 Level 5 커미셔닝의 경우, 기본적으로 Level 1~Level 4 커미셔닝보다 고차원적인 것을 요구한다. 장비의 선적에 앞서 부품의 결함을 발견하고, 설치 전 운반과정에서의 손상을 발견하고, 시스템을 작동시키기 전에 설치 시 문제점을 발견하는 것이 바람직한 것처럼, 통합 시스템 테스트를 수행하기 전에 시스템 레벨 문제를 발견하는 것이 바람직하다. 또한, 커미셔닝 비용은 레벨이 올라갈수록 증가하는 경향이 있다. Level 5 커미셔닝은 시간과 경제적인 측면에서 상당히 고가가 될 수도 있다.

12.6 커미셔닝 요약

대부분의 데이터센터 인프라설비는 발주처 승인 프로세스의 일부분으로 커미셔닝을 수행한다. 인프라설비는 지속적인 운영을 확실시하기 위해 보다 철저하고 종합적인 테스트를 요구한다. 인프라설비의 커미셔닝은 예비, 백업 그리고 상호 연계된 시스템이 예상되는 또는 예상 밖의 이상현상을 자동적으로 인지하고 대응하는 것을 입증해야 한다. 커미셔닝 비용은 특별한 의미가 있을 수 있다. 이는 전체 프로젝트 예산의 비율만큼, 설비인프라의 위험도와 복합성이 증가할수록 용역비가 증가하게 된다. 이러한 경향은 특히 Level 4와 Level 5 커미셔닝 활동에서 나타난다. 중요한 역할을 수행할 수 있도록 인프라설비가 신뢰할 만한 성능을 구현해 주리라는 발주처의 기대치가 높을수록 철저하고 종합적인 커미셔닝 프로그램을 위해 더 많은 노력과 자원이 투입되어야 한다. 데이터센터 시설과 관련된 인프라설비의 수준이 높고 복합적일수록, 커미셔닝 프로그램은 더욱 복합적이고 요구사항이 많아진다.

13. 데이터센터 에너지 소비구조 분석 사례

본 사례의 핵심은 앞에서 제시한 데이터센터 표준모델을 기준으로 데이터센터의 에너지 소비구조를 상세 분석하는 것이다. 해당 내용은 대전 소재 S 데이터센터를 선정하여 분석을 진행한 사례이다.

13.1 사례분석 데이터센터 선정 근거

사례분석 대상 데이터센터의 대표성에 대한 선정 근거가 확인되어야 분석 결과의 신뢰성이 확보된다. 여기에는 3가지 조건을 충족하면 데이터센터의 특수성을 보편적으로 수용한 대표성을 부여할 수 있다.

① 첫째, 전용 데이터센터로 에너지 사용이 다른 용도와 혼용하지 않을 것, 둘째, 지역 또는 기상조건에 독립적일 것, 마지막으로 최소 1년의 IT와 Non-IT가 구분된 실제 에너지 사용 데이터 확보가 가능한 데이터센터가 대상이다.

② 두 번째 조건을 부연하면, 최근 에너지 절약적인 요소인 공조 이코노마이저 시스템(외기냉방 또는 외기냉수냉방)을 적용할 경우, 지역별로 에너지 소비의 변화가 생기기 때문에 순수하게 기계적 냉각을 실시하는 대상에 국한한다.

③ 세 번째 조건은 IT부문의 부하율이 포함된 실제 전력사용 데이터를 근거로 하며 기존 연구에서와 같은 시뮬레이션 결과 값은 배제한다.

해당 데이터센터는 이러한 3가지 조건을 만족하며, 2019년 그린 데이터센터 인증을 공식적으로 받은 객관적인 대표성을 갖는다.

13.2 에너지 소비특성 분석 개요

대상 데이터센터는 통신서비스 전용 시설로 지하 1층, 지상 5층인 연면적이 약 10,000 m^2의 중·대규모 데이터센터에 해당된다. 2000년 준공 이후 이동통신의 세대변화에 따라서 지속적으로 운영환경이 변경되었으며, 현재는 5G 서비스로 전환 중이고 전체 IT서버는 7,563개가 가동되고 있다. **[그림 114]**는 조사대상 데이터센터의 구성정보를 보여준다. 해당 건물은 데이터센터 구성 비율이 93.8%로 2층에서 5층까지 상면공간

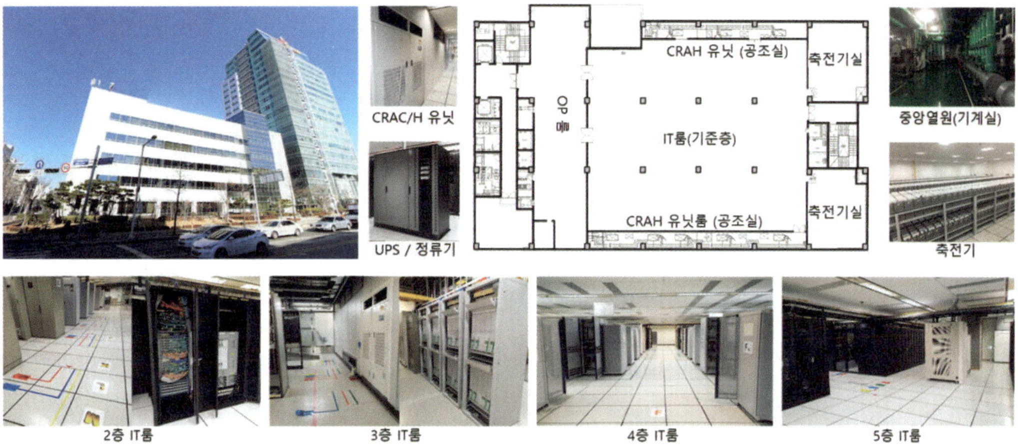

[그림 114] 사례분석 대상 데이터센터 모습

(White Space)인 IT룸으로 운영되고 있다.

데이터센터 에너지 분석 프로세스에는 IT부문 및 Non-IT부문에 대한 에너지 흐름 네트워크와 동시에 PUE 산출의 두 가지 분석이 포함된다. 에너지 분석은 실측과 기준모델 에너지 소비량 도출의 두 가지 방법으로 비교하였다.

① 첫 번째 방법으로, 데이터센터의 실측 에너지 소비는 2018년 1년간의 에너지 사용 데이터와 청구서를 통하여 수집하였다. 에너지 흐름 네트워크는 데이터센터 전체 인프라설비의 구성을 조사하고 건물 내의 에너지 흐름을 통하여 전체 에너지 소비량과 IT부문의 비율을 통하여 연간 PUE를 산출하였다.

② 두 번째 방법의 경우, 앞에서 정의된 기준모델 인프라설비로 재구성하고 건물 내의 에너지 흐름을 통하여 각각의 시스템에서 사용하는 전체 에너지 소비량을 IT부문과 Non-IT부문별로 분리하여 유추하였다.

운영 중 데이터센터 에너지 효율분석에는 한계가 있다. 이것은 IT부문의 경우, UPS 후단의 전력을 항시 모니터링하기 때문에 분리가 가능하지만 Non-IT부문은 각각의 시스템별로 전력량을 측정하지 않기 때문에 에너지 효율을 평가하는 것은 불가능하다. 따라서 해당 IT부하에 대응 가능한 기준모델 시스템을 선정하는 것이 중요하다. 에너지 효율화를 달성하기 위한 수단으로 IT전력, Non-IT부문의 에너지 사용량을 도출한다. 이를 위한 냉각 및 전력손실 에너지 기여도 예측 등 통계적 기법을 활용한 에너지 소비 구조를 제시하고 이를 통한 에너지 절약적 IT장비 운영환경 개선방안 도출이 가능하다.

13.3 데이터센터 에너지 흐름 네트워크

13.3.1 IT부문 시스템 구성

에너지 소비 특성을 분석하기 전에 해당 데이터센터의 에너지 흐름 네트워크를 조사하는 것이 가장 우선되어야 하며, 매우 중요한 선행 작업이다. 즉 IT부문 및 Non-IT부문별 세부 분석을 위한 에너지 데이터 추정이 필요하기 때문에 그 근거를 확보하기 위해 실제 에너지 흐름 네트워크를 상세하게 파악하는 것이 중요하다. 데이터센터의 구성 인프라설비의 용량 및 에너지는 IT부하 요구량에서 출발한다. IT부하 조건은 **[표 48]**과 같다. 해당 데이터센터는 서버 랙 2,257개에 설치된 총 8,522개의 IT장비가 기동되며 전력 밀도는 1.53 kW/rack으로 높은 수준은 아니다.

[표 48] 대상 데이터센터의 주요장비 및 IT전력밀도

주요 장비	적용 현황	주요 장비	적용 현황
서버 대수 (대)	7,563	랙 대수 (개)	2,257
라우터 대수 (대)	172	랙 점유율	66.7%
스토리지 대수 (대)	86	상면공간 사용율	70.0%
기타 장비 대수 (대)	701 EA	IT 전력밀도 (kW/m^2)	0.5 (1.53 kW/rack)

13.3.2 Non-IT부문 시스템 구성

IT장비의 발열을 제거해야 하는 냉각 시스템은 **[표 49]**의 IT장비 운영환경 기준에 의해 가동된다. IT전력밀도가 높지 않기 때문에 공기분배는 CRAC/H 유닛이 공간단위(Room-based)로 공급하는 방식이고 IT장비 인입 공기온도는 23~27℃로 ASHRAE의 권장기준을 준수한다.

[표 49] 대상 데이터센터의 IT장비 운영환경

구 분	적용 현황
냉복도-열복도 배치비율	70.0 %
열복도의 온도	최저 27.0℃ / 최고 30.0℃ / 기준 30.0℃
냉복도의 온도	최저 23.0℃ / 최고 27.0℃ / 기준 25.0℃
공기분배 방식	공간단위(Room-based) 냉각

[표 50]의 냉각 시스템 구성을 보면, 터보냉동기 500 RT 2대와 300 RT 1대가 설치되어 중앙 냉수식 CRAH 유닛 39대에 냉수를 공급한다. 실제로 담당하는 IT부하는 2,410 kW이고 터보냉동기(500 RT) 1대는 예비 장비이다. 또한 직팽식 CRAC 유닛 37대는 개별적으로 약 570 kW의 IT부하를 담당하여 전체 냉각 시스템 대응 부하는 약 3,000 kW (855 RT)이다.

[표 50] 대상 데이터센터의 냉각 시스템 적용 현황

구분	형식	기류방향	용량(RT)		대수(대)		용량합계 (kW)
냉동기	원심식(터보)냉동기		500		2		4,570
			300		1		
CRAH 유닛	중앙 냉수식	하향식	20	16	23	5	2,410
			15	10	8	3	
CRAC 유닛	공랭식 (DX)	상향식	0.6	3	2	2	570
		상향식	4	5	1	13	
		상향식	7	10	1	8	
		상향식	14	16	1	2	
		하향식	17	20	2	5	

[표 51]의 전력공급/분배 시스템을 보면, 크게 IT부문은 2,000 kVA와 Non-IT부문 1,500 kVA로 용량이 구분된다. IT부문은 예비율(2N)을 반영하여 변압기 이후 UPS와 정류기로 통과 후 IT장비로 전력이 공급된다.

[표 51] 대상 데이터센터의 전력 시스템 적용 현황

구분	번호	용량(kVA)	부하전류(A)	부하율(%)	수량(Cell)
정류기	R22	3,000	1,628	54	96
	R23	3,000	1,416	47	96
	R31	3,000	1,552	52	120
	R32	3,000	1,383	46	120
	R41	3,000	1,392	46	96
	R42	3,000	1,907	64	96
	R51	3,000	645	22	96
	R52	3,000	1,490	50	96
	R53	3,000	1,753	58	96
	R54	3,000	1,480	49	96

구분	번호	용량(kVA)	부하전류(A)	부하율(%)	수량(Cell)
UPS	번호	용량(kVA)	전력(kW)		수량(Cell)
	UB11-1	500 × 2	250		960
	UB11-2				
	U21-1	300 × 2	160		384
	U21-2				
	U41-1	500 × 2	260		960
	U41-2				
	U51-1	300 × 2	110		384
	U51-2				
변압기	용량(kVA)		용량 합계 (kVA)		
	IT부문	2,000	3,500		
	Non-IT부문	1,500			

전체 IT부하율은 49%로 운영되고 있고 전력분배 효율은 **[그림 115]**를 기준으로 94%로 일정부분 손실이 발생한다.

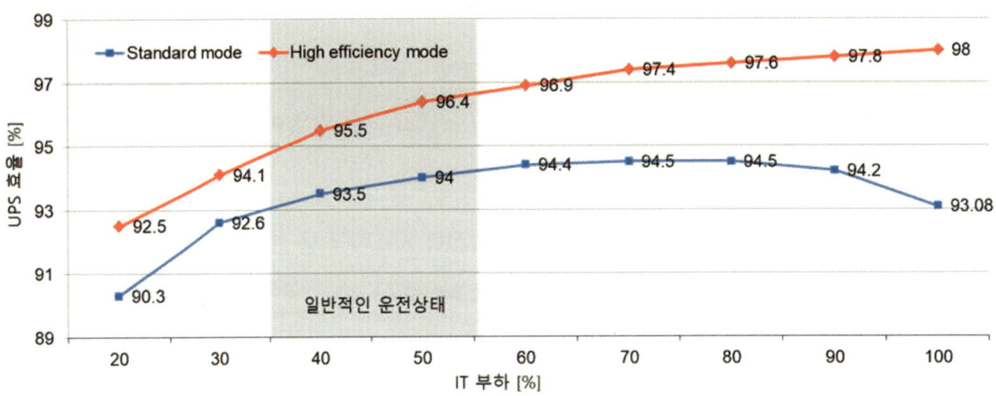

[그림 115] IT부하율에 따른 UPS 효율분포 및 운전조건

13.4 에너지 소비특성 분석 결과

앞에서 언급한 바와 같이 모든 데이터센터가 IT전력은 모니터링하기 때문에 분석이 가능하지만 Non-IT부문은 시스템별로 구분하기가 불가능하여 총 전력사용량에서 IT전력을 제외하여 확인하고 있다. 해당 데이터센터의 2018년 1년간 실측 데이터에 의한 월간 에너지 사용특성은 **[그림 116]**과 같다.

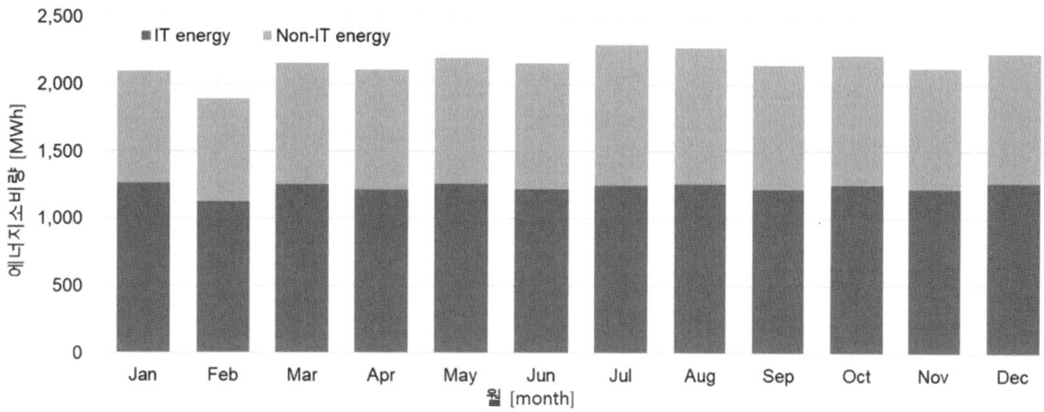

[그림 116] 해당 데이터센터의 2018년도 월별 에너지 소비량

IT전력은 월별 평균 1,233 MWh를 거의 일정하게 사용하고 있다. 또한 Non-IT부문도 IT전력에 비례하여 거의 일정하게 소비되는 것을 보면 계절(기상조건)에는 크게 영향을 받지 않고 상시 냉각 에너지와 전력손실이 발생하는 것으로 분석되었다. 해당 데이터센터 PUE 상세분석은 **[표 52]**와 같다. PUE 산정은 IT부하의 정의와 측정위치에 따라서 4가지 유형으로 구분된다. 해당 데이터센터는 PUE 유형 1 기준으로 IT부하는 UPS 출력에서 측정하였고 연간 에너지 사용량으로 산출하였다. 선물 전력인입단에서의 연간 총 에너지 사용량은 25,881 MWh, UPS 출력단에서의 IT전력량은 14,796 MWh로 PUE는 1.75이다. PUE 기준으로 에너지 효율 수주을 판단하면 양호한 수준이다.

[표 52] 실측 데이터를 통한 대상 데이터센터의 PUE 분석

구분	PUE 구분			
	PUE0	PUE1	PUE2	PUE3
IT 에너지 측정 위치	UPS 출력	UPS 출력	PDU 출력	IT 장비 입력
IT 에너지 정의	IT 피크 전력(kW)	연간 IT 에너지 (kWh)	연간 IT 에너지 (kWh)	연간 IT 에너지 (kWh)
데이터센터 에너지 정의	전체 피크 전력 (kW)	총 연간 에너지 (kWh)	총 연간 에너지 (kWh)	총 연간 에너지 (kWh)
월평균(kWh)	총 에너지 사용량		2,156,714	
	IT 에너지 사용량		1,233,008	
연간 합계(kWh)	총 에너지 사용량		25,880,570	
	IT 에너지 사용량		14,796,093	
PUE(Category 1)	1.75			

13.5 데이터센터 에너지 소비구조 분석

13.5.1 데이터센터 에너지 기준모델 산출

2018년 기준, 해당 데이터센터의 에너지 소비 특성을 분석하였다. 그리고 궁극적으로는 에너지 소비 가중요인을 확인할 수 있는 Non-IT부문의 에너지 요구량에 따른 데이터센터 에너지 소비 구조 분석이 최종 목적이다. 에너지 소비 구조는 사용 용도별 에너지 흐름을 파악할 수 있기 때문에 에너지 절약 및 효율 개선을 위한 전략적인 계획 수립에 가장 중요한 정보를 제공할 수 있다. 데이터센터 Non-IT부문의 에너지 흐름을 파악하기 위해서는 첫째, IT부하를 기준으로 에너지 기준모델을 산출하고, 둘째, Non-IT부문의 사용 용도별 에너지 소비 구분이 필요하다. 이것은 앞에서 도출하고 정의한 데이터센터 에너지 흐름의 표준유형에 거의 대부분 적용 가능하기 때문에 이를 활용하면 된다. 기준모델 식별은 시스템 성능 파악, 에너지 소비에 영향을 미치는 요소의 운영 그리고 측정을 통한 값을 결정하는 단계로 구성된다. 기준모델 조건은 인프라설비 및 시스템에 대한 물리적 수준, 운영 및 에너지 사용 데이터를 포함하고 있다.

Non-IT부문의 에너지 소비량은 적정한 IT장비의 운영환경을 유지하는데 필요한 에너지이다. 여기에는 냉각 시스템과 UPS, 전력분배 시스템이 해당된다. IT장비 입력전력을 측정한 데이터를 활용하여 앞에서 정의한 Non-IT부문의 구성 장비의 에너지 사용량을 산출할 수 있다. 2018년 에너지 사용량을 기반으로 IT룸 냉각부하, CRAC/H 유닛, 냉동

기, 냉각탑과 순환펌프의 냉각 시스템 에너지와 UPS 전력손실량을 순차적으로 계산하여 대상 데이터센터의 에너지 기준모델을 산출하였다.

[표 53]은 대상 데이터센터의 인프라설비별 에너지 기준모델을 보여준다. 3.45 MW 용량의 IT부문 정격전력은 평균 부하율 49%를 적용한 1,690 kW를 기준으로 하였다. 총 CRAC/H 유닛 코일용량은 IT부하의 120%를 적용한 2,100 kW를 적용하고 약 12,500 CMM에 해당하는 송풍기 전력은 173 kW로 계산된다. 420 kW에 해당하는 직팽식 CRAC 시스템은 표준효율(EER 9.8)을 기준으로 전력량을 150 kW로 설정하였다. 또한 중앙 냉수식 시스템의 냉동기는 총 CRAH 유닛 코일용량의 115%를 적용한 700 RT (2,415 kW) 압축식 터보냉동기를 선정하고, 표준효율(0.590 kW/RT)을 기준으로 전력량을 413 kW로 설정하였다. 열원 시스템에 종속되는 냉수순환펌프는 유량 3,150 LPM과 양정 18.3 mAq, 냉각수 순환펌프는 유량 5,320 LPM과 양정 14 mAq에 해당하는 전력을 각각 16.2 kW와 20.9 kW로 적용하였다. 마지막으로 냉각탑 송풍기의 구동전력인 17.8 kW를 반영하여 냉각 시스템의 필요 전력량을 산출하였다. 냉각 시스템은 기기효율 저하, 배관 및 덕트 등 열 손실을 감안하여 20%를 가중하였다.

IT부하율에 따른 UPS 전력분배효율(94%)을 적용하여 UPS/정류기의 전력손실량 107.9 kW를 결정하였고 조명 및 기타 설비에서 사용하는 전력량을 가정하여 합산하였다. 데이터센터 총 인입전력을 담당하는 변압기에서의 전력손실도 전력분배효율(96%)을 적용하여 연간 총 데이터센터 전력사용량이 25,863,000 kWh로 도출되었다. IT부문에서 사용하는 연간 총 전력사용량 14,796,000 kWh를 기준으로 연간 PUE를 예측하면 1.75가 된다. 해당 PUE는 데이터센터를 구성하는 모든 인프라설비가 연중 가동되는 조건이며, 실제 2018년의 PUE와 유사한 에너지 효율 수준을 보이고 있다. 궁극적으로 도출된 기준모델 PUE(유형 0)는 Non-IT부문의 에너지 구조를 정량적으로 비교할 수 있는 기준으로 그 의미가 있다.

[표 53] 대상 데이터센터의 에너지 기준모델을 통한 PUE 분석

<table>
<tr><th colspan="3" rowspan="2">구분</th><th rowspan="2">기준모델 에너지 산출</th><th colspan="2">에너지 소비량 [kWh]</th></tr>
<tr><th>정격(피크)</th><th>연간</th></tr>
<tr><td>IT 부문</td><td colspan="2">IT 장비</td><td>설계 IT부하 : 3.45 MW (평균 부하율 : 49%)</td><td>1,690</td><td>14,796,000</td></tr>
<tr><td rowspan="22">Non -IT 부문</td><td rowspan="16">냉각</td><td>CRAC/H 유닛</td><td>냉각코일 : 1,690 kW × (120%) = 2,100 kW</td><td>-</td><td>-</td></tr>
<tr><td rowspan="2">팬</td><td>급기풍량 : 냉각코일 (ΔT=10℃) (120%)= 12,500 CMM</td><td>-</td><td>-</td></tr>
<tr><td>팬 에너지 : (13.8 W/CMM) 12,500 × 13.8 = 173 kW</td><td>173</td><td>1,516,000</td></tr>
<tr><td rowspan="2">공랭식 유닛</td><td>용량 : 9.8 EER (20 RT<) → EER = COP × 3.41 → COP = 2.87</td><td></td><td></td></tr>
<tr><td>공랭식 유닛 에너지 : 420 kW÷2.89=150 kW</td><td>150</td><td>1,314,000</td></tr>
<tr><td rowspan="2">냉동기</td><td>용량 : 냉각코일 2,100 kW × (115%) = 2,415 kW(700 RT)</td><td>-</td><td>-</td></tr>
<tr><td>냉동기 에너지 : 700 RT × 0.590 kW/RT = 413 kW (COP 6.0)</td><td>413</td><td>3,618,000</td></tr>
<tr><td rowspan="3">냉수 순환펌프</td><td>냉수 순환펌프 : 4.5 LPM/RT × 700 RT = 3,150 LPM</td><td>-</td><td>-</td></tr>
<tr><td>양정 : 12 mAq + 9 mmAq/RT × 700RT = 12 + 6.3 = 18.3 mAq</td><td>-</td><td>-</td></tr>
<tr><td>펌프 에너지 : 16.2 kWh(효율 70%, 안전율 20%)</td><td>16.2</td><td>140,000</td></tr>
<tr><td rowspan="3">냉각수 순환펌프</td><td>냉각수 순환펌프 : 7.6 LPM/RT × 700 RT = 5,320 LPM</td><td>-</td><td>-</td></tr>
<tr><td>양정 : 14 mAq (fixed)</td><td>-</td><td>-</td></tr>
<tr><td>펌프 에너지 : 20.9 kWh(효율 70%, 안전율 20%)</td><td>20.9</td><td>183,000</td></tr>
<tr><td rowspan="2">냉각탑</td><td>냉각수 순환 유량 : 5,320 LPM</td><td>-</td><td>-</td></tr>
<tr><td>팬 에너지 : (3.34 W/LPM) 5,320 × 3.34 = 17.8 kW</td><td>17.8</td><td>156,000</td></tr>
<tr><td>중간합계 (2)</td><td colspan="2">냉각 시스템 손실 (20%)</td><td>8,312,000</td></tr>
<tr><td rowspan="6">전력</td><td rowspan="3">UPS / 정류기</td><td>설계 IT부하 : 3.45 MW(평균 부하율 : 49%)</td><td>-</td><td>-</td></tr>
<tr><td>운영 IT부하 : 1,690 ÷ 0.94 (UPS 효율) = 1,798 kW</td><td>-</td><td>-</td></tr>
<tr><td>UPS의 전력손실 : 107.9 kW</td><td>107.9</td><td>945,000</td></tr>
<tr><td rowspan="2">조명</td><td>상면공간 (9,508 m^2) : 5 W/m^2 (8 h/day)</td><td>-</td><td>139,000</td></tr>
<tr><td>사무공간 (621 m^2) : 25 W/m^2 (8 h/day)</td><td>-</td><td>45,000</td></tr>
<tr><td>기타</td><td>총 공간 (10,120 m^2) : 20 W/m^2 (8 h/day)</td><td>-</td><td>591,000</td></tr>
<tr><td colspan="3">중간합계 (2)</td><td colspan="2"></td><td>24,828,000</td></tr>
<tr><td colspan="3">총 에너지 사용량</td><td colspan="2">변압기의 전력손실 : 4% (efficiency 96%)</td><td>25,863,000</td></tr>
<tr><td colspan="3">PUE (Category 0)</td><td>총 에너지 (25,863,000 kWh) ÷ IT 에너지 (14,796,000 kWh)</td><td colspan="2">1.75</td></tr>
</table>

13.5.2 데이터센터 에너지 흐름

일련의 프로세스를 통하여 **[그림 117]**과 같이, 데이터센터 전체 에너지 흐름(Sankey Diagram)을 도출할 수 있었다. 데이터센터의 특수성이 반영되어 전력이 100%의 에너지원으로 활용되었고 IT부문은 57.2%(14,796 MWh)와 Non-IT부문은 42.8%(11,067 MWh)의 소비 비율을 보이고 있다. Non-IT부문 각각의 사용용도를 구분하여 보면, 냉각 에너지는 개별 및 중앙열원(냉동기)이 19.1%로 가장 높은 에너지 소비 비율을 차지하고 있고 송풍기 구동 전력도 5.9%로 높은 비율을 보이고 있다. 그리고 펌프(1.2%)와 냉각탑(0.6%) 순이다.

IT전력분배 계통은 UPS와 정류기에서의 3.7%, 전체 전력분배 계통인 변압기에는 4.0%의 손실이 발생하는 것으로 분석되었다. Non-IT부문은 에너지 집중관리 대상으로 냉각과 공조·환기에 해당하는 에너지는 32.1%(8,312 MWh)로 가장 영향력이 컸다. 그 다음의 관리대상으로 전력손실 7.7%(1,980 MWh)와 조명 및 기타 3.0%(775 MWh)로 볼 수 있다. 서버, 스토리지 및 네트워크 장비 등 IT부문에서 사용하는 기기는 가장 많은 부분을 차지하지만 데이터센터의 사업목적성을 감안하면 능동적인 에너지 제어가 힘든 점이 있다.

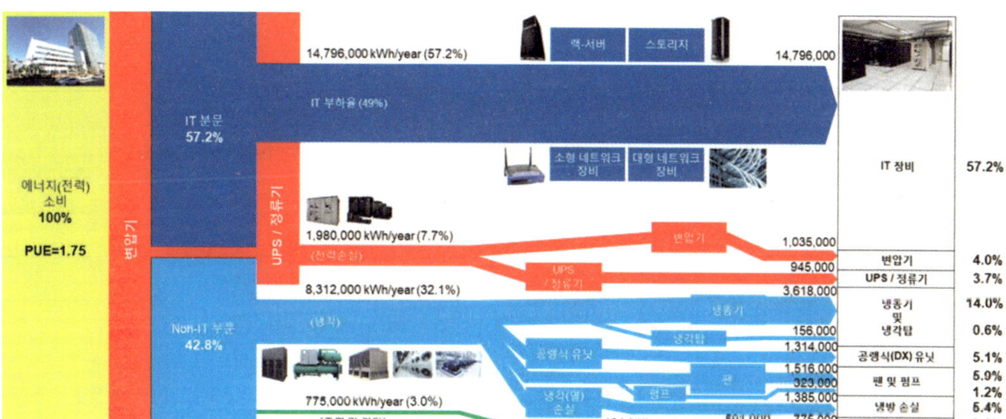

[그림 117] 해당 데이터센터 전체 에너지 흐름 분석 (Sankey Diagram)

13.6 데이터센터 에너지 절약 방향제시

에너지 소비 구조를 파악하기 위해 데이터센터 에너지 흐름을 정량적으로 실측 및 기준모델 산출 데이터를 이용하여 어렵게 구현하는 궁극적인 목적은 데이터센터의 에너지 절감을 효과적으로 실행하기 위함이다.

13.6.1 구성 장비단위 에너지 효율 개선

데이터센터는 대기업이 운영하는 대규모 전용 데이터센터가 주가 된다. 그러나 상업건물의 일부를 사용하는 소규모 데이터센터, IT룸 및 단일 랙-서버도 많은 에너지 소비가 이루어진다. 데이터센터의 규모에 관계없이 에너지를 절감하는 가장 효과적인 방법은 장비 단위에서 에너지 효율을 확보하는 것이다. 이미 이러한 제도는 국내에서도 효율등급제도, 고효율 인증제도와 대기전력 저감 프로그램이 시행 중이다. 그러나 데이터센터의 구성 장비의 용량과 종류를 포함하지 못하고 있다.

데이터센터를 구성하는 모든 장비가 상시 에너지를 사용하지 않기 때문에 **[표 54]**의 주요 에너지 사용 장비의 효율기준만 확립하고 준수되어도 데이터센터의 에너지 효율화 1단계를 확보할 수 있을 것으로 판단된다. 2단계는 건물 단위의 에너지 효율화를 확보하는 것으로 데이터센터의 다양성과 변수를 어떻게 일반화할 것인가가 핵심이 된다.

[표 54] 데이터센터의 에너지 효율 관리 대상 장비

구분	장비
IT 장비	대규모 랙-서버
	데이터센터 스토리지
	소규모 네트워크 장비
	대규모 네트워크 장비
냉각 시스템	CRAH 유닛(w/팬)
	CRAC 유닛 (w/팬) + 직팽식 시스템
	냉동기 + 냉각탑
	펌프(냉수 및 냉각수 등)
	송풍기(외기냉방)
전력 시스템	UPS / 정류기
	변압기

13.6.2 건물단위 에너지 효율 개선

미국의 ENERGY STAR Portfolio Manager 사례를 보면, 다양한 데이터센터의 차이를 정규화하기 위해 에너지 사용과 관련하여 운영조건의 어떤 측면이 중요한가를 파악하는 것을 가장 중요하게 인식하고 있다. 여기에는 에너지 효율에 영향을 주는 종속변수와 독립변수로 구분할 수 있다. 데이터센터 에너지 효율 분석에서 종속변수는 PUE가 될 수 있다. 이 변수는 데이터센터 공간 유형에 따라 결정된다. 단위면적당 에너지 소비량(EUI)[7]은 건축물 에너지 효율등급에서 주요 요소로 반영되지만 데이터센터에서는 판단기준이 되지 않는다.

EUI는 데이터센터 형태에 따라 크게 다를 수 있고 IT장비의 다양한 전력밀도를 고려하지 않는다. 데이터센터 에너지 효율 분석에서 독립변수는 운영 특성이 된다. 따라서 모든 운영 특성에 대해 광범위한 검토가 필요하다. 각 변수를 개별적으로 검토하는 것과 상호 연계성을 검토하는 것이 필요하다. 관련 분석은 다중 회귀식으로 종속변수인 PUE에서 가장 큰 분산을 설명하는 통계적으로 유의한 운영 특성의 조합을 찾는 것이 필요하다. 운영 특성과 관련된 독립변수는 **[표 55]**와 같다. 연간 IT 에너지 변수는 건물 운영 특성과 다르다. 대부분의 변수는 연중 비교적 일정한 단일 값으로 입력 가능하지만 IT 에너지는 정기적으로 측정되어야 한다.

[표 55] 데이터센터의 에너지 효율평가를 위한 고려대상 독립변수

구분	독립변수
건축요소	① 건물용도 : 전용 데이터센터 또는 건물 내 일부 공간 또는 기능으로 구성 ② 건물의 연면적 ③ 데이터센터 (상면공간) 연면적
IT 부문	④ 연간 IT에너지 ⑤ 랙-서버 수량 ❻ IT전력밀도
Non-IT 부문	⑦ Tier 수준 : 4 단계는 예비장비 구성을 위한 시스템 용량이 증가 ⑧ UPS 사용율 ❾ 냉각 시스템 운영조건
기후	⑩ HDD (난방도일) ⑪ CDD (냉방도일)
비고	○ 요구사항 (EPA Energy Star) ● 고려사항

7) EUI : Energy Use Intensity

미국의 EPA는 연간 IT 에너지가 PUE에 영향을 미치는 주요 요인이며 다른 운영 특성이 PUE와 통계적으로 유의한 상관관계를 보이지 않는 것으로 확인되었다. 그러나 에너지 효율에 영향을 주지 않는 것은 아니다. 기후 관련 난방 및 냉방 도일수도 통계적으로 유의성이 작았다. 이는 데이터센터 냉각에 필요한 에너지가 IT장비에 의해 생성되는 높은 내부 부하에 의해 좌우되고 기후가 건물에 영향을 주는 부하에 상대적으로 매우 낮기 때문이다. 그러나 외기를 이용한 냉각 시스템을 도입할 경우 그 영향도는 변하게 된다.

14. 데이터센터 냉각 시스템의 공조효율 비교 사례

14.1 일반사항

공조 차폐 시스템은 데이터센터의 IT냉각 제어를 위한 가장 효과적인 기술로 간주된다. 열복도 및 냉복도 차폐는 모두 적정한 공기분배와 공조 효율성을 향상시킬 수 있다. 본 사례연구에서는 두 개의 대표적인 공조 차폐 구성에 따른 데이터센터의 공조 성능을 분석하고 정량화하였다. 수치해석과 현장실험 결과, 열복도 차폐를 적용하면 공조환경을 효과적으로 개선할 수 있음을 보여준다.

데이터센터는 최고의 에너지 다소비 시설로, 일반적인 전력밀도는 540-2,200 W/m^2이고 고밀도인 경우에는 10 kW/m^2를 초과한다. 최근 확대되는 하이퍼스케일 데이터센터 환경에서는 IT장비전력밀도(30 kW/rack 이상)의 증가로 인해 IT산업의 변화에 대응할 수 있는 새로운 냉각 시스템 표준이 요구되고 있다. IT장비의 발열 제거를 위한 냉각은 데이터센터에서 가장 큰 관심사이다. 연중 24시간 운영되는 서버 등 IT장비는 적정한 온도범위에서 운영하는 것을 목표로 하기 때문에 IT장비 냉각을 위한 비용이 지속적으로 증가하게 된다. IT장비에 공급되는 전력 에너지를 제외하고, 일반적으로 냉각과 전력공급 및 분배 손실이 데이터센터 전체 에너지 사용량의 약 50%를 차지한다.

데이터센터의 효율적인 냉각과 에너지 비용에 대한 관심이 높아지면서 열복도 차폐(HAC)와 냉복도 차폐(CAC)는 IT환경 제어를 위한 가장 효과적인 기술로 우선 고려되고 있다. 최근, 고밀도와 가변적인 전력부하 형태의 차세대 IT장비의 출현으로 기존 냉각 시스템이 대응하기 어려운 예상치 못한 냉각 수요가 발생하고 있다. 열복도 차폐와 냉복도 차폐는 모두 데이터센터 냉각 시스템의 예측 가능성과 효율성을 향상시킬 수 있다. 이러한 공조 차폐 시스템은 과거의 비-차폐구조에 비해 상당한 에너지 효율화를 달성하여 최대 23%의 냉각 에너지를 절약할 수 있고, 결과적으로 PUE를 10% 감소시킬 수 있다는 보고가 있다.

본 사례분석의 진행은 크게 두 부분으로 구성되어 있다. 첫 번째 부분은 수치해석에 의한 분석이고 두 번째는 실험적 조사다. 대전 소재 통신 S 데이터센터를 대상으로 상세한 수치 모델링과 현장실험을 수행하여 공조 차폐 시스템의 특성을 평가하였다. 연구의 궁극적인 목적은 대표적인 두 개의 공조 차폐 시스템을 동일한(유사한) 데이터센터 구조에 대해 비교하여 공조 성능의 차이를 확인하는 것이었다. CFD 해석모델은 공기분배 시스템 구성에 따른 영향을 평가하는 데 중점을 두었고, 공조 차폐 시스템의 공조성능에 대한

CRAC/H 유닛의 급기온도의 영향을 조사하기 위해 운영 중인 데이터센터를 대상으로 현장실험이 수행되었다. 수치해석과 현장실험 결과, 열복도 차폐와 냉복도 차폐 모두 데이터센터의 열 환경을 효과적으로 개선할 수 있음을 보여주였다.

14.2 CFD 수치해석

CFD 모델링을 위한 대상 공간은 **[그림 118]**과 같다. 해당 IT룸은 총 10개의 열(row)로 구성되어 있고 각 열 마다 10개의 랙-서버가 배치되어 있다. 공간단위(Room-based) 냉각방식을 적용하고 총 6개의 CRAH 유닛이 설치되었다. 또한, IT룸에 배치된 두 가지 유형의 랙-서버의 전력밀도를 보여준다. IT장비는 고밀도 A-형(16 kW/rack) 40대와 중밀도 B-형(8.8 kW/rack) 60대로 총 100대가 설치되었다. 기류의 흐름방향은 전방 흡기(Front Vent)를 통해 냉기가 유입되고, 후방 배기(Rear Vent)를 통해 열기가 배출된다. 랙 캐비닛의 빈 슬롯에 블랭킹 패널(Blanking Panel)을 설치하고 랙-서버 내부의 누기율은 5%로 설정하였다. 수치해석은 데이터센터에 특화된 CFD 소프트웨어를 사용하였다. 여기에는 데이터센터를 구성하는 IT장비, 냉각 시스템의 정보를 포함한 4,000개 이상의 데이터베이스가 구축되어 있다. 해석 영역은 IT룸 내부로 한정하였고, 도메인 외부로부터의 열전달 및 물질 전달은 고려하지 않았다.

수치해석을 수행하기 위해 사용한 격자의 종류는 Unstructured Cartesian Grid이며, 기본모델의 총 격자수는 약 2,500,000개이다. 데이터센터는 지역별 기후 영향, 일사부하를 포함한 외부로부터 유입되는 냉방부하는 없는 것으로 가정하였다. 격자 독립성 검정을 수행하는 것은 모든 CFD 시뮬레이션에서 중요하다. 본 수치해석은 격자 독립성이 이미 검증된 소프트웨어 라이브러리를 사용하여 랙-서버와 냉각기를 모델링했다.

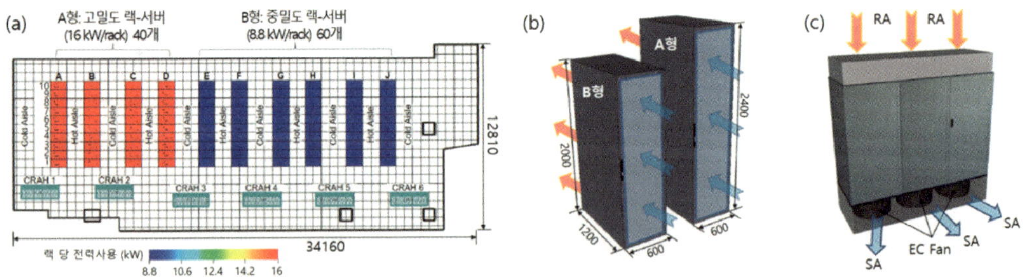

[그림 118] CFD 시뮬레이션 모델링 : (a) IT룸 내부 랙-서버(A1-J10)와 CRAC/H 배치, (b) 랙-서버 모델, (c) CRAC/H 모델

CFD 시뮬레이션의 경계조건은 **[표 56]**과 같다. 본 수치해석에서 냉각 시스템의 프로비저닝(Provisioning) 수준은 열 부하 분포에 정적으로 프로비저닝된 것으로 가정하였다. 적용되는 캐비닛의 크기도 랙-서버의 전력 밀도에 따라 다르다. IT장비의 공기 인입구와 배출구의 온도차(ΔT)는 15℃로 일정하다고 가정하였고 이에 따른 각 랙-서버의 필요 풍량은 각각 53 CMM(A형)과 30 CMM(B형)이다. IT룸 전체 열 부하를 담당하는 CRAH 유닛은 6대이며 랙에서 배출된 열기는 CRAH 유닛으로 유입되어 냉수코일을 통과하여 다시 15℃로 냉각된다. CRAH 유닛의 최대 냉각용량은 230 kW이며, 급기풍량은 770 CMM이다.

[표 56] CFD 시뮬레이션 경계조건

IT룸	IT룸 크기 (m^2)	410	층고 (mm)	4,800
	이중마루 높이 (mm)	500	차폐 누기율 (%)	5 (w/케이블 연결구)
	전체 전력량 (kW)	1,168	바닥타일 누기율 (%)	25
랙-서버	랙-서버 수량 (개)	100	전력밀도 (kW/rack)	16(A형) / 8.8(B형)
	풍량 (m^3/min)	53(A형) / 30(B형)	Rack Porosity (%)	5 (w/블랭킹 패널)
CRAH	CRAH 수량 (개)	6	CRAH 형식	하향 토출식(w/EC팬)
	냉각방식	중앙 냉수식	냉각용량 (kW)	230
	풍량 (m^3/min)	770	급기온도 (℃)	15
모델링	열복도 차폐(HAC) 격자수	2,447,462	냉복도 차폐(CAC) 격자수	2,003,457
	CFD 해석 모델	k-Epsilon Turbulence	소프트웨어	6sigma Room

[그림 119]는 해당 IT룸에 비교 대상 공조 차폐 시스템인 열복도 차폐와 냉복도 차폐를 적용한 해석모델을 보여준다. 냉기는 이중마루 하부공간(플레넘)에서 타공판을 통해 랙으로 공급된다.

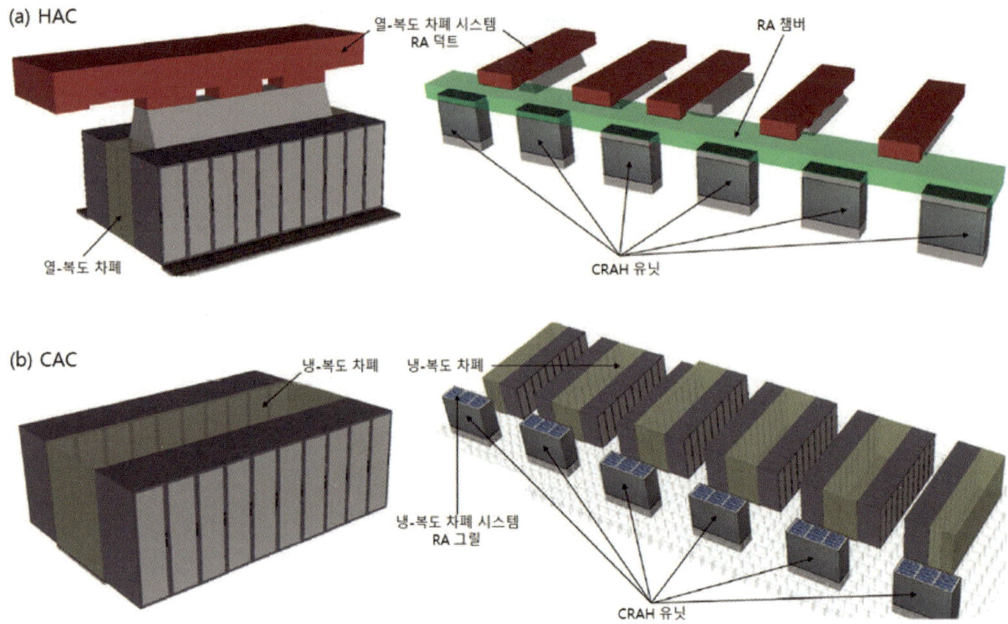

[그림 119] 공조 차폐 시스템 모델링 : (a) 열복도 차폐(HAC), (b) 냉복도 차폐(CAC)

열복도 차폐는 IT장비 발열이 CRAH 유닛으로 돌아갈 수 있도록 상부에 환기덕트를 직접 구성하였고, 반면에 냉복도 차폐는 실내공간을 통과하여 바로 CRAH 유닛으로 유입하는 방식이다. 이중마루 구성에 맞게 하향 토출식 CRAH 유닛이 적용되었으며, 각 CRAH 유닛에는 3개의 EC팬이 설치되었다. 그리고 CRAH 유닛의 급기온도는 15℃이다. 환기덕트는 기밀한 것으로 가정하였으며, 차폐 구조체의 출입구 하부 틈과 랙의 케이블 이동구의 틈새를 제외하고는 누기가 없는 것으로 가정하였다.

데이터센터의 냉각 시스템 공조성능 평가에서 가장 핵심적인 요소는 랙-서버의 인입 공기온도의 분포이다. 너무 낮아도 에너지 낭비의 요인이 생기고 너무 높아도 서버의 발열을 효과적으로 제거하지 못한다. 데이터센터의 IT장비 운영환경 및 운영기준은 ASHRAE의 가이드라인이 널리 적용되고 있으며, 적정 서버 인입 공기온도의 범위를 제시하고 있다. 본 수치해석의 결과에 대한 적정성 판단은 ASHRAE의 온도기준을 적용하였다. 중간 전력밀도 랙-서버 영역의 CFD 해석 결과, 열복도 차폐와 냉복도 차폐 모두 서버 인입 공기온도 분포는 매우 유사하게 나타났다. 즉, 두 공조 차폐 시스템 모두 문제없이 잘 제어되고 있었다. 그러나 고밀도 랙-서버 영역에서의 서버 인입 공기온도는 열복도 차폐와 냉복도 차폐가 상이한 분포를 보였다. 냉복도 차폐를 적용할 경우, 열복도 차폐와 비교하여 냉복도(랙-서버)에 공급되는 공기량이 부족한 현상이 발생하였다.

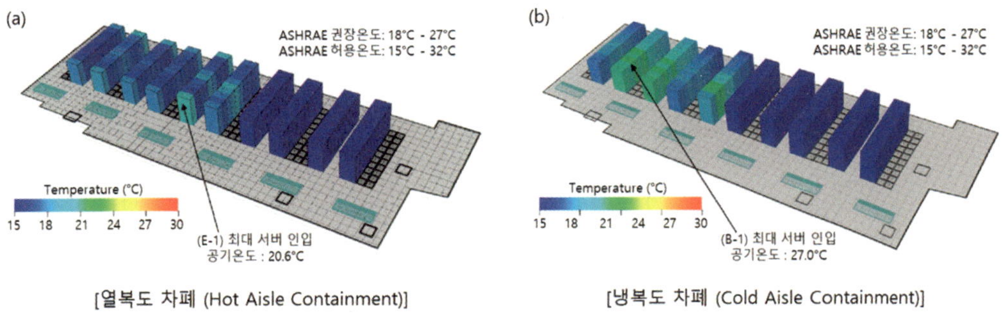

[그림 120] 랙-서버 인입 공기온도 : (a) 열복도 차폐(HAC), (b) 냉복도 차폐(CAC)

[그림 120(a)]는 열복도 차폐에 대한 평균 랙-서버의 인입 공기온도 분포를 보여준다. 모든 랙-서버는 ASHRAE의 권장온도 범위 내에서 가동되고 매우 우수한 IT장비 운영환경을 제공한다. 그러나 1번 행 및 10번 행에 위치한 랙-서버는 다른 랙-서버에 비해 적절한 기류속도로 공급되지 않아 랙-서버의 인입 공기온도가 상대적으로 높았다. 이것은 CRAH 유닛에 가까운 이중마루 내부 구역의 높은 풍속과 압력으로 인해 발생한다. 그럼에도 불구하고 최대 인입 공기온도는 20.6℃(평균 16.5℃)로 매우 적합하였다. **[그림 120(b)]**와 같이, 냉복도 차폐의 경우도 모든 랙-서버에서 권장온도 범위를 만족하는 것으로 나타났다. 그러나 5%(5개의 랙-서버)가 26℃를 초과했으며 A형 고밀도 랙-서버가 해당되었다. 그중 1대의 서버는 최대 인입 공기온도가 27.0℃(평균 18.5℃)로 열복도 차폐에 비해 6.4℃가 높았다.

열복도 차폐의 열복도는 각 랙의 케이블 이동구에서 발생하는 누기만 영향을 받으며 IT장비의 배기공기는 환기(RA)덕트를 통해 직접 포집되어 CRAH 유닛으로 바로 돌아가는 반면에, 냉복도 차폐의 열복도는 랙의 케이블 이동구에 영향을 받고 랙에서 배출한 열기는 열복도에서 물리적 경계가 없는 실내를 통해 CRAH 유닛으로 되돌아오는 공기경로를 갖고 있기 때문에 열복도 차폐의 덕트를 통한 방식보다 효과적이지 않고, 일부 냉복도로 열기가 재순환되었다. 고밀도 랙-서버 구역은 최소한 냉복도 또는 행의 처음과 끝 주위에서 부적절하게 공기가 공급되는 재순환이 발생하였다. 즉, 냉복도 차폐를 적용할 경우에는 열복도의 공기가 누기 되는 다수의 경로가 존재하였다. 과열 공기는 랙 캐비닛과 환기 경로에서의 누기에 의해 CRAH 유닛이 아닌 다른 곳으로 이동하였나. 이는 IT환경뿐 아니라 냉각기의 프로비저닝 수준에도 부정적인 영향을 미쳤다. IT장비 인입 공기온도가 상승하는 등 냉복도 차폐는 제대로 작동하지 않았다.

수치해석은 열복도 차폐와 냉복도 차폐 구조체가 적절한 수준으로 기밀이 유지되는 것으로 간주하였다. 이 가정을 통해 CRAH 유닛의 최대 효율을 분석할 수 있으며 상호 공정한 비교가 가능하였다. 그러나 항상 CRAH 유닛의 풍량이 IT장비의 요구되는 풍량 보다 크기 때문에 공기의 누출은 필연적으로 발생한다. 공조풍량 밸런스는 IT장비를 통과한 풍량과 공조 차폐 시스템의 누기율을 더한 것과 같아야 한다.

열복도 차폐 및 냉복도 차폐 적용 시 양압(+)에 의해 랙-서버에서 누기가 발생할 수 있다. **[그림 121(a)]**에서 볼 수 있듯이, 압력범위는 -10 Pa에서 10 Pa 사이이다. 열복도 차폐의 압력은 비교적 일정하므로 모든 열복도와 냉복도 사이의 차압은 유사한 분포(ΔP = 4 Pa)를 보인다. 모든 IT장비의 풍량은 일정하고 정압손실은 거의 없다. 그러나 **[그림 121(b)]**에서와 같이, 냉복도 차폐는 열복도와 냉복도 사이의 차압분포(ΔP = 4~15 Pa)가 넓기 때문에 냉복도에서의 압력이 일정하지 않다. CRAH 유닛에 근접하면 압력이 낮아 음압이 발생한다. 특히 고밀도 영역의 B-3 랙-서버에서 불균형한 기류흐름이 발생한다. 이러한 현상은 해당 영역의 랙-서버에 필요한 풍량이 제대로 공급되지 않기 때문에 충분한 냉각이 이루어지지 않고 온도가 상승한다는 것을 의미한다. 차압은 IT장비 인입 공기 온도 분포에 영향을 줄 수 있으므로 열복도 차폐의 급기와 환기 측 기류 및 압력분포는 냉복도 차폐보다 우수하다.

CFD 시뮬레이션을 통한 냉각 시스템의 프로비저닝 수준은 열 부하 분포에 정적으로 프로비저닝된 것으로 설정하였다. **[표 57]**은 6개의 프로비저닝된 CRAH 유닛의 분석 결과를 보여준다.

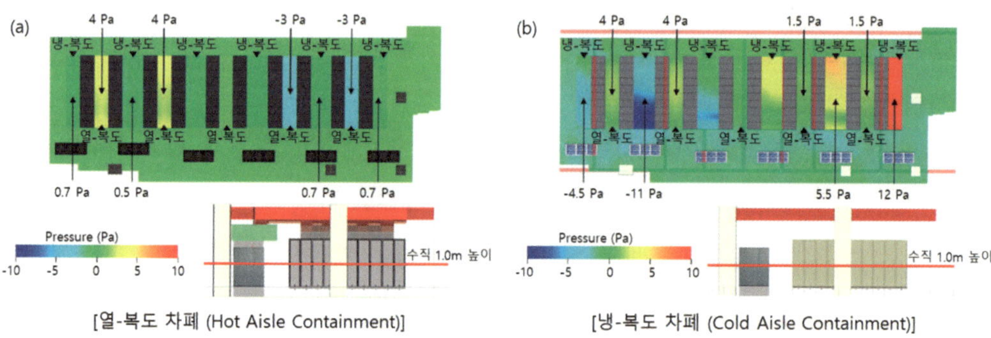

[그림 121] IT룸 수직 1.0 m에서의 압력분포 : (a) 열복도 차폐(HAC), (b) 냉복도 차폐(CAC)

[표 57] 수치해석 결과 및 IT냉각을 위한 CRAH 유닛의 프로비저닝 수준

공조 차폐 시스템	열복도 차폐(HAC)						냉복도 차폐(CAC)					
CRAH 유닛	CRAH -1	CRAH -2	CRAH -3	CRAH -4	CRAH -5	CRAH -6	CRAH -1	CRAH -2	CRAH -3	CRAH -4	CRAH -5	CRAH -6
사용냉각 에너지 (kW)	220.0	223.0	209.5	188.5	166.5	160.1	228.6	228.6	228.6	189.4	158.8	134.5
프로비저닝 (%)	95.7	97.0	91.1	82.0	72.4	69.6	99.4	99.4	99.4	82.3	69.0	58.5
평균 인입 공기온도 (℃)	31.89	32.12	31.09	29.47	27.78	27.29	35.6	37.7	35.1	29.5	27.2	25.3
평균 토출 공기온도 (℃)	15.3	15.5	15.2	15.1	15.0	15.0	18.1	20.2	17.6	15.1	15.0	15.0
CFD 해석 결과	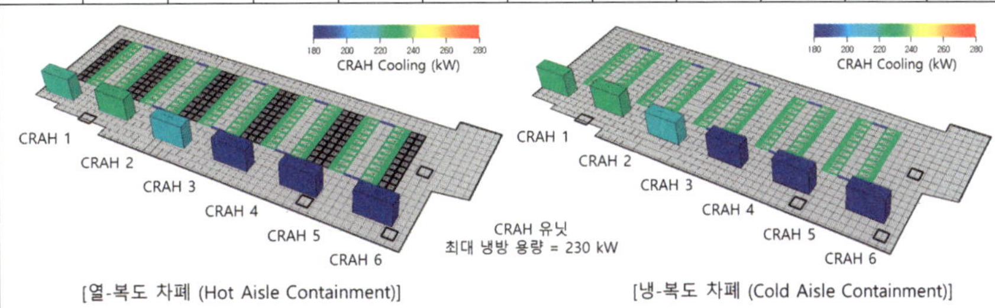											

열복도 차폐(1,168kW) 및 냉복도 차폐(1,169kW)의 CRAH 유닛은 전체 용량의 15% 이내로 프로비저닝 되었다. 냉복도 차폐는 IT룸 내에서 열복도 차폐와 동일한 랙-서버 배치를 가지고 있지만 프로비저닝이 열 부하 분포를 벗어났다. 냉복도 차폐의 경우, 고밀도 영역에서의 CRAH 유닛(CRAH 1~CRAH 3)은 적절한 프로비저닝이 유지되지 않고 있다. 열복도 차폐는 냉복도 차폐보다 더 정적으로 균형잡힌 프로비저닝된 상태를 보이고 있고 이 상태는 각각의 CRAH에 사용되는 에너지 편차가 최소화됨을 의미한다. 앞서 언급했듯이, IT장비를 냉각하는 데 사용되지 않는 공기는 낭비되는 에너지로 볼 수 있다. 급기손실은 CRAH 유닛의 운전 용량을 감소시킨다. 지속적인 급기손실이 발생할수록 IT장비의 적절한 인입 공기온도를 유지하면서 동일한 양의 발열을 제거하기 위해 더 많은 냉각용량이 필요하게 된다. 중밀도 영역의 CRAH(CRAH 4~CRAH 6) 유닛은 두 공조 차폐 모두 부하의 20% 이상 과도하게 프로비저닝되고 있다. 이 경우, 냉복도 차폐는 합리적인 공기분배 설계가 아님을 의미한다. 냉각 시스템 간의 사용 에너지가 열 부하에 맞게 편차를 최소화하는 것이 매우 중요하다. 따라서 모든 공조 차폐 시스템에 대해 다양한 열 부하 분포 및 주어진 냉각 시스템에 대해 정적으로 균형잡힌 프로비저닝 상태를 유지

하는 것이 핵심이다. 냉복도 차폐를 적용할 경우, 부하가 높은 냉복도 부분에 공기 흐름을 적절하게 조정하여 온도 프로파일을 개선할 수 있다. 대안으로, 25% 이상의 개구면적의 타공판을 사용하면 더 높은 냉각부하가 발생한 영역으로 더 많은 풍량을 공급하고 더 작은 차압을 유지할 수 있다.

CFD 시뮬레이션 결과를 기반으로 분석한 **[표 58]**은 열복도 차폐와 냉복도 차폐에서 각 랙-서버로 공급되는 인입 공기온도를 기준으로 IT장비 운영환경을 비교했다. 열복도 차폐는 냉복도 차폐보다 과열된 공기의 재순환 및 프로비저닝 불균형의 영향을 덜 받기 때문에 급기온도 15℃를 기준으로 냉각 시스템을 운영할 때, 열복도 차폐와 냉복도 차폐의 평균 인입 공기온도는 각각 16.5℃와 18.5℃로 약 2.0℃의 온도차를 보였다. 그러나 최대 인입 공기온도는 각각 20.6℃와 27.0℃로 6.4℃ 이상의 큰 온도차가 발생하였다.

[그림 122]는 공조 차폐 유형별 인입 공기온도의 범위를 보여준다. Boxplot은 열복도 차폐와 냉복도 차폐의 상대적 비교를 위해서 최대값, 최소값과 중앙값 및 사분위수 등 데이터의 분포를 보여준다. 95% 신뢰구간의 Interval Plot의 분포를 보면, 열복도 차폐가 냉복도 차폐보다 균일한 인입 공기온도 범위를 유지하고 있다.

[표 58] 열복도 차폐(HAC) 및 냉복도 차폐(CAC)의 IT장비 운영환경 비교 (랙-서버 인입 공기온도 기준)

공조 차폐	랙-서버 수량	평균값 (℃)	표준오차 (℃)	표준편차 (℃)	최소값 (℃)	Q1 (℃)	중앙값 (℃)	Q3 (℃)	최대값 (℃)
HAC	100	16.503	0.129	1.286	15.000	15.143	16.795	17.277	20.570
CAC	100	18.480	0.384	3.839	15.000	15.043	16.785	20.775	27.000

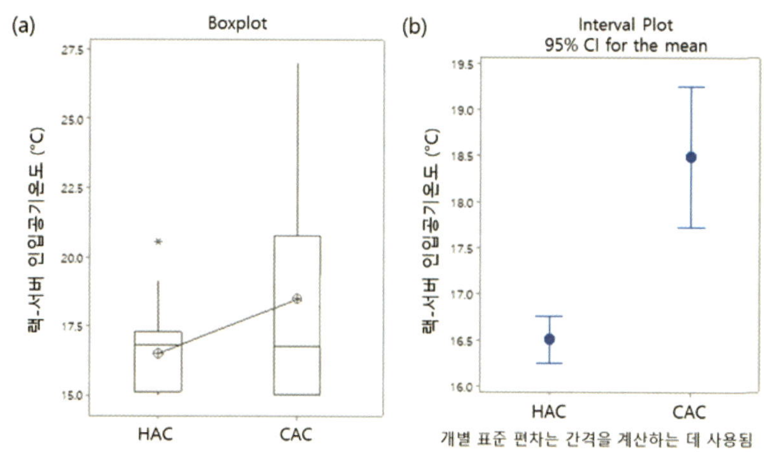

[그림 122] 열복도 차폐(HAC) 및 냉복도 차폐(CAC)에 대한 100대의 랙-서버 인입 공기온도 분포

14.3 현장 측정 실험

저밀도 랙-서버 영역의 IT장비 운영환경에 대한 열복도 차폐와 냉복도 차폐의 비교는 현장측정을 통해 수행되었다. 실험조사를 위해 2개의 공조 차폐 구역을 선정하였다. 열복도 차폐 구역의 크기는 3,660 mm(W) × 7,320 mm(L) × 2,200 mm(H)이고 냉복도 차폐는 3,660 mm(W) × 10,980 mm(L) × 2,200 mm(H)이다. 열복도 차폐는 2개 열에 19개의 랙-서버가 설치되었고 1개의 열복도 모듈로 구성되었다. 냉복도 차폐도 2개 열에 23개의 랙이 설치되었고 1개의 냉복도 모듈로 구성되었다. 설치된 랙-서버의 크기는 610 mm(W) × 1,100 mm(L) × 2,200 mm(H)이고 랙은 서로 같은 면을 마주 보도록 배치되었다.

대상 데이터센터는 다수의 대규모 전용 IT룸으로 구성되어 있으며, 외주부에 설치된 CRAH 유닛들에 의해서 공간단위 냉각 시스템으로 가동되고 있다. 열복도 차폐와 냉복도 차폐의 평균 IT전력은 각각 52.8 kW와 35.9 kW이었고 IT입력 전력은 매우 일정하였다. 이것은 IT장비에서 지속적으로 발열이 발생하였고 IT장비 냉각부하도 일정했음을 의미한다.

열복도 차폐를 담당하는 CRAH 유닛의 냉각용량은 70.3 kW, 공급풍량은 390 CMM이고, 냉복도 차폐 해당 CRAH 유닛은 270 CMM의 풍량과 48.9 kW의 냉각용량으로 가동된 것으로 유추되었다. 신뢰할 수 있고 안정적인 실험 데이터를 얻기 위해서 CRAH 유닛에서 일정한 풍량으로 공급할 수 있도록 설정하였다. 두 시스템 모두 급기방식은 바닥공조(UFAD : Under Floor Air Distribution) 시스템으로 이중마루의 높이는 600 mm이고 바닥취출구의 타공율은 25%이다. 열복도 차폐의 환기방식은 CRAH 유닛까지 덕트를 연결하여 직접 환기하는 경로이고 냉복도 차폐의 경우, 천장 내부를 환기 플레넘으로 이용한 간접 환기방식이다. IT룸의 이중마루 인프라는 열복도 차폐 및 냉복도 차폐의 냉각에 모두 적용되는 일반적인 급기방식이지만 환기방식은 두 시스템이 서로 다르다. 이러한 실험연구는 복잡한 열 유체 거동을 고려한 현상만을 반영할 수 있도록 정교하게 설계되지 않았다. 즉, 운영조건의 차이가 발생한다. 그러나 유사한 배치 및 구조의 IT룸에 대한 두 공조 차폐 시스템을 비교하여 열 성능의 차이를 확인할 수 있었다는데 큰 의미가 있다.

[그림 123]은 IT장비 운영환경(랙-서버 인입 공기온도 및 습도) 측정센서와 측정지점을 보여준다. IT룸은 CRAH 유닛에서 이중마루를 통해 타공타일로 냉기를 공급하는 가장 일반적인 공기분배 방식이 적용되었다. 온도와 상대습도는 1개월(2019년 9월 18일부

터 10월 16일까지) 동안 실시간으로 연속 측정되었으며, IT장비 상부와 하부의 인입구 20개, 상부의 배출구 10개 및 CRAH 유닛의 급기 및 환기에서의 두 지점을 포함하여 시스템별로 총 32개의 측정센서를 설치하였다.

현장측정은 두 가지 시나리오에 의해 수행되었다. 블랭킹 패널은 적절한 기류흐름을 유지하기 위해 랙-서버에 설치되었고 현장측정을 통하여 랙-서버 내부의 누기율을 측정하는 것은 불가능하다. 출입문, 케이블 연결구, 바닥타일, 천장 및 덕트는 누기를 증가시킬 수 있으며 공급공기 부족으로 인해 열 균형을 심각하게 손상시킬 위험이 있다. CRAH 유닛은 IT룸의 전체 부하를 담당하기 때문에 비상시를 고려하여 평균 25%의 초과 프로비저닝이 예상되었다. 그러나 실제 프로비저닝은 실내 랙-서버 배치와 열 부하에 따라 상이하다.

현장측정은 한 달 동안 세 가지 다른 실험조건으로 수행되었다. 현장실험-1은 열복도 차폐의 급기온도를 15℃로 유지하였다. 현장실험-2는 냉복도 차폐로 급기온도를 동일하게 15℃로 유지하였고, 현장실험-3에서는 열복도 차폐의 급기온도를 17℃로 상향하여 측정하였다. 모든 랙-서버의 최대 인입 공기온도는 ASHRAE의 권장범위에서 100%를 유지되는 것을 목표로 하였다. 동일한 프로비저닝 수준에 있는 세 가지 실험 조건의 경우, CRAH 유닛의 급기온도를 제외하고는 아무것도 변경하지 않았다. **[표 59]**는 CRAH 유닛의 급기온도에 따른 현장 실험조건을 보여준다.

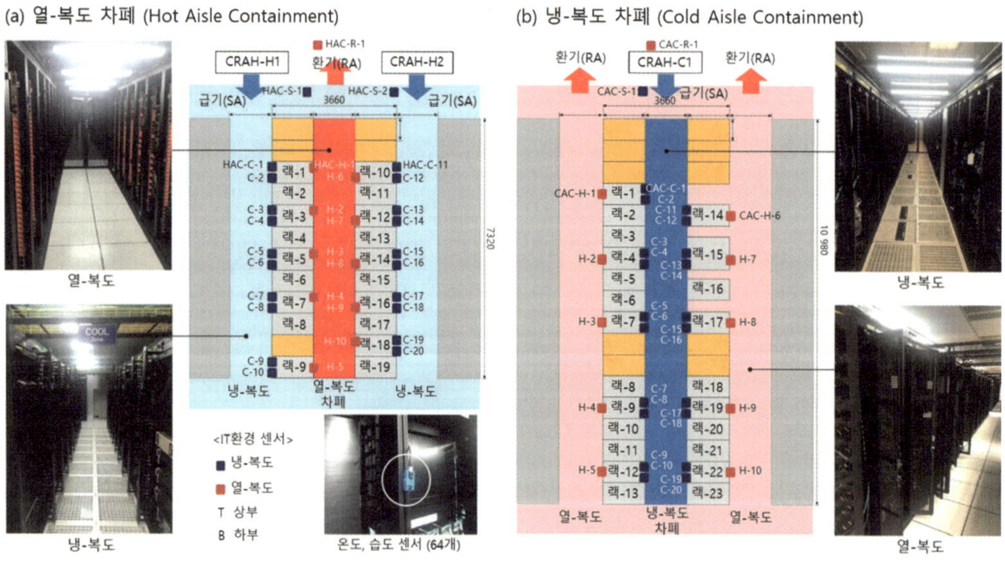

[그림 123] IT환경 측정 및 (온도/습도)센서 설치위치 : (a) 열복도 차폐(HAC), (b) 냉복도 차폐(CAC)

[표 59] CRAH 유닛의 급기온도에 따른 현장 실험조건

실험조건	급기온도 (℃)	공조 차폐	최대 랙-서버 인입 공기온도
현장실험-1	15	열복도 차폐(HAC)	ASHRAE 권장온도 만족
현장실험-2	15	냉복도 차폐(CAC)	
현장실험-3	17	열복도 차폐(HAC)	

14.3.1 현장실험-1 : 열복도 차폐(HAC), 급기(SA)온도 15℃

[그림 124]는 열복도 차폐의 IT장비 운영환경 측정 결과인 온도분포를 보여준다. CRAH 유닛의 평균 급기온도 15.0℃를 기준으로 냉복도 내 IT장비의 평균 인입 공기온도(C-1~C-20)는 20.1℃로, 약 5.1℃ 정도 이동경로에서 손실되는 것으로 측정되었다. 각 랙-서버로 유입되는 냉기온도는 ASHRAE에서 권장하는 범위에 포함되지만 일부 구역(C-13, 14, 16, 18)에는 과냉 현상이 발생하였다. 또한 IT장비에서 발열을 제거한 후에 열복도로 배출되는 열기(H-1~H-10)의 평균온도는 26.4℃로 온도차(ΔT)는 약 6.3℃를 유지하였다. 그러나 CRAH 유닛으로 돌아오는 평균 환기온도는 26.1℃로 IT룸에

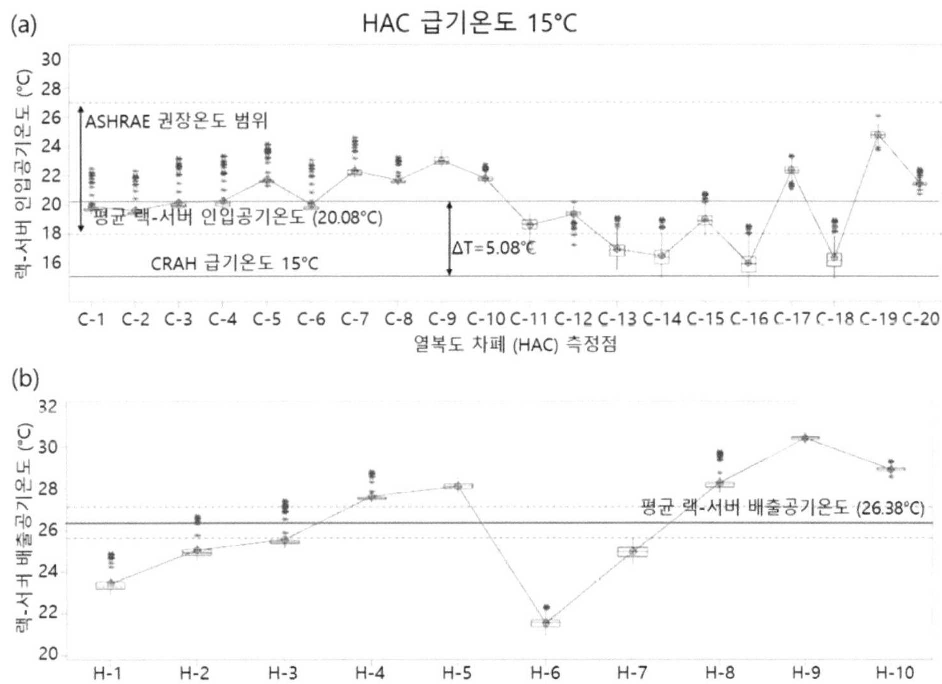

[그림 124] 현장실험-1 : (a) 평균 랙-서버 인입 공기온도 및 (b) 평균 랙-서버 배출 공기온도 분포

서 냉기와 열의 혼합이 다소 발생하였다. 냉복도 평균온도를 보면, 열복도의 열기가 여러 곳에서 누기되어 냉복도로 재순환되었음을 의미한다.

14.3.2 현장실험-2 : 냉복도 차폐(CAC), 급기(SA)온도 15℃

냉복도 차폐의 IT장비 운영환경 측정 결과는 **[그림 125]**와 같다. CRAH 유닛의 급기온도는 15.0℃를 기준으로 냉복도에서 랙-서버로 유입되는 냉기(C-1~C-20)의 평균온도는 22.5℃이었다. 따라서 약 7.5℃ 이상 이동경로에서 열 손실이 발생하는 것으로 측정되있다. 이 결과는 동일 급기온도의 열복도 차폐에 비해 약 2.4℃정도 급기경로에서의 손실이 증가하였다. 각 랙-서버로 인입되는 공기온도는 ASHRAE에서 권장하는 범위에 포함되지만 일부 구역에는 과냉(C-1)과 과열(C-12) 현상이 발생하였다. 또한, 랙-서버에서 발열을 제거한 후에 열복도로 배출되는 열기(H-1~H-10)의 평균온도는 30.1℃로 약 ⊿T=7.5℃를 유지하였다. 그러나 CRAH 유닛으로 귀환하는 평균 환기온도는 30.0℃로 분석되었다. 이러한 온도 분포는 외피부하 등 외부요인에 영향을 받지 않으며, IT장비의 발열이 대부분을 차지하고 있기 때문에 매우 일정한 범위를 유지하고 있었다. 그

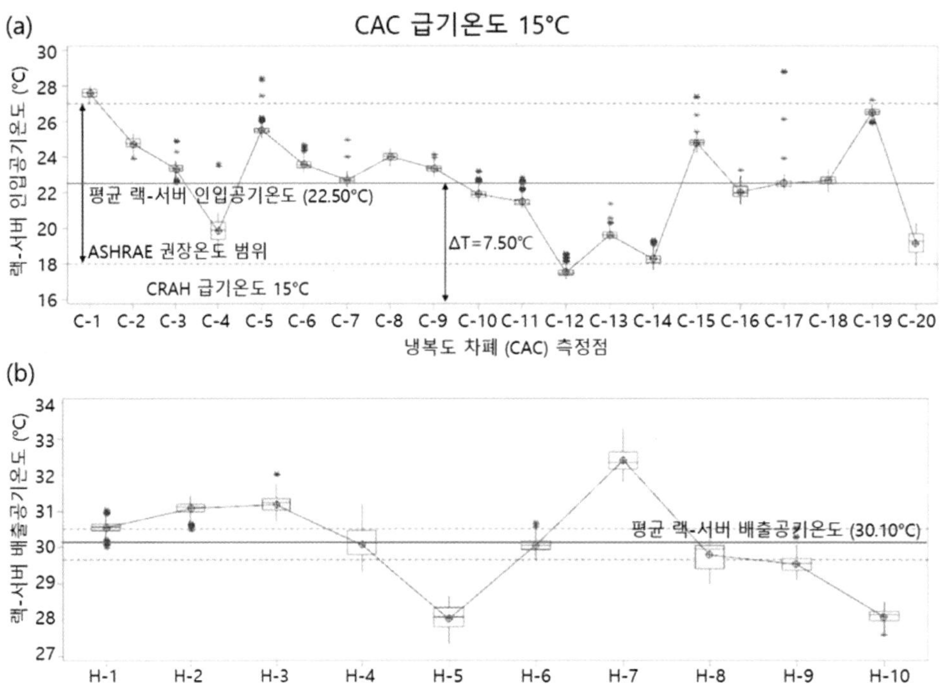

[그림 125] 현장실험-2 : (a) 평균 랙-서버 인입 공기온도 및 (b) 평균 랙-서버 배출 공기온도 분포

러나 냉복도의 평균온도가 급기온도와 크게 차이가 발생하는 것은 많은 부분에서 열복도의 열기가 재순환되고 있는 것이다.

14.3.3 현장실험-3 : 열복도 차폐(HAC), 급기(SA)온도 17℃

열복도 차폐는 측정기간 동안 CRAH 유닛의 취출온도를 변화시키면서 IT환경을 분석하였다. **[그림 126]**의 IT환경 측정 결과와 같이, 상향된 CRAH 유닛의 평균 급기온도 17.0℃를 기준으로 냉복도 내부 랙-서버의 평균 인입 공기온도(C-1~C-20)는 22.1℃이었다. 약 5.1℃ 정도 이동경로에서 열 손실이 발생하는 것으로 분석되었다. 이것은 급기온도 15℃인 열복도 차폐와 비슷한 수준이고 냉복도 차폐 시스템에 비해 약 2.4℃ 정도 열 손실을 줄었다. 각 랙-서버로 유입되는 냉기온도는 ASHRAE의 권장범위에 해당되지만 일부 구역에서 과열(C-17, 19)현상이 발생하였다. 그리고 IT장비에서 발열을 제거한 후에 열복도로 배출되는 열기(H-1~H-10)의 평균온도는 29.4℃로 약 ΔT=7.3℃를 유지하였다. 그러나 이 경우도 열복도의 평균온도가 환기온도보다 낮다는 것은 재순환 현상이 발생했음을 시사한다.

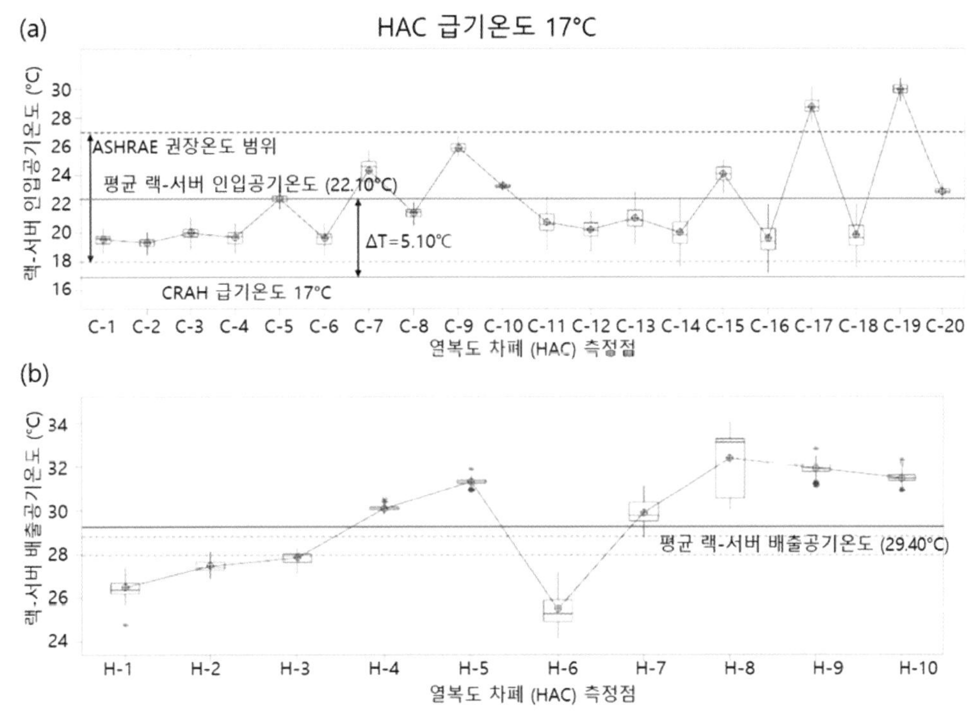

[그림 126] 현장실험-3 : (a) 평균 랙-서버 인입 공기온도 및 (b) 평균 랙-서버 배출 공기온도 분포

14.3.4 공조성능 평가

IT장비 운영환경은 **[표 60]**과 같이, 열복도 차폐와 냉복도 차폐의 온도분포를 기반으로 분석하였다. 급기온도 15.0℃의 경우, 열복도 차폐의 냉복도 평균온도는 냉복도 차폐보다 2.5℃ 낮았다. 또한 열복도 차폐의 열복도의 평균온도는 냉복도 차폐보다 3.7℃ 낮게 나타났다. 이것은 냉복도 차폐에서 IT장비를 통과한 열기가 CRAH 유닛으로 돌아가지 않고 IT서버 인입구로 재순환되기 때문이다. 급기온도 17.0℃의 열복도 차폐를 급기온도 15.0℃의 냉복도 차폐와 비교하면 냉복도와 열복도의 평균 온도분포는 ±0.5℃ 미만의 오차로 매우 유사하였다. 즉, 열복도 차폐의 급기온도가 2.0℃ 상향시켜도 IT장비 운영환경은 냉복도 차폐와 유사하였다.

[그림 127]은 각 급기온도 조건에서 냉복도 차폐와 열복도 차폐에 대한 IT장비 운영환경(빈도) 분포를 보여준다. 급기온도 17.0℃인 열복도 차폐는 급기온도가 15.0℃인 냉복도 차폐와 매우 유사한 온도분포를 보였다. 이것은 열복도 차폐가 냉복도 차폐보다 동일한 조건에서 열 성능이 더 우수함을 의미하고 냉복도 차폐의 측면에서는 적정한 공기분배가 작동하지 않음을 의미한다. 따라서 모든 공조 차폐 유형에 대해 다양한 열 부하 분포 및 주어진 냉각 시스템에 대해 정적으로 균형적 프로비저닝 상태를 결정해야 한다.

[표 60] 급기온도에 따른 열복도 차폐(HAC)와 냉복도 차폐(CAC)의 온도분포

공조 차폐 시스템		평균온도(℃)	최소온도(℃)	최대온도(℃)
현장실험-1 열복도 차폐(HAC) SA 15℃	냉복도	20.08	19.65	21.69
	열복도	26.38	26.08	27.18
현장실험-2 냉복도 차폐(CAC) SA 15℃	냉복도	22.54	22.19	23.96
	열복도	30.08	29.70	30.47
현장실험-3 열복도 차폐(HAC) SA 17℃	냉복도	22.12	21.31	22.51
	열복도	29.43	29.01	29.72

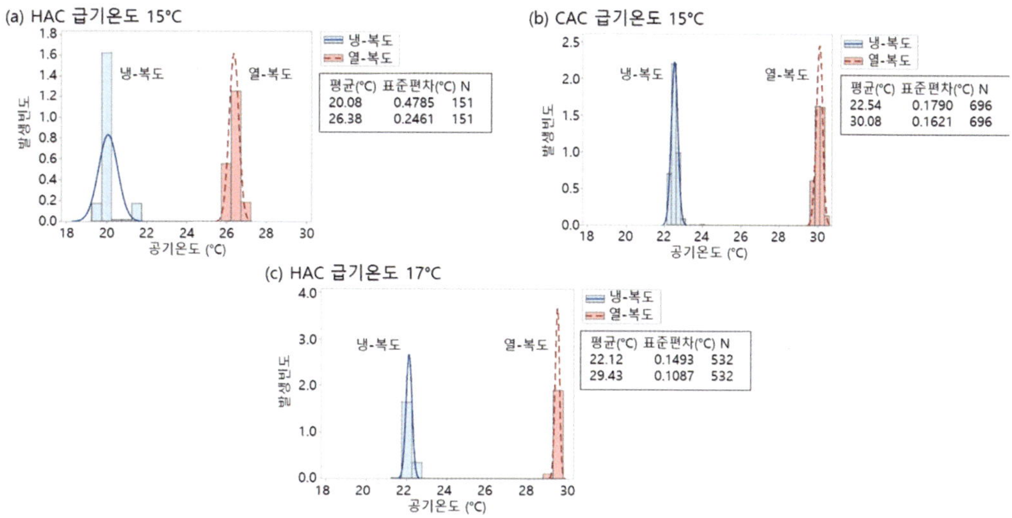

[그림 127] 급기온도에 따른 열복도 차폐(HAC)와 냉복도 차폐(CAC)의 온도영역 빈도

14.4 사례분석 결과

본 사례분석에서는 공조 차폐의 공조효율에 관하여 조사하였다. 열 성능을 평가하기 위해 CFD 시뮬레이션과 현장측정 및 실험을 동시에 수행하였다. 관련 연구자들이 열복도 차폐와 냉복도 차폐 중 어떠한 유형이 더 우수한지 의문과 궁금증을 갖기 시작하였지만 아직 결론에 도달하지 못했다. 각 공조 차폐의 열 성능은 냉각방식과 IT장비 운영환경 조건에 따라 상이하다. 냉복도 차폐는 각 구역(냉복도)별 예상부하에 맞게 냉각용량이 정의되어야 하기 때문에 추가적 설계 검토가 필요하다. 이것은 열복도 차폐에는 해당되지 않으며, 설계가 보다 단순해지면 열복도 차폐가 더 우수한 솔루션이 될 수 있다. 두 공조 차폐 시스템 모두 IT룸 내부 공기의 혼합을 최소화하는 것을 추구하지만 시스템 구축 및 운영에서 기밀, 누기율과 열 평형은 상당한 영향을 미치게 되어 운영단계에서 실질적인 차이가 발생한다. 열 유체 거동은 고밀도 데이터센터의 경우, 매우 복잡하며 실제 프로비저닝은 랙의 위치, 공기경로 및 열 부하 분포에 따라 매우 다르다.

결론적으로 바닥공조를 적용한 공기분배방식에서는 열복도 차폐가 냉복도 차폐보다 냉각효율이 상대적으로 우수하다. 공조 차폐는 IT환경제어를 위한 가장 효과적인 기술 중 하나로 간주되고 있다. 그러나 공조 유실과 열복도와 냉복도 사이의 공기재순환, 누기(기밀) 문제가 존재하기 때문에 IT장비 운영환경을 얼마나 안전하게 유지 가능한가에는 한계가 있다. 열복도 차폐 또는 냉복도 차폐 시스템을 적용한 데이터센터 내부 공기 혼합

가능성을 분석한 결과, 두 시스템 모두 적절한 IT장비 운영환경을 유지하기 위해서는 기밀성이 충분하지 않을 수 있다. 이 결과가 절대적으로 결정권을 갖는 것은 아니다. 그러나 공조 차폐 유형이 중요하지 않다는 것은 아니지만 열 성능을 좌우하는 것은 각각의 데이터센터 구성에 따른 고유한 공기분배 경로로부터 기인한다.

15. 고밀도 대응 냉각 시스템 및 인프라설비 모듈 사례

15.1 일반사항

본 사례는 하이퍼스케일 데이터센터를 구현하기 위한 핵심 요소인 IT장비의 고밀도 전력밀도에 대응 가능한 냉각 시스템을 에너지 성능과 경제성 등 정량적으로 비교하여 합리적인 냉각방식 선정의 객관적인 판단기준을 제시하였다. 궁극적으로 데이터센터의 IT 서비스 변화에 따른 신속한 대응뿐 아니라 무중단 운영의 안정성 확보를 위한 냉각 시스템의 최적화 방법 및 인프라설비 모듈을 도출하는 것이다. 기존의 데이터센터 냉각 시스템 관련 연구에서 접근하지 않은 범위의 IT전력밀도를 고려한 냉각 시스템을 위한 공간구성 및 공기분배 방식 등을 고려한다. 또한, IT장비 운영환경 최적화, IT장비 보호와 에너지 효율(PUE) 및 경제성 등을 포함한 종합적인 판단기준으로 제시하였다. 본 사례의 접근방법에서는 총 150 kW급 IT부하의 요구사항과 IT전력밀도를 기준으로 한 인프라설비 모듈 계획안으로 랙-서버와 냉각장비 배치와 설치면적을 반영한다. 그리고 IT장비의 냉각과 공기분배 방식별 대안을 제시하였다. 인프라설비 모듈의 운영방법은 변화된 IT장비 운영환경 특성을 반영하는 데 사용되므로 랙-서버가 설치되는 상면공간에서 IT장비의 운영 안전성 확보를 위한 설계 대안 제공과 활용이 가능하다. 또한 각 설계 대안별 냉각 $PUE_{cooling}$ 및 에너지 비용에 대한 정량적인 분석으로 경제성 관점에서도 객관적인 판단기준을 제시하였다.

15.2 사례분석 대상 선정 근거

데이터센터에서 가장 중요한 전제조건은 요구되는 IT부하이다. 총 IT부하가 결성이 되면 냉각 시스템을 계획하기 위한 IT전력밀도를 결정하고 냉각방식과 용량을 결정하는 일련의 단계가 필요하다. 본 사례에서는 IT전력밀도에 따른 냉각 시스템의 정량적 평가를 위해서 독립적으로 설치와 운영 가능한 인프라설비 모듈을 전제로 고밀도 하이퍼스케일

[표 61] 150 kW급 IT부하 대응 독립모듈 IT룸 구성의 전제조건

요구되는 IT부하		IT 전력밀도 (kW/rack)	공기분배방식	전력분배방식
총 150 KW의 독립모듈 IT룸	기준모델	15.0(고-밀도)	랙-기반(Rack-based) 냉각	모듈러 UPS (IT 및 냉각용량 담당)
	ALT-1	8.4(중간-밀도)	열-기반(Row-based) 냉각	
	ALT-2	4.2(저-밀도)	공간단위(Room-based) 냉각	

데이터센터에 적용 가능한 냉각방식의 타당성을 평가하였다. **[표 61]**과 같이, 최소 단위의 IT룸 구성을 위한 독립 인프라설비 모듈에 필요한 총 IT부하를 150 kW로 가정하였다.

15.3 기준모델 : 랙-기반 냉각 시스템 (고밀도) 인프라설비 모듈

데이터센터 냉각 시스템 타당성 평가의 전제조건을 바탕으로 150 kW급 IT룸의 인프라설비 모듈을 도출하였다. 기본모델의 장비구성과 건축요소를 결정하는 주요 인자는 고밀도인 15 kW/rack의 IT전력밀도와 여기에 종속되는 냉각방식이 된다. **[그림 128]**은 고밀도 IT부하에 대응하는 인프라설비 모듈을 보여주며, 총 IT부하인 150 kW를 구현하기 위해서 10개의 랙-서버가 설치된다. 냉각은 각각의 고밀도 랙-서버의 발열을 직접 처리하는 개념인 랙-기반 냉각방식을 적용하여 랙-서버 후단에 일체화된 In-rack CRAH 유닛을 바로 설치하였다. 비상시를 대비한 장비 여유율은 N+1로 18 kW(5.2 RT) 용량의 유닛을 랙-서버의 수와 동일하게 10대를 적용하였다. 비상시 상면공간의 수손(Water Damage)을 방지하기 위해 냉수-냉매-공기의 다단계 열교환방식을 적용하였다. 2차 측 냉매 분배기(RDU : refrigerant distribution unit)는 1차 측 냉열원을 이용한 중앙 냉수식으로 총 IT부하에 맞게 150 kW(43 RT)의 열량공급 및 냉수와 열교환하여 냉매를 3차 측 In-rack CRAC/H 유닛으로 공급한다. 냉매 분배기는 30% 안전율을 고려하여 100 kW의 용량으로 2대 설치하였다. **[그림 128(b)]**는 고밀도 IT부하 대응을 위한 랙-기반 냉각의 공기분배 개념을 보여준다.

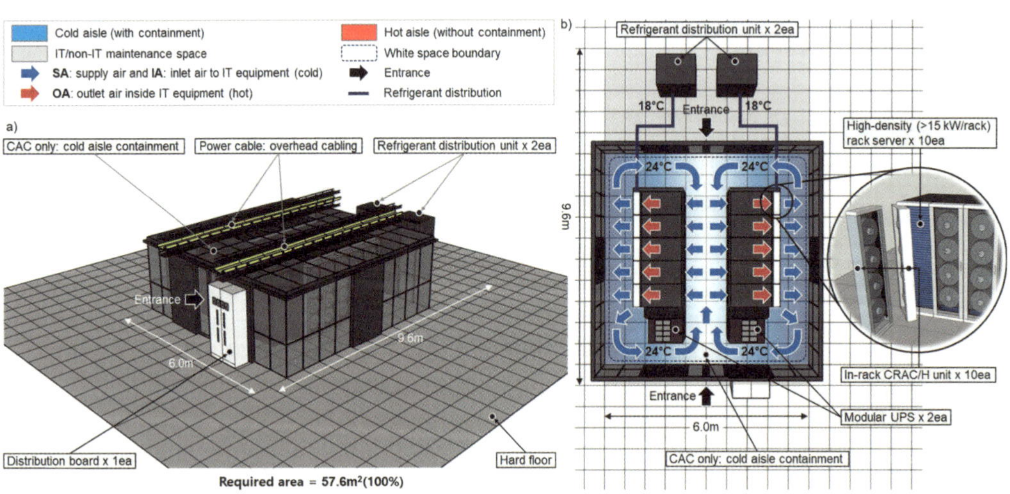

[그림 128] Baseline : 고밀도(15 kW/rack) 대응 랙-기반 냉각 및 독립 인프라설비 모듈 구성

상면공간은 파란색 영역인 냉복도(점선)만 해당되며, 다른 냉각방식과 다르게 열복도는 구성되지 않는다. 그리고 Non-IT부문 설비의 유지관리 공간은 회색 영역이다. 상면공간 내의 공기분배는 고밀도 랙-서버 후단에 In-rack CRAH 유닛을 설치하여 1:1로 직접 냉각을 담당한다. 랙-기반 냉각은 공조된 공기를 공급하는 CRAH 유닛과 IT장비가 일체화되어 열복도가 형성이 안 된다. 따라서 열복도 공간이 없이 냉복도로만 구성되고 이 공간을 모두 차폐하는 방식을 채택하였다. 이동경로에서의 공조 유실과 재순환이 이론적으로는 발생하지 않는다. 그렇기 때문에 공간단위 공기분배 효율지표는 더 이상 의미가 없고 열역학 제2법칙이 반영된 엑서지 개념의 평가지표 개발이 요구된다. 공기분배에서 열 손실이 없기 때문에 In-rack CRAC/H 유닛의 취출온도를 최대 24℃까지 상향하여 취출할 수 있다. 따라서 2차 측 냉매온도는 최대 17℃까지 설정 가능하고 이와 연계된 1차 측 중앙 냉수식 시스템의 냉수 공급온도는 최대 12℃까지 상향이 가능하다.

독립 인프라설비 모듈로 공급하는 총 전력부하는 IT장비와 냉각을 포함하여 200 kW이며, 해당되는 용량을 대응하는 1개의 배전반을 설치하여 전체 데이터센터 전력 시스템과 연동하였다. IT장비로 전력을 분배하는 PDU는 각각의 열로 분배 가능하도록 75 kW급 2대를 설치하였다. IT룸 모듈의 독립성과 무중단(무정전) 운영을 확보하기 위해서 IT장비와 냉각 시스템의 백업이 가능한 총 전력부하와 동일하게 100 kW의 모듈러 UPS 2대를 적용하였다. 전력 및 통신 케이블 트레이는 이중바닥이 적용되지 않았기 때문에 상부 트레이로 계획하였다. IT룸의 환경제어 및 관리체계인 DCIM(Data Center Infrastructure Management)은 IT룸 내부 공간의 열관리를 위해 상면공간뿐만 아니라 랙-서버의 인입과 배출공기를 모니터링하는 것이 중요하다. 따라서 물리적으로 설치되는 장비의 수량에 비례하여 측정센서 수량이 결정된다. 고밀도 IT부하 대응 150 kW급 랙-기반 냉각 시스템 및 인프라설비 모듈에 요구되는 면적은 약 60 m^2이다.

15.4 ALT-1 : 열-기반 냉각 시스템 (중간밀도) 인프라설비 모듈

데이터센터에서 열-기반 냉각이 적용된 시점은 불과 10년도 되지 않는다. IT전력밀도가 증가하면서 공간단위 냉각의 비효율성이 가중되고 설비용량과 에너지 사용량이 증가하게 되었다. 보편적인 열-기반 냉각이 적합한 IT전력밀도는 8.0~15.0 kW/rack으로 본다. 글로벌 평균 (8.4 kW/rack) IT전력밀도를 반영한 중간밀도 데이터센터에 대응하는 150 kW급 독립 인프라설비 모듈은 **[그림 129]**와 같다.

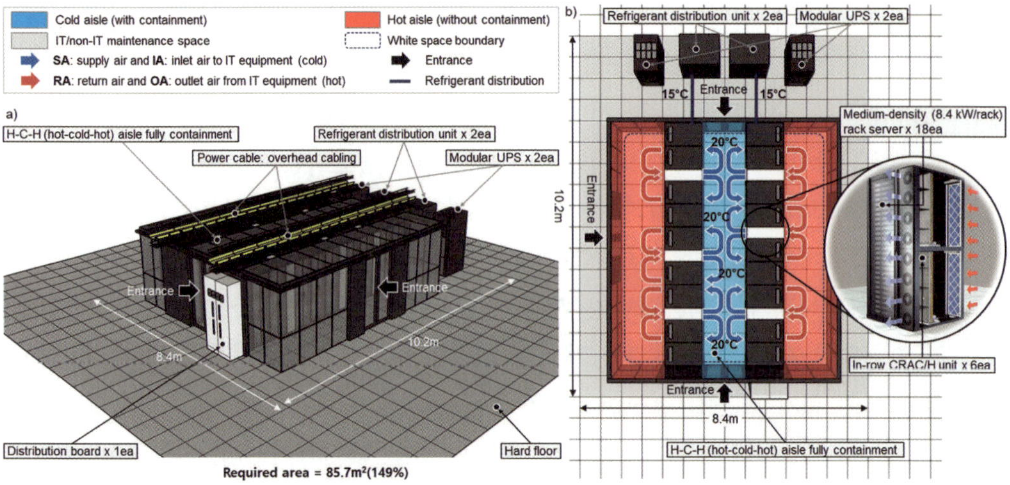

[그림 129] ALT-1 : 중간밀도(8.4 kW/rack) 대응 열-기반 냉각 및 독립 인프라설비 모듈 구성

동일한 조건인 총 IT부하 150 kW를 구현하기 위해서 18개의 랙-서버를 설치하고 냉각을 위해 9개씩 2개의 열(row)로 구성하여 열-기반 냉각방식을 적용하였다. 랙-서버가 설치되는 열의 사이에 In-row CRAH 유닛을 배치하고 비상시를 대비한 장비 여유율은 N+1로 30 kW(8.6 RT) 용량의 유닛을 6대 적용하였다. 열-기반 냉각도 랙-기반 냉각과 유사하게 In-row CRAH 유닛이 IT장비가 설치되는 상면공간 안에 필연적으로 설치되어야 한다. 따라서 해당 냉각 시스템도 열-기반 냉각분배를 위한 냉수-냉매-공기의 다단계 열교환 방식을 적용하였다. 상면공간 내의 공기분배는 랙-서버가 설치된 열 내부에서 1개의 In-row CRAH 유닛이 3~4개의 랙-서버의 냉각을 담당한다.

열-기반 냉각은 In-row CRAH 유닛과 IT장비의 거리가 최대 2-3 m이하로 공간단위 냉각에 비하여 획기적으로 이동경로가 감소된다. 동시에 이동경로에서의 열량 손실과 온도상승 등 공조 유실과 재순환의 비효율성도 감소한다. 공간단위 냉각의 공기분배 효율 지표들의 활용은 가능하지만 비효율성 요소가 대부분 해소되었기 때문에 큰 변별력을 갖는 지표로써 활용을 기대하기 어렵다. 독립 인프라설비 모듈은 냉복도와 열복도 모두 차폐를 적용하였고, 열복도-냉복도-열복도(H-C-H) 배열로 구성하였다. 이동경로가 크게 줄었지만 냉복도와 열복도 사이에서의 열 손실은 여전히 존재하기 때문에 In-row CRAH 유닛의 취출온도는 랙-기반 냉각 시스템보다는 낮게 설정해야 한다. 그러나 공간단위 냉각보다 열 손실이 감소하여 취출온도를 더 높게 유지할 수 있고 에너지 소비도 감소하게 된다.

2차 측 냉매 분배기는 1차 측 냉열원을 이용한 중앙 냉수식으로 총 IT부하에 맞게 열량공급 및 냉수와 열교환하여 냉매를 3차 측 In-row CRAH 유닛으로 공급한다. 열-기반 냉각의 경우, 3차 측 공기분배 이동경로가 랙-기반 냉각보다 증가한다. 그러나 공간단위 냉각에 비해 이동경로가 매우 짧고 냉복도와 열복도 모두를 차폐하는 방식을 채택하였기 때문에 이동 중 열 손실, 온도상승을 효과적으로 감소시킬 수 있다. 따라서 In-row CRAH 유닛의 취출온도를 최대 20℃까지 상향하여 취출할 수 있다. 그다음으로, 2차 측 냉매분배는 3차 측 공급온도를 유지시키기 위해 냉매온도를 최대 15℃까지 공급할 수 있도록 설정하였다. 냉매 분배기는 랙-기반 냉각방식과 동일하게 100 kW의 용량으로 2대 설치하였다. 마지막으로, 1차 측과 연동하여 냉매 분배기의 공급온도를 유지시키기 위해서 중앙 냉수식 시스템의 공급온도는 최대 10℃까지 상향이 가능하다.

[그림 129(b)]는 중간밀도 IT부하 대응을 위한 열-기반 냉각의 공기분배 개념을 보여준다. 상면공간은 파란색 영역의 냉복도와 붉은색 영역의 열복도를 포함하는 구역(점선)이 된다. 그리고 Non-IT부문 설비의 유지관리 공간은 회색 영역이다. 독립 인프라설비 모듈의 총 전력부하는 기준모델(랙-기반 냉각)과 동일한 200 kW이며, 1개의 배전반으로 전체 전력 시스템과 연계한다. PDU는 각각의 IT장비로 분배 가능하도록 75 kW급 2대를 설치하였다. 무중단 운영을 확보하기 위한 모듈러 UPS도 동일하게 총 전력부하를 담당할 수 있도록 100 kW 용량으로 2대 적용하였고 전력 및 통신 케이블 트레이는 상부 트레이로 계획하였다. 중간밀도 IT부하 대응 150 kW급 열-기반 냉각의 독립 인프라설비 모듈에 요구되는 면적은 약 90 m^2이다.

15.5 ALT-2 : 공간단위 냉각 시스템 (저밀도) 인프라설비 모듈

데이터센터의 공간단위 냉각은 일반 건물의 혼합공조와 동일한 개념으로 현재에도 빈번하게 적용을 하고 있는 가장 기본적인 냉각방식이다. **[그림 130]**은 4.2 kW/rack의 저밀도 IT부하에 대응하는 IT룸 독립 인프라설비 모듈이다. 물리적으로 총 IT부하 요구량 150 kW를 구현하기 위해서 36개의 랙-서버를 설치하고 냉각을 위해 9개씩 4개의 열로 구분하였고 공간단위 냉각방식을 적용하여 상면공간 외곽에 CRAH 유닛을 설치하였다. 비상시를 대비한 장비 여유율은 N+1로 75 kW(22 RT) 용량의 유닛을 3대 적용하는 것이 원칙이지만, 다른 대안과 대등한 조건으로 비교하기 위해서 30%의 용량을 상향하여 100 kW(30 RT) 유닛을 2대 반영하였다.

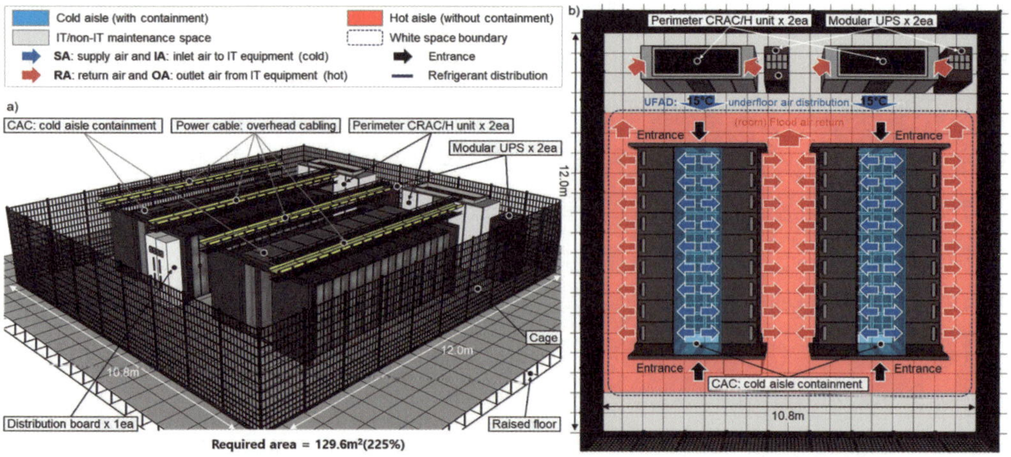

[그림 130] ALT-2 : 저밀도(4.2 kW/rack) 대응 공간단위 냉각 및 독립 인프라설비 모듈 구성

CRAH 유닛은 중앙 냉수식 열원으로부터 150 kW(43 RT) 열량공급 및 냉수와 열교환하여 냉각된 공기를 상면공간으로 공급한다. 이때 공기분배는 바닥급기방식을 적용하고 이동경로는 이중바닥을 통하여 바닥 타공판(Perforated Panel)에서 IT장비로 취출하는 가장 보편적인 방식을 적용하였다. 공간단위 냉각의 경우, 공기분배 이동경로가 길기 때문에 이동 중 열 손실, 온도상승이 발생하여 국부적 온도상승이 부득이하게 발생할 확률이 높기 때문에 CRAH 유닛 취출온도를 약 13℃로 낮게 유지한다. 공간단위 냉각의 이러한 단점을 보완하기 위해서 냉복도 차폐를 적용하고 취출온도를 15℃로 최대로 설정하였다. 공기 측 취출온도와 연계하여 중앙 냉수식 시스템의 냉수 공급온도는 7℃로 유지하도록 하였다.

[그림 130(b)]는 저밀도 IT부하 대응을 위한 공간단위 냉각의 공기분배 개념을 보여준다. 파란색 영역은 냉복도이고 붉은색 영역은 열복도에 해당한다. 그리고 두 영역이 모두 포함되는 구역(점선)이 IT 시스템을 관장하는 상면공간이 된다. 또한 회색 영역은 Non-IT부문 설비의 유지관리 공간으로 활용된다. 상면공간 내의 공기분배는 랙-서버가 설치된 2개의 열을 1개의 CRAC/H 유닛이 담당한다. 공간단위 냉각은 공조공기를 공급하는 CRAH 유닛과 IT장비의 거리가 최대 15 m 이상으로 이동해야 하는 경로가 증가한다. 따라서 이러한 경로에서 열량이 손실되고 실내공기가 혼합되어 온도가 상승하는 비효율성이 증가한다. 대표적인 현상으로 CRAH 유닛에서 공급/분배하는 공기가 랙-서버로 도달하지 않고 중간에 손실되는 공조 유실과 공기분배 후 랙-서버에서 배출한 고온의 발열이 냉각을 위해 CRAH 유닛으로 돌아오지 못하고 다시 IT장비로 유입되는 재순환이다. 이러한 IT장비 운영환경에 악영향을 주는 현상을 최소화하는 것이 공간단위 냉각 시

스템 계획에서 반드시 고려해야 할 사항이다.

공간단위 냉각에서 공기분배의 효율을 평가하는 SHI/RHI, RCI 및 RTI 등의 지표들이 활용되고 있고 분배열량의 균형 관점에서 열역학 제1법칙에 국한한다. 공간단위 냉각은 제시된 평가지표와 관련된 비효율적인 요소가 많다. 이러한 한계를 극복하기 위한 꾸준한 기술개발이 진행되었다. 그리고 공조 유실과 재순환을 최소화하기 위해 냉복도 차폐 또는 열복도 차폐를 적용하는 것은 선택이 아닌 필수적인 요소가 되었다. 공간단위 냉각은 냉복도 차폐를 적용하였고, 냉복도와 열복도 간 공기의 이동을 최소화할 수 있도록 기밀도를 강화해야 한다. 이 경우, 이동경로에서의 열 손실을 고려하여 CRAH 유닛의 취출온도를 15℃로 설정이 가능하지만 냉복도 또는 열복도 차폐를 적용하지 않을 경우, 더 많은 열 손실 발생을 고려하여 취출온도를 더 낮게 유지해야 하고 에너지 소비는 증가하게 된다.

독립 인프라설비 모듈로 공급하는 총 전력부하는 IT장비와 냉각 시스템을 포함하여 200 kW이며, 해당 용량에 대응하는 1개의 배전반을 설치하여 전체 데이터센터의 전력 시스템과 연동하였다. PDU는 각각의 열로 분배 가능하도록 40 kW급 4대를 설치하였다. 그리고 IT장비와 냉각 시스템의 백업이 가능한 총 전력부하와 동일하게 100 kW의 모듈러 UPS 2대를 적용하였다. 전력 및 통신 케이블 트레이는 이중바닥 하부로 이동 및 설치도 가능하지만 다른 대안과 동일하게 상부 트레이로 계획하였다. 저밀도 IT부하 대응 150 kW급 공간단위 냉각의 독립 인프라설비 모듈은 IT와 Non-IT부문의 시스템 구성에 요구되는 면적이 약 130 m^2이며 출입보안 등을 고려하여 케이지(Cage) 설치가 필요하다.

15.6 IT전력밀도에 따른 냉각 시스템 구성분석

각 설계안의 장비구성과 건축요소를 결정하는 주요 인자는 IT전력밀도와 여기에 종속되는 냉각방식이 된다. 각각의 독립 인프라설비 모듈은 동일한 용량과 기능으로 운영이 가능하도록 계획되었다. IT장비 구성과 적용기술에 대한 Non-IT부문 시스템의 상세 내용은 **[표 62]**와 같다. 총 150 kW급 IT룸을 구성하는 방법은 다양할 수 있다. IT장비의 종류에 따라 고밀도, 중간밀도 또는 저밀도로 구성이 되고 여기에 냉각을 포함한 Non-IT부문 인프라설비가 결정이 된다. 고밀도 대응 랙-기반 냉각 시스템의 인프라설비 모듈을 기준(60 m^2)으로 필요면적을 분석한 결과, 중간밀도 대응 ALT-1의 열-기반 냉각 인프라설비 모듈은 90 m^2로 1.5배 증가하고, 저밀도 대응 ALT-2의 공간단위 냉각 인프라설비 모듈은 130 m^2로 2.3배 증가하는 것으로 분석되었다.

[표 62] 150 kW급 IT부하 대응 독립 인프라설비 모듈 구성

구분	시스템 조건		기준모델	ALT-1	ALT-2
			랙-기반 냉각	열-기반 냉각	공간단위 냉각
IT 장비	총 IT부하 (kW)		150	150	150
	IT 전력밀도 (kW/rack)		15.0	8.4	4.2
	랙-서버 수량 (대)		10	18	36
건축요소 (면적)	공조 차폐 시스템		냉복도 차폐	냉복도/열복도 모두 차폐	냉복도 또는 열복도 차폐
	바닥구성		Hard floor	Hard floor	이중마루
	소요면적 (m^2)		60	90	130
	면적비율 비교 (%)		100(baseline)	150	225
냉각	1차측 시스템	냉각열원	중앙 냉수식(w/냉동기)		
		냉각용량(kW)	150	150	150
		냉수 공급온도(℃)	12(최대)	10(최대)	7
	2차측 시스템	냉각공급방식	냉매 분배기(RDU)	냉매 분배기(RDU)	해당없음
		열교환 방식	물 대 냉매	물 대 냉매	
		냉매온도 (℃)	17 (최대)	15 (최대)	
		냉각용량 (kW)	100 (+예비용량)	100 (+예비용량)	
		RDU 수량 (대)	2	2	
	3차측 시스템	CRAC/H 유닛 종류	In-rack CRAC/H	In-row CRAC/H	Perimeter CRAC/H
		열교환 방식	냉매 대 공기	냉매 대 공기	물 대 공기
		급기온도 (℃)	24 (최대)	20 (최대)	15 (최대)
		냉각용량 (kW)	18 (N+1 예비)	30 (N+1 예비)	100 (+30% 예비)
		CRAC/H 수량 (대)	10	6	2
전력 분배	모듈러 UPS 용량 (kW)		100 (IT+cooling)	100 (IT+cooling)	100 (IT+cooling)
	모듈러 UPS 수량 (EA)		2	2	2
	배선방식		상부배선	상부배선	상부배선
시스템 구성 개념도					

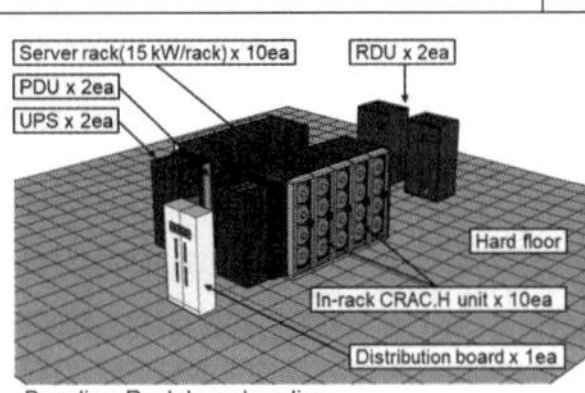

Baseline: Rack-based cooling

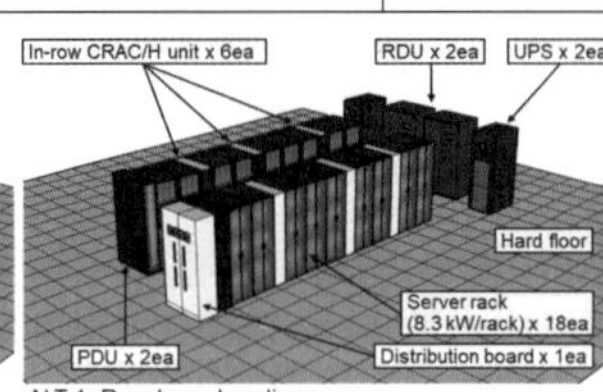

ALT-1: Row-based cooling

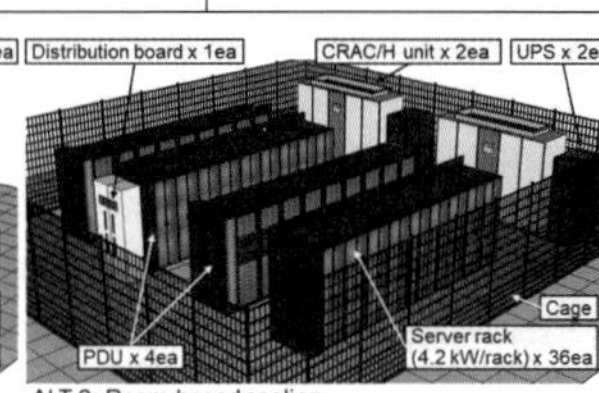

ALT-2: Room-based cooling

이러한 결과의 가장 근본적인 원인은 총 필요 IT부하를 만족시키기 위한 랙-서버 구성 시, 낮은 밀도의 랙-서버 구성으로 갈수록 물리적으로 IT장비의 수량이 증가하기 때문이다. 반대로 CRAH 유닛은 공간단위에서 열-기반 그리고 랙-기반 냉각으로 갈수록 분산도가 높아져서 장비의 수량은 증가하지만 IT장비의 증가에 따른 공간 점유율의 영향도와 비교하면 매우 낮다. 열복도와(또는) 냉복도를 차폐하는 범위와 면적에서도 랙-기반, 열-기반 및 공간단위 냉각으로 갈수록 증가하는 것을 볼 수 있고, 이중마루가 형성되는 공간단위 냉각은 IT룸의 층고에 대한 검토도 추가적으로 필요하다. 결론적으로 고밀도 랙-기반 냉각 시스템으로 갈수록 공간 효율성이 우수한 것으로 조사되었다.

15.7 데이터센터 냉각방식별 에너지 효율평가

15.7.1 냉각 시스템 에너지 효율평가 기준

앞에서 도출된 냉각 시스템별 인프라설비 모듈의 구성과 건축적 타당성 평가는 제시되었고 또 다른 판단기준으로 에너지 성능 및 효율에 대한 정량적인 분석이 필요하다. 데이터센터의 에너지 소비 구조는 **[그림 131]**과 같이, IT부하, 냉각과 전력분배의 3개의 영역으로 구분이 된다. 데이터센터의 표준 에너지 소비구조는 IT장비, 냉각 시스템, 전력계통을 구성하는 장비의 표준 에너지 사용량 데이터를 기반으로 정의가 가능하다.

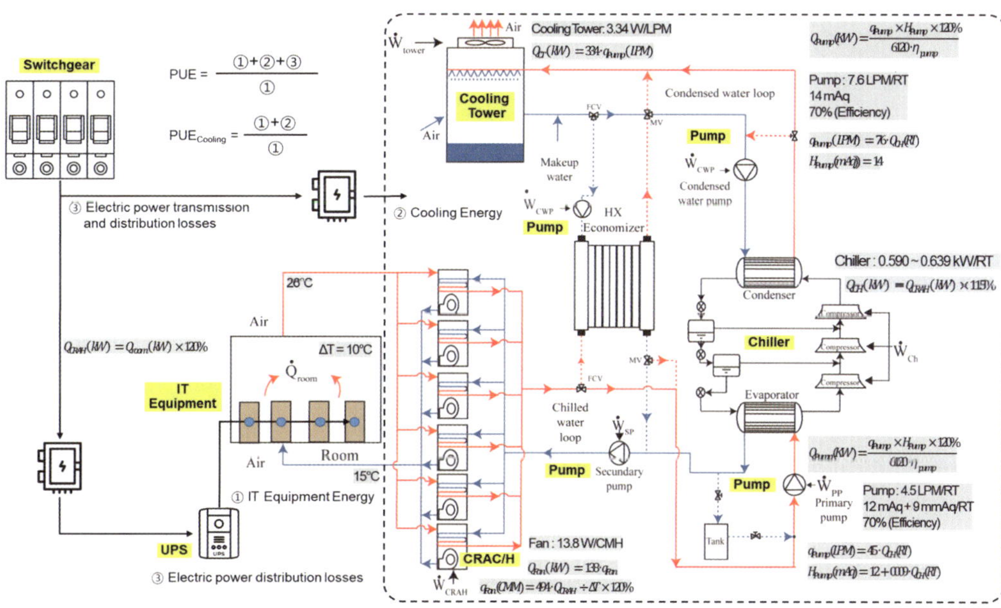

[그림 131] 대규모 데이터센터의 주요 인프라설비 구성 및 에너지 흐름

에너지 효율평가를 위한 데이터센터 냉각 시스템의 기준 조건으로 CRAH 유닛의 급기와 환기 온도차는 ΔT=10℃로 결정한다. 일반적으로 최저 급기온도를 15℃로 규정한다. 또한 IT룸은 실내(냉복도) 온도 26℃를 유지하도록 설계하고 별도의 습도제어 기능은 제외한다. 열-기반 및 랙-기반 냉각은 급기온도를 조정하여 분석한다. CRAH 유닛의 용량은 배관손실 등을 고려하여 설계 부하의 120%로 결정한다. 송풍기 동력은 13.8 W/CMM의 효율을 적용한다. 급기온도는 정풍량 CRAH 유닛을 기준으로 15~26℃ 사이에서 급기온도를 결정한다. 중앙 냉수식 시스템의 냉동기는 전체 CRAC/H 유닛 용량의 115%를 충족하도록 선정한다. 냉동기는 전기 구동식을 적용하는 것을 원칙으로 하고, 냉동기 효율은 앞에서 제시한 기준모델에 근거한다.

스크류 냉동기는 설계 용량의 15% 하향 조정할 수 있고 원심식 냉동기는 설계의 10% 용량을 하향 조정 가능하다. 냉동기 용량과 효율은 IT부하, 냉수 입구온도 및 냉수 출구온도에 따라 변화한다. 평가기준 냉동기 냉수 공급온도는 6.7℃이고 냉방수요에 따라서 6.7℃에서 최대 12.2℃까지 변경할 수 있다. 기준모델 냉각탑은 기본적으로 개방형 냉각탑을 적용하고 1대의 단일 셀, 단일 팬으로 구성된 냉각탑은 냉동기와 1:1로 연결하는 것을 원칙으로 한다. 냉각수(냉각탑 토출) 온도는 29.4℃ 또는 설계 습구온도 +10℃ 중 낮은 온도를 선정하고 레인지는 10℃를 기준으로 한다. 냉각탑의 송풍 동력은 냉각수 유량 230 LPM 기준 0.75 kW에서 용량이 결정된다. 냉수 순환펌프는 1차 펌프 시스템이다. 펌프 수량은 각 냉동기와 1:1로 적용하고 설계 유량(증발기 통과 후 ΔT=10℃)은 냉동기 용량을 기준으로 4.5 LPM/RT를 공급하도록 펌프의 크기를 결정한다. 설계 양정은 12 mAq + 9 mmAq/RT이며, 상한은 30.5 mAq로 일반적으로 70% 효율을 적용한다. 마지막으로 냉각수 순환펌프는 각 냉동기와 냉각탑을 1:1로 연결한다. 설계 유량(응축기 통과 후 ΔT=7℃)은 냉동기 용량을 기준으로 7.6 LPM/RT를 공급하도록 펌프의 크기를 결정하고 설계 양정은 14 mAq, 펌프효율은 일반적으로 70%를 적용한다.

15.7.2 냉각 시스템 에너지 소비량 산출

본 사례연구의 핵심은 앞에서 제시한 IT전력밀도에 대응하는 냉각방식별 표준 에너지 소비구조를 기준으로 상세 분석하는 것이다. **[표 62]**의 대안별 상세 설계조건으로 랙-기반, 열-기반 및 공단단위 냉각 시스템의 에너지 소비 특성을 분석하였다. 에너지 소비구조는 각 냉각 시스템의 구성요소별 에너지 흐름을 파악할 수 있기 때문에 효율평가를 위한 가장 중요한 정보를 제공할 수 있다. 냉각 시스템의 에너지 소비량은 적정한 IT장비의 운영환경을 유지하는데 필요한 에너지이다. IT장비, CRAH 유닛, 냉동기, 냉각탑과 순환펌프의 냉각 시스템 에너지를 순차적으로 계산하여 기준안과 대안별 냉각 시스템의 정격 에너지 사용량을 산출하였다. **[표 63]**은 냉각 시스템별 세부 구성 장비의 에너지 사용량을 보여준다. 3가지 설계안에 대한 공통사항으로 150 kW급 IT룸 독립 인프라설비 모듈의 IT부문 에너지 소비량은 부하율 100%를 적용한 150 kWh의 정격전력을 기준으로 하였다.

[표 63] 150 kW급 IT부하 대응 독립 인프라설비 모듈의 냉각 시스템 에너지소비량

대안	시스템 구분	기준모델 에너지	에너지 소비량 [kWh]	
			정격 (피크)	연간
기준모델: 랙-기반 냉각 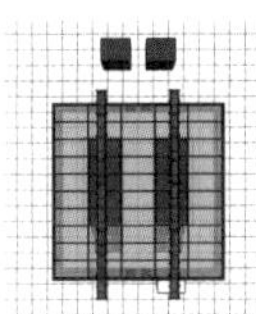	IT 장비	설계 IT부하 : 150 kW (평균 부하율 : 100%)	150	1,314,000
	CRAH 유닛	냉각코일 : 150 kW × (120%) = 180 kW	-	-
	팬 (In-rack CRAH)	풍량 : 냉각코일 (⊿T=10℃) (120%) = 1,000 CMM	-	-
		팬 에너지 : (7.5 W/CMM) 1,000 × 7.5 = 7.5 kW	7.5	65,700
	냉매 분배기 (RDU)	용량 : 냉각코일 150 kW × (115%) = 173 kW	-	-
		RDU 에너지 : 173 kW × 0.014 W/kW = 2.5 kW	2.5	21,900
	냉동기 (12℃)	용량 : 냉각코일 150 kW × (115%) = 173 kW (50 RT)	-	-
		냉동기 : 50 RT × 0.532 kW/RT = 26.6 kW (COP 6.5)	26.6	232,578
	냉수 순환펌프	냉수 유량 : 4.5 LPM/RT × 50 RT = 230 LPM	-	-
		펌프양정 : (최대) 30.5 mAq	-	-
		펌프 에너지 : 2.2 kWh (효율 70%, 안전율 10%)	2.2	19,272
	냉각수 순환펌프	냉각수 유량 : 7.6 LPM/RT × 50 RT = 380 LPM	-	-
		펌프양정 : (최대) 14 mAq	-	-
		펌프 에너지 : 1.7 kWh (효율 70%, 안전율 10%)	1.7	14,892
	냉각탑	팬 에너지 : (3.26 W/LPM) 308 × 3.26 = 1.3 kW	1.3	11,388

대안	시스템 구분	기준모델 에너지	에너지 소비량 [kWh]	
			정격 (피크)	연간
ALT-1: 열-기반 냉각 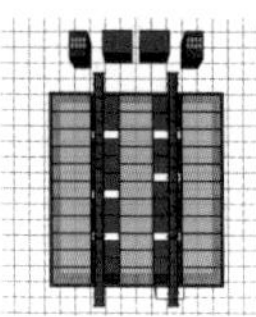	IT 장비	설계 IT부하 : 150 kW (평균 부하율 : 100%)	150	1,314,000
	CRAH 유닛	냉각코일 : 150 kW × (120%) = 180 kW	-	-
	팬 (In-row CRAH)	풍량 : 냉각코일 (⊿T=10℃) (120%) = 960 CMM	-	-
		팬 에너지 : (10.7 W/CMM) 960 × 10.7 = 10.3 kW	10.3	90,228
	냉매 분배기 (RDU)	용량 : 냉각코일 150 kW × (115%) = 173 kW	-	-
		RDU 에너지 : 173 kW × 0.014 W/kW = 2.5 kW	2.5	21,900
	냉동기 (10℃)	용량 : 냉각코일 150 kW × (115%) = 173 kW (50 RT)	-	-
		냉동기 : 50 RT × 0.560 kW/RT = 28.0 kW (COP 6.2)	28.0	245,499
	냉수 순환펌프	냉수 유량 : 4.5 LPM/RT × 50 RT = 230 LPM	-	-
		펌프양정 : (최대) 30.5 mAq	-	-
		펌프 에너지 : 2.2 kWh (효율 70%, 안전율 10%)	2.2	19,272
	냉각수 순환펌프	냉각수 유량 : 7.6 LPM/RT × 50 RT = 380 LPM	-	-
		펌프양정 : (최대) 14 mAq	-	-
		펌프 에너지 : 1.7 kWh (효율 70%, 안전율 10%)	1.7	14,892
	냉각탑	팬 에너지 : (3.26 W/LPM) 308 × 3.26 = 1.3 kW	1.3	11,388
ALT-2: 공간단위 냉각 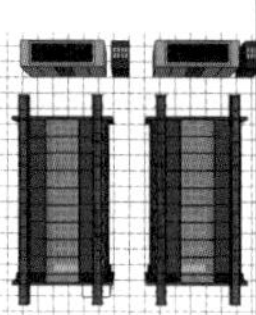	IT 장비	설계 IT부하 : 150 kW (평균 부하율 : 100%)	150	1,314,000
	CRAH 유닛	냉각코일 : 150 kW × (130%) = 200 kW	-	-
	팬(Perimeter CRAH)	풍량 : 냉각코일 (⊿T=10℃) (120%) = 1,040 CMM	-	-
		팬 에너지 : (13.8 W/CMM) 1,040 × 7.5 = 14.4 kW	14.4	126,144
	냉동기 (7℃)	용량 : 냉각코일 150 kW × (115%) = 173 kW (50 RT)	-	-
		냉동기 : 50 RT × 0.590 kW/RT = 29.5 kW (COP 6.0)	29.5	258,420
	냉수 순환펌프	냉수 유량 : 4.5 LPM/RT × 50 RT = 230 LPM	-	-
		펌프양정 : (최대) 30.5 mAq	-	-
		펌프 에너지 : 2.2 kWh (효율 70%, 안전율 10%)	2.2	19,272
	냉각수 순환펌프	냉각수 유량 : 7.6 LPM/RT × 50 RT = 380 LPM	-	-
		펌프양정 : (최대) 14 mAq	-	-
		펌프 에너지 : 1.7 kWh (효율 70%, 안전율 10%)	1.7	14,892
	냉각탑	팬 에너지 : (3.26 W/LPM) 308 × 3.26 = 1.3 kW	1.3	11,388

(1) 기준모델 : 랙-기반 냉각 시스템 (고밀도) 인프라설비 모듈

기준모델인 랙-기반 냉각 시스템을 구성하는 10개의 In-rack CRAH 유닛의 총 냉각 코일 용량은 IT부하의 120%를 반영한 180 kW를 적용하고, 전체 1,000 CMM에 해당하는 송풍기 정격전력은 7.5 kW로 계산되었다. 이것은 랙-서버와 CRAH 유닛이 일체화되어 송풍 거리가 매우 짧고 저항이 없기 때문에 다른 형식의 CRAH에 비해 공기반송 에너지를 획기적으로 절감할 수 있다.

1차 측 중앙 냉수식 시스템의 냉동기는 IT부하의 115%를 적용한 173 kW(50 RT)에 해당하는 용량을 압축식 터보냉동기가 공급하는 것으로 가정하였다. 냉수 공급온도 7℃의 냉동기 표준 효율(COP 6.0 : 0.532 kW/RT)보다 향상된 냉수 공급온도 12℃에 해당하는 보정 효율(COP 6.5)을 기준으로 정격전력을 26.6 kWh로 설정하였다. 별도의 압축구동이 없는 2차 측 냉매 분배기는 1차 측과 동일한 용량인 173 kW로 3차 측으로 공급하는 냉매순환 펌프만 가동된다. 상변화 없이 12℃의 냉수를 17℃의 냉매로 열교환하고 밀폐형 액 펌프는 효율(0.014 W/kW)이 높기 때문에 많은 에너지가 필요하지 않다. 따라서 정격전력은 2.5 kWh로 산정되었다.

열원 시스템에 종속되는 냉수 순환펌프는 유량 230 LPM과 최대 양정 30.5 mAq를 적용하였고, 냉각수 순환펌프는 유량 380 LPM과 최대 양정 14 mAq에 해당하는 정격전력을 산출한 결과 각각 2.2 kWh와 1.7 kWh이다. 냉각탑 송풍기의 정격전력인 1.3 kWh를 반영하여 냉각 시스템의 총 에너지 사용량을 산출하였다.

(2) ALT-1 : 열-기반 냉각 시스템 (중간밀도) 인프라설비 모듈

ALT-1의 열-기반 냉각시스템은 6개로 구성된 In-row CRAH 유닛의 총 냉각코일 용량을 동일하게 IT부하의 120%를 반영하여 180 kW로 적용하고, 980 CMM에 해당하는 송풍기 정격전력은 10.3 kW으로 적용하였다. 이것은 In-row CRAC/H이 랙-서버와 일체화된 In-rack CRAH 보다 송풍 거리가 증가하여 정압이 커지기 때문에 에너지가 증가한다.

1차 측 중앙 냉수식 시스템은 기준안과 동일한 용량으로 압축식 터보냉동기가 공급하는 것으로 가정하였고 냉수 공급온도 10℃에 해당하는 보정 효율(COP 6.2)을 적용한 정격전력은 28.0 kWh이다. 2차 측 냉매 분배기도 기준안과 동일하게 냉매 순환펌프만 가동된다. 상변화 없이 10℃의 냉수를 15℃의 냉매로 열교환하고 밀폐형 액 펌프는 순환냉매량과 교환열량(ΔT=5℃)이 기준안과 동일하여 효율(0.014 W/kW)을 동일하게 적용하여 정격전력은 2.5 kWh로 산정하였다. 1차 측 열원 시스템에 종속되는 냉수 순환펌프

(2.2 kWh), 냉각수 순환펌프(1.7 kWh) 및 냉각탑 송풍기(1.3 kWh)도 기준안과 동일한 설계조건으로 정격전력량을 적용하였다.

(3) ALT-2 : 공간단위 냉각시스템 (저밀도) 인프라설비 모듈

ALT-2인 공간단위 냉각 시스템은 미국 Title 24에서 정하는 표준 에너지 효율을 전체적으로 적용하였다. 2개로 구성된 CRAH 유닛은 여유율을 N+1을 적용해야 하지만 다른 대안에 비해 과대해지기 때문에 총 냉각코일 용량은 IT부하의 130%를 반영하여 200 kW로 적용하였다. 전체 1,040 CMM에 해당하는 풍량을 기준으로 표준 효율(13.8 W/CMM)을 적용하여 정격전력은 14.4 kW로 계산되었다. 공간단위 냉각 시스템은 열-기반 및 랙-기반 냉각에 비해 CRAH에서 공급하는 공기의 이동경로가 길고 정압이 증가하여 기준안에 비해서 약 2배 정도 송풍동력이 증가하는 것을 볼 수 있다.

1차 측 중앙 냉수식 시스템의 냉동기 용량은 기준안 및 ALT-1과 동일하지만, 냉수 공급온도 7℃의 냉동기 표준 효율(0.532 kW/RT)을 적용하여 정격전력이 29.5 kWh에 해당하고 기준안에 대비 약 10% 에너지가 증가하였다. 2차 측 냉매 분배기는 해당사항이 없고 1차 측 냉수 순환펌프(2.2 kWh), 냉각수 순환펌프(1.7 kWh) 및 냉각탑 송풍기(1.3 kWh)도 기준안 및 ALT-1과 동일하게 정격전력량을 반영하였다.

15.8 냉각 시스템 에너지 효율평가

데이터센터의 연간 냉각 에너지 사용량은 IT부하를 이론적으로 100%로 가정하였기 때문에 연중 무중단 가동 조건으로 8,760시간을 적용하면 상호 비교가 가능하다. **[표 64]**는 연간 에너지 사용량과 비용 및 에너지 효율을 분석하였다. PUE는 데이터센터 총에너지에서 IT장비가 사용하는 에너지를 나눈 것이다. 그러나 각각의 냉각 시스템의 에너지 효율을 평가하기 위하여 냉각 에너지에 중심을 둔 PUEcooling를 산출하여 비교하였다.

$PUE_{cooling}$은 **[식 22]**와 같이, IT장비와 냉각 시스템 전력량 총합에서 IT장비 전력량을 나눈 것이다.

$$PUE_{cooling} = \frac{ITE\ power + Cooling\ power}{ITE\ power} \qquad \textbf{[식 22]}$$

150 kW급 IT장비의 연간 전력량은 1,314,000 kWh이고 기준안인 랙-기반 냉각 시스템의 연간 전력사용량이 365,730 kWh로 도출되었다. 그리고 연간 $PUE_{cooling}$은 1.28로 해당 데이터센터를 운영하기 위해서 IT에너지의 약 28%를 냉각 에너지로 사용한 수준이

다. 통계청 자료에 의한 산업용 전력요금을 적용한 결과, IT부하 1 kW를 운영하기 위해서는 연간 231 USD의 냉각 에너지 비용이 발생하는 것으로 분석되었다.

ALT-1인 열-기반 냉각 시스템은 연간 403,179 kWh의 전력을 사용하고 기준안인 랙-기반 냉각 시스템 대비 약 10% 전력사용이 증가하는 것으로 분석되었고 연간 $PUE_{cooling}$은 1.31로 IT 에너지의 약 31%를 냉각 에너지로 사용한다. 그리고 IT부하 1 kW를 가동을 위한 냉각 에너지 비용은 255 USD가 소요된다.

ALT-2인 공간단위 냉각 시스템의 연간 전력 사용량은 430,116 kWh로 기준안과 ALT-1 대비 각각 18%와 7% 증가하였다. 연간 $PUE_{cooling}$은 1.33으로 냉각 에너지는 IT에너지의 약 33%에 해당하고 IT부하 1 kW를 가동하기 위한 냉각 에너지 비용은 272 USD로 증가한다.

[표 64] 150 kW급 독립 인프라설비 모듈 구성별 에너지 효율평가

구 분	데이터센터 냉각(공기분배) 방법		
	기준모델 : 랙-기반 냉각 Rack-based Cooling	ALT-1 : 열-기반 냉각 Row-based Cooling	ALT-2 : 공간단위 냉각 Room-based Cooling
연간 냉각 에너지 (kWh/yr)	365,730	403,179	430,116
냉각 에너지 비교 (%)	100	110	118
연간 IT 에너지 (kWh/yr)	1,314,000	1,314,000	1,314,000
연간 IT+냉각 에너지 (kWh/yr)	1,679,730	1,717,179	1,744,116
에너지 효율 : $PUE_{cooling}$	1.28	1.31	1.33
연간 냉각 에너지 비용 (USD)	34,680 (231 USD/IT-kW)	38,230 (255 USD/IT-kW)	40,780 (272 USD/IT-kW)
※평균 전기요금(산업용) : 94.8 USD/MWh			

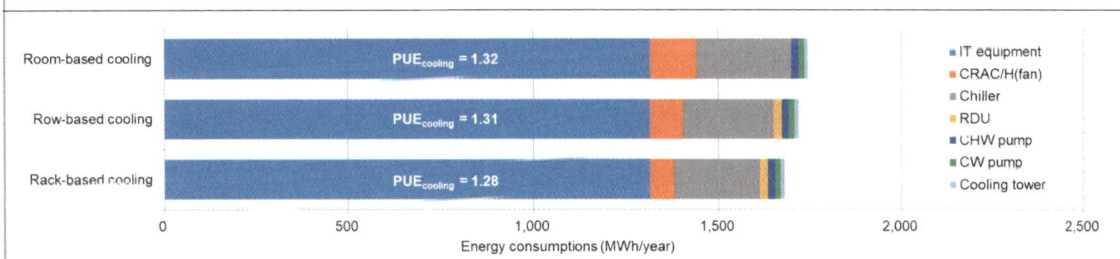

ALT-1 공간단위 냉각에서 ALT-2 열 기반 냉각 및 기준안 랙-기반 냉각으로 갈수록 에너지 효율이 향상된 것을 알 수 있다. 이것은 분석 그래프에서 보이듯 CRAH 유닛의 유형에 따른 송풍 동력의 차이가 가장 큰 영향을 주었다. 그리고 냉수 공급온도 상향(7~12℃)에 따른 냉동기의 COP증가로 인한 1차 측 열원 에너지 감소가 주요하였다.

▌PART 3 참고문헌 ▌

1. Abbas, A.M., A.S. Huzayyin, T.A. Mouneer, S.A. Nada, 2021, Thermal management and performance enhancement of data centers architectures using aligned/staggered in-row cooling arrangements, Case Study in Thermal Engineering, 24.
2. AFCOM, 2021, The 2021 state of the data center report : A look at the evolution of our industry 5th edition, The Association for Computer Operations Management.
3. AHRI, 2017, AHRI Standard 1361:2017, Performance Rating of Computer and Data Processing Room Air Conditioners, Air-Conditioning, Heating and Refrigeration Institute.
4. AHRI, 2019, AHRI Standard 340/360:2019, Performance Rating of Commercial and Industrial Unitary Air-conditioning and Heat Pump Equipment, The Air-Conditioning, Heating, and Refrigeration Institute.
5. ASHRAE, 2012, ANSI/ASHRAE Standard 127-2012; Method of Testing for Rating Computer and Data Processing Room Unitary Air Conditioners, American Society of Heating, Refrigerating and Air-Conditioning Engineers Inc., Atlanta.
6. ASHRAE, 2014, ASHRAE Guideline 14-2014; Measurement Of Energy, Demand, And Water Savings, American Society of Heating, Refrigerating and Air-Conditioning Engineers Inc., Atlanta.
7. ASHRAE, 2015, Thermal Guidelines for Data Processing Environments (Fourth Edition), American Society of Heating, Refrigerating and Air-Conditioning Engineers Inc., Atlanta.
8. ASHRAE, 2016, ANSI/ASHRAE/IES Standard 90.4-2016 : Energy Standard for Data Centers, American Society of Heating, Refrigerating and Air-Conditioning Engineers Inc., Atlanta.
9. ASHRAE, 2019, ANSI/ASHRAE/IES Standard 90.1-2019 : Energy Efficiency Standard for Buildings Except Low-Rise Residential Buildings, American Society of Heating, Refrigerating and Air-Conditioning Engineers Inc., Atlanta.
10. ASHRAE, 2021, Thermal Guidelines for Data Processing Environments (Fifth Edition), American Society of Heating, Refrigerating and Air-Conditioning Engineers Inc., Peachtree Corners.
11. Avelar, V., D. Azevedo, A. French, 2012, PUETM : a comprehensive examination of the metric, White paper #49, the Green Grid Technical Committee.
12. Barnett, T., S. Jain, A. Sumits, U. Andra, T. Khurana, 2016, Cisco Global Cloud Index 2015-2020, Cisco Knowledge Network (CKN) Session.
13. Bash, C.E., C.D. Patel, R.K. Sharma, 2003, Efficient thermal management of data centers-Immediate and long-term research needs, HVAC&R Research, 9(2).
14. Beaty, D.L., 2013, Internal IT load profile variability, ASHRAE Journal, 55(2).
15. Belkhir, L., A. Elmeligi, 2018, Assessing ICT global emissions footprint : Trends to 2040 & recommendations, Journal of Cleaner Production, 177.
16. Birnbaum, I., 2018, How to Determine and Verify Operating and Maintenance Savings in Energy Savings Performance Contracts, office of energy efficiency & renewable energy, U.S. Department of Energy.

17. Bitterlin, I., 2017, How useful is CFD for data centers? Data Centre Dynamics Ltd., London.
18. Bizo, D., R. Ascierto, A. Lawrence, J. Davis, 2021, Uptime Institute Global Data Center Survey 2021; Growth stretches an evolving sector, Uptime Institute.
19. The California Energy Commission, 2016, Title 24–Building Energy Efficiency Standards.
20. The California Energy Commission, 2016, Nonresidential Alternative Calculation Method Reference Manual.
21. Chakravort, B., A. Bhalla, R.S. Chaturvedi, 2019, Which Countries Are Leading the Data Economy? Harvard Business Review Global Strategy.
22. Cisco public, 2018, Cisco Visual Networking Index : Forecast and Trends, 2017–2022, White paper.
23. Colm, V.G., L. Kevin, O. Peter, B. Ken, T.J.O. Dominic, 2019, IntelliMaV : A cloud computing measurement and verification 2.0 application for automated, near real–time energy savings quantification and performance deviation detection, Energy and Buildings, 185.
24. Cottuli, C., 2014, Comparison of static and rotary UPS, APC white paper 92 rev02, Schneider Electric–Data Center Science Center.
25. Deymi–Dashtebayaz, M., S.V. Namanlo, A. Arabkoohsar, 2019, Simultaneous use of air–side and water–side economizers with the air source heat pump in a data center for cooling and heating production, Applied Thermal Engineering, 161.
26. Díaz, A.J., R. Cáceres, R. Torres, J.M. Cardemil, L. Silva–Llanca, 2020, Effect of climate conditions on the thermodynamic performance of a data center cooling system under water–side economization, Energy and Buildings, 208.
27. Dunlap, K., N. Rasmussen, 2012, Choosing between room, row, and rack–based cooling for data centers, APC white paper 130 rev02, Schneider Electric–Data Center Science Center.
28. Efficiency Valuation Organization, 2012, International Performance Measurement and Verification Protocol, Efficiency Valuation Organization.
29. Efficiency Valuation Organization, 2018, IPMVP Generally Accepted M&V Principles, International Performance Measurement and Verification Protocol.
30. Energy Efficiency and Renewable Energy Office (EERE), 2013, 2013–04–18 Energy Conservation Program : Energy Conservation Standards for Distribution Transformers; Final Rule, U.S. Department of Energy (DOE).
31. Energy Star, 2012, ENERGY STAR® Program Requirements for Uninterruptible Power Supplies(UPSs).
32. EPA, 2018, ENERGY STAR Score for Data Centers in the United States, Environmental Protection Agency.
33. EPA, 2019, Guidebook for Energy Efficiency Evaluation, Measurement, and Verification, 2019, U.S. Environmental Protection Agency.
34. Evans, T., 2004, The different types of air conditioning equipment for IT environments, APC White Paper #59.

35. Federal Energy Management Program, 2015, M&V Guidelines : Measurement and Verification for Performance-Based Contracts Version 4.0, U.S Department of Energy.

36. Frachtenberg, E., D. Lee, M. Magarelli, V. Mulay, J. Park, 2011, Thermal Design in the Open Compute Datacenter, Facebook.

37. Fouladi, K., J. Schaadt, 2020, A Simulation-Based Approach to Data Center Thermal Efficiency Optimization, Journal of Engineering for Sustainable Buildings and Cities, 1(1).

38. Ghatikar, G., M.A. Piette, S. Fujita, A. McKane, J.H. Dudley, A. Radspieler, K.C. Mares, D. Shroyer, 2010, Demand Response and Open Automated Demand Response Opportunities for Data Centers, Ernest Orlando Lawrence Berkeley National Laboratory.

39. Habibi Khalaj, A., S.K. Halgamuge, 2017, A Review on efficient thermal management of air- and liquid-cooled data centers : from chip to the cooling system, Applied Energy, 205.

40. Herrlin, M.K., 2005, Rack cooling effectiveness in data centers and telecom central offices : the rack cooling index (RCI), ASHRAE Transactions, 111(Part 2).

41. Herrlin, M.K., 2007, Improved data center energy efficiency and thermal performance by advanced airflow analysis. In Proceedings of the Digital Power Forum.

42. Herrlin, M.K., 2008, Airflow and cooling performance of data centers : two performance metrics, ASHRAE Transactions, 114(Part 2).

43. Hwang, H., 2018, Global Data Center Industry Trends, ICT & Media Policy of KISDI, 30(20).

44. ISO, 2017, ISO 7243 : 2017, Ergonomics of the thermal environment - Assessment of heat stress using the WBGT(wet bulb globe temperature) index, International Organization for Standardization.

45. ISO/IEC Guide 98-3:2008, Uncertainty of Measurement- Part 3 : Guide to the Expression of Uncertainty in Measurement (GUM:1995).

46. Jiang, K., M. Kheradmandi, C. Hu, S. Pal, F. Yan, 2021, Data-driven fault tolerant predictive control for temperature regulation in data center with rack-based cooling architecture, Mechatronics, 79.

47. Joshi, Y., P. Kumar, 2012, Introduction to data center energy flow and thermal management, energy efficient thermal management of data centers, Springer, Boston.

48. KDCC, 2020, Korea Data Center Market 2020-2023, Korea Data Center Council.

49. KDCC, 2021, Korea Data Center Market 2021-2024, Korea Data Center Council.

50. Kheirabadi, A.C., D. Groulx, 2016, Cooling of server electronics : A design review of existing technology, Applied Thermal Engineering, 105.

51. Kim, J. 2021, Rapid growth of the data center market : main factors and prospects, Koscom news room (Updated December 21, 2021).

52. Kleyman, B., B. Gilooly, 2020, Keynote : State of the Data Center-2020 Vision, In Proceedings of the Data Center World 2020 conference.

53. Kopecki, A., 2012, Platform for optimising the design and operation of modular configurable IT infrastructures and facilities with resource-efficient cooling, The High Performance Computing Centre (HLRS), the University of Stuttgart (USTUTT).

54. Korea Energy Agency, 2018, Domestic and overseas trends and implications for energy efficiency regulations, Issue Briefing, 87.

55. Korea Energy Economics Institute and Korea Energy Agency, 2017, 2017 Energy Consumption Survey, Ministry of Trade, Industry and Energy.

56. KOSIS, 2021, OECD energy price in 2018–2020, Korean Statistical Information Service, Statistics Korea.

57. Lin, P. & V. Avelar, 2014, How row–based data center cooling works, APC white paper 208, Schneider Electric–Data Center Science Center.

58. Liu, Y., X. Wei, J. Xiao, Z. Liu, Y. Xu, Y. Tian, 2020, Energy consumption and emission mitigation prediction based on data center traffic and PUE for global data centers, Global Energy Interconnection, 3(3).

59. Luo, Y., J. Andresen, H. Clarke, M. Rajendra, M. Maroto–Valer, 2019, A decision support system for waste heat recovery and energy efficiency improvement in data centres, Applied Energy, 250.

60. Mahdavi, R., 2012, Data center energy efficiency measurement assessment kit guide and specification, Federal Energy Management Program, Washington.

61. Masanet, E., A. Shehabi, N. Lei, S. Smith, J. Koomey, 2020, Recalibrating global data center energy–use estimates, Science 367(6481).

62. Moreno–Munoz, A., J.J. González de la Rosa, V. Pallarés–Lopez, R.J. Real–Calvo, A. Gil–de–Castro, 2011, Distributed DC–UPS for energy smart buildings, Energy and Buildings, 43(1).

63. MOTIE, 2020, 9th Master Plan for Demand and Supply of Electricity (2020–2034), Ministry of Trade, Industry and Energy of Korea.

64. Niemann, J., K. Brown, & Avelar V. (2011). Hot–aisle vs. cold–aisle containment for data centers, APC White Paper 135 rev02, Schneider Electric–Data Center Science Center.

65. Office of Environment and Heritage, 2012, Measurement and Verification Operational Guide : Best practice M&V processes, State of NSW (Australia)

66. OSHA, 2017, OSHA Technical Manual (OTM) SECTION III : Health Hazards, Occupational Safety and Health Administration.

67. Rake, R., S. Baul, 2018, Data Center Cooling Market Outlook : 2025, Allied Market Research.

68. Rasmussen, N. & Niles, S. (2012). Data center projects : standardized process, APC white paper 140 rev01, Schneider Electric–Data Center Science Center.

69. Seoul Metropolitan Government, 2020, 2019 greenhouse gas emissions of energy intensive buildings in Seoul.

70. Sharma R.K., C.E. Bash, C.D. Patel, 2002, Dimensionless parameters for evaluation of thermal design and performance of large scale data centers, in American Institute of Aeronautics and Astronautics (AIAA), 3091–3100.

71. Song, S., S. Kim, 2015, Development of Measurement & Verification and Commissioning Technologies for Existing Buildings(III), Korea Institute of Civil Engineering and Building Technology.

72. SRG, 2021, Hyperscale Data Center Growth; Hyperscale Data Center Count Grows To 659 At The End Of Q2 2021, Synergy Research Group.

73. Stein, J., B. Gill, 2016, PG&E Data Center Baseline and Measurement and Verification (M&V) Guidelines, Pacific Gas and Electric.

74. Tao, D., Xiaoxuan C., Hanwen, C., Zhiguang, H., Jianmin, W. & Zhen, L. (2021). Principles of loop thermosyphon and its application in data center cooling systems : A review, Renewable and Sustainable Energy Reviews, 150, 111389.

75. Title 24 Building Energy Efficiency Standards, 2016, The California Energy Commission.

76. Tradat, M., Y. Manaserh, B. Sammakia, C.H. Hoang, H.A. Alissa, 2021, An experimental and numerical investigation of novel solution for energy management enhancement in data centers using underfloor plenum porous obstructions, Applied Energy, 289.

77. Uptime Institute, 2009, Data Center Site Infrastructure Tier Standard : Topology, Uptime Institute, LLC.

78. Uptime Institute, 2021, the 10th annual Uptime Institute global survey of IT and data center managers, Uptime Institute, LLC.

79. U.S. DOE, 2013, Energy Conservation Program : Energy Conservation Standards for Distribution Transformers; Final Rule.

80. U.S. Green Building Council, 2016, LEED Reference Guide for Building Design and Construction (LEED V4).

81. VanGilder, J. & Torell, W. (2019). Cooling entire data centers using only row cooling, APC white paper 139 rev01. Schneider Electric–Data Center Science Center.

82. Xiaoqing, S., Zongwei H. & Xiuming, L. (2022). Simulation study on cooling effect of two–phase liquid–immersion cabinet in data center, Applied Thermal Engineering, 207, 118142.

83. Xie, M., Wang, J. & Liu, J. (2019). Evaluation metrics of thermal management in data centers based on exergy analysis, Applied Thermal Engineering, 147, 1083–1095.

84. Yoon, Y.R., M. Lee, H., H.J. Moon, 2016, Comparison of Building Energy Prediction Models based on Machine Learning Algorithms for Hourly M&V Baseline, Journal of the Korean Society of Living Environment System Publication Ethics Regulations, 25(5).

85. Zhan, B., Shao, S., Zhang, H. & Tian, C. (2020). Simulation on vertical microchannel evaporator for rack–backdoor cooling of data center, Applied Thermal Engineering, 164, 114550.

PART 4

부 록

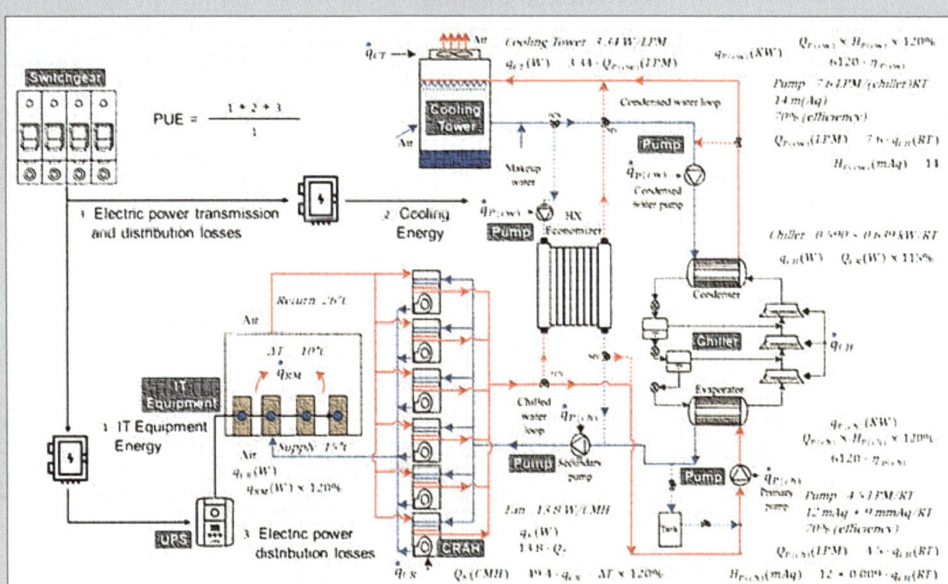
Switchgear
PUE = 1 + 2 + 3 / 1
1 Electric power transmission and distribution losses
2 Cooling Energy
Cooling Tower
Condensed water loop
Pump
HX
Economizer
Condenser
Chiller
Evaporator
IT Equipment
1 IT Equipment Energy
UPS
3 Electric power distribution losses
CRAH

A. 데이터센터 인프라설비 체크리스트

A.1 일반사항

데이터센터의 에너지 효율을 증대시키기 위해서는 효율저하의 원인을 파악하는 것이 중요한데 그 주된 원인은 인프라설비의 과대설계, 고밀도 장비를 위한 공조·냉각 시스템, 전력 시스템의 비효율성이라 볼 수 있다. 데이터센터 인증 시스템 중 각 분야별 특화 및 잘 기술된 시스템의 항목을 접목시켜 설계방안 및 증빙자료 등이 포함된 체크리스트를 구성하였다.

A.2 인프라설비 구성 및 건축계획

[표 A] 데이터센터의 인프라설비 계획 체크리스트

설계방안	설계검증
A-01 인프라설비 구성 및 초기계획	
■ 운영비용을 최소화할 수 있도록 설계과정의 가능한 최초 단계에서 에너지 최적화 방안 고려 ■ PUE 등을 고려한 인프라설비 계획	■ 설계와 운영단계의 모든 관점에서 에너지에 대한 중요성, 지속가능성 검토 방안 제시
■ 신뢰성, 성능, 제어와 다른 요구사항과 관련된 에너지 절감 방안을 제시하기 위해 설계과정에서 모든 IT, 인프라설비 운영자와 관리체계 고려 (Tier III, Tier IV 고려)	■ IT와 인프라설비의 에너지 효율의 목표 달성을 위해 최적 프로젝트팀 구성
■ 수치해석(CFD)을 이용하여 데이터센터의 시뮬레이션 및 검증 ■ 불안정한 기류와 불합리한 공기의 혼합이 예상되는 공간에 대한 재설계 및 확인	■ 개선안 5개와 개선방법 최고 2개와 에너지 절감량 제시
■ 전력 시스템 설계와 시뮬레이션 프로그램을 사용하여 제안한 공급/분배체계 효율분석 ■ 건설 또는 개·보수 시 향상된 시스템 제안	
■ 설계 절차에 있어서 균형유지 ① 일반적으로 예비장비는 100% 부하를 담당할 수 있도록 계획 ② 장비의 운전효율을 증대시키기 위해 50% 부하의 장비 대수 분할	■ 에너지 효율과 공간의 IT장비 운영환경 설정 조건을 고려하여 데이터센터의 설계를 면밀히 검토
■ 데이터센터의 부하에 대응 가능한 적정한 용량의 인프라설비를 계획 ■ 고밀도 구역 구분	■ 별도의 공사 없이 확장을 할 수 있는 방안 제시
■ 데이터센터 증설 또는 필요에 의한 기능 향상 계획	

데이터센터는 상주 거주자를 위한 재실 공간이 아니라 산업용 건물이므로 IT장비 운영 환경에 적합한 최적의 공간 구성이 중요하다. 또한 초기 인프라설비 구성을 위한 타당성 검토를 포함한다. 향후 데이터센터는 사이트 입지선택, 구조설계 및 건축과 장비 선택에 있어 에너지 효율과 환경에 대한 고려를 통합함으로써 철저하게 에너지 효율화가 될 수 있다.

[표 B] 데이터센터의 건축계획 체크리스트

<table>
<tr><th colspan="2">설계방안</th><th>설계검증</th></tr>
<tr><th colspan="3">A-02 건축계획</th></tr>
<tr><td colspan="2">▪ 인접실, 벽, 개구부, 바닥 및 천장에 의한 외피부하 및 손실을 최소화하기 위해 IT룸 설치위치 분석</td><td rowspan="8">▪ 설계지침 없을 경우 문제점에 대응 가능한 효과적 방안 제시
▪ 열-기반 및 랙-기반 냉각방식은 이중마루를 설치할 필요가 없음</td></tr>
<tr><td rowspan="4">공간
계획</td><td>▪ 일사에 의한 부하 증가를 최소화하기 위해 창호 및 천창계획을 피함</td></tr>
<tr><td>▪ 투습을 제어하기 위해 데이터센터의 외벽 주변에 방수층 계획
▪ 단열은 반드시 에너지 관련 법규 기준에 부합하도록 선정</td></tr>
<tr><td>▪ 배관손상 및 결로방지를 위해 냉수배관/밸브와 단열재 사이 방수
▪ 실내 노점온도 이상으로 냉수온도를 유지하여 공급하는 방법 고려</td></tr>
<tr><td>▪ 배관길이 및 관내 유체온도의 변화를 최소화하기 위해 열원설비는 반드시 서버룸과 최대한 인접하여 설치</td></tr>
<tr><td>단면
계획</td><td>▪ IT룸은 최소 600 mm 이상의 이중마루와 3.0 m 이상의 천장고(이중마루 이후) 확보
▪ 천장마감과 상층부 슬래브 사이는 최소 1.2 m 확보</td></tr>
<tr><td>조명
계획</td><td>▪ LED 조명기구 적용
▪ 조명설비에 재실센서, 주간 타이머 제어
▪ 국부조명 또는 저밀도 재실구역은 조도 조절장치 설치</td></tr>
</table>

A.3 IT부문 인프라설비 구성계획

효율적인 IT부문 인프라설비 구성 계획은 필요한 IT장비 및 랙-서버 수가 줄어든다는 것을 의미하기 때문에 가상화, 에너지 효율적인 하드웨어와 소프트웨어, 그리고 전력 및 워크로드 관리 이니셔티브 등은 발열과 에너지를 줄이는 데 있어 강력한 요소가 된다. 또한 노후화된 IT장비를 새로운 모델로 교체하는 것이 전력 및 냉각 필요량을 줄이고 설치면적을 더욱 효율적으로 활용할 수 있음을 신중히 고려해야 한다. 비즈니스 가치에 따라 IT장비를 재배치하는 것이 적절한 데이터센터 상면공간을 마련하는 데 중요한 요인이 되는 경우, 운영환경 외의 IT장비는 데이터센터 내 다른 위치, 즉 중복성을 최소화한 더 낮은 계층에 배치할 수 있다. IT부문 계층화를 통해 서비스 중인 애플리케이션의 비즈니스 중요도에 따라 인프라설비를 구축할 수 있다.

[표 C] 데이터센터의 IT부문 구성계획 체크리스트

<table>
<tr><th colspan="2">설계방안</th><th>설계검증</th></tr>
<tr><td colspan="3">I-01 IT부문 인프라설비 효율</td></tr>
<tr><td>통합</td><td>■ 물리적 자원의 차원에서 다수의 소규모 IT장비 및 서버 통합
■ 시스템 관리의 복잡성 축소
■ 물리적 경로의 감소</td><td>■ IT장비의 에너지 효율 특성 분석</td></tr>
<tr><td>가상화</td><td>■ HW 가동률 증대
■ 소프트웨어 라이선스 비용 축소
■ 적은 이미지로 애플리케이션 개선
■ 애플리케이션 모니터링 및 튜닝 개선</td><td>■ 다중 애플리케이션 워크로드 구성안 제시
■ 스토리지 가상화로 확장 타당성 검토</td></tr>
<tr><td colspan="3">I-02 전력 시스템 고려</td></tr>
<tr><td colspan="2">■ 데이터센터의 인프라설비와 IT장비의 에너지 소비경향 파악</td><td>■ 데이터센터 도면 및 에너지 소비경향 분석</td></tr>
<tr><td colspan="2">■ 에너지 효율적 IT장비를 선정함.
① 고효율 전력공급(Power Supplies) 시스템
② Multi-core Processors
③ Dynamic Power Management</td><td>■ IT장비의 에너지 효율 특성 분석</td></tr>
<tr><td colspan="2">■ 적용 가능한 전력관리 시스템 검토</td><td>■ 장비 입·출력 상태 기록</td></tr>
<tr><td colspan="2">■ 사용하지 않는 IT장비는 전력공급 차단</td><td>■ 에너지 절약 분석을 통해 교체해야 할 장비 종류 및 수량 파악</td></tr>
<tr><td colspan="2">■ 최신 IT장비 에너지 효율 향상의 장점을 도입하기 위해 주기적으로 최신 기술 파악
■ 5년 수기로 반드시 IT장비에 대한 교체 및 개선 필요</td><td>■ 최신 기술, 투자비용 대비 절감 분석 및 시스템 구현에 대한 조사를 위해 2년 주기로 계획 수립</td></tr>
<tr><td colspan="3">I-03 공조·냉각 시스템 고려</td></tr>
<tr><td colspan="2">■ 팬 동력을 감소하고 데이터센터의 과열을 방지할 수 있는 국부 냉각방법 고려</td><td>■ 에너지 효율 향상방안에 대한 사전 가능성 검토</td></tr>
</table>

A.4 Non-IT부문 인프라설비 효율성 향상

인프라설비는 에너지 소비 측면에서 기계설비와 전기설비의 두 범주로 분류될 수 있다. 기계설비는 냉각 및 공기분배 시스템 관련 사항과 전기설비는 전력생산 및 공급·분배 시스템 등과 같은 물리적 인프라설비를 의미한다. IT장비와 함께 PUE를 결정하는 중요한 요소이다.

[표 D] 데이터센터의 기계설비 체크리스트-1

설계방안	설계검증
M-01 시스템 선정	
▪ 기후, 설치 공간, 유지관리, 신뢰성, 확장성과 단위 면적당 IT부하 등을 고려한 장비의 적정 용량/효율과 설치 방안을 충분히 검토 ▪ 공기분배방식, 용량, 장·단점 평가 : 중앙 냉수식, 공랭식, 수냉식, 글리콜식 등의 선택사항 포함 ▪ 공인 인증서에 의한 고효율 공조 시스템 설치	▪ 평가절차와 결과 제시
▪ 직렬 또는 병렬로 구성된 운영 장비들의 N+1 예비장비 구성 검토 ▪ 최대 운전효율을 고려하여 배관을 2N으로 구성	▪ 선정근거와 이론적인 설명 제시
▪ 공조 시스템 에너지 효율 및 균형 검토 ① 냉수온도 상향 : 냉각코일 용량이 감소되나 데이터센터의 실내온도를 상승시킬 수 있음 ⇒ 결과적으로 발열을 제거하기 위해 공조기 송풍기를 최대로 운전하게 됨. ⇒ 부하 제거를 위한 CRAC/H 유닛의 냉각코일로 공급되는 냉수유량 증가 ② 냉각수온도 하향 : 냉각탑의 송풍기 용량 및 동력 증가	▪ 시뮬레이션 프로그램 또는 실제 운전 데이터 분석을 통해 최적운전 방안 결정 ▪ 공조 시스템의 에너지 효율을 형상시킬 수 있는 방안 제시

[표 D] 데이터센터의 기계설비 체크리스트-2

설계방안	설계검증
M-02 수냉식 시스템 계획	
■ 공조 시스템의 구성요소는 고효율 장비로 선정 ① 냉동기 : ANSI(American National Standards Institute)/ASHRAE/IESNA(Illuminating Engineering Society of North America) Standard 90.1/90.4에서 제시하는 냉동기 종류, 용량별 기능과 효율 참조 ② 펌프 (냉수순환, 냉각수순환) ③ 송풍기 (냉각탑, CRAH 유닛)	■ 각 장비의 모델, 사양 등에 대한 선정, 검토내용 기록 ■ 25%, 50%, 75% 부하 운전 시의 효율과 예상되는 운전상황을 포함한 최종 선정 장비의 제조사, 모델명 제시
■ 냉수 입/출구 온도 및 냉각수 입/출구 온도를 기준으로 냉동기 용량 분석	■ 냉동기 메이커의 계산서 조건 및 결과 제시
■ 펌프 정압 제어 : 유량조절이 가능한 표준 밸브를 적용하여 펌프 압력을 낮게 유지 ■ 펌프와 배관은 반드시 적정한 용량으로 선정	■ 펌프와 배관설계 자료 제출
■ 냉동기가 감당할 수 있는 범위에서 냉각수 입구온도(ECWT : Entering Condenser Water Temperature)를 낮게 유지하고 고효율 운전이 가능하도록 방안 연구 ■ 냉각탑 : 가능한 표면적은 증대시키고 내부의 송풍기 사이즈는 줄인 대용량 냉각탑 설치 방안 검토 ■ 냉각탑 습구온도조건을 적절하게 활용	■ 선정방법 명기, 선정한 시스템 검토 및 제출
M-03 공랭식 시스템 계획	
■ 공조 시스템의 구성요소는 고효율 장비로 선정 ① CRAC 유닛별 압축기의 대수와 종류 ② 펌프(냉매 순환) ③ 송풍기(공랭식 응축기, CRAC 유닛)	■ 수냉식 방식과 동일
■ 응축온도감소와 압축의 동력 소비를 증가시키는 공기의 재순환 방지를 위해 공랭식 응축기 설치위치와 면적을 고려	■ 효과적으로 부하를 제거할 수 있는 응축기 설계 및 설치계획 제출
■ 냉매와 응축기의 펌프 양정을 제어하기 위해 유량조절이 가능한 표준 밸브를 적용하여 시스템 펌프 압력을 낮게 유지 ■ 펌프와 배관은 반드시 적정한 사이즈 선정	■ 배관 펌프설계와 송풍기 성능곡선 제시
■ CRAC 유닛 열교환기와 바이패스하여 사용할 수 있는 이코노마이저 코일을 설치하고 외부조건이 글리콜 냉각방식으로 가능할 경우 냉동사이클을 변경함.	■ 이코노마이저 코일을 사용 가능한 CRAC 유닛의 모델과 제어방안 제출

[표 D] 데이터센터의 기계설비 체크리스트-3

설계방안	설계검증
M-04 열원 시스템 운전	
■ 풍량을 포함한 정확하고 자세한 시스템의 일일 운전 데이터를 수집 ■ 문제점과 비효율적 제어 및 초기 설정 파악이 가능한 설계 및 시운전 정보를 정기적으로 비교	■ 경향 및 자세한 분석이 용이한 형식인 측정 데이터 제시
■ 최대 에너지 효율의 운전상태를 정하기 위한 시스템의 운전 성능 검토 ■ 주변 환경을 기준으로 효율성을 증대시키기 위해 구싱 징비, 제어, 밸브와 건물 자동제어 시스템의 조정 필요성 확인	■ 열원 시스템 모니터링을 통해 효율과 운전 차이점을 추적 ■ 실내·외부 조건에 따라 최대 운전효율 상태 기록
■ 열원 시스템의 수명과 신뢰도, 적절한 운전효율을 유지할 수 있는 절차 수립 ■ 최소한 압축기는 기밀도 실험, 펌프는 적절한 윤활유 주입 수행	■ 데이터 열람이 가능한 모든 유지관리 행위의 중앙 저장소 지정 ■ 유지관리 지침 작성 및 각 시스템별 지침서 확보
■ 비정기적 유지관리를 포함한 예방 유지관리 업무의 기록일지 작성 ■ 자주 수행하는 업무 및 장비 파악	
■ 냉각탑을 사용하는 열원 시스템은 공기와 물의 압력저하를 방지하기 위해 정기적인 유지관리와 적극적인 수처리 설비 구축 및 스트레이너 청결 유지	■ 청결유지를 위한 절차 및 스케줄 제시 ■ 코일 핀이 막히면 온도, 압력 및 압축기의 에너지 소비가 증가되므로 정기적인 유지관리 계획서 제출
■ 공랭식 시스템은 응축기(실외기) 열교환 효율을 향상시키기 위해 코일면의 청결 유지	
■ 에너지 소비를 줄이고 오염을 방지하기 위해 가습기와 수처리(필터) 시스템 청결 유지	
■ 스케일과 퇴적물로 인한 열전달 표면의 온도 증가를 방지하기 위해 증발기와 응축기 튜브의 청경 유지	
M-05 Economizer 시스템 계획	
■ 공기 측 또는 물 측 Economizer 중 어떠한 시스템이 데이터센터의 에너지 절감에 보다 효과적인지를 판단하여 야간을 포함한 기상 BIN 데이터를 조사	■ Economizer를 가동할 수 있는 일수에 대한 초안 및 기상 데이터 분석 결과 제시
■ 에너지 비용의 예상 절감량과 Economizer 설치에 의한 비용증가를 비교하여 방식 결정 ■ Air-side Economizer : 외기냉방 방식 ■ Water-side Economizer : 외기냉수냉방 방식	■ 에너지 저감에 기반을 둔 투자회수기간 산출을 위해 Economizer 설치금액과 운전비용 산출

[표 D] 데이터센터의 기계설비 체크리스트-4

설계방안	설계검증
M-05 Economizer 시스템 계획	
■ 온도제어 또는 온, 습도(엔탈피) 제어 방식의 Air-side Economizer 비교 ■ 분석 및 설계에 앞서서 요구되는 부하의 전체 또는 일부를 제거할 수 있는지 온습도의 관계 확인 ① 외기(OA)와 환기(RA)의 엔탈피를 비교하는 엔탈피 제어 시스템의 최적 운전 수행 ② 공기 중에 수분을 증가시켜 직접 증발냉각을 유도하는 Economizer 고려	■ Economizer 모델, 열원 계통도, 설치 위치, 배치 및 연계된 장비에 대한 내용 제시
■ 공기가 IT장비로 공급될 때 적정 습도를 유지해야 하며 특히, Air-side가 Water-side Economizer보다 기간이 길 때 Air-side Economizer를 우선 선정 ■ Economizer 열교환기는 냉동기가 가동될 때 냉각수 순환 배관과 직렬로 연결하여 외기냉수냉방 기간 증가	
■ 외부의 온습도 센서에 의한 댐퍼개도 조절(Air-side) 또는 컨트롤 밸브 제어(Water-side) 등 제어방안 프로그램화 구성	■ 운영 데이터와 제어와 관련된 사항을 수집 및 제시
■ Air-side와 Water-side Economizer의 모니터링은 최적 운전과 에너지 절약이 극대화될 수 있는지를 확인하기 위해 반드시 수행	■ 운영 데이터와 제어와 관련된 사항을 수집
■ 최적의 Economizer 운전을 위해 Air-side 온·습도 센서와 Water-side 전동 제어밸브의 초기화 및 유지관리 수행	■ 초기화, 유지관리의 절차를 제시하고 필요시 장비 제조사 자료 제공
M-06 축열 시스템 선정	
■ 냉동기를 운전하지 않고 빙축열 또는 다른 열매체에 의해 저장된 냉수를 하루 중 에너지 소비 피크시간동안 사용하여 피크시간대의 에너지 수요제한 ■ 축열 시스템은 냉동기 고장 시 비상운전 ■ 데이터센터의 냉각부하 변화와 적합한 축열 시스템에 대한 검토 수행, PCM 재료 검토	■ 저장된 에너지를 사용함으로써 예상되는 절감량을 고려하여 축열 시스템 비용, 설치, 운전비 비교 검토서 제시 ■ 축열 열매체의 설치면적, 부하변동 프로파일, 현재 장비 등의 변수 포함
M-07 폐열회수 시스템	
■ 건물의 난방, 급탕, 흡수식 냉동기 또는 발전기로부터의 폐열을 회수하는 방안을 검토함. ■ 폐열회수 시스템 설치	■ 적용성 검토 및 적용방안 제시, 연간 사용가능한 시간을 산출하여 예상 에너지 절감량 산출

[표 E] 데이터센터의 전기설비 체크리스트

설계방안	설계검증
E-01 시스템 선정	
■ 적정 용량, 에너지 비율, 에너지원 그리고 청정에너지 선택에 대한 검토	■ 검토 결과 제시
■ 건물배선 내에서 변전횟수, 전력손실을 최소화하기 위한 IT 룸으로의 전력분배 공급방식과 전압방식(직류, 교류 또는 복합방식) 검토	■ 전력분배 상세도와 계통도 제출 (배선길이, 치수, 분전반 설계내용 포함)
■ 예비장비는 전력분배장비의 저부하 시 예상되는 에너지 효율 저하를 반영한 요구 수준으로 설계	
■ 예상되는 부하와 예비율을 반영한 일일 정상운전이 가능한 전력분배 시스템 및 고효율 장비 선정 ■ 장비는 일반적으로 최대 장비부하용량 이하로 운전되기 때문에 변하는 부하비율에 높은 효율을 갖는 장비 선정 ① 변풍량(VAV) 시스템 송풍기에 적용되는 고효율 송풍기 모터 ② 전력부하 증가 시 용량 증대가 용이하고 모듈화된 용량의 UPS적용	■ 현재 장비와 새로운 장비의 기술 분석 ■ 효율차이를 구분하고 새로운 장비의 구입에 있어서 비용과 투자 회수비 등 경제성 고려
■ 에너지 관리 및 모니터링 프로그램을 설치 ■ 전력소비와 요금계량이 쉬운 전력 네트워크의 모든 지점에 모니터링 반영	■ 에너지 관리와 모니터링 시스템 구축방안 제시
■ 측정 데이터의 주기적인 검토 ■ 에너지 효율 증가에 대한 변화와 문제점 파악	
■ 에너지 소비와 에너지 효율 상향 및 투자비용에 대한 경제성 파악을 위해 정확하고 상세한 월별 전력 사용량과 에너지 비용 수집	■ 추적/경향 분석을 위해 설비비용과 에너지 소비량 비교안 제출
E-02 에너지원 대안 검토	
■ 적용성, 경제성을 고려하여 전기 생산과 폐열 이용이 가능한 연료전지와 같은 분산형 발전설비 검토 ■ 추가적으로 현재의 전력공급 시스템 설치	■ 장, 단점을 고려한 분산형 발전설비에 대해 검토안 제시 ■ 해당 데이터센터의 환경을 고려하여 이상적인 시스템 선정 프로세스 제시
■ 1차 에너지원, 2차 에너지원 및 보조 에너지원으로서 풍력발전, 태양전지와 같은 재생에너지 적용 고려	

A.5 지속적인 운영관리를 통한 인프라설비의 성능 개선

에너지 효율을 향상시킬 수 있는 요소들을 적용하는 것도 중요하지만 적용 후 운영관리는 간과할 수 없는 부분이다. 신축 데이터센터 보다는 기존 데이터센터의 효율개선에 초점을 둔다. 적용 시스템의 효율성 및 가용성에 대한 모니터링에 국한되었던 것을 데이터센터의 모든 인프라설비에 대한 전력 사용량 및 온·습도를 측정하고 관리하는 방안이 필요하다. 또한 지속적인 설비성능 개선을 위한 커미셔닝의 장기적인 계획과 관리자의 교육관리도 함께 고려되어야 한다.

[표 F] 데이터센터의 효율적 인프라설비 운영관리 체크리스트-1

설계방안	설계검증
O-01 온도관리	
■ 효율적인 냉방을 공급하기 위해 CRAC/H 유닛의 최적 환기(RA)온도 설정 ■ CRAC/H 유닛의 환기온도를 일반적으로 28℃ 이상으로 설정하면 장비의 현열 냉방용량과 효율이 증가	■ 급기/환기 설정온도에 따른 에너지 효율분석
■ 과냉에 의해 과제습이 되는 현상을 방지하기 위해 급기온도 제어 ■ 일정 부분의 제습부하가 존재하더라도 냉각 후 재열 시스템을 구성하지 않는 방안 ■ 급기온도를 높게 하면 냉동기의 효율과 이코노마이저 운전시간 증대가능	
■ 일정한 IT장비 배출온도를 유지하기 위해 CRAC/H 유닛 급기온도 제어	■ 적용성 및 타당성 검토 후 제안서 제출
O-02 습도관리	
■ 최소 운전비와 IT장비 운영환경에 대한 정밀한 제어가 가능한 가습 시스템 선정	■ 전기식, 초음파식, 기화식 등 비교 검토
■ ASHRAE의 Thermal Guidelines for Data Processing Environments 또는 외부환경변수에 따른 최소기준으로 상대습도 수준설정	■ 에너지 효율 향상에 도움이 될 경우 적용성 검토 후 제안서 제출
■ CRAC/H 유닛의 인접 부분에 가습과 제습이 동시에 발생하는 것을 최소화하기 위해 습도범위 크게 설정 또는 노점온도 제어	
■ 가습이 요구될 경우, 양압을 유지하기 위한 Make-up 공조기 내에 가습 시스템 설치를 고려	

[표 F] 데이터센터의 효율적 인프라설비 운영관리 체크리스트-2

설계방안	설계검증
O-03 예방 보존관리	
■ 장비의 효율과 성능을 최적화하기 위해 면허와 수행 경험이 있는 전문업체에 의해 반드시 주기적인 장비점검 수행	■ 데이터센터 점검에 대한 계획 제시
■ CRAC/H 유닛 필터, 풀리와 벨트 등 주기적이며 계획적인 유지관리 수행 ① 풀리 : 송풍기 성능곡선에 의해 적정 풍량을 공급할 수 있도록 조정 ② 벨트 : 미끄러지고 파손되지 않도록 점검	■ 주기적인 CRAC/H 유닛 유지관리 계획 제시
■ 부속품에 의해 연결된 전선은 열화상 촬영을 통해 파손/손실 및 과부하 등 점검	■ 전기장비의 적절한 유지를 고려하여 빈도, 절차, 장비의 정보 등 예방 보존관리서 제출
■ 배선의 적합한 연결 및 접지를 확보하기 위해 장비의 플러그와 콘센트 조사	■ 결과보고 및 잘못된 지점 보수
O-04 커미셔닝 계획	
■ 인프라설비의 설계는 기술적인 검증이 확인된 후 적용	■ 기계, 전기설비의 기준을 확립하기 위한 커미셔닝 계획 제시
■ 주기적인 공조·냉각 시스템과 전기설비의 커미셔닝 및 리커미셔닝 수행	■ 시스템 교체요구 사항 및 결과 기록 ■ 시기 및 비용 비교 후 절감 유도
■ 초기화에서 적정한 수치, 센서와 제어의 설정값 확인	■ 최소 커미셔닝에 대한 계획 포함
O-05 교육관리	
■ IT장비와 인프라설비를 운영하는 직원은 모든 시스템의 이해와 운전방안 및 장비효율 특성에 관한 교육 이수	■ 현재 직원의 훈련기록과 함께 교육이 이수되도록 함 ■ 새로운 직원에 대한 교육계획 수립
■ 데이터센터의 IT장비와 시설운영 직원을 육성하는 교육 및 정책 확립	
■ 에너지 효율 향상 방안을 찾을 수 있도록 IT장비와 인프라설비 운영 직원 장려	■ 훈련과정이 요구됨

A.6 기타 인프라설비에 대한 효율성

[표 G] 데이터센터의 기타 인프라설비 효율성 체크리스트

설계방안	설계검증
P-01 효율성	
■ 공간기반(Room-based) 냉각 : 냉복도/열복도 구분	■ 데이터센터의 최적 활용방안을 검토 ■ 5.0 kW/rack 이하 ■ 설비구성 계획 제출
■ 취출구를 IT장비 전단에 배치하여 공조된 공기를 IT장비의 흡입구에 효과적으로 공급하도록 함	
■ 공조장비 제조사에서 권장하는 취출구 수량을 설치하고 적정한 정압 유지	
■ 이중마루 하부에 기류 형성 장애물(통신 케이블, 전력케이블, 냉수배관 등) 최소화	
■ 랙-서버와 블록배기 사이에 Blanking/Filler Panel을 사용하여 IT장비의 흡입구에서의 배기 재순환 방지	
■ 천장 상부 케이블 트레이 설치로 이중마루 내의 배선 이동 최소화	
■ 열-기반(Row-based) 냉각 -수냉식 코일을 추가적으로 랙-서버에 설치	■ 10~15 kW/rack ■ 설비구성 계획 제출
■ 랙-기반(Rack-based) 냉각 -랙 자체를 격리하여 독립적으로 냉각	■ 15 kW/rack 이상 ■ 설비구성 계획 제출
P-02 기타	
■ The Green Grid 체크리스트에 분류되지 않은 독창적인 개선방안을 통해 데이터센터의 에너지 효율을 향상시키고 규명 유도	■ 데이터센터의 개선을 위한 혁신안 제시
■ ASHRAE TC 9.9 및 The Green Grid와 같은 전문가 집단의 기술을 주기적으로 검토	

데이터센터의 에너지 효율은 IT장비와 인프라설비의 효율성 증대가 필요한데 장비 자체의 효율 증대가 아니라 장비의 배치 및 구성에 따라서 그 효과를 증대할 수 있다. 또한 IT장비의 집적도가 증가함에 따라 발열은 기하급수적으로 증가하는데 이는 현재의 인프라설비가 아닌 다른 기술혁신이 요구된다.

B. 용어정리

본 장의 용어정의는 번역으로 인한 의미의 왜곡을 피하기 위해서 원문을 제시한다.
(ANSI/TIA-942-2017-Telecommunications Infrastructure Standard for Data Centers.)

B.1 일반사항

○ This clause contains the definitions of terms, acronyms, and abbreviations that have special technical meaning or that are unique to the technical content of this Standard. Special definitions that are appropriate to individual technical clauses are also included.

B.2 용어정의

○ The generic definitions in this subclause have been formulated for use by the entire family of telecommunications infrastructure standards. Specific requirements are found in the normative clauses of this Standard. For the purposes of this Standard, the following definitions apply.

○ access floor : A system consisting of completely removable and interchangeable floor panels that are supported on adjustable pedestals or stringers (or both) to allow access to the area beneath.

○ access provider : The operator of any facility that is used to convey telecommunications signals to and from a customer premises.

○ administration : The method for labeling, identification, documentation and usage needed to implement moves, additions and changes of the telecommunications infrastructure.

○ backbone : 1) A facility (e.g., pathway, cable or conductors) between any of the following spaces : telecommunications rooms, common telecommunications rooms, floor serving terminals, entrance facilities, equipment rooms, and common equipment rooms. 2) in a data center, a facility (e.g. pathway, cable or conductors) between any of the following spaces : entrance rooms or spaces, main distribution areas, horizontal distribution areas, telecommunications rooms.

○ backbone cable : See backbone.

○ bonding : The permanent joining of metallic parts to form an electrically conductive path that will ensure electrical continuity and the capacity to conduct safely any current likely to be imposed.

○ cabinet : A container that may enclose connection devices, terminations, apparatus, wiring, and equipment.

○ cabinet (telecommunications) : An enclosure with a hinged cover used for terminating telecommunications cables, wiring and connection devices.

○ cable : An assembly of one or more insulated conductors or optical fibers, within an enveloping sheath.

○ cabling : A combination of all cables, jumpers, cords, and connecting hardware.

○ centralized cabling : A cabling configuration from the work area to a centralized cross-connect using pull through cables, an interconnect, or splice in the telecommunications room.

○ channel : The end-to-end transmission path between two points at which application-specific equipment is connected.

○ common equipment room (telecommunications) : An enclosed space used for equipment and backbone interconnections for more than one tenant in a building or campus.

○ computer room : An architectural space whose primary function is to accommodate data processing equipment.

○ conduit : (1) A raceway of circular cross-section. (2) A structure containing one or more ducts.

○ connecting hardware : A device providing mechanical cable terminations.

○ consolidation point : A location for interconnection between horizontal cables extending from building pathways and horizontal cables extending into furniture pathways.

○ cross-connect : A facility enabling the termination of cable elements and their interconnection or cross-connection.

- cross-connection : A connection scheme between cabling runs, subsystems, and equipment using patch cords or jumpers that attach to connecting hardware on each end.
- data center : a building or portion of a building whose primary function is to house a computer room and its support areas.
- demarcation point : A point where the operational control or ownership changes.
- earthing : see grounding
- electromagnetic interference : Radiated or conducted electromagnetic energy that has an undesirable effect on electronic equipment or signal transmissions.
- entrance room or space (telecommunications) : A space in which the joining of inter or intra building telecommunications backbone facilities takes place.
- equipment cable; cord : A cable or cable assembly used to connect telecommunications equipment to horizontal or backbone cabling.
- equipment distribution area : the computer room space occupied by equipment racks or cabinets.
- equipment room (telecommunications) : An environmentally controlled centralized space for telecommunications equipment that usually houses a main or intermediate cross-connect.
- fiber optic : See optical fiber.
- ground : A conducting connection, whether intentional or accidental, between an electrical circuit (e.g., telecommunications) or equipment and the earth, or to some conducting body that serves in place of earth.
- grounding : The act of creating a ground.
- grounding conductor : A conductor used to connect the grounding electrode to the building's main grounding busbar.
- horizontal cabling : 1) The cabling between and including the telecommunications outlet/connector and the horizontal cross-connect. 2) The cabling between and including the building automation system outlet or the first mechanical termination of the horizontal connection point and the horizontal cross-connect. 3) in a data center, horizontal cabling is the cabling from the horizontal cross-connect (in the main distribution area or horizontal

distribution area) to the outlet in the equipment distribution area or zone distribution area.

- horizontal cross-connect : A cross-connect of horizontal cabling to other cabling, e.g., horizontal, backbone, equipment.
- horizontal distribution area : a space in a computer room where a horizontal cross-connect is located.
- identifier : An item of information that links a specific element of the telecommunications infrastructure with its corresponding record.
- infrastructure (telecommunications) : A collection of those telecommunications components, excluding equipment, that together provide the basic support for the distribution of all information within a building or campus.
- interconnection : A connection scheme that employs connecting hardware for the direct connection of a cable to another cable without a patch cord or jumper.
- intermediate cross-connect : A cross-connect between first level and second level backbone cabling.
- jumper : An assembly of twisted-pairs without connectors, used to join telecommunications circuits/links at the cross-connect.
- link : A transmission path between two points, not including terminal equipment, work area cables, and equipment cables.
- main cross-connect : A cross-connect for first level backbone cables, entrance cables, and equipment cables.
- main distribution area : The space in a computer room where the main cross-connect is located.
- mechanical room : An enclosed space serving the needs of mechanical building systems.
- media (telecommunications) : Wire, cable, or conductors used for telecommunications.
- modular jack : A female telecommunications connector that may be keyed or unkeyed and may have 6 or 8 contact positions, but not all the positions need be equipped with jack contacts.
- multimode optical fiber : An optical fiber that carries many paths of light.
- multipair cable : A cable having more than four pairs.

- optical fiber : Any filament made of dielectric materials that guides light.
- optical fiber cable : An assembly consisting of one or more optical fibers.
- patch cord : A length of cable with a plug on one or both ends.
- patch panel : A connecting hardware system that facilitates cable termination and cabling administration using patch cords.
- pathway : A facility for the placement of telecommunications cable.
- plenum : a compartment or chamber to which one or more air ducts are connected and that forms part of the air distribution system.
- private branch exchange : A private telecommunications switching system.
- pull box : A housing located in a pathway run used to facilitate the placing of wire or cables.
- radio frequency interference : Electromagnetic interference within the frequency band for radio transmission.
- screen : An element of a cable formed by a shield.
- screened twisted-pair (ScTP) : A balanced cable with an overall screen.
- service provider : The operator of any service that furnishes telecommunications content (transmissions) delivered over access provider facilities.
- sheath : See cable sheath.
- shield : A metallic layer placed around a conductor or group of conductors.
- single-mode optical fiber : An optical fiber that carries only one path of light.
- singlemode optical fiber : see single-mode.
- splice : A joining of conductors, meant to be permanent.
- star topology : A topology in which telecommunications cables are distributed from a central point.
- telecommunications : Any transmission, emission, and reception of signs, signals, writings, images, and sounds, that is, information of any nature by cable, radio, optical, or other electromagnetic systems.
- telecommunications entrance point : See entrance point (telecommunications).
- telecommunications entrance room or space : See entrance room or space (telecommunications).
- telecommunications equipment room : See equipment room (telecommunications).
- telecommunications infrastructure : See infrastructure (telecommunications).

○ telecommunications media : See media (telecommunications).

○ telecommunications room : An enclosed architectural space for housing telecommunications equipment, cable terminations, and cross-connect cabling.

○ telecommunications space : See space (telecommunications).

○ topology : The physical or logical arrangement of a telecommunications system.

○ uninterruptible power supply : A buffer between utility power or other power source and a load that requires continuous precise power.

○ wireless : The use of radiated electromagnetic energy (e.g., radio frequency and microwave signals, light) traveling through free space to convey information.

○ zone distribution area : A space in a computer room where a zone outlet or a consolidation point is located

○ zone outlet : a connecting device in the zone distribution area terminating the horizontal cable enabling equipment cable connections to the equipment distribution area.

B.3 약어정의

○ AHJ authority having jurisdiction

○ ANSI American National Standards Institute

○ AWG American Wire Gauge

○ BICSI Building Industry Consulting Service International

○ BNC bayonet Neil-Concelman or bayonet navel connector

○ CCTV closed-circuit television

○ CEC Canadian Electrical Code, Part I

○ CER common equipment room

○ CPU central processing unit

○ CSA Canadian Standards Association International

○ DSX digital signal cross-connect

○ EDA equipment distribution area

○ EIA Electronic Industries Alliance

○ EMI electromagnetic interference

○ EMS energy management system

- FDDI fiber distributed data interface
- HC horizontal cross-connect
- HDA horizontal distribution area
- HVAC heating, ventilation and air conditioning
- IC intermediate cross-connect
- IDC insulation displacement contact
- LAN local area network
- MC main cross-connect
- MDA main distribution area
- NEC National Electrical Code
- NEMA National Electrical Manufacturers Association
- NEXT near-end crosstalk
- NESC National Electrical Safety Code
- NFPA National Fire Protection Association
- OC optical carrier
- PBX private branch exchange
- PCB printed circuit board
- PDU power distribution unit
- PVC polyvinyl chloride
- RFI radio frequency interference
- RH relative humidity
- SAN storage area network
- ScTP screened twisted-pair
- SDH synchronous digital hierarchy
- SONET synchronous optical network
- STM synchronous transport model
- TIA Telecommunications Industry Association
- TR telecommunications room
- UL Underwriters Laboratories Inc
- UPS uninterruptible power supply
- UTP unshielded twisted-pair
- WAN wide area network
- ZDA zone distribution area

B.4 측정단위

○ A	Ampere
○ ℃	degrees Celsius
○ °F	degrees Fahrenheit
○ ft	feet, foot
○ Gb/s	gigabit per second
○ Hz	hertz
○ in	inch
○ kb/s	kilobit per second
○ kHz	kilohertz
○ km	kilometer
○ kPa	kilopascal
○ kVA	kilovoltamp
○ kW	kilowatt
○ lbf	pound–force
○ m	meter
○ Mb/s	megabit per second
○ MHz	megahertz
○ mm	millimeter
○ nm	nanometer
○ μm	micrometer or micron

C. 저자논문 (조진균 Biography)

저자의 약 20년간의 데이터센터의 실무 경험과 연구의 결과를 이 책에 모두 담을 수 없었기 때문에 아래 기술한 저자의 출판서 목록을 참조하여 활용하시기를 바랍니다.

C.1 해외학술저널 (SCI)

1. Cho, J., B. Park, S. Jang, 2022, Development of an independent modular air containment system for high-density data centers : Experimental investigation of row-based cooling performance and PUE, Energy, 258.
2. Cho, J., 2021, Hot-Aisle and Cold-Aisle Containment; Comparing Thermal Performance for Data Center Cooling, ASHRAE Journal, 63(8).
3. Cho, J., C. Park, W. Choi, 2021, Numerical and experimental study of air containment systems in legacy data centers focusing on thermal performance and air leakage, Case Studies in Thermal Engineering, 26.
4. Cho, J., Y. Kim, 2021, Development of Modular Air Containment System : Thermal Performance Optimization of Row-based Cooling for High-Density Data Centers, Energy, 231.
5. Cho, J., J. Woo, B. Park, T. Lim, 2020, A Comparative CFD Study of Two Air Distribution Systems with Hot Aisle Containment in High-Density Data Center, energies, 13(22).
6. Cho, J., J. Woo, 2020, Development and experimental study of an independent row-based cooling system for improving thermal performance of a data center, Applied Thermal Engineering, 169.
7. Cho, J., B. Park, Y. Jeong, 2019, Thermal Performance Evaluation of a Data Center Cooling System under Fault Conditions, energies, 12(15).
8. Cho, J., S. Park, T. Lim, B.S. Kim, 2017, Experimental investigation on hygrothermal behaviour and the surface condensation risk of a data centre, Indoor and Built Environment, 26(10).
9. Cho, J., Y. Kim, 2016, Improving energy efficiency of dedicated cooling system and its contribution towards meeting an energy-optimized data center, Applied Energy, 165.

10. Cho, J., J. Yang, C. Lee, J. Lee, 2015, Development of an energy evaluation and design tool for dedicated cooling systems of data centers : Sensing data center cooling energy efficiency, Energy and Buildings, 96(6).
11. Cho, J., W. Park, J. Yang, 2014, Evaluation of air distribution system's airflow performance for cooling energy savings in high-density data centers, Energy and Buildings, 68(1).
12. Cho, J., T. Lim, B.S. Kim, 2012, Viability of data center cooling systems for energy efficiency in temperate or subtropical regions : Case study, Energy and Buildings, 55(12).
13. Cho, J., B.S. Kim, 2011, Evaluation of air management system's thermal performance for superior cooling efficiency in high-density data centers, Energy and Buildings, 43(9).
14. Cho, J., T. Lim, B.S. Kim, 2009, Measurements and predictions of the air distribution systems in high compute density (Internet) data centers, Energy and Buildings, 41(10).
15. Cho, J., T. Lim, B.S. Kim, 2008, Cooling systems for IT environment heat removal in (Internet) Data Center, JAABE : Journal of Asian Architecture and Building Engineering, 7(2).

C.2 국내학술저널 (SCOPUS)

16. Cho, J., W. Park, 2022, A Case Study on Remodeling Strategies of Mission Critical Facility for Existing Data Centers Based on IT Power Density, Journal of the Architectural Institute of Korea, 38(5).
17. Cho, J., 2021, An Analysis of the Data Center Energy Consumption Structure for Efficient Energy Utilization : In Case of S Telecom Data Center in Korea, Journal of the Architectural Institute of Korea, 37(8).

C.3 국내학술저널 (한국연구재단 등재지)

18. 조진균, 이영재, 이웅복, 2022, 고집적 하이퍼스케일 데이터센터의 IT운영환경 확보를 위한 랙-기반 냉각시스템 적용성 연구, 설비공학논문집, 34(4).

19. 조진균, 박병용, 정용대, 고민건, 2021, 고밀도 데이터센터의 독립모듈 컨테인먼트 및 구역단위 냉각시스템 성능평가에 관한 실증연구, 설비공학논문집, 33(10).
20. 조진균, 최우신, 장승민, 이재형, 박치현, 이승환, 2021, 데이터센터 냉각시스템 열복도 및 냉복도 차폐에 따른 공조성능 비교의 실험적 연구, 설비공학논문집, 33(4).
21. 조진균, 서원배, 우제상, 2020, CFD 기반 고밀도 데이터센터의 공기분배시스템 효율평가에 관한 비교연구, 설비공학논문집, 32(9).
22. 조진균, 김선정, 정용대, 박병용, 2020, 데이터센터 공조·냉각시스템 방식구분 및 적합성 성능시험 방법/기준에 대한 연구, 설비공학논문집, 32(5).
23. 조진균, 홍원표, 2020, 기존 데이터센터의 구역단위 에너지 효율평가 방법 및 PUE 기반 M&V 베이스라인 모델 개발, 설비공학논문집, 32(2).
24. 조진균, 박병용, 2019, 데이터센터 에너지절감을 위한 베이스라인 설정 및 측정/검증(M&V) 평가기준 조사연구, 설비공학논문집, 31(12).
25. 조진균, 박병용, 정용대, 김영팔, 우제상, 2019, 데이터센터 공조·냉각시스템 효율개선을 위한 실험적 연구, 설비공학논문집, 31(1).
26. 조진균, 박병용, 정용대, 2018, 데이터센터 공조·냉각시스템 효율평가 위한 정량적 성능지표 도출 및 모니터링 방법, 설비공학논문집, 30(12).
27. 조진균, 강호석, 2016, 비상시 열원중단에 따른 데이터센터의 냉각시스템 열성능 평가에 관한 사례연구, 설비공학논문집, 28(5).
28. 조진균, 박우평, 신승호, 이진영, 2013, 그린데이터센터 구현을 위한 공조/냉각 에너지 성능분석 프로그램 개발 및 기후대별 대안평가에 대한 연구, 대한건축학회논문집 계획계, 29(7).
29. 조진균, 박우평, 신승호, 2013, 고밀도 데이터센터의 에너지 저감을 위한 공조효율 평가방법에 관한 연구, 대한건축학회논문집 계획계, 29(6).
30. 조진균, 신승호, 이진영, 2013, 그린데이터센터 구현을 위한 사례조사 및 주요 적용기술의 상호 에너지 영향도 분석에 관한 기초연구, 대한건축학회논문집 계획계, 29(3).
31. 조진균, 신승호, 2012, 데이터센터의 공조시스템 계획을 위한 IT장비의 전력 및 발열량 예측에 대한 연구, 설비공학논문집, 24(3).
32. 조진균, 박상현, 2011, 고밀도 데이터센터의 층간 슬래브 결로발생 평가사례에 대한 연구, 대한건축학회논문집 계획계, 27(9).
33. 조진균, 정차수, 김병선, 2010, 고밀도 내부부하 중심 건물의 에너지 절약적 공조방식에 대한 연구, 설비공학논문집, 22(8).
34. 조진균, 정차수, 김병선, 2010, 데이터센터의 공조효율 향상을 위한 공조파티션시스템 성능평가에 관한 연구, 설비공학논문집, 22(4).

35. 조진균, 정차수, 김병선, 2009, 그린IT 환경구현을 위한 데이터센터의 에너지 효율적 디자인 구현 및 평가방안에 대한 연구, 대한건축학회논문집 계획계, 25(9).
26. 조진균, 정차수, 김병선, 2009, 최적 IT 환경제어를 위한 데이터센터의 공기분배(공조)시스템 선정에 관한 연구, 대한건축학회논문집 계획계, 25(3).
37. 조진균, 정차수, 김병선, 2008, 최적 IT 환경제어를 위한 데이터센터의 냉각(열원)시스템 선정에 관한 연구, 대한건축학회논문집 계획계, 24(12).
38. 조진균, 김병선, 2008, 최적 IT 환경제어를 위한 데이터센터의 냉각시스템 및 공기분배시스템 계획에 관한 연구 : 사례분석을 중심으로, 대한건축학회논문집 계획계, 24(2).
39. 조진균, 정차수, 김병선, 2007, 최적 IT환경제어를 위한 데이터센터의 부하패턴 분석 및 에너지소비량 산정을 위한 실험적 연구, 대한건축학회논문집 계획계, 23(2).
40. 조진균, 정차수, 김병선, 2006, 최적 IT 환경제어를 위한 데이터센터 내 전산발열 경향 및 기준산정에 관한 연구, 대한건축학회논문집 계획계, 22(9).

C.4 국내전문학(협)회지

41. 조진균, 2022, [해외문헌] ASHRAE 데이터센터 열관리 지침 : 공랭식 서버냉각의 기준변화, 설비저널 (대한설비공학회지), 51(3).
42. 조진균, 2022, [해외문헌] ASHRAE Standard 90.1 및 90.4의 데이터센터 에너지 관련 준수사항, 설비저널 (대한설비공학회지), 51(3).
43. 조진균, 2021, [해외문헌] 데이터센터 냉각시스템의 공조효율 비교, 설비저널 (대한설비공학회지), 50(09).
44. 조진균, 2021, [기술해설] 데이터센터 공조·냉각시스템 성능시험 방법/기준 고찰, 조명·전기설비 (조명·전기설비학회지), 35(02).
45. 조진균, 2019, [권두언] 데이터센터 에너지성능 향상기술 동향, 그린빌딩 (한국그린빌딩협의회지), 20(2).
46. 조진균, 2019, [특집] 데이터센터 공조·냉각시스템 효율개선 사례, 그린빌딩, (한국그린빌딩협의회지), 20(2).
47. 조진균, 2018, [특집원고] 데이터센터 성능위주 설계를 위한 공조·냉각시스템 성능 평가방법 및 소프트웨어 활용방안, 설비/공조·냉동·위생 (한국설비기술협회지), 35(10).
48. 조진균, 2017, [특집원고] 데이터센터 설계기준 및 에너지 효율화, 설비/공조·냉동·위생 (한국설비기술협회지), 34(03).
49. 조진균, 최종언, 2014, 데이터센터의 에너지절약 방안, 설비저널 (대한설비공학회지), 43(02).

50. 조진균, 2014, [참관기] AFCOM Data Center World 2013 : 국제 데이터센터 시설관리 협회 컨퍼런스 및 전시회 참관기, 설비저널 (대한설비공학회지), 43(01).
51. 조진균 (2013) [자유기고] 미국의 그린 데이터센터 소개 : 페이스북 데이터센터, 건축 (대한건축학회지), 57(12).
52. 조진균, 박우평, 2013, [자유기고] 일본의 그린 데이터센터 소개, 건축 (대한건축학회지), 57(05).
53. 조진균, 2012, 데이터센터의 에너지 효율화 기술, 설비저널 (대한설비공학회지), 41(12).
54. 조진균, 2012, [특집원고] 데이터센터의 개요 및 발전방향, 설비/공조·냉동·위생 (한국설비기술협회지), 29(02).
55. 조진균, 2011, [일반원고] 고밀도 데이터센터의 IT환경 최적화를 위한 디자인 방법, 설비저널 (대한설비공학회지), 40(07).

C.5 학위논문

56. 조진균, 2010, 고밀도 데이터센터의 공조효율 및 에너지성능 개선을 위한 공조시스템 계획방법 연구, 학위논문(박사) 연세대학교 대학원 : 건축공학과, 2010. 02.

저자소개

조 진 균

(현) 국립한밭대학교 설비공학과 교수
(전) 삼성물산(주)건설부문 수석
(전) ㈜한일엠이씨 팀장
건축공학박사 (연세대학교, 2010)

임 승 범

(현) ㈜이온 ESS팀 부장
전기공학박사 (단국대학교, 2014)

데이터센터 인사이드$^{+}$아웃 ▌ 필수인프라설비

초 판 발 행 | 2023년 1월 16일
초판4쇄발행 | 2025년 4월 10일

저 자 | 조진균·임승범
발 행 인 | 이성범
발 행 처 | 문운당
주 소 | 서울시 종로구 혜화로5길 16 (명륜1가 45-3)
전 화 | (02)762-6010
팩 스 | 영업 (02)745-0265 / 편집 (02)762-8758
이 메 일 | 영업 munun2@daum.net
편집 mundang@naver.com
홈페이지 | http://munundang.co.kr

ISBN 979-11-5692-643-6 93560

정가 30,000원